Das Policenmodell

Europäische Hochschulschriften Recht

European University Studies in Law

Publications Universitaires Européennes de Droit

Band/Volume 6855

Alexander Marquardt

Das Policenmodell

Anwaltliche Auswertung und gerichtliche
Aufarbeitung eines legislativen Fehlgriffs

PETER LANG
Berlin · Bruxelles · Chennai · Lausanne · New York · Oxford

Bibliografische Information der Deutschen Nationalbibliothek
Die Deutsche Nationalbibliothek verzeichnet diese Publikation in der Deutschen Nationalbibliografie; detaillierte bibliografische Daten sind im Internet über http://dnb.dnb.de abrufbar.

Zugl.: München, Univ., Diss., 2025

DE-19
ISSN 3052-8291 (Print)
ISSN 3052-8305 (eBook)
ISBN 978-3-631-94998-6 (Print)
ISBN 978-3-631-95010-4 (ePDF)
ISBN 978-3-631-95011-1 (ePUB)
DOI 10.3726/b23625

Verlegt durch Peter Lang GmbH, Berlin, Deutschland

info@peterlang.com

www.peterlang.com

Kontakt zur Verordnung über die allgemeine Produktsicherheit (GPSR): gpsr@peterlang.com

Für meine Eltern

Inhaltsverzeichnis

KAPITEL 3

Grenzen und Rechtsfolgen des ewigen Widerspruchsrechts im Lichte der deutschen und europäischen Rechtsprechung

Vorwort

Die vorliegende Arbeit wurde im Wintersemester 2025/2026 von der Juristischen Fakultät der Ludwig-Maximilians-Universität München als Dissertation angenommen. Gesetzgebung, Rechtsprechung und Literatur befinden sich im Wesentlichen auf dem Stand von August 2025.

Mein herzlicher Dank gilt meinem Doktorvater, Herrn Prof. Dr. *Wolfgang Hau*. Seine wertvollen Anregungen sowie seine hervorragende Betreuung trugen maßgeblich zum Gelingen dieser Arbeit bei. Ich bin ihm außerordentlich dankbar für seine Begleitung während des gesamten Promotionsverfahrens sowie für die zügige Erstellung des Erstgutachtens. Ebenfalls danke ich herzlich Frau Prof. Dr. *Beate Gsell* für die Erstellung des Zweitgutachtens sowie Herrn Prof. Dr. *Hans-Georg Hermann* für die Übernahme des Beisitzes in der mündlichen Prüfung. Dank gebührt außerdem den Herausgebern dieser Schriftenreihe für die freundliche Aufnahme der Arbeit. Mein besonderer Dank gilt ebenso meinen Interviewpartnern aus dem Anwalts- und Richterwesen, die diese Arbeit durch wertvolle Befunde aus der Praxis bereichert haben.

Zudem möchte ich mich außerordentlich bei meinen engsten Freunden für die ständige Motivation, den inhaltlichen Austausch sowie die wertvollen Anregungen bedanken. Mein größter Dank gilt meinen *Eltern*, die mich auf dem Weg zur Promotion und während dieser Zeit stets unterstützt haben. Ohne sie wäre dieser Weg nicht denkbar gewesen. Ihnen sei dieses Buch daher in tiefster Dankbarkeit gewidmet.

Einleitung

A. Gegenstand und Ziel der Untersuchung

„Ausstieg aus der Lebensversicherung –
Durchhalten, kündigen oder widerrufen und rückabwickeln“[1]

So betitelte die *WirtschaftsWoche* im Jahr 2016 einen Artikel über die verschiedenen Möglichkeiten des Umgangs mit einer Lebensversicherung. Dabei stand – wie auch in zahlreichen ähnlichen Artikeln der Medien[2] – der Ausstieg aus älteren, unrentablen Policen im Mittelpunkt. Betroffen davon sind insbesondere Renten- und Lebensversicherungen, welche zwischen den Jahren 1994 und 2007 im sogenannten Policenmodell[3] geschlossen wurden. Nach dem Policenmodell erhielt der Versicherungsnehmer die Allgemeinen Versicherungsbedingungen[4], die Verbraucherinformation sowie die Belehrung

---

1 Vgl. den Artikel der *WirtschaftsWoche* vom 23.8.2016 (zuletzt abgerufen am 22.4.2025 unter: https://www.wiwo.de/finanzen/vorsorge/ausstieg-aus-der-lebensversicherung-durchhalten-kuendigen-oder-widerrufen-und-rueckabwickeln/14441232.html).

2 Vgl. beispielsweise einen Artikel der *Süddeutschen Zeitung* mit dem Titel „Lebensversicherung – Weg damit“ vom 15.12.2015 (zuletzt abgerufen am 22.4.2025 unter: https://www.sueddeutsche.de/wirtschaft/lebensversicherung-weg-damit-1.2783791); ähnlich ein aktueller Artikel der *WirtschaftsWoche* mit dem Titel „Wie komme ich aus der überteuerten Lebensversicherung raus?“ vom 2.5.2024 (zuletzt abgerufen am 22.4.2025 unter: https://www.wiwo.de/finanzen/steuern-recht/lebensversicherung-wie-komme-ich-aus-der-ueberteuerten-lebensversicherung-raus/29772906.html).

3 *Lorenz* prägte erstmals diesen Begriff für dieses Abschlussmodell eines Versicherungsvertrags, *E. Lorenz*, VersR 1995, 616 (618).

4 Nachfolgend: AVB.

über sein Widerspruchsrecht erst mit Übersendung der Police statt vor seiner eigenen Willenserklärung – daher als „Policenmodell" bezeichnet. Dem Policenmodell stand das sogenannte „Antragsmodell"[5] gegenüber, welches die Übergabe dieser Informationen vor der Willenserklärung des Versicherungsnehmers regelte.

Der Vertragsschluss im Policenmodell wurde durch die Einführung der Vorschrift des § 5a VVG alte Fassung[6] ermöglicht, welche einer Umsetzung von europäischen Richtlinien durch den deutschen Gesetzgeber im Jahr 1994 entsprang. Das Policenmodell stellte dabei eine attraktive Variante für den Versicherer dar, Policen vielfach abzuschließen. Es wurden Millionen von Lebensversicherungen pro Jahr in Deutschland im Policenmodell abgeschlossen. Allein die *Allianz SE*[7] hat nach eigenen Angaben in dem Zeitraum *circa* 9 Millionen Verträge im Policenmodell geschlossen, welche sich auf ein Beitragsvolumen von etwa EUR 62 Milliarden belaufen.[8] Auch ergeben Schätzungen des Gesamtverbandes der Deutschen Versicherungswirtschaft[9], dass im relevanten Zeitrahmen zwischen 6,1 und 11,8 Millionen Lebensversicherungen pro Jahr geschlossen wurden.[10]

5 Ebenfalls diesen Begriff prägend, *E. Lorenz*, ZVersWiss 84 (1995), 103 (108).

6 Das VVG bestand in seiner alten Fassung (nachfolgend: a.F.) bis zum 31.12.2007 (nachfolgend VVG a.F.), bevor es zum 1.1.2008 reformiert wurde, Gesetz zur Reform des Versicherungsvertragsrechts v. 23.11.2007, BGBl. 2007 I S. 2631.

7 Die Allianz SE ist ein internationaler Versicherungskonzern. Eine Änderung der Rechtsform der Gesellschaft von der Aktiengesellschaft (AG) in die Europäische Aktiengesellschaft (SE) erfolgte im Jahr 2006. Vertragspartner beim Abschluss der damaligen Verträge im Policenmodell war oft die AG (nachfolgend: *Allianz*).

8 EuGH v. 19.12.2013 – C-209/12 *(Walter Endress/Allianz Lebensversicherungs-AG)*, NJW 2014, 452 Rn. 34.

9 Nachfolgend: GDV.

10 *Heyers*, NJW 2014, 2619. Zudem ist die absolute Zahl der Lebensversicherungen in Deutschland von 81,1 Millionen im Jahr 1995 auf 96,3 Millionen im Jahr 2008 gestiegen. Dies ergibt einen Anstieg von 15,2 Millionen Lebensversicherungen. Dabei muss beachtet werden, dass auch zahlreiche alte Verträge während dieser Zeit beendet wurden. Daher ist auch nach dieser Angabe eine deutlich höhere Kennzahl als die hier vorliegende Differenz anzunehmen. Zu diesen Kennzahlen, siehe Statistisches Taschenbuch der Versicherungswirtschaft 2014, S. 8, 28; zitiert nach *Reiff*, r + s 2015, 105 (Fn. 17).

Die Vorschrift des § 5a VVG a.F. regelte den Vertragsschluss und sah ein Widerspruchsrecht[11] für den Versicherungsnehmer vor. Die Norm enthielt eine Ausschlussfrist, nach der das Recht zum Widerspruch ein Jahr nach Zahlung der ersten Prämie erlosch, falls der Lauf der regulären Widerspruchsfrist nicht begonnen hat. Der Europäische Gerichtshof[12] nahm im Jahr 2013 eine Richtlinienwidrigkeit dieser Ausschlussfrist an.[13] Der Bundesgerichtshof[14] bestimmte daraufhin das Fortbestehen des Widerspruchsrechts, wenn der Versicherungsnehmer nicht ordnungsgemäß über dieses Recht belehrt wurde und/oder die Verbraucherinformation nicht empfangen hatte.[15] Damit entstand ein sogenanntes ewiges Widerspruchsrecht, welches der Versicherungsnehmer grundsätzlich heute noch ausüben kann. Nach Schätzungen der *Allianz* sind wohl 108 Millionen Versicherungsverträge mit einem Beitragsvolumen von über EUR 400 Milliarden gezahlten Prämien in diesem Zeitraum abgeschlossen worden und somit potentiell betroffen.[16] Dieses ewige Widerspruchsrecht nutzten zahlreiche Versicherungsnehmer aus, um sich von ihren Lebensversicherungen lösen zu können. Oftmals war dies der für sie wirtschaftlich attraktivere Weg als eine Kündigung. Dies führte bis heute zu einer großen Menge an Rechtsstreitigkeiten, die vielfach auch vor dem BGH verhandelt werden,[17] wodurch ein Massengeschäft für die Anwaltspraxis entstand. Dies spiegelte sich in der Medienlandschaft wider, in der vielfach über die Möglichkeit des ewigen Widerspruchs berichtet wurde.[18]

---

11 Der Wortlaut des § 5a VVG a.F. spricht ausdrücklich von einem „Widerspruchsrecht“. Es handelte sich dabei dem Wesen nach um ein Widerrufsrecht, *Ebers*, in: Micklitz (Hrsg.), Der Vertragsschluss im deutschen Versicherungsrecht, S. 253, Fn. 17; *Mankowski*, Beseitigungsrechte, S. 58.

12 Nachfolgend: EuGH.

13 EuGH v. 19.12.2013 – C-209/12 *(Walter Endress/Allianz Lebensversicherungs-AG)*, NJW 2014, 452.

14 Nachfolgend: BGH.

15 BGH v. 7.5.2014 – IV ZR 76/11, NJW 2014, 2646.

16 EuGH v. 19.12.2013 – C-209/12 *(Walter Endress/Allianz Lebensversicherungs-AG)*, NJW 2014, 452 Rn. 34.

17 Aktuelle Urteile beispielsweise: BGH v. 15.2.2023 – IV ZR 353/21, NJW 2023, 1659; v. 15.3.2023 – IV ZR 40/21, NJW 2023, 1664; v. 19.7.2023 – IV ZR 268/21, NJW 2023, 3086; v. 29.11.2023 – IV ZR 322/22, BeckRS 2023, 42985; v. 21.2.2024 – IV ZR 297/22, NJW 2024, 1108; v. 18.9.2024 – IV ZR 45/23, BeckRS 2024, 26487.

18 Siehe dazu Fn. 1, 2.

Trotz Abschaffung der Vorschrift im Jahr 2008 bleibt die Thematik daher bis heute von erheblicher, praktischer Relevanz und bedarf einer wissenschaftlichen Aufarbeitung. Seit dem Jahr 1994 – direkt zu Beginn der Einführung – befasst sich ein Großteil des Schrifttums mit dem Policenmodell. Dabei bilden nicht nur der Wortlaut und der Zweck der Vorschrift Schwerpunkte der Untersuchungen des Schrifttums, sondern auch die fragliche Richtlinienkonformität des § 5a VVG a.F. Somit ergab sich ein weiter Spielraum an Diskussionen, welcher zu einer Rechtsunsicherheit beigetragen hat. Auch aus diesen Gründen wurde die Vorschrift im Schrifttum oftmals als missglückt[19] und sogar als „gesetzestechnisches Monstrum"[20] bezeichnet. Zwölf Jahre nach der Entscheidung des EuGH ist eine Vielzahl von Rechtsfragen weiterhin nicht abschließend geklärt.[21] Es fehlt an einer umfassenden Aufarbeitung der Fortentwicklung der Rechtsprechung sowie an einer systematischen Untersuchung der Voraussetzungen, die zur Entstehung des Massengeschäfts geführt haben.

Ziel dieser Arbeit ist daher die Analyse, wie sich eine Vorschrift, die lediglich den Vertragsschluss und Widerspruch von Versicherungsverträgen regelte, durch eine wechselhafte, teils widersprüchliche Rechtsprechung und die darauffolgenden Reaktionen von der Anwaltspraxis zu einem Massenphänomen entwickeln konnte. Im Hinblick auf die Methodik ist die Arbeit zunächst von einer umfassenden Auswertung von Schrifttum und Rechtsprechung geprägt. Die zentralen Entscheidungen sowohl nationaler als auch europäischer Rechtsprechung sollen analysiert und bewertet werden. Aufgrund der bedeutenden Praxisrelevanz wurden Interviews mit Experten aus dem Anwalts- sowie Richterwesen im Versicherungsrecht geführt.[22] Die Anwälte waren dabei sowohl auf Versicherungsnehmer- als auch auf Versichererseite tätig. Zum Schutz der Identitäten der Experten werden lediglich

---

[19] *Wandt*, Verbraucherinformation und Vertragsschluß nach neuem Recht, S. 10; vgl. *Schimikowski*, r + s 1996, 1 (3); *Schirmer*, VersR 1996, 1045 (1056); *Döhmer*, ZfSch 1997, 281 (282); *Römer*, VersR 2000, 661.

[20] *Fricke*, VersR 1999, 521.

[21] Dazu im Jahr 2020 *Zegowitz/Haferkorn*, VersR 2020, 1005.

[22] Es wurden Interviews mit sieben Experten geführt. Die Interviews erfolgten persönlich, telefonisch oder online. Die Dauer eines Interviews betrug im Durchschnitt *circa* 45 Minuten und wurde jeweils auditiv aufgenommen. Im Nachgang wurde jede Aufnahme transkribiert sowie anonymisiert. Die Aussagen der Experten werden in der Arbeit in Auszügen anonym zitiert und verwertet.

Auszüge aus den Interviews anonym in dieser Arbeit zitiert. Das Interview mit den Experten orientierte sich dabei immer an einem eigens erstellten Gesprächsleitfaden.[23]

B. Gang der Untersuchung

Kapitel 1 widmet sich der Entstehung und der Entwicklung des Policenmodells im Lichte des deutschen und europäischen Versicherungsvertragsrechts. Zunächst werden die europarechtlichen Vorgaben sowie die Umsetzung dieser durch den deutschen Gesetzgeber – insbesondere die Motive hinter der Einführung des Policenmodells – herausgearbeitet. Nachfolgend bedürfen die wechselhafte Auslegungshistorie der Vorschrift des § 5a VVG a.F. sowie die Problemfelder des Tatbestands einer kritischen Betrachtung. Ferner untersucht die Arbeit das *Telos* der Einführung eines Widerspruchsrechts im Rahmen eines Versicherungsvertrags im Policenmodell. Sodann wird das Verhältnis zwischen Antrags- und Policenmodell im Gesetz sowie in der Praxis dargestellt. Anschließend werden sowohl die Änderungen als auch die Abschaffung der Vorschrift und des Policenmodells aufgezeigt. Ziel des Kapitels ist es, die potentiell missglückten Regelungen des Gesetzgebers aufzuzeigen und somit den legislativen Fehlgriff herauszuarbeiten. Zur Erreichung dessen bildet die Aufarbeitung und Bewertung des damaligen Schrifttums den Schwerpunkt. Dies legt die Grundlagen für eine Darstellung und Bewertung der damaligen sowie der aktuellen Rechtsprechung, welche in den darauffolgenden Kapiteln erfolgen.

Anschließend behandelt Kapitel 2 die Genese des ewigen Widerspruchsrechts. Zunächst erfolgt eine Skizzierung der ober- sowie höchstgerichtlichen deutschen Rechtsprechung und ihrer Besonderheiten bis zum Jahr 2013. Anschließend wird die Geburt des ewigen Widerspruchsrechts anhand der aus dem Jahr 2013 stammenden EuGH-Entscheidung sowie der daraufhin im Jahr 2014 ergangenen BGH-Entscheidung dargestellt. Dabei bilden sowohl der Inhalt der Entscheidungen selbst als auch die Schlussanträge der Generalanwältin am EuGH den Schwerpunkt. Sodann zeigt die Auswertung

[23] Das Interview stellte im Lichte der Methodik der empirischen Sozialforschung ein Experteninterview als eine Form des leitfadengestützten Interviews dar, siehe dazu *Helfferich*, in: Baur/Blasius (Hrsg.), Leitfaden- und Experteninterviews, S. 875, 887 ff.

dieser Urteile die Bedeutung und die Folgen für die gesamte Versicherungswirtschaft sowie die Anwaltspraxis auf.

Kapitel 3 setzt sich mit den Grenzen und Rechtsfolgen des ewigen Widerspruchsrechts im Rahmen der deutschen und europäischen Rechtsprechung auseinander. Methodisch erfolgen eine anwaltliche Auswertung sowie gerichtliche Aufarbeitung dieser Rechtsprechung auf der Grundlage von rechtsdogmatischen Ansätzen. Zunächst liegt der Fokus sowohl auf den Anforderungen an eine wirksame Widerspruchsbelehrung als auch auf den Belehrungsfehlern, welche ein ewiges Widerspruchsrecht auslösen können. Unterteilt wird dieser Abschnitt in optische und inhaltliche Anforderungen an die Belehrung, bevor auf bedeutende Einzelfälle hinsichtlich der Belehrungsfehler eingegangen wird. Sodann soll die Anwendung des Grundsatzes von Treu und Glauben in Form des Rechtsmissbrauchs sowie der Verwirkung durch die Rechtsprechung herausgearbeitet und kritisch betrachtet werden. Dafür dient die Darstellung dieser Rechtsinstitute als Einführung. Anschließend erfolgt eine Beleuchtung der zentralen Entscheidungen der deutschen sowie europäischen Rechtsprechung im Hinblick auf eine Einschränkung des ewigen Widerspruchsrechts durch den Rückgriff auf den Grundsatz von Treu und Glauben. Die Arbeit prüft insbesondere die rechtmäßige, nationale Anwendung dieses Rückgriffs im Lichte unionsrechtlicher Rechtsprechung. Nach einer daran anschließenden Darstellung der Anforderungen an die Vollständigkeit der Verbraucherinformation folgt eine Beurteilung eines möglichen Entgegenstehens einer vorherigen Kündigung des Versicherungsnehmers sowie einer anderweitigen Kenntniserlangung vom Widerspruchsrecht als durch den Versicherer selbst. Sodann ist auf die Bestimmung der Rechtsfolgen des bereicherungsrechtlichen Rückforderungsanspruchs einzugehen. Schließlich wird der relevante Zeitpunkt für den Verjährungsbeginn eines Anspruchs des Versicherungsnehmers bestimmt.

Kapitel 4 bewertet abschließend die von der Rechtsprechung gesendeten Signale und die entstandene inflationäre Anwaltspraxis. Grundlage bilden insbesondere die Interviews mit den Experten. Die empirischen Befunde tragen gemeinsam mit der Auswertung der Rechtsprechung sowie der Literatur zu einer kritischen Beurteilung bei, wie ein Massengeschäft für die Anwaltschaft entstehen konnte. Zuletzt wird untersucht, unter welchen Bedingungen aus einer Vorschrift trotz oder aufgrund des Eingreifens der Rechtsprechung ein Massenphänomen für die Versicherungspraxis reifen konnte.

Entstehung und Entwicklung des Policenmodells im Lichte des deutschen und europäischen Versicherungsvertragsrechts

A. Entstehung des Policenmodells

I. Europarechtliche Vorgaben

Die Vorschrift des § 5a VVG a.F. entstand aus dem Versuch einer Harmonisierung des europäischen Versicherungsaufsichtsrechts und sollte den Vertragsschluss zwischen Versicherungsnehmer und Versicherer regeln.[1] Der Grund des Harmoniebestrebens lag in dem Ziel der Verwirklichung eines europäischen Binnenmarkts sowie der Deregulierung des Versicherungsmarkts.[2] Maßgeblich waren in diesem Rahmen insbesondere die drei sogenannten Richtliniengenerationen der Europäischen Wirtschaftsgemeinschaft[3].[4] Durch die Umsetzung der Richtlinien in Form von Durchführungsgesetzen wurde nicht nur das Versicherungsaufsichtsrecht, sondern auch das

---

1 *Beckmann/Matusche-Beckmann*, in: Dauses/Ludwigs (Hrsg.), E. VI. Rn. 7; Versicherungsrecht-Hdb/*W.-T. Schneider*, 1. Teil, 1. Abschnitt, § 1 B. I. Rn. 10; *Beckmann*, ZEuP 1999, 809 (815 ff.); *Huckele*, Die vorvertraglichen Aufklärungs-, Beratungs- und Informationspflichten im Versicherungsrecht, S. 121.

2 Versicherungsrecht-Hdb/*W.-T. Schneider*, 1. Teil, 1. Abschnitt, § 1 B. I. Rn. 10; *Müller*, Verbraucherschutz im Versicherungswesen durch Information der Versicherten, S. 3 f.; vgl. *Wienstein*, in: FS Büchner 1991, S. 443, 443 f.; *Kinkel*, in: FS Büchner 1991, S. 423, 423 f.; *Schanz*, in: FS Büchner 1991, S. 435, 435 f.

3 Nachfolgend: EWG.

4 *Beckmann/Matusche-Beckmann*, in: Dauses/Ludwigs (Hrsg.), E. VI. Rn. 7.

Versicherungsvertragsrecht – unter anderem durch die Einführung des § 5a VVG a.F. – geprägt.[5]

1. Versuch der Harmonisierung des Versicherungsvertragsrechts

Ursprünglich beabsichtigte die Europäische Kommission seit dem Jahr 1965 eine Vereinheitlichung des Versicherungsvertragsrechts aufgrund divergierender nationaler Regelungen.[6] Dabei stieß die Kommission jedoch auf Differenzen zwischen den beiden Sachverständigengruppen der Regierungen sowie der Versicherer der Mitgliedstaaten, vor allem in Bezug auf die Regelungsdichte.[7] Erst nach über zehn Jahren erging im Jahr 1979 ein Kommissionsvorschlag für eine Richtlinie zur Vereinheitlichung des Versicherungsvertragsrechts.[8] Dieser Vorschlag sah *inter alia*

---

5 *Beckmann/Matusche-Beckmann*, in: Dauses/Ludwigs (Hrsg.), E. VI. Rn. 7; Versicherungsrecht-Hdb/*W.-T. Schneider*, 1. Teil, 1. Abschnitt, § 1. B. I. Rn. 10; *Beckmann*, ZEuP 1999, 809 (832 f.); *Hemmer*, Die Einbeziehung von AVB in den Versicherungsvertrag nach neuem Recht, S. 1; *Huckele*, Die vorvertraglichen Aufklärungs-, Beratungs- und Informationspflichten im Versicherungsrecht, S. 120 f.

6 *Beckmann*, in: Dauses/Ludwigs (Hrsg.), E. VI. Rn. 220; Versicherungsrecht-Hdb/*Mönnich*, 1. Teil. 1. Abschnitt, § 2 B. II. Rn. 18; *Beckmann*, ZEuP 1999, 809 (820 f.); *Matusche-Beckmann*, ERPL 1996, 201 (203); *Rieger*, VW 1975, 342; zu Beispielen unterschiedlicher vertraglicher Regelungen der einzelnen Mitgliedstaaten, *Hübner/Matusche-Beckmann*, EuZW 1995, 263; *Meyer-Kahlen*, Angleichung des Versicherungsvertragsrechts im Gemeinsamen Markt, S. 28 ff.; *Müller*, Versicherungsbinnenmarkt, Rn. 82; *Angerer*, VW 1978, 1213 (1214 ff.); *Armbrüster*, in: Jickeli/Kotzur/Noack/Weber (Hrsg.), Zur Harmonisierung des Privatversicherungsrechts in der EG, S. 89, 90; *Badenhoop*, VW 1987, 622 (626); *Winter*, Zur Versicherungsvertragsrechtsharmonisierung im Rahmen der Europäischen Wirtschaftsgemeinschaft, S. 1 ff.; vgl. auch *E. Prölss*, in: Frey (Hrsg.), Die Angleichung des Versicherungsvertragsrechts in der EWG, S. 49, 49 f.; *Reiff*, VersR 1997, 267; *Püttgen*, Europäisiertes Versicherungsvertragsschlussrecht, S. 33 f.

7 Versicherungsrecht-Hdb/*Mönnich*, 1. Teil, 1. Abschnitt, § 2 B. II. Rn. 18; *Bühnemann*, VersR 1968, 418 (419 f.); *Lambsdorff*, in: FS Büchner 1991, S. 265, 267.

8 Richtlinien-Vorschlag des Rates zur Koordinierung der Rechts- und Verwaltungsvorschriften betreffend die Aufnahme und Ausübung der Tätigkeit der Direktversicherung, ABl. C 190, S. 2 v. 28.7.1979. Dieser wurde nach Anhörung des Europäischen Parlaments sowie des Wirtschafts- und Sozialausschusses geändert, Änderung des Richtlinien-Vorschlags des Rates zur Koordinierung der Rechts- und Verwaltungsvorschriften über Versicherungsverträge, ABl. C 355, S. 30 v. 31.12.1980; *Müller*, Versicherungsbinnenmarkt, Rn. 83.

Mindestinformationspflichten des Versicherers sowie Verhaltens- und Anzeigepflichten des Versicherungsnehmers vor[9] und enthielt eine „gewisse Harmonisierung“[10]. Allerdings wurde der Vorschlag aufgrund abweichender Sichtweisen der Mitgliedstaaten hinsichtlich des Schutzniveaus des einzelnen Versicherungsnehmers nicht verabschiedet. Für einige Staaten war das vorgesehene Schutzniveau nicht ausreichend. Dagegen sahen andere überhaupt keinen Harmonisierungsbedarf.[11] Schließlich erklärte die Kommission selbst, dass für die Verwirklichung des europäischen Binnenmarkts eine Harmonisierung des Versicherungsvertragsrechts nicht erforderlich sei.[12] Bis heute ist auf europäischer Ebene kein einheitliches Versicherungsvertragsrecht festzustellen.[13]

---

9 Versicherungsrecht-Hdb/*Mönnich*, 1. Teil. 1. Abschnitt, § 2 B. II. Rn. 19; *Beckmann*, ZEuP 1999, 809 (821); *Müller*, Versicherungsbinnenmarkt, Rn. 83.

10 *Müller*, Versicherungsbinnenmarkt, Rn. 83.

11 *Beckmann*, ZEuP 1999, 809 (821 f.); *Hübner*, in: FS Carstens 1984, S. 139; *ders.*, JZ 42 (1987), 330; *Hübner/Matusche-Beckmann*, EuZW 1995, 263 (269 f.); *Müller*, Versicherungsbinnenmarkt, Rn. 85; *Steindorff*, ZHR 144 (1980), 447; vgl. auch zu den Harmonisierungsversuchen, *Hübner*, ZGesVersW 71 (1982), 221; *ders.*, ZGesVersW 72 (1983), 21; *Schmidt*, in: FS Dölle 1963, S. 485; *ders.*, in: FS Hallstein 1966, S. 453; *ders.*, VW 1980, 8; *Weigel*, VW 1981, 1165; vgl. auch *Reichert-Facilides*, in: FS Drobnig 1998, S. 119, 128 f.

12 ABl. EG 1993 C 228, 4, 14; *Beckmann*, ZEuP 1999, 809 (822); *Müller*, Versicherungsbinnenmarkt, Rn. 87; *Brittan*, VW 1990, 754 (759); *U. Schneider*, NJW 1991, 1985 (1989); *Angerer*, in: FS Büchner 1991, S. 359, 360; *Reiff*, VersR 1997, 267.

13 *Beckmann*, in: Dauses/Ludwigs (Hrsg.), E. VI. Rn. 223; *ders.*, ZEuP 1999, 809 (832 f.); *Looschelders/Smarowos*, VersR 2010, 1; vgl. *Drobnig*, in: FS Steindorff 1990, S. 1141, 1142; *Heiss*, Stand und Perspektiven der Harmonisierung des Versicherungsvertragsrechts in der EG; *Looschelders*, VersR 2011, 421; vgl. *Michaels*, in: FS Büchner 1991, S. 317, 318; *Köhler*, in: FS Büchner 1991, S. 75, 76. Ein weiterer Versuch für eine Vereinheitlichung erging durch die europäische Forschungsgruppe „Restatement of European Insurance Contract Law“, welche im Jahr 2009 sowie erneut im Jahr 2016 ein Modellgesetz für ein optionales Vertragsrecht schuf („Principles of European Insurance Contract Law”). Dazu näher, https://www.mpipriv.de/873732/20170501-european-insurance-contract-law (zuletzt abgerufen am 23.2.2025); *Basedow/Heiss/Wandt*, EuZW 2008, 68; MüKo-VVG/*Wandt*, VVG § 28 Rn. 374 ff.; *Beckmann*, in: Dauses/Ludwigs (Hrsg.), E. VI. Rn. 226 f.; *Basedow u. a.* (Hrsg.): Principles of European Insurance Contract Law (PEICL) 2009, S. 1 ff.; *Basedow u. a.* (Hrsg.): Principles of European insurance contract law (PEICL), 2. Auflage 2016, S. 1 ff.; *Heiss*, RabelsZ 76 (2012), 316; *Reichert-Facilides*, in: FS Mayrhofer 2002, S. 179.

2. Harmonisierung des Aufsichtsrechts – drei Generationen von Richtlinien

Parallel zu dem Ansatz einer Harmonisierung im Bereich des Versicherungsvertragsrechts wurde eine Harmonisierung des Aufsichtsrechts angestrebt.[14] Dieser Weg erfolgte insbesondere in drei Stufen, den sogenannten drei Richtliniengenerationen.[15] Diese bezogen sich auf den Bereich der Direktversicherung[16]. Dabei ergingen grundsätzlich jeweils gesonderte Richtlinien für den Bereich der Schadens- sowie der Lebensversicherung.[17]

a) Erste und Zweite Richtliniengeneration

Die Erste Richtliniengeneration[18] befasste sich insbesondere mit der Einführung der grundsätzlichen Erlaubnispflicht in sämtlichen europäischen

---

[14] Versicherungsrecht-Hdb/*Mönnich*, 1. Teil, 1. Abschnitt, § 2 B. III. Rn. 23; *Beckmann*, ZEuP 1999, 809 (810); vgl. auch *W.-H. Roth*, RabelsZ 54 (1990), 63 (67 ff.); vgl. zu den Zielsetzungen der Versicherungsaufsicht, *Winter*, Versicherungsaufsichtsrecht, S. 51 ff.

[15] Versicherungsrecht-Hdb/*W.-T. Schneider*, 1. Teil, 1. Abschnitt, § 1 B. V. Rn. 65; *Beckmann*, ZEuP 1999, 809 (811); *Hübner/Matusche-Beckmann*, EuZW 1995, 263. Der Richtlinie 64/225/EWG (Richtlinie 64/225/EWG des Rates v. 25.3.1964 zur Aufhebung der Beschränkungen der Niederlassungsfreiheit und des freien Dienstleistungsverkehrs auf dem Gebiet der Rückversicherung und Retrozession, ABl. 1964 P 56, 878) kam als erster versicherungsrechtlichen Richtlinie kaum Bedeutung gegenüber den nachfolgenden drei Richtliniengenerationen zu. Sie bezog sich auf den Bereich der Rückversicherung. Dazu *Beckmann/Matusche-Beckmann*, in: Dauses/Ludwigs (Hrsg.), E. VI. Rn. 7 ff.; *Müller*, Versicherungsbinnenmarkt, Rn. 22. Näheres zur Rückversicherung: Versicherungsrecht-Hdb/*W.-T. Schneider*, 1. Teil, 1. Abschnitt, § 1 C. II. Rn. 91 f.

[16] Die Direktversicherung bezeichnet den Versicherungsvertrag zwischen Versicherer und Versicherungsnehmer und wird in deutscher Rechtssprache Erstversicherung genannt, Versicherungsrecht-Hdb/*W.-T. Schneider*, 1. Teil, 1. Abschnitt, § 1 C. II. Rn. 90.

[17] *Beckmann/Matusche-Beckmann*, in: Dauses/Ludwigs (Hrsg.), E. VI. Rn. 9; Versicherungsrecht-Hdb/*W.-T. Schneider*, 1. Teil, 1. Abschnitt, § 1 B. V. Rn. 65; *Looschelders/Michael*, in: Ruffert (Hrsg.), Europäisches Vertragsrecht, S. 763, § 11 Rn. 1. Die Arbeit konzentriert sich auf die Vorgaben der jeweiligen Lebensversicherungsrichtlinie, auch wenn häufig Übereinstimmungen mit der entsprechenden Schadensversicherungsrichtlinie gegeben sind.

[18] Erste Richtlinie 73/239/EWG des Rates v. 24.7.1973 zur Koordinierung der Rechts- und Verwaltungsvorschriften betreffend die Aufnahme und Ausübung der Tätigkeit der Direktversicherung (mit Ausnahme der Lebensversicherung), ABl. 1973 L 228, 3 (nachfolgend: Erste Richtlinie Schaden); erste Richtlinie 79/267/EWG des Rates v. 5.3.1979 zur Koordinierung der Rechts- und Verwaltungsvorschriften über die Aufnahme und Ausübung der Direktversicherung (Lebensversicherung), ABl. 1979 L 63, 1 (nachfolgend: Erste Richtlinie Leben).

Mitgliedstaaten und der Angleichung der Zulassungsvoraussetzungen für die Versicherungstätigkeit sowie der Schaffung von Zweigniederlassungen.[19] Im Bereich der Lebensversicherung wurden mit der Ersten Richtlinie Leben hauptsächlich eigene Regeln für die Solvabilitätsspanne sowie für die Werte für den Garantiefonds eingeführt.[20] Die Zweite Richtliniengeneration[21] sah vor allem die Umsetzung der Dienstleistungsfreiheit der Versicherer vor.[22] Dabei galt die ständige Präsenz eines Versicherers in einem Mitgliedstaat als Errichtung einer Niederlassung.[23] Die Zweite Richtlinie Leben war ein bedeutender Faktor für die „Liberalisierung im Lebensversicherungsgeschäft"[24]. Im Bereich der Lebensversicherung wurde mit dieser Richtlinie ein Rücktrittsrecht des Versicherungsnehmers eingeführt.[25] Der Versicherungsnehmer sollte innerhalb einer vom Mitgliedstaat festzusetzenden Frist zwischen 14 und 30 Tagen nach Unterrichtung über den Vertragsschluss dieses Recht ausüben können.[26]

---

19 Jeweils Art. 6 sowie Art. 10 Erste Richtlinie Schaden und Erste Richtlinie Leben; Art. 13 ff. Erste Richtlinie Schaden; Art. 18 ff. Erste Richtlinie Leben; *Beckmann/Matusche-Beckmann*, in: Dauses/Ludwigs (Hrsg.), E. VI. Rn. 9; zusammenfassend dazu, *Hübner/Matusche-Beckmann*, EuZW 1995, 263 (264 f.); *Eickhoff*, ZGesVersW 72 (1983), 1 (6 ff.); vgl. auch, *Steindorff*, ZHR 139 (1975), 249 (256 f.); *Bangemann*, in: FS Büchner 1991, S. 27, 29 f.

20 Art. 18 bis 20 der Ersten Richtlinie Leben; *Hübner/Matusche-Beckmann*, EuZW 1995, 263 (265); *Eickhoff*, ZGesVersW 72 (1983), 1 (11 f.); vgl. auch *Schwintowski*, Der private Versicherungsvertrag zwischen Recht und Markt, S. 256 f.; darüber hinaus wurde mit Art. 13 der Ersten Richtlinie Leben ein Spartentrennungsgebot eingeführt. Dazu und zu den Ausnahmen: *Müller*, Versicherungsbinnenmarkt, Rn. 65, 483 ff.; *Henning*, in: FS Büchner 1991, S. 49, 49 ff.

21 Zweite Richtlinie 88/357/EWG des Rates v. 22.6.1988 zur Koordinierung der Rechts- und Verwaltungsvorschriften für die Direktversicherung (mit Ausnahme der Lebensversicherung) und zur Erleichterung der tatsächlichen Ausübung des freien Dienstleistungsverkehrs sowie zur Änderung der Richtlinie 73/239/EWG, ABl. 1988 L 172, 1 (nachfolgend: Zweite Richtlinie Schaden); zweite Richtlinie 90/619/EWG des Rates v. 8.11.1990 zur Koordinierung der Rechts- und Verwaltungsvorschriften für die Direktversicherung (Lebensversicherung) und zur Erleichterung der tatsächlichen Ausübung des freien Dienstleistungsverkehrs sowie zur Änderung der Richtlinie 79/267/EWG, ABl. 1990 L 330, 50 (nachfolgend: Zweite Richtlinie Leben); zu den Schwierigkeiten der Verabschiedung der Richtlinien, *W.-H. Roth*, RabelsZ 54 (1990), 63 (68).

22 *Looschelders/Michael*, in: Ruffert (Hrsg.), Europäisches Vertragsrecht, S. 763, § 11 Rn. 1; *Müller*, Versicherungsbinnenmarkt, Rn. 68 ff.; *Schmidhuber*, in: FS Büchner 1991, S. 115, 116.

23 Jeweils Art. 2 Zweite Richtlinie Schaden und Zweite Richtlinie Leben.

24 *Hübner/Matusche-Beckmann*, EuZW 1995, 263 (266).

25 Art. 15 Zweite Richtlinie Leben.

26 Art. 15 Zweite Richtlinie Leben; *Müller*, Versicherungsbinnenmarkt, Rn. 71.

b) Dritte Richtliniengeneration

Durch die Dritte Richtliniengeneration[27] wurde *inter alia* das Sitzlandprinzip sowie das *Single-Licence*-Prinzip geschaffen.[28] Dies bedeutete, dass die Finanzaufsicht der Aufsichtsbehörde des Landes untergeordnet ist, in dem der Versicherer seinen Sitz hat. Davor war der Versicherer dem Aufsichtsrecht jedes Landes unterlegen, in dem er Leistungen anbietet. Nach dem *Single-Licence*-Prinzip genügte für den Versicherer eine einzige Zulassung durch die Sitzlandaufsicht in einem Mitgliedstaat, um in sämtlichen anderen Mitgliedstaaten parallel tätig zu sein.[29] Weiterhin bestand eine wesentliche Änderung in der Abschaffung der Pflicht der vorherigen Genehmigung sowie der systematischen Übermittlung der allgemeinen und besonderen Versicherungsbedingungen.[30] Damit sollte die Grundlage

---

[27] Richtlinie 92/49/EWG des Rates v. 18.6.1992 zur Koordinierung der Rechts- und Verwaltungsvorschriften für die Direktversicherung (mit Ausnahme der Lebensversicherung) sowie zur Änderung der Richtlinien 73/239/EWG und 88/357/EWG (Dritte Richtlinie Schadensversicherung), ABl. L 228, 1 (nachfolgend: Dritte Richtlinie Schaden); Richtlinie 92/96/EWG des Rates v. 10.11.1992 zur Koordinierung der Rechts- und Verwaltungsvorschriften für die Direktversicherung (Lebensversicherung) sowie zur Änderung der Richtlinien 79/267/EWG und 90/619/EWG (Dritte Richtlinie Lebensversicherung), ABl. L 360, 1 (nachfolgend: Dritte Richtlinie Leben).

[28] Art. 4 sowie Art. 8 Dritte Richtlinie Leben; *Looschelders/Michael*, in: Ruffert (Hrsg.), Europäisches Vertragsrecht, S. 763, § 11 Rn. 1; *W.-H. Roth*, NJW 1993, 3028 (3030); *Hohlfeld*, VersR 1993, 144 (144 f.); vgl. *Schlecht*, in: FS Büchner 1991, S. 335, 335 f.

[29] Art. 5, 9 Dritte Richtlinie Schaden sowie Art. 4 Dritte Richtlinie Leben; vgl. auch Erwägungsgrund (nachfolgend: ErwG) 5, 6 der Dritten Richtlinie Leben; dazu ebenso *Looschelders/Michael*, in: Ruffert (Hrsg.), Europäisches Vertragsrecht, S. 763, § 11 Rn. 1; *Hübner/Matusche-Beckmann*, EuZW 1995, 263 (266 f.); *Müller*, Versicherungsbinnenmarkt, Rn. 56; *Präve*, VW 2001, 372; *ders.*, VersR 2001, 133; *Hohlfeld*, Was bleibt von der materiellen Versicherungsaufsicht nach Vollendung des Binnenmarktes?, S. 5; *Fahr*, VersR 1992, 1033; *Kieninger*, AcP 199 (1999), 190 (210 f.); *Hübner*, EuZW 1995, 1; *ders.*, in: FS Büchner 1991, S. 305, 305 f.; *Becker*, in: FS Büchner 1991, S. 35, 38 f.

[30] Art. 5, 29, 39 Dritte Richtlinie Leben. Dazu *Dörner*, in: Lorenz (Hrsg.), Versicherungsrechtliche Aufklärungspflichten, S. 39; detailliert zum Wegfall der Vorabkontrolle sowie zur Aufhebung der Bedingungskontrolle, *Hoffmann*, Verbraucherschutz im deutschen Privatversicherungsrecht nach dem Wegfall der Vorabkontrolle Allgemeiner Versicherungsbedingungen, S. 35 ff.; *Römer*, Die Informationspflichten der Versicherer, S. 5 f.; *ders.*, VersR 1998, 1313; *Beckmann*, ZEuP 1999, 809 (812); *Herrmann*, DZWIR 2004, 45; *Hübner*, EuZW 1995, 1. Das durch die Erste Richtlinie Leben eingeführte Spartentrennungsgebot (Fn. 19) wurde aufgeweicht. Näher dazu und zu weiteren Elementen der Dritten Richtlinie Leben, *Müller*, Versicherungsbinnenmarkt, Rn. 78 f.

für einen europäischen Binnenmarkt geschaffen werden. Ein Versicherer sollte auf diesem Wege in der gesamten Gemeinschaft seine Produkte anbieten können, ohne dabei einer staatlichen Vorabkontrolle und einer Genehmigung der Aufsichtsbehörde verpflichtet zu sein.[31] Das Ziel war eine Beschneidung der Eingriffe der Aufsichtsbehörde und die Förderung eines größeren Wettbewerbs.[32] Dies sollte in einer breiteren Produktvielfalt sowie -auswahl für den Versicherungsnehmer resultieren. Dieser würde dadurch in der Lage sein, das für ihn bestmögliche Angebot zu wählen.[33] Zum Schutze des Versicherungsnehmers vor dem Auswahlrisiko und der großen Produktvielfalt wurden zahlreiche Informationspflichten eingeführt, welche der Versicherer vor und nach Abschluss des Vertrags gegenüber dem Versicherungsnehmer einzuhalten hatte. Dabei waren Mindestvorschriften zu schaffen, damit der Versicherungsnehmer transparente und detaillierte Merkmale über Versicherer und Versicherungsprodukt erhält.[34] Die Harmonisierung des für den Versicherungsvertrag geltenden Rechts stellte jedoch keine Vorbedingung für die Verwirklichung des Binnenmarkts dar. Ein Schutz der Versicherungsnehmer musste durch die nationalen Vorschriften des jeweiligen Mitgliedstaats im Versicherungsvertragsrecht gewährleistet werden.[35]

---

31 *Müller*, Versicherungsbinnenmarkt, Rn. 56 f., 76; *Hohlfeld*, Was bleibt von der materiellen Versicherungsaufsicht nach Vollendung des Binnenmarktes?, S. 4 f.; *Müller*, Überlegungen zur Vereinheitlichung der aufsichtsrechtlichen Rahmenbedingungen für Versicherungsunternehmen und Kreditinstitute, S. 12 f.; *Beckmann*, ZEuP 1999, 809 (812 f.).

32 Versicherungsrecht-Hdb/*W.-T. Schneider*, 1. Teil, 1. Abschnitt, § 1 B. III. Rn. 44.

33 ErwG 20 Dritte Richtlinie Leben sowie ErwG 18 f. Dritte Richtlinie Schaden; so auch *U. Kramer*, Internationales Versicherungsvertragsrecht, S. 149; *Büchner*, Der Referentenentwurf eines Dritten Durchführungsgesetzes/EWG zum VAG auf dem Prüfstand, S. 11.

34 ErwG 23 Dritte Richtlinie Leben; *Müller*, Versicherungsbinnenmarkt, Rn. 76; *Präve*, VW 1999, 1410 (1412 f.); *Büchner*, Der Referentenentwurf eines Dritten Durchführungsgesetzes/EWG zum VAG auf dem Prüfstand, S. 11; *Wandt*, Verbraucherinformation und Vertragsschluß nach neuem Recht, S. 3; *Beckmann*, in: Dauses/Ludwigs (Hrsg.), E. VI. Rn. 224; *Leverenz*, Vertragsschluss nach der VVG-Reform, Rn. 1/2; vgl. *Fleischer*, ZEuP 2000, 772 (784); *Wilke*, in: FS Helmrich 1994, S. 883, 890 ff.; *Reich*, VuR 1991, 1 (7); *ders.*, VuR 1993, 10 (21 ff.); *Ebers*, in: Micklitz (Hrsg.), Der Vertragsschluss im deutschen Versicherungsrecht, S. 253, 256 f.

35 ErwG 19 Dritte Richtlinie Leben sowie ErwG 18 Dritte Richtlinie Schaden.

Die Dritte Richtlinie Leben enthielt in Form der Vorschrift des Art. 31 i. V. m. Anhang II einen Katalog von Informationspflichten, die der Versicherer gegenüber dem Versicherungsnehmer zu erfüllen hatte.[36] Der Mitteilung der Angaben musste der Versicherer grundsätzlich vor Abschluss des Vertrags[37], teils allerdings auch während der Laufzeit[38], nachkommen. Dabei unterschied Anhang II der Dritten Richtlinie Leben jeweils zwischen Informationen über den Versicherer selbst und solchen über die Versicherungspolice. Vor dem Abschluss des Vertrags waren bezüglich des Versicherers dessen Name, Rechtsform und Anschrift des Hauptsitzes sowie Mitgliedstaat, in dem sich der Hauptsitz befindet, zu nennen. Bezüglich der Versicherungspolice führte Anhang II eine Liste von 13 verschiedenen Punkten auf. Relevant waren *inter alia* die Beschreibung jeder Garantie und jeder Option, die Laufzeit der Police, die Prämienzahlungsweise und Prämienzahldauer sowie die Modalitäten der Ausübung des Widerrufs- und Rücktrittsrechts.[39] Nach Anhang II B der Dritten Richtlinie Leben waren Informationen über Änderungen beim Versicherer – sei es eine Änderung der Anschrift oder der Rechtsform – oder beim Versicherungsvertrag zusätzlich zu den Allgemeinen und Besonderen Versicherungsbedingungen während der Laufzeit zu übermitteln. Das von der Zweiten Richtlinie Leben vorgesehene Lösungsrecht wurde lediglich marginal verändert.[40]

---

36 Vgl. auch *D. Wendt*, Zum Widerruf im Versicherungsvertragsrecht, S. 9 f.; *Beckmann/Matusche-Beckmann*, in: Dauses/Ludwigs (Hrsg.), E. VI. Rn. 17. Die Dritte Richtlinie Schaden enthält mit Art. 31, 43 im Gegensatz zur Dritten Richtlinie Leben lediglich wenige, eher unerhebliche Informationspflichten. Dazu *D. Wendt*, Zum Widerruf im Versicherungsvertragsrecht, S. 7; *Büchner*, Der Referentenentwurf eines Dritten Durchführungsgesetzes/EWG zum VAG auf dem Prüfstand, S. 11; *Wandt*, Verbraucherinformation und Vertragsschluß nach neuem Recht, S. 3 f.; *Präve*, r + s 1998, 441 (442); *ders.*, VW 1994, 556; *Ebers*, in: Micklitz (Hrsg.), Der Vertragsschluss im deutschen Versicherungsrecht, S. 253, 257.

37 Art. 31 Abs. 1 i. V. m. Anhang II A Dritte Richtlinie Leben.

38 Art. 31 Abs. 2 i. V. m. Anhang II B Dritte Richtlinie Leben.

39 Angaben, die über diesen Katalog hinausgehen, können lediglich dann nach Art. 31 Abs. 3 Dritte Richtlinie Leben verlangt werden, wenn diese für das tatsächliche Verständnis der wesentlichen Bestandteile der Police durch den Versicherungsnehmer erforderlich sind. Dazu auch *Wandt*, Verbraucherinformation und Vertragsschluß nach neuem Recht, S. 4.

40 Art. 30 Dritte Richtlinie Leben; *D. Wendt*, Zum Widerruf im Versicherungsvertragsrecht, S. 9.

Schließlich wurden die drei Lebensversicherungsrichtlinien im Jahr 2002 in einer Gesamtrichtlinie zusammengefasst und überarbeitet.[41] Auch diese Richtlinie sah ein Lösungsrecht des Versicherungsnehmers vor.[42]

II. Umsetzung durch den deutschen Gesetzgeber

1. Vertragsschluss vor dem Jahr 1994

Vor der Umsetzung der Richtlinien, also nach dem bis zum Jahr 1994 geltenden Recht, unterschrieb der Versicherungsnehmer ein ausgefülltes Antragsformular des Versicherers. Dieses wurde entweder von diesem selbst oder vom Versicherungsvermittler vorgelegt. Es enthielt in der Regel eine Antragsbindungsfrist und stellte den bindenden Antrag im Sinne des § 145 BGB dar.[43] Zumeist wurde das Formular vom Versicherungsvermittler an den Versicherer übersandt.[44] Die Annahme durch den Versicherer erfolgte durch Übersendung der Police inklusive der einschlägigen AVB.[45] Die AVB wurden trotz der fehlenden Möglichkeit zur Kenntnisnahme durch den Versicherungsnehmer vor Abgabe seiner Willenserklärung Vertragsbestandteil, § 23 Abs. 3 AGBG a.F.[46] Dies war

---

[41] Richtlinie 2002/83/EG des Europäischen Parlaments und des Rates v. 5.11.2002 über Lebensversicherungen, ABl. L 345, 1 (nachfolgend: Richtlinie Leben 2002); siehe auch *E. Lorenz*, VersR 2003, 175. Die vier Lebensversicherungsrichtlinien sowie die drei Schadensversicherungsrichtlinien gingen später in einer gemeinsamen Richtlinie auf: Richtlinie 2009/138/EG des Europäischen Parlaments und des Rates v. 25.11.2009 betreffend die Aufnahme und Ausübung der Versicherungs- und Rückversicherungstätigkeit (Solvabilität II), ABl. 335, 1 (nachfolgend: Richtlinie Solvabilität II); *D. Wendt*, Zum Widerruf im Versicherungsvertragsrecht, S. 7 f.

[42] Art. 35 Richtlinie Leben 2002.

[43] Wolf/Lindacher/Pfeiffer/*Reiff*, 5. Aufl. 2009, Teil 5, Rn. V89; *E. Lorenz*, VersR 1995, 616 (617); *Schaffrin*, Die Kontrolle von Allgemeinen Geschäftsbedingungen und Allgemeinen Versicherungsbedingungen, S. 17.

[44] Wolf/Lindacher/Pfeiffer/*Reiff*, 5. Aufl. 2009, Teil 5, Rn. V89.

[45] Wolf/Lindacher/Pfeiffer/*Reiff*, 5. Aufl. 2009, Teil 5, Rn. V89; *E. Lorenz*, VersR 1995, 616 (617); *Schaffrin*, Die Kontrolle von Allgemeinen Geschäftsbedingungen und Allgemeinen Versicherungsbedingungen, S. 17.

[46] Wolf/Lindacher/Pfeiffer/*Reiff*, 5. Aufl. 2009, Teil 5, Rn. V90; *E. Lorenz*, VersR 1995, 616 (617); *ders.*, VersR 1997, 773 (774); *Schaffrin*, Die Kontrolle von Allgemeinen Geschäftsbedingungen und Allgemeinen Versicherungsbedingungen, S. 17 f.; *Schimikowski*, r + s 1996, 1 (3); *Leverenz*, Vertragsschluss nach der VVG-Reform, Rn. 1/2; Prölss/Martin/*J. Prölss*, 27. Aufl. 2004, § 5a VVG Rn. 2. Das AGB-Gesetz ist zum 1.1.2002 außer Kraft getreten und wurde durch die Vorschriften der §§ 305–310 BGB abgelöst, Gesetz zur Modernisierung des Schuldrechts v. 26.11.2001, BGBl. I 2001, S. 3138.

entgegen der Vorschrift des § 2 Abs. 1 Nr. 1, 2 AGBG a.F. durch die behördliche Vorabgenehmigung der AVB durch die Aufsichtsbehörde[47] nach § 5 Abs. 1, 3 Nr. 2 VAG a.F.[48] möglich.[49] Diese Genehmigung bedeutete eine Einbeziehung der AVB, auch wenn der Versicherungsnehmer diese nicht gesehen hatte.[50] Daneben sollte der Schutz des Versicherungsnehmers im Rahmen des Vertragsverhältnisses durch verschiedene Ansprüche gegen den Versicherer bei dessen Verstoß gegen gesetzliche sowie außergesetzliche Pflichten – zum Beispiel aus *culpa in contrahendo* – sichergestellt werden.[51]

2. Umsetzung der Dritten Richtliniengeneration im Jahr 1994

Die Dritte Richtliniengeneration wurde durch das Dritte Gesetz zur Durchführung versicherungsrechtlicher Richtlinien des Rates der europäischen Gemeinschaften vom 21.7.1994 umgesetzt.[52] Das gesamte Gesetzgebungsverfahren

---

[47] Die Aufsichtsbehörde hat die AVB als Bestandteil des vom Versicherer vorzulegenden Geschäftsplans genehmigt. Dies geschah im Rahmen des Antrags auf Erteilung der Erlaubnis zum Geschäftsbetriebs gemäß § 5 Abs. 1 VAG a.F. Nationale Aufsichtsbehörde auf Bundesebene ist die Bundesanstalt für Finanzdienstleistung (nachfolgend: BaFin) gemäß §§ 320 ff. VAG; siehe für eine ausführlichen Darlegung der Zuständigkeitsaufteilung: MAH VersR/*Diehl*, Teil G, § 38, III. 1. Rn. 8 ff.

[48] Das VAG in seiner alten Fassung (nachfolgend: VAG a.F.) galt bis zum 31.12.2015.

[49] Wolf/Lindacher/Pfeiffer/*Reiff*, 5. Aufl. 2009, Teil 5, Rn. V90; *E. Lorenz*, VersR 1995, 616 (617); vgl. auch *Müller*, Verbraucherschutz im Versicherungswesen durch Information der Versicherten, S. 4; zur Einbeziehungskontrolle nach § 2 AGBG, *Basedow*, VersR 1999, 1045 (1046 ff.); *H. Baumann*, in: FS Büchner 1991, S. 271, 277 f.; zur Kritik an dieser Bedingungskontrolle und Analyse dieser, siehe *Hübner*, in: Forschungsgesellschaft für Wettbewerb und Unternehmensorganisation mbH (Hrsg.), Die rechtliche Perspektive, S. 43, 48 ff.

[50] *E. Lorenz*, VersR 1995, 616 (617).

[51] *E. Lorenz*, VersR 1995, 616 (617); zur Haftung des Versicherers für Aufklärungspflichtverletzungen gegenüber dem Versicherungsnehmer, *Gerding*, Sicherungsscheine in der Mobiliarversicherung, S. 182 f.; allgemein zu Aufklärungspflichten und der Haftung bei Verstößen, *Huber*, in: Lorenz (Hrsg.), Aufklärungspflichten vor Vertragsschluss, S. 5.

[52] BGBl. I 1994 S. 1630 in Umsetzung der Dritten Richtlinie Schaden, der Dritten Richtlinie Leben, der Richtlinie 90/618/EWG des Rates v. 8.11.1990 zur Änderung der Richtlinie 73/239/EWG und der Richtlinie 88/357/EWG zur Koordinierung der Rechts- und Verwaltungsvorschriften für die Direktversicherung (mit Ausnahme der Lebensversicherung), insbesondere bezüglich der Kraftfahrzeug-Haftpflichtversicherung, ABl. L 330, 44 sowie Bestimmungen der Zweiten Richtlinie Leben (nachfolgend: Drittes Durchführungsgesetz).

war von „zeitlichen und inhaltlichen Turbulenzen“[53] geprägt. Das Dritte Durchführungsgesetz ist am 29.7.1994 statt am 1.7.1994 in Kraft getreten. Zudem wurde es statt der vorgeschriebenen sechs Monate lediglich acht Tage vor Inkrafttreten erlassen.[54]

a) Informationspflichten nach § 10a VAG a.F.

Die Informationspflichten hat der deutsche Gesetzgeber in der neu eingefügten Vorschrift des § 10a VAG a.F. i. V. m. Anlage Teil D geregelt. Diese Vorschrift setzte Art. 31 Abs. 1–3 und Art. 43 Abs. 2, 3 der Dritten Richtlinie Schaden sowie Art. 31 i. V. m. Anhang II A der Dritten Richtlinie Leben um.[55] Nach § 10a VAG a.F. hatte der Versicherer den Versicherungsnehmer, wenn dieser eine natürliche Person ist[56], in einer Verbraucherinformation über die für das Versicherungsverhältnis maßgeblichen Tatsachen und Rechte vor Abschluss des Vertrags und während der Laufzeit zu unterrichten. Der die Angaben umfassende Katalog ging dabei deutlich gegenüber den von den Dritten Richtlinien vorgesehenen Informationspflichten hinaus. Insbesondere waren dem Versicherungsnehmer sämtliche einschlägige AVB inklusive der Tarifbestimmungen vor Abschluss des Vertrags zur Verfügung zu stellen.[57] Bei der Lebensversicherung waren dem Versicherungsnehmer

---

53 *Wandt*, Verbraucherinformation und Vertragsschluß nach neuem Recht, S. 5.

54 Art. 51 Dritte Richtlinie Leben sowie Art. 57 Dritte Richtlinie Schaden. Dazu *Wandt*, Verbraucherinformation und Vertragsschluß nach neuem Recht, S. 5 f.

55 RegE, BT-Drucks. 12/6959, S. 55; dazu auch Beschlussempfehlung und Bericht des Finanzausschusses, BT-Drucks. 12/7595, S. 102; dazu auch *Schimikowski*, r + s 1998, 353 (354).

56 Die Einschränkung der Anwendung auf den Versicherungsnehmer als natürliche Person ergebe sich dabei aus den Richtlinien, RegE, BT-Drucks. 12/6959, S. 55; *Abram*, NVersZ 2000, 551 (554); *Schimikowski*, r + s 1996, 1 (2); *Hoppmann/Moos*, NVersZ 1999, 197 (199); *Schirmer*, VersR 1996, 1045 (1046); *Dreher*, JZ 52 (1997), 167 (168); Römer/Langheid/*Römer*, 2. Aufl. 2003, § 5a VVG Rn. 7; Prölss/Martin/*J. Prölss*, 27. Aufl. 2004, § 5a VVG Rn. 13.

57 Beschlussempfehlung und Bericht des Finanzausschusses, BT-Drucks. 12/7595, S. 102; *E. Lorenz*, VersR 1995, 616 (617); *Wandt*, Verbraucherinformation und Vertragsschluß nach neuem Recht, S. 6; Wolf/Lindacher/Pfeiffer/*Reiff*, 5. Aufl. 2009, Teil 5, Rn. V93; *Hoffmann*, Verbraucherschutz im deutschen Privatversicherungsrecht nach dem Wegfall der Vorabkontrolle Allgemeiner Versicherungsbedingungen, S. 164; kritisch dazu *Büchner*, Der Referentenentwurf eines Dritten Durchführungsgesetzes/EWG zum VAG auf dem Prüfstand, S. 12 f.; *Kieninger*, AcP 199 (1999), 190 (211 f.); *Schimikowski*, r + s 1996, 1 (3); vgl. *Reichert-Facilides*, VW 1994, 561; *Präve*, VW 1994, 556; *ders.*, NVersZ 1998, 49.

zusätzliche Informationen über die Ermittlung des Überschusses, die Überschussbeteiligung sowie den Rückkaufswert mitzuteilen.[58]

Eine Regelung der Folgen eines Verstoßes gegen diese Informationspflichten sah § 10a VAG a.F. selbst nicht vor. Ein solcher werde lediglich geahndet, wenn entweder eine aufsichtsrechtliche oder vertragliche vorgesehene Sanktion erfüllt ist.[59] Bei Erfüllung einer Sanktion des Aufsichtsrechts würde die Aufsichtsbehörde nach § 81 VAG a.F. einschreiten.[60]

b) Aufnahme der Vorschrift des § 5a VVG a.F. und des Policenmodells

Die inhaltlichen Turbulenzen im Gesetzgebungsverfahren entstanden dadurch, dass der Regierungsentwurf[61] keine über die im VAG a.F. vorgesehenen Änderungen hinausgehenden Regelungen vorsah. Eine dem später eingeführten § 5a VVG a.F. entsprechende Vorschrift enthielt der Entwurf nicht. Die Vorschrift des § 5a VVG a.F. wurde erst kurz vor Verabschiedung des Gesetzes aufgenommen.[62]

aa) Motive für die Einführung des § 5a VVG a.F. und des Policenmodells

Zunächst wurde von einem Teil des Schrifttums und von Verbraucherschutzverbänden kritisiert, dass der Gesetzgeber die Informationspflichten im Aufsichtsrecht statuierte. Diese seien vertragsrechtliche Pflichten und daher zum Schutz des Versicherungsnehmers im Vertragsrecht aufzunehmen. Ein Verstoß gegen diese Regelungen müsste privatrechtlich sanktioniert werden.[63]

---

58 *Huckele*, Die vorvertraglichen Aufklärungs-, Beratungs- und Informationspflichten im Versicherungsrecht, S. 120; *Adams*, ZIP 1997, 1857 (1867 f.); *Kieninger*, VersR 1998, 5 (5 f.).

59 *E. Lorenz*, VersR 1995, 616 (617); vgl. *Schimikowski*, r + s 1998, 353 (355).

60 *E. Lorenz*, VersR 1995, 616 (617); *Ebers*, in: Micklitz (Hrsg.), Der Vertragsschluss im deutschen Versicherungsrecht, S. 253, 266; näher zum Tatbestand des Mißstands und dem Eingreifen der Aufsichtsbehörde, *Dreher*, WM 1995, 509.

61 RegE, BT-Drucks. 12/6959.

62 *Schaffrin*, Die Kontrolle von Allgemeinen Geschäftsbedingungen und Allgemeinen Versicherungsbedingungen, S. 18; *Hoffmann*, Verbraucherschutz im deutschen Privatversicherungsrecht nach dem Wegfall der Vorabkontrolle Allgemeiner Versicherungsbedingungen, S. 214; *Leverenz*, Vertragsschluss nach der VVG-Reform, Rn. 1/2; *Schirmer*, VersR 1996, 1045; *Reiff*, VersR 1997, 267 (268).

63 *Hemmer*, Die Einbeziehung von AVB in den Versicherungsvertrag nach neuem Recht, S. 68 f.; *Präve*, VW 1994, 556; *Schwintowski*, VersR 1994, 646 (650); dies darstellend, *Wandt*, Verbraucherinformation und Vertragsschluß nach neuem Recht, S. 6 f.; vgl. *Reichert-Facilides*, VW 1994, 561 (561 f.); *Werber*, VersR 2003, 148 (148 f.); *Biagosch/P. Scherer*, VW 1995, 370; die Kritik zurückweisend, *E. Lorenz*, VersR 1995, 616 (Fn. 10).

Gleiche Überlegungen hatte der Bundesrat, welcher eine Überprüfung forderte, ob der Regelungsgehalt des § 10a VAG a.F. nicht besser in das VVG a.F. eingefügt werden sollte.[64]

Dagegen stammte der finale Impuls für die Einführung eines neuen Vertragsabschlussmodells und der Einführung des § 5a VVG a.F. nicht aus der gesetzgebenden Gewalt im engeren Sinne, sondern vielmehr aus der Versicherungswirtschaft.[65] In der Anhörung vor dem Finanzausschuss des Bundestags legten die Versicherer ihre Schwierigkeiten mit den bisher im Gesetzesentwurf vorgesehenen Regelungen dar und bezeichneten diese teils als unüberwindlich. Durch die gemäß 10a VAG a.F. auferlegte Übermittlung der vollständigen Verbraucherinformation vor Vertragsabschluss sei ein effizientes rechtsgeschäftliches Handeln nicht möglich.[66] Als Beispiel hervorgehoben wurden die Rückkaufswerte in einer Lebensversicherung, welche dem Versicherungsnehmer verpflichtend vor Vertragsabschluss übermittelt werden müssten. Jedoch könne ein Versicherungsvermittler keine garantierten Auskünfte bereits vor Vertragsabschluss geben. Lediglich der Versicherer selbst sei dazu im Rahmen der Policierung in der Lage.[67] Zwar könnten die AVB einschließlich der Tarifbestimmungen vor Antragstellung übergeben werden. Dies sei in der Praxis jedoch sehr beschwerlich.[68] Zudem hegte

---

64 Stellungnahme des Bundesrates, BT-Drucks. 12/6959, S. 116; dazu auch *Hoffmann*, Verbraucherschutz im deutschen Privatversicherungsrecht nach dem Wegfall der Vorabkontrolle Allgemeiner Versicherungsbedingungen, S. 165 f.; *Kieninger*, AcP 199 (1999), 190 (213).

65 Beschlussempfehlung und Bericht des Finanzausschusses, BT-Drucks. 12/7595, S. 102; *E. Lorenz*, VersR 1997, 773; *Dörner/Hoffmann*, NJW 1996, 153; *Hoffmann*, Verbraucherschutz im deutschen Privatversicherungsrecht nach dem Wegfall der Vorabkontrolle Allgemeiner Versicherungsbedingungen, S. 214; *Kieninger*, AcP 199 (1999), 190 (213); *Leverenz*, Vertragsschluss nach der VVG-Reform, Rn. 1/2; van Bühren/*van Bühren*, Hdb-Versicherungsrecht, 1. Aufl. 2001, § 1 Rn. 122; *Ebers*, in: Micklitz (Hrsg.), Der Vertragsschluss im deutschen Versicherungsrecht, S. 253, 258 f.

66 Beschlussempfehlung und Bericht des Finanzausschusses, BT-Drucks. 12/7595, S. 102; *E. Lorenz*, VersR 1997, 773 (774); vgl. *Schirmer*, VersR 1996, 1045; dem zustimmend, van Bühren/*van Bühren*, Hdb-Versicherungsrecht, 1. Aufl. 2001, § 1 Rn. 122; vgl. auch *Michaels*, VW 1993, 1482; Prölss/Martin/*J. Prölss*, 27. Aufl. 2004, § 5a VVG Rn. 3; dazu auch *Renger*, VersR 1994, 753 (754).

67 Beschlussempfehlung und Bericht des Finanzausschusses, BT-Drucks. 12/7595, S. 102.

68 So *Wandt*, Verbraucherinformation und Vertragsschluß nach neuem Recht, S. 7; *Hoffmann*, Verbraucherschutz im deutschen Privatversicherungsrecht nach dem Wegfall der Vorabkontrolle Allgemeiner Versicherungsbedingungen, S. 214.

die Versicherungswirtschaft Bedenken, ob die AVB auf diesem Wege überhaupt Vertragsbestandteil nach § 2 AGBG a.F. werden würden.[69] Denn nach dem Wegfall der aufsichtsbehördlichen Vorabgenehmigung wäre eine Einbeziehung nicht mehr möglich, wenn der Versicherungsnehmer keine Kenntnis vor Antragstellung hat, da die bisher vorgenommene Übersendung der AVB mit der Police den Anforderungen des § 2 Abs. 1 Nr. 2 AGBG a.F. nicht entsprechen würde.[70] Die Aufsichtsbehörde konnte nun lediglich noch in Einzelfällen und nachträglich die Vorlage der AVB vom Versicherer verlangen.[71] Die Vorschrift war durch ihre Neufassung nur noch auf Pensions- sowie Sterbekassen anzuwenden, § 5 Abs. 3 Nr. 2 VAG a.F.[72]

Daher kam der Finanzausschuss mit dem neuen Abschlussmodell der Versicherungspraxis entgegen und versuchte damit, ihre Forderung zu erfüllen.[73] Dem Wunsch, die Informationspflichten im Vertragsrecht zu regeln, ist er dadurch nachgekommen. Für den Ausschuss schien die Einführung der Vorschrift ebenso eine Erfüllung des Verlangens der Verbraucherschutzverbände zu sein, da § 5a VVG a.F. sowie § 10a VAG a.F. verknüpft seien.[74]

---

69 *Wandt*, Verbraucherinformation und Vertragsschluß nach neuem Recht, S. 7 f.; *D. Wendt*, Zum Widerruf im Versicherungsvertragsrecht, S. 26; *Beckmann*, ZEuP 1999, 809 (816).

70 *E. Lorenz*, VersR 1995, 616 (617); *ders.*, VersR 1997, 773 (775); *Dörner/Hoffmann*, NJW 1996, 153 (153 f.); *Schimikowski*, r + s 1996, 1 (3); *Huckele*, Die vorvertraglichen Aufklärungs-, Beratungs- und Informationspflichten im Versicherungsrecht, S. 122; *Drexl*, Die wirtschaftliche Selbstbestimmung des Verbrauchers, S. 482; *Bach*, in: FS Lorenz 1994, S. 45, 59.

71 RegE, BT-Drucks. 12/6959, S. 45; Versicherungsrecht-Hdb/*W.-T. Schneider*, 1. Teil, 1. Abschnitt, § 1 B. IV. Rn. 37; vgl. *Präve*, NVersZ 1998, 49 (53); siehe zur Diskussion um den Umfang der Überwachung nach der Dritten Richtlinie Leben, *Dreher*, VersR 1993, 1443; *Miersch*, Versicherungsaufsicht nach den Dritten Richtlinien, S. 83 ff.; *Golz*, Ausgewählte Fragen der Umsetzung der Dritten Versicherungsrichtlinien, S. 2 ff.

72 Dies liegt daran, dass eine vorherige Kontrolle bei den Pensionskassen aufgrund ihrer essentiellen Funktion im Rahmen der betrieblichen Altersvorsorge sowie bei den Sterbekassen wegen ihrer außerordentlichen gesellschaftspolitischen Funktion bei der Leistung im Todesfall notwendig ist, RegE, BT-Drucks. 12/6959, S. 49; dies aus heutiger Sicht einordnend Prölss/Martin/*Armbrüster*, 1. B. III. 1. Rn. 29.

73 *Beckmann*, ZEuP 1999, 809 (816).

74 Beschlussempfehlung und Bericht des Finanzausschusses, BT-Drucks. 12/7595, S. 102; vgl. *Hoffmann*, Verbraucherschutz im deutschen Privatversicherungsrecht nach dem Wegfall der Vorabkontrolle Allgemeiner Versicherungsbedingungen, S. 166.

bb) Inhaltliche Zielsetzung des § 5a VVG a.F.

Die Vorschrift des § 5a VVG a.F. sollte eine dem § 10a VAG a.F. entsprechende Regelung schaffen – jedoch nicht als aufsichtsrechtliche Norm, sondern als versicherungsvertragsrechtliche Vorschrift. Damit sollte eine niedergeschriebene Variante im Versicherungsvertragsrecht geschaffen werden, welche ein neues Modell für den Vertragsschluss vorsieht.[75] Diese Norm sollte zwar auf § 10a VAG a.F. Bezug nehmen, jedoch eine Unterscheidung vorsehen: Das Modell sollte einen Vertragsschluss erlauben, ohne dass der Versicherungsnehmer die Informationen im Sinne des § 10a VAG a.F. vor Antragstellung erhält.[76] Die neue Vorschrift sollte den § 10a VAG a.F. folglich nicht einschränken, sondern vielmehr in eine vertragsrechtliche Norm umsetzen, welche dafür sorgt, dass die in § 10a VAG a.F. vorgesehenen aufsichtsrechtlichen Anforderungen berücksichtigt werden.[77]

Der Gesetzgeber schaffte schlussendlich mit dem Dritten Durchführungsgesetz zwei Abschlussmodelle für den Vertragsschluss – wobei das Abschlussmodell nach § 5a VVG a.F. eher als Idee der Versicherungswirtschaft als eine des Gesetzgebers zu bewerten ist.

c) Antragsmodell

Das Vertragsabschlussmodell, welches dem ursprünglichen Gesetzentwurf entsprach, war das Antragsmodell.[78] Dieses setzte voraus, dass der Versicherungsnehmer vor Abgabe des Angebots, also seiner Willenserklärung, die notwendigen Informationen einschließlich der einschlägigen AVB erhält.[79]

---

75 *E. Lorenz,* VersR 1995, 616 (617); *D. Wendt,* Zum Widerruf im Versicherungsvertragsrecht, S. 25 f.

76 *E. Lorenz,* VersR 1995, 616 (617).

77 *E. Lorenz,* VersR 1997, 773 (775).

78 *E. Lorenz,* ZVersWiss 84 (1995), 103 (108); *ders.,* VersR 1995, 616 (618); Wolf/Lindacher/Pfeiffer/*Reiff,* 5. Aufl. 2009, Teil 5, Rn. V94; *Beckmann,* ZEuP 1999, 809 (816); *Schirmer,* VersR 1996, 1045 (1046); *Reiff,* VersR 1997, 267 (268).

79 Wolf/Lindacher/Pfeiffer/*Reiff,* 5. Aufl. 2009, Teil 5, Rn. V94; *F. Baumann/Sandkühler,* Das neue Versicherungsvertragsgesetz, S: 47; *Abram,* NVersZ 2000, 551 (554); *Reusch,* NVersZ 1999, 110; *Hoppmann/Moos,* NVersZ 1999, 197 (199); *Beckmann,* ZEuP 1999, 809 (816); *Leverenz,* Vertragsschluss nach der VVG-Reform, Rn. 2/5; Römer/Langheid/*Römer,* 2. Aufl. 2003, § 5a VVG Rn. 15.

Nur auf diesem Wege konnten diese wirksam einbezogen werden.[80] Im weiteren Verlauf übergab regelmäßig der Vermittler dem Versicherungsnehmer die Informationen nach § 10a VAG a.F. Die Abgabe des Angebots erfolgte nach §§ 145, 147 Abs. 2 BGB durch den Versicherungsnehmer mit dem unterschriebenen Antrag – regelmäßig mit Antragsbindungsfrist.[81] Der Versicherer nahm den Antrag durch Zusendung des Versicherungsscheins an.[82] Die erste Prämie hatte der Versicherungsnehmer mit Zugang des Versicherungsscheins zu zahlen.[83] Der Nachweis des Zugangs der AVB und sonstigen Informationen oblag dem Versicherer. Da der Versicherungsnehmer beim Antragsmodell die Informationen vor seiner Antragstellung erhielt, konnte sich der Versicherer beispielweise durch einen Zusatz in einem gesonderten Schriftstück oder auch zusammen mit den Unterlagen und dem Antragsformular absichern, indem er sich den Zugang schriftlich vom Versicherungsnehmer bestätigen ließ.[84] Der Versicherungsnehmer hatte beim Abschluss im Antragsmodell ein Widerrufsrecht von 14 Tagen, § 8 Abs. 4 VVG a.F., sowie ein Rücktrittsrecht von 30 Tagen, § 8 Abs. 5 VVG a.F.[85]

B. Tatbestand und Rechtsfolgen des § 5a VVG a.F.

I. Wortlaut und Tatbestand des § 5a VVG a.F.

Das zweite Abschlussmodell folgte mit der Einführung des § 5a VVG a.F.[86] Nach § 5a VVG a.F. galt ein Versicherungsvertrag auf der Grundlage des

---

80 Wolf/Lindacher/Pfeiffer/*Reiff*, 5. Aufl. 2009, Teil 5, Rn. V94; *E. Lorenz*, VersR 1995, 616 (618).

81 *E. Lorenz*, VersR 1995, 616 (618); *F. Baumann/Sandkühler*, Das neue Versicherungsvertragsgesetz, S. 47; *Reusch*, NVersZ 1999, 110; *Leverenz*, Vertragsschluss nach der VVG-Reform, Rn. 2/5; *Huckele*, Die vorvertraglichen Aufklärungs-, Beratungs- und Informationspflichten im Versicherungsrecht, S. 122.

82 Wolf/Lindacher/Pfeiffer/*Reiff*, 5. Aufl. 2009, Teil 5, Rn. V94; *E. Lorenz*, VersR 1995, 616 (618); *F. Baumann/Sandkühler*, Das neue Versicherungsvertragsgesetz, S. 47; *Schimikowski*, r + s 1997, 89; *Hoppmann/Moos*, NVersZ 1999, 197 (199); *Leverenz*, Vertragsschluss nach der VVG-Reform, Rn. 2/5; *Schirmer*, VersR 1996, 1045 (1046); *Reiff*, VersR 1997, 267 (268).

83 *E. Lorenz*, VersR 1995, 616 (618).

84 *E. Lorenz*, VersR 1995, 616 (618).

85 *Leverenz*, Vertragsschluss nach der VVG-Reform, Rn. 2/5; *Schimikowski*, r + s 1994, 441; *Schirmer*, VersR 1996, 1045 (1047).

86 *E. Lorenz*, VersR 1995, 616 (618).

Versicherungsscheins, der Versicherungsbedingungen und der weiteren für den Vertragsinhalt maßgeblichen Verbraucherinformation als abgeschlossen, wenn der Versicherer dem Versicherungsnehmer bei Antragstellung die Versicherungsbedingungen nicht übergeben oder eine Verbraucherinformation nach § 10a VAG a.F. unterlassen hat und der Versicherungsnehmer nicht innerhalb von vierzehn Tagen nach Überlassung der Unterlagen in Textform widerspricht. Da der Versicherungsnehmer durch diese Regelung die AVB sowie Verbraucherinformation erst mit Übersendung der Police erhielt, wird dieses Abschlussmodell auch „Policenmodell“[87] genannt.

1. Vertragsschluss

Im ersten Schritt des Vertragsschlusses nach dem Policenmodell füllte der Versicherungsnehmer oder ein Vermittler das Antragsformular des Versicherers aus und unterzeichnete dieses.[88] Das Antragsformular enthielt dabei einen Hinweis auf die AVB sowie eine Annahmefrist.[89] Der Versicherer übersandte nach Erhalt des Antragsformulars den Versicherungsschein.[90] Zusammen mit diesem wurden sämtliche notwendige Informationen, die einschlägigen AVB sowie eine Belehrung über das Widerspruchsrecht übergeben.[91] Vor der Unterzeichnung des Antragsformulars sind dem Versicherungsnehmer diese Unterlagen daher nicht zugegangen.[92] Im Gegensatz zur Einbeziehung der AVB im Rahmen des Antragsmodells ergeben sich beim Policenmodell verschiedene Besonderheiten.[93] Zunächst bestand im Schrifttum Uneinigkeit, wann der Versicherungsvertrag im Policenmodell Wirksamkeit erlangt.

---

[87] So erstmals *E. Lorenz*, VersR 1995, 616 (618).

[88] Wolf/Lindacher/Pfeiffer/*Reiff*, 5. Aufl. 2009, Teil 5, Rn. V95; *E. Lorenz*, VersR 1995, 616 (619); *F. Baumann/Sandkühler*, Das neue Versicherungsvertragsgesetz, S. 49; Rüffer/Halbach/Schimikowski/*Brömmelmeyer*, VVG § 1 Rn. 59; *D. Wendt*, Zum Widerruf im Versicherungsvertragsrecht, S. 26; *Beckmann*, ZEuP 1999, 809 (816).

[89] Wolf/Lindacher/Pfeiffer/*Reiff*, 5. Aufl. 2009, Teil 5, Rn. V95; *E. Lorenz*, VersR 1995, 616 (619); *ders.*, VersR 1997, 773 (775).

[90] Wolf/Lindacher/Pfeiffer/*Reiff*, 5. Aufl. 2009, Teil 5, Rn. V95; *E. Lorenz*, VersR 1997, 773 (775); *F. Baumann/Sandkühler*, Das neue Versicherungsvertragsgesetz, S. 49; *Kieninger*, AcP 199 (1999), 190 (213 f.).

[91] Wolf/Lindacher/Pfeiffer/*Reiff*, 5. Aufl. 2009, Teil 5, Rn. V95; *D. Wendt*, Zum Widerruf im Versicherungsvertragsrecht, S. 26.

[92] *E. Lorenz*, VersR 1995, 616 (619).

[93] Wolf/Lindacher/Pfeiffer/*Reiff*, 5. Aufl. 2009, Teil 5, Rn. V99 ff.

a) Antragstellung des Versicherungsnehmers

Fraglich ist im Rahmen dessen, welches Handeln im Sinne des § 5a VVG a.F. als Antrag nach § 145 BGB zu sehen ist. Die Vorschrift des § 5a VVG a.F. setzte voraus, dass der Versicherer dem Versicherungsnehmer bei Antragstellung die Versicherungsbedingungen nicht übergeben hat. Zu spezifizieren ist daher das Tatbestandsmerkmal „bei Antragstellung". Das Ausfüllen des Antragsformulars seitens des Versicherungsnehmers könnte auch lediglich eine *invitatio ad offerendum* darstellen, welche einen Antrag des Versicherers und die darauffolgende Annahme des Versicherungsnehmers durch das erstmalige Zahlen der Prämie bedeuten würde.[94]

aa) Invitatio ad offerendum seitens des Versicherungsnehmers

Einer Ansicht nach ist die Abgabe der Willenserklärung, also die Stellung des Antrags, erst mit der Zusendung des Versicherungsscheins mit den AVB erfolgt. Die Handlung des Versicherungsnehmers davor sei dagegen als reine *invitatio ad offerendum* einzustufen.[95] Der fehlende Widerspruch stellt sodann eine Annahme durch Schweigen seitens des Versicherungsnehmers dar.[96] Diese Vorgehensweise und rechtliche Bewertung als *invitatio ad offerendum* sei auch in anderen Mitgliedstaaten der EU vorherrschend gewesen und könnte auch in Deutschland Einzug finden.[97]

bb) Antrag seitens des Versicherungsnehmers

Gegen diese Auffassung spricht jedoch, dass die Vorschrift des § 5 VVG a.F. explizit das Wort Antrag, welches eindeutig dem Antrag im Sinne des § 145 BGB und dessen Regelungsinhalt entspricht, nannte. Somit ist ebenso anzunehmen, dass die im Gesetz systematisch nachfolgende Vorschrift des § 5a VVG a.F. mit ihrem Wortlaut der „Antragstellung" denselben Rechtssinn bezweckt und damit den Antrag im Sinne des § 145

---

94 *E. Lorenz,* VersR 1995, 616 (619).

95 *Renger,* VersR 1994, 753 (758); dagegen Römer/Langheid/*Römer*, 2. Aufl. 2003, § 5a VVG Rn. 19; Prölss/Martin/*J. Prölss*, 27. Aufl. 2004, § 5a VVG Rn. 9; *Wandt*, Verbraucherinformation und Vertragsschluß nach neuem Recht, S. 15.

96 *Renger,* VersR 1994, 753 (758).

97 Dazu *E. Lorenz,* VersR 1995, 616 (619).

BGB meint.[98] Weiterhin lässt sich – zumindest teilweise – auch aus dem Vorschlag des Finanzausschusses herleiten, dass ein Antrag seitens des Versicherungsnehmers vorliegt.[99] Denn dieser erwähnt explizit, „da[ss] der Versicherungsnehmer nicht an seinen Versicherungsantrag gebunden sein kann, wenn er bei Antragstellung nicht vollständig über Inhalt und Umfang des Versicherungsschutzes und die sonstigen das Vertragsverhältnis bestimmenden Umstände unterrichtet ist"[100]. Auch hier wird deutlich, dass der Gesetzgeber den Antrag als vom Versicherungsnehmer stammend sah. Eine differenzierte Bewertung, wie die der ersten Ansicht, hätte der Gesetzgeber in § 5a VVG a.F. hervorheben müssen.[101] Somit ist festzuhalten, dass beim Abschluss im Policenmodell das Angebot vom Versicherungsnehmer stammte.[102]

b) Rumpfvertrag ohne Einbeziehung der AVB

Einen weiteren problematischen, nicht durch den Gesetzgeber geklärten Punkt, betrifft das Verhältnis von AVB und Wirksamkeit des Vertrages. In diesem Rahmen geht es weniger um die Frage des *wie* als des *ob* der Einbeziehung der AVB in den nach dem Policenmodell geschlossen Versicherungsvertrag.[103] Denn diskutiert wurde, ob die AVB im Rahmen des Vertragsschlusses nach § 5a VVG a.F. miteinbezogen werden müssen oder nicht – und damit lediglich ein *Rumpfvertrag* ohne Einbeziehung der AVB entsteht.[104]

---

98 Wolf/Lindacher/Pfeiffer/*Reiff*, 5. Aufl. 2009, Teil 5, Rn. V100; *E. Lorenz*, VersR 1995, 616 (619); *Hoffmann*, Verbraucherschutz im deutschen Privatversicherungsrecht nach dem Wegfall der Vorabkontrolle Allgemeiner Versicherungsbedingungen, S. 200 f.; *Schimikowski*, r + s 1996, 1 (3); *Präve*, ZfV 1994, 374 (378); *Reiff*, VersR 1997, 267 (270).

99 Beschlussempfehlung und Bericht des Finanzausschusses, BT-Drucks. 12/7595, S. 111; *G. Neuhaus*, Konsolidierte Fassung des VAG, des VVG, des EGVVG und des PflVG: auf der Grundlage des Dritten Durchführungsgesetzes/EWG zum VAG und des Versicherungsbilanzrichtlinie-Gesetzes, S. 81 f.; *Reiff*, VersR 1997, 267 (270).

100 Beschlussempfehlung und Bericht des Finanzausschusses, BT-Drucks. 12/7595, S. 111.

101 So *E. Lorenz*, VersR 1995, 616 (619); vgl. *Schimikowski*, r + s 1997, 89 (92).

102 *Beckmann*, in: Dauses/Ludwigs (Hrsg.), E. VI. Rn. 230; *Wandt*, Verbraucherinformation und Vertragsschluß nach neuem Recht, S. 15 f.

103 *Dörner/Hoffmann*, NJW 1996, 153 (155 f.).

104 Letzteres bejahend *Hoffmann*, Verbraucherschutz im deutschen Privatversicherungsrecht nach dem Wegfall der Vorabkontrolle Allgemeiner Versicherungsbedingungen, S. 203 f.; dagegen *Herrmann*, DSWR 1998, 312 (315); *A. Peters*, DZWIR 1997, 188 (193 f.).

aa) Argumente für die Wirksamkeit eines Rumpfvertrags

Die Vorschrift des § 5a VVG a.F. stellt mit ihrem Wortlaut eine Fiktion des Vertragsschlusses auf.[105] Nach dieser Auffassung umfasst diese nicht den Versicherungsschein, die AVB und auch die sonstige Verbraucherinformation – wie vom Wortlaut des § 5a VVG a.F. aufgelistet. Sie knüpft stattdessen lediglich an das Einbeziehen der AVB an.[106] Dies hätte zur Folge, dass allein der Zugang des Versicherungsscheins bereits die Wirksamkeit des Vertrags bewirkt. Als Annahme des Versicherers reiche somit die erfolgreiche Übersendung aus.[107] *Dörner/Hoffmann* meinen zudem, dass „ein bloßer Hinweis auf die maßgebenden AVB in Antrag und Police nicht aus[reicht], um diese zum Vertragsbestandteil zu machen“[108]. Dies liege daran, dass der Versicherungsnehmer beim Policenmodell im Gegensatz zum Antragsmodell vor Abgabe seines Antrags eben nicht die AVB zur Kenntnis nehmen konnte.[109] Dies bedeutet auch, dass die AVB eben nicht einbezogen und kein Inhalt des Vertrages werden, folglich der sogenannte Rumpfvertrag.[110] Zudem dürften die *essentiala negotii* in Form von Einigung über das versicherte Risiko, Prämienhöhe und Vertragsdauer gegeben sein und damit ein wirksames Schuldverhältnis bilden.[111]

bb) Potentielle Auswirkungen des § 5a VVG a.F. auf den Rumpfvertrag

Fraglich sind jedoch die Auswirkungen der Vorschrift des § 5a VVG a.F. auf den Rumpfvertrag und ob diese nicht einer Wirksamkeit entgegenstehen könnten.[112] *Dörner/Hoffmann* gehen dabei von einem wirksamen Vertrag aus und lehnen etwaige Überlegungen zu einem anderen Vertragskonstrukt

---

105 Wolf/Lindacher/Pfeiffer/*Reiff*, 5. Aufl. 2009, Teil 5, Rn. V104; *Reiff*, VersR 1997, 267 (270).

106 Dazu Wolf/Lindacher/Pfeiffer/*Reiff*, 5. Aufl. 2009, Teil 5, Rn. V102.

107 *Hoffmann*, Verbraucherschutz im deutschen Privatversicherungsrecht nach dem Wegfall der Vorabkontrolle Allgemeiner Versicherungsbedingungen, S. 204 f.

108 *Dörner/Hoffmann*, NJW 1996, 153 (155).

109 *Dörner/Hoffmann*, NJW 1996, 153 (155).

110 *Hoffmann*, Verbraucherschutz im deutschen Privatversicherungsrecht nach dem Wegfall der Vorabkontrolle Allgemeiner Versicherungsbedingungen, S. 205.

111 Im Detail zur Frage der Wirksamkeit eines Rumpfvertrags, *Dörner/Hoffmann*, NJW 1996, 153 (155).

112 Im Detail dazu *Dörner/Hoffmann*, NJW 1996, 153 (155 f.); *Hoffmann*, Verbraucherschutz im deutschen Privatversicherungsrecht nach dem Wegfall der Vorabkontrolle Allgemeiner Versicherungsbedingungen, S. 208 f.

wie einem schwebend unwirksamen Zustand ab.[113] Vielmehr verbiete der Wortlaut der Norm gerade keinen wirksamen Vertrag vor Übersendung der Verbraucherinformation einschließlich AVB.[114] Zudem ergebe sich dies aus der Systematik des § 5a VVG a.F. und des § 8 Abs. 6 VVG a.F. Die letztere Vorschrift würde sonst vergeblich das Widerrufs- und Rücktrittsrecht nach § 8 Abs. 4, 5 VVG a.F. bei Eingreifen des Widerspruchsrechts nach § 5a VVG a.F. für nicht anwendbar erklären, „wenn doch vor Ablauf der Widerspruchsfrist [nach § 5a VVG a.F.] überhaupt kein wirksamer Vertrag zustande kommen kann“[115]. Zudem wäre die Vorschrift des § 5a Abs. 2 S. 4 VVG a.F. ebenso ein Fehler des Gesetzgebers und vergebens, wenn Satz 4 das Erlöschen der Widerspruchsfrist nach Zahlen der ersten Prämie bestimmt, obwohl mangels wirksamen Vertrags gar keine Prämie zu zahlen sei.[116] Schließlich stehe es dem Gesetz entgegen, die Übersendung der Informationen an den Verbraucher als Wirksamkeitsvoraussetzung für die Willenserklärung des Versicherers festzulegen.[117] Wenn der Versicherungsnehmer innerhalb der von § 5a VVG a.F. vorgesehenen Widerspruchsfrist also nicht widerspricht, erfolge eine rückwirkende Änderung des Vertragsinhalts.[118]

c) Wirksamwerden des Vertrags unter Einbeziehung der AVB

Zu folgen ist allerdings der Auffassung, dass nach § 5a VVG a.F. ein wirksamer Vertrag unter Einbeziehung der AVB entsteht. Dafür spricht, dass sowohl der Antrag des Versicherungsnehmers als auch die Annahme des Versicherers jeweils einen Hinweis auf die AVB enthalten. Freilich würde ein solcher Hinweis leerlaufen, wenn die AVB nicht einmal einbezogen würden.[119] Zudem treffen die von *Dörner/Hoffmann* vorgebrachten Einwände nicht zu.

---

113 Zur Ablehnung des schwebend unwirksamen Zustands, *Dörner/Hoffmann*, NJW 1996, 153 (155 f.).

114 *Dörner/Hoffmann*, NJW 1996, 153 (156).

115 *Dörner/Hoffmann*, NJW 1996, 153 (156).

116 *Dörner/Hoffmann*, NJW 1996, 153 (156).

117 *Dörner/Hoffmann*, NJW 1996, 153 (156).

118 Wolf/Lindacher/Pfeiffer/*Reiff*, 5. Aufl. 2009, Teil 5, Rn. V102; *E. Lorenz*, VersR 1997, 773 (777); *Dörner/Hoffmann*, NJW 1996, 153 (159); *Hoffmann*, Verbraucherschutz im deutschen Privatversicherungsrecht nach dem Wegfall der Vorabkontrolle Allgemeiner Versicherungsbedingungen, S. 208.

119 Prölss/Martin/*J. Prölss*, 27. Aufl. 2004, § 5a VVG Rn. 9 f.

Denn der Wortlaut des § 5a VVG a.F. bestimmt zwar nicht, dass ein Vertrag nicht vor Überlassung der Verbraucherinformation zustande kommen kann, aber auch nicht, dass ein Vertrag zustande kommen muss.[120] Weiterhin bestimmt § 8 Abs. 6 VVG a.F. nicht die Unanwendbarkeit der Lösungsrechte des Versicherungsnehmers bei Vorliegen eines Vertrags nach dem Policenmodell, um einen wirksamen Rumpfvertrag vorzuschreiben. Vielmehr soll der Versicherungsnehmer sich in dem Zeitraum des Ablaufs der Widerspruchsfrist mit dem Produkt vertraut machen und sodann eine in Ruhe vorgenommene, fundierte Entscheidung treffen.[121] Außerdem ist eindeutig, dass der Versicherungsnehmer ohne abgeschlossenen Versicherungsvertrag keine Zahlung einer Prämie schuldet. Die Regelung des § 5a Abs. 2 S. 4 VVG a.F. dient dem Schließen der Lücke, wenn der Versicherungsnehmer ohne Verpflichtung bereits seine Prämie zahlt – in diesem Fall sollte das Erlöschen der Frist für Rechtssicherheit sorgen.[122] Schließlich kann der Gesetzgeber auch die Übermittlung der Verbraucherinformation als Voraussetzung für das Wirksamwerden der Willenserklärung des Versicherers bestimmen.[123]

Ferner knüpft der Wortlaut der Vorschrift an alle aufgelisteten Informationen und Vertragsbestandteile an.[124] Zudem bestimmt diese Fiktion lediglich eine Verzögerung des Wirksamkeitszeitpunktes des Versicherungsvertrags, aber nicht des Angebots oder der Annahme des Versicherungsnehmers oder des Versicherers selbst.[125] Somit sieht § 5a VVG a.F. nichts Abweichendes vom Grundsatz des Vertragsschlusses vor. Die Annahme des Versicherungsnehmers erfolgt durch den Zugang des Versicherungsscheins.[126] Nach Zugang der nach § 5a VVG a.F. vorgesehenen Verbraucherinformationen beginnt die Widerspruchsfrist zugunsten des Versicherungsnehmers. Der Vertrag kommt

---

120 *E. Lorenz,* VersR 1997, 773 (777); Prölss/Martin/*J. Prölss*, 27. Aufl. 2004, § 5a VVG Rn. 9 f.; *Reiff,* VersR 1997, 267 (270 f.).

121 *E. Lorenz,* VersR 1997, 773 (777).

122 *E. Lorenz,* VersR 1997, 773 (777).

123 *E. Lorenz,* VersR 1997, 773 (777).

124 Wolf/Lindacher/Pfeiffer/*Reiff,* 5. Aufl. 2009, Teil 5, Rn. V104; *E. Lorenz,* VersR 1995, 616 (620); vgl. *Präve,* r + s 1998, 441 (442).

125 *Schirmer,* VersR 1996, 1045 (1051); Prölss/Martin/*J. Prölss*, 27. Aufl. 2004, § 5a VVG Rn. 9 f.

126 Wolf/Lindacher/Pfeiffer/*Reiff,* 5. Aufl. 2009, Teil 5, Rn. V104; *Reiff,* VersR 1997, 267 (270 f.).

dadurch allerdings noch nicht zustande, da der Versicherungsnehmer vor Ablauf der Widerspruchsfrist der Wirkung des § 5a VVG a.F. noch widersprechen kann. Daher liegt ein Vertragsschluss kraft Gesetzes nach § 5a VVG a.F. vor.[127] Insofern werden die Vorschriften des BGB durch § 5a VVG a.F. modifiziert.[128]

aa) Zeitpunkt des Wirksamwerdens des Vertrags

Umstritten war ebenso, zu welchem Zeitpunkt der Vertrag wirksam wird und die AVB einbezogen werden.[129] Nach Auffassung von *Hofmann* kommt der Vertrag bereits mit Annahme des Versicherers durch Zugang der Police beim Versicherungsnehmer nach den bürgerlich rechtlichen Regelungen ohne Einbeziehung der AVB zustande. Diese würden zusammen mit der Verbraucherinformation erst nach Ablauf der Widerspruchsfrist einbezogen. Sodann erlange der Vertrag, welcher zuvor zustande gekommen ist, erst die durch § 5a VVG a.F. vorgesehene Ausgestaltung.[130] Nach Ansicht von *Präve* ist der gesamte Vertrag dagegen aufgrund der Widerspruchsfrist als schwebend unwirksam zu behandeln.[131] Der Vertrag werde erst zu dem Zeitpunkt, zu dem die vorgesehene Widerspruchsfrist abgelaufen ist und der Versicherungsnehmer sein Widerspruchsrecht nicht ausgeübt hat, vollständig wirksam.[132] *Wandt* sieht den Vertrag zwar auch zunächst als schwebend unwirksam an.[133] Dieser werde allerdings bei Ablauf der Widerspruchsfrist rückwirkend auf den Zeitpunkt der Übersendung des Versicherungsscheins sowie der Verbraucherinformation inklusive der AVB wirksam.[134] Auch *Lorenz* schließt sich der Auffassung an, dass der Vertrag als schwebend unwirksam einzuordnen sei.[135] Der Vertrag sei rückwirkend

---

[127] *E. Lorenz*, VersR 1995, 616 (620).
[128] *E. Lorenz*, VersR 1995, 616 (620).
[129] *E. Lorenz*, VersR 1995, 616 (619).
[130] *Hofmann*, Die neue Kfz-Versicherung, S. 28 ff.; dagegen *Schimikowski*, r + s 1996, 1 (4).
[131] Wolf/Lindacher/Pfeiffer/*Reiff*, 5. Aufl. 2009, Teil 5, Rn. V104; dagegen *A. Peters*, DZWIR 1997, 188 (191).
[132] *Präve*, ZfV 1994, 374 (378).
[133] *Wandt*, Verbraucherinformation und Vertragsschluß nach neuem Recht, S. 21 f.
[134] *Wandt*, Verbraucherinformation und Vertragsschluß nach neuem Recht, S. 21 f.
[135] *Lorenz* bezeichnete diese Begrifflichkeit als „etwas zweifelhaft", da das Zustandekommen des Vertrags letztendlich auf einem Verhalten des Versicherungsnehmers, also des Antragstellers, beruht, *E. Lorenz*, VersR 1995, 616 (620).

zum Zeitpunkt des Zugangs des Versicherungsscheins einschließlich der weiteren Unterlagen wirksam geworden.[136] Für diese Einordnung spreche, dass § 8 Abs. 4, 5 VVG a.F. Rücktritts- und Widerrufsrechte regeln, die gerade bei einem Abschluss nach dem Policenmodell keine Anwendung finden, § 8 Abs. 6 VVG a.F.[137] Diese Vorschriften finden lediglich Anwendung auf einen bereits wirksam abgeschlossenen Versicherungsvertrag.[138] Zudem würden die europäischen Vorgaben eine solche Auslegung erfordern, da der Gesetzgeber die Mitteilung der Information vor Vertragsschluss zu regeln hatte.[139] Weiterhin wurde die Widerspruchsfrist nach § 5a VVG a.F. zum Schutze des Versicherungsnehmers eingeführt. Daher könne es nicht im *Telos* dieses Lösungsrechts sein, wenn der Vertrag erst nach dem Ablauf dieser Frist wirksam werden würde.[140] Durch das Unterlassen des Widerspruchs seitens des Versicherungsnehmers wird der Versicherungsvertrag damit rückwirkend wirksam.[141]

---

[136] *E. Lorenz*, VersR 1995, 616 (620 f.); so auch *Schimikowski*, r + s 1996, 1 (3); *Schirmer*, VersR 1996, 1045 (1052); Römer/Langheid/*Römer*, 2. Aufl. 2003, § 5a VVG Rn. 26; Prölss/Martin/*J. Prölss*, 27. Aufl. 2004, § 5a VVG Rn. 10.

[137] Kritisch zu diesem Regelungskonzept, *Präve*, ZfV 1994, 374 (383); *Fricke*, VersR 1999, 521; dazu allgemein, *Schimikowski*, r + s 1994, 441 (443).

[138] *E. Lorenz*, VersR 1995, 616 (620); kritisch *Hoffmann*, Verbraucherschutz im deutschen Privatversicherungsrecht nach dem Wegfall der Vorabkontrolle Allgemeiner Versicherungsbedingungen, S. 203.

[139] *Präve*, ZfV 1994, 374 (382); ähnlich *Wandt*, Verbraucherinformation und Vertragsschluß nach neuem Recht, S. 32. Kritisch dazu *Hoffmann*, Verbraucherschutz im deutschen Privatversicherungsrecht nach dem Wegfall der Vorabkontrolle Allgemeiner Versicherungsbedingungen, S. 202 f.

[140] *E. Lorenz*, VersR 1995, 616 (620).

[141] Zum Verhältnis von § 305 Abs. 2 BGB und § 5a VVG a.F. und einer detaillierten Aufarbeitung dessen, Wolf/Lindacher/Pfeiffer/*Reiff*, 5. Aufl. 2009, Teil 5, Rn. V105 ff. Nach überwiegender Auffassung modifizierte § 5a VVG a.F. die Vorschrift des § 305 Abs. 2 BGB, da der Versicherungsnehmer aktiv nach Erhalt der Informationen widersprechen musste und sein Schweigen als Genehmigung gewertet wurde. Lediglich in zwei Fällen wurden die AVB auch ohne vorherige Kenntnisnahme des Versicherungsnehmers einbezogen. Zum einen im Fall des § 5a Abs. 2 S. 4 VVG a.F., da das Widerspruchsrecht nach einem Jahr erlosch, unabhängig von einer möglichen Kenntnisnahme der AVB. Zum anderen im Fall des § 5a Abs. 3 S. 1 VVG a.F., da hier explizit auf eine Überlassung der AVB aufgrund der Notwendigkeit des sofortigen Versicherungsschutzes verzichtet wird, Wolf/Lindacher/Pfeiffer/*Reiff*, 5. Aufl. 2009, Teil 5, Rn. V107 f.

bb) Bewertung

Zusammenfassend ist es anzunehmen, dass beim Policenmodell nach § 5a VVG a.F. ein Vertrag erst zustande kam, wenn die Widerspruchsfrist des Versicherungsnehmers abgelaufen ist. Dieser wurde rückwirkend zum Zeitpunkt des Zugangs der Police wirksam. Davor lag richtigerweise ein schwebend unwirksamer Vertrag vor. Dies entspricht auch zurecht der heute herrschenden Meinung.[142] Aus dieser Sicht ist es doch verwunderlich, wie auf Betreiben der Versicherungswirtschaft eine Vorschrift kurz vor der Verabschiedung des Gesetzes eingeführt wurde, welche keinerlei Klarheit bezüglich des *Ob* und *Wie* des Vertragsschlusses aufweist.[143] Die Vorschrift ist bereits in dieser Hinsicht missglückt. Dadurch wurde eine unübersichtliche Rechtslage geschaffen, die keinesfalls zu Rechtssicherheit beitragen kann. Insbesondere für den Versicherungsnehmer ist es herausfordernd, bei solch komplexen Produkten[144] einen Vertrag einzugehen, ohne genau zu wissen, wann dieser zustande kommt. Bereits hier deutet sich der legislative Fehlgriff des Gesetzgebers an – die Einführung einer Vorschrift, bei welcher die Auslegung und rechtsdogmatische Einordnung bereits nach nationalem Recht für Verwirrung im Schrifttum sorgte.[145] Auch aus diesen Gründen wurde sie im Schrifttum oftmals als missglückt[146] und sogar als „gesetzestechnisches Monstrum"[147]

---

142 *Schaffrin*, Die Kontrolle von Allgemeinen Geschäftsbedingungen und Allgemeinen Versicherungsbedingungen, S. 18; *Hoffmann*, Verbraucherschutz im deutschen Privatversicherungsrecht nach dem Wegfall der Vorabkontrolle Allgemeiner Versicherungsbedingungen, S. 201; *D. Wendt*, Zum Widerruf im Versicherungsvertragsrecht, S. 26 f.; *Schimikowski*, r + s 1997, 89 (92); *Beckmann*, in: Dauses/Ludwigs (Hrsg.), E. VI. Rn. 230; *Leverenz*, VersR 2003, 698 (706 f.); *ders.*, Vertragsschluss nach der VVG-Reform, Rn. 2/2; *Trittmacher/Gaußmann*, VuR 2014, 155 (156); *Mauch*, VuR 2025, 163 (166); dazu ferner im Detail im Verlauf der Arbeit; *pars pro toto*, BGH v. 7.5.2014 – IV ZR 76/11, NJW 2014, 2646.

143 So auch *Fricke*, VersR 1999, 521 (Fn. 6).

144 *Hübner* bezeichnete den Versicherungsschutz als „unsichtbare[s] Produkt", welches unverständlicher als andere Produkte ist, *Hübner*, EuZW 1995, 1.

145 Nach *Schimikowski* barg die Regelung „eine Fülle schwieriger Auslegungsprobleme", *Schimikowski*, r + s 1996, 1 (3); siehe auch *Huckele*, Die vorvertraglichen Aufklärungs-, Beratungs- und Informationspflichten im Versicherungsrecht, S. 124.

146 Vgl. *Schimikowski*, r + s 1996, 1 (3); *Döhmer*, ZfSch 1997, 281 (282); *Wandt*, Verbraucherinformation und Vertragsschluß nach neuem Recht, S. 10; *Schirmer*, VersR 1996, 1045 (1056); *Römer*, VersR 2000, 661; *Drexl*, Die wirtschaftliche Selbstbestimmung des Verbrauchers, S. 481; Römer/Langheid/*Römer*, 2. Aufl. 2003, § 5a VVG Rn. 1.

147 *Fricke*, VersR 1999, 521.

bezeichnet. Diese wechselhaften Stimmen im Schrifttum lassen auf eine für sowohl Versicherungsnehmer als auch Versicherungspraxis undurchsichtige Norm schließen, die keine Rechtssicherheit bot. Vielmehr gab es zahlreiche Versuche, die Verfassungsmäßigkeit oder Richtlinienkonformität schon in frühen Jahren der Vorschrift feststellen zu lassen. Dies alles stellt damit den Beginn einer vom Gesetzgeber geschaffenen Panne dar, welche zunächst noch verhältnismäßig wenig Beachtung erfuhr.

d) Mögliche Abgabe des Antrags durch den Versicherer

Eine Ausnahme und Abweichung vom oben aufgeführten Grundmodell bildeten Fälle, bei denen der Antrag dennoch vom Versicherer stammte.[148] Diskutiert wurde dabei insbesondere die Anwendbarkeit des § 5a VVG a.F. Diese Ausnahme konnte aufkommen, wenn der Versicherungsnehmer einen Antrag seitens des Versicherers verlangt hat, dieser selbst unerwartet ohne ein solches Verlangen durch den Versicherungsnehmer einen Antrag gestellt hat oder nach § 150 BGB eine verspätete Annahme durch den Versicherer einen neuen Antrag darstellte.[149] Maßgeblich für die Anwendbarkeit des § 5a VVG a.F. ist sodann, dass der Versicherungsnehmer die nach § 10a VAG a.F. relevanten Unterlagen erst nach seiner Annahmeerklärung erhalten hat. Allein in dieser Konstellation gilt der Versicherungsvertrag als nach dem Policenmodell geschlossen.[150] Bei einem Zugang der AVB inklusive der Verbraucherinformation vor seiner Annahmeerklärung gilt der Vertrag dagegen nicht auf Grundlage des § 5a VVG a.F. geschlossen.[151]

e) Zugang der Verbraucherinformation

Eine Voraussetzung für den Beginn des Laufs der Widerspruchsfrist nach § 5a Abs. 2 S. 1 VVG a.F. war die Übergabe der vollständigen Verbraucherinformation

---

148 *E. Lorenz,* VersR 1995, 616 (624); Römer/Langheid/*Römer,* 2. Aufl. 2003, § 5a VVG Rn. 33; Prölss/Martin/*J. Prölss,* 27. Aufl. 2004, § 5a VVG Rn. 22.

149 *E. Lorenz,* VersR 1995, 616 (624); *Schirmer,* VersR 1996, 1045 (1051); *A. Peters,* DZWIR 1997, 188 (191); Römer/Langheid/*Römer,* 2. Aufl. 2003, § 5a VVG Rn. 33.

150 *E. Lorenz,* VersR 1995, 616 (624 f.); *Schirmer,* VersR 1996, 1045 (1051 f.); *Wandt,* Verbraucherinformation und Vertragsschluß nach neuem Recht, S. 31; Prölss/Martin/*J. Prölss,* 27. Aufl. 2004, § 5a VVG Rn. 22.

151 Zur weiteren rechtlichen Einordnung sowie Klärung der Fragestellungen im Rahmen dieser vertraglichen Konstellation, *E. Lorenz,* VersR 1995, 616 (624 f.).

nach § 10a VAG a.F. i. V. m. Anlage D. Die Verbraucherinformation musste eindeutig und klar formuliert sein, sodass der durchschnittliche Versicherungsnehmer diese Information versteht.[152] Dazu gehört auch eine übersichtliche Gestaltung.[153] Teils wurde aufgrund des Wortlauts angenommen, dass die Verbraucherinformation in einem eigenständigen, vom Versicherungsschein sowie von den AVB abgetrennten Dokument zugehen muss.[154]

Die Verbraucherinformation war ferner nach § 10a Abs. 2 VAG a.F. schriftlich mitzuteilen. Zwar gab es im Versicherungsvertragsrecht keine Vorschrift, die einen rein elektronischen Vertragsschluss unterband. Ein Vertragsschluss auf elektronischem Weg war daher nicht anders als ein Vertragsschluss auf herkömmlichem Weg zu beurteilen.[155] So befürworteten einige im Schrifttum eine Einbeziehung der AVB per Internet, indem der Versicherer diese für die Kenntnisnahme des Versicherungsnehmers auf den entsprechenden Internetseiten übersichtlich zur Verfügung stellte.[156] Allerdings sprach dagegen, dass die AVB dem Versicherungsnehmer tatsächlich ausgehändigt werden mussten.[157] Zudem bedeutete der Wortlaut des § 10a Abs. 2 VAG a.F. nach

---

[152] *F. Maier*, in: Drees/Koch/Nell (Hrsg.), Das Widerrufsrecht als Element des Verbraucherschutzes unter besonderer Berücksichtigung des Versicherungsrechts, S. 1, 31; *Dörner*, in: Lorenz (Hrsg.), Versicherungsrechtliche Aufklärungspflichten, S. 39, 48 f.; *Schimikowski*, r + s 1998, 353 (358 f.).

[153] *F. Maier*, in: Drees/Koch/Nell (Hrsg.), Das Widerrufsrecht als Element des Verbraucherschutzes unter besonderer Berücksichtigung des Versicherungsrechts, S. 1, 31; *Dörner*, in: Lorenz (Hrsg.), Versicherungsrechtliche Aufklärungspflichten, S. 39, 49; *Präve*, VW 1995, 90 (92); *Reusch*, NVersZ 1999, 110 (114); *Schimikowski*, r + s 1996, 1 (2); *ders.*, r + s 1998, 353 (355).

[154] So *Biagosch/P. Scherer*, VW 1995, 429 (429 f.); dagegen *Präve*, VW 1995, 90 (90 ff.).

[155] *Präve*, VW 1999, 1410 (1413); *Abram*, NVersZ 2000, 551; *Reusch*, NVersZ 1999, 110; *Hoppmann/Moos*, NVersZ 1999, 197; *Schimikowski*, r + s 1999, 485; *Moritz*, CR 2000, 61 (62); *J. Scherer/Butt*, DB 2000, 1009 (1012).

[156] *Schimikowski*, r + s 1999, 485 (486); *Hoppmann/Moos*, NVersZ 1999, 197 (198); *Reusch*, NVersZ 1999, 110 (114 f.); *Schimikowski*, r + s 1998, 353 (355); skeptisch, ob dies zulässig sei und sich durchsetzen würde, *Herrmann*, VersR 1998, 931 (938); zur Möglichkeit der Einbeziehung im Internet, *Koehler*, MMR 1998, 289; vgl. auch *Moritz*, CR 2000, 61 (64 f.); vgl. *Mankowski*, CR 2001, 767 (770); vgl. *Woitke*, BB 2003, 2469 (2472); *Heinrichs*, NJW 1997, 1407 (1409); *Waldenberger*, BB 1996, 2365 (2369); *Ernst*, BB 1997, 1057.

[157] BK/*Schwintowski*, § 5a VVG Rn. 74; *Schimikowski*, r + s 1996, 1; zur Frage, ob der Versicherungsnehmer auch die Möglichkeit der zumutbaren Kenntnisnahme hat, *Reusch*, NVersZ 1999, 110 (114 f.); *Präve*, VW 1994, 556 (557 f.); zustimmend, dass die AVB tatsächlich übergeben werden müssen, Prölss/Martin/*J. Prölss*, 27. Aufl. 2004, § 5a VVG Rn. 19a.

überwiegender Auffassung, dass der Versicherer die Verbraucherinformation als schriftliches Dokument zu überreichen hatte.[158] Gerade die Schriftformerfordernisse einzelner Regelungen wie die des § 10a VAG a.F. oder des § 5a Abs. 2 S. 1 VVG a.F. verhinderten einen rein elektronischen Vertragsschluss.[159]

f) Wirksame Widerspruchsbelehrung

Ein essentieller Bestandteil zur Wirksamkeit des Abschlusses des Versicherungsvertrags im Policenmodell war eine ordnungsgemäße Widerspruchsbelehrung. § 5a Abs. 2 S. 1 VVG a.F. bestimmte, dass die Belehrung über das Widerspruchsrecht, den Fristbeginn und die Dauer bei Aushändigung des Versicherungsscheins schriftlich, in drucktechnisch deutlicher Form zu erfolgen hat.[160] Erst dann begann der Lauf der Widerspruchsfrist. Auch hier hinderte die Schriftform der Belehrung einen Vertragsschluss auf rein elektronischem Wege.[161]

2. Widerspruch und Rechtsfolgen

a) Unterbliebener Widerspruch

Eindeutig war die Rechtsfolge nach § 5a Abs. 1 S. 1 VVG a.F., sofern der Versicherungsnehmer nicht erfolgreich Widerspruch erhoben hat. In diesem Fall kam der Versicherungsvertrag nach dem Policenmodell rückwirkend zustande.[162] Ebenso einleuchtend war das Zustandekommen des Vertrags, wenn der Versicherungsnehmer nach § 5a Abs. 3 S. 1 VVG a.F. auf besonderen

---

158 Prölss/Martin/*J. Prölss*, 27. Aufl. 2004, § 5a VVG Rn. 13; *Schimikowski*, r + s 1999, 485 (489). Die Anforderungen an die Schriftform des § 10a VAG a.F. waren umstritten. Einhellige Meinung war lediglich, dass keine strenge Schriftform im Sinne der §§ 126, 126a BGB zu fordern ist, *Abram*, NVersZ 2000, 551 (552 f.); *Leverenz*, VersR 2002, 1318 (1323); Handbuch Multimedia-Recht/*Vomhof*, Teil 13.6 Rn. 25; *C. Schneider*, VW 2001, 1499 (1500); für das Ausreichen der Textform, *Fricke*, VersR 2001, 925 (926 f.).

159 *Präve*, VW 1999, 1410 (1413); *Abram*, NVersZ 2000, 551; *Reusch*, NVersZ 1999, 110 (115); *Hoppmann/Moos*, NVersZ 1999, 197 (200); *C. Schneider*, VW 2001, 1499 (1500).

160 Dazu *Schirmer*, VersR 1996, 1045 (1052); *A. Peters*, DZWIR 1997, 188 (191 f.); Römer/Langheid/*Römer*, 2. Aufl. 2003, § 5a VVG Rn. 43.

161 *Abram*, NVersZ 2000, 551 (554); Römer/Langheid/*Römer*, 2. Aufl. 2003, § 5a VVG Rn. 43.

162 *F. Baumann/Sandkühler*, Das neue Versicherungsvertragsgesetz, S. 49; *Schimikowski*, r + s 1996, 1 (4); *Wandt*, Verbraucherinformation und Vertragsschluß nach neuem Recht, S. 19; *Leverenz*, Vertragsschluss nach der VVG-Reform, Rn. 2/2.

Antrag sofortigen Versicherungsschutz verlangte und auf Übergabe von AVB und Verbraucherinformation vor Vertragsschluss vertraglich verzichtete. Nach § 5a Abs. 3 S. 3 VVG a.F. hat der Versicherungsnehmer im Fall des § 5a Abs. 3 S. 1 VVG a.F. kein Widerspruchsrecht. Die Unterlagen waren dem Versicherungsnehmer aber nachzureichen, § 5a Abs. 3 S. 2 VVG a.F. Der Versicherungsvertrag kam mit Einbeziehung der später nachzureichenden AVB und Verbraucherinformation von Beginn an zustande.[163]

b) Ausgeübter Widerspruch

Anders ist die Rechtsfolge in dem Fall, in dem der Versicherungsnehmer von seinem Widerspruchsrecht Gebrauch gemacht hat. An sich ist durch den Wortlaut des § 5a VVG a.F. nicht klar geregelt, welche Rechtsfolgen ein erhobener Widerspruch des Versicherungsnehmers bewirkt.[164] Dies wurde auch hinreichend im Schrifttum diskutiert. Auf der Grundlage der Auffassungen von *Präve* und *Wandt* zum Zustandekommen des Vertrags sei der nach dem Policenmodell geschlossene Versicherungsvertrag nie zustande gekommen.[165] Diesem Ergebnis schließt sich auch *Hofmann* an, wenn auch mit anderer Begründung. Die Wirkung des Widerspruchs beschränke sich zunächst auf die Verbraucherinformation inklusive AVB – der Vertrag selbst bleibt jedoch erstmal bestehen.[166] Dieser Widerspruch führt letztendlich in einem zweiten Schritt zur notwendigen Rückabwicklung des gesamten Vertrages.[167] Mit dieser

---

163 *Dörner/Hoffmann*, NJW 1996, 153 (158); *Fricke*, VersR 1999, 521. Die Vorschrift des § 5a Abs. 3 VVG a.F. und der Verzicht auf das Widerspruchsrecht galten jedoch allein in Bezug auf den sofortigen Deckungsschutz und nicht auch für den Hauptvertrag, Beschlussempfehlung und Bericht des Finanzausschusses, BT-Drucks. 12/7595, S. 111; so *Schimikowski*, r + s 1996, 1 (3); *Schirmer*, VersR 1996, 1045 (1053 f.); *Wandt*, Verbraucherinformation und Vertragsschluß nach neuem Recht, S. 29 f.; dazu auch *Herrmann*, ZEuP 1999, 663 (678 f.); *ders.*, DSWR 1998, 312 (315); van Bühren/*van Bühren*, Hdb-Versicherungsrecht, 1. Aufl. 2001, § 1 Rn. 127.; Prölss/Martin/*J. Prölss*, 27. Aufl. 2004, § 5a VVG Rn. 60 ff.

164 *Dörner/Hoffmann*, NJW 1996, 153 (156 f.); *Hoffmann*, Verbraucherschutz im deutschen Privatversicherungsrecht nach dem Wegfall der Vorabkontrolle Allgemeiner Versicherungsbedingungen, S. 210.

165 *Präve*, ZfV 1994, 374 (382); *Wandt*, Verbraucherinformation und Vertragsschluß nach neuem Recht, S. 19 f.

166 *Hofmann*, Die neue Kfz-Versicherung, S. 29 f.

167 *Hofmann*, Die neue Kfz-Versicherung, S. 29 f.; kritisch zu dieser Argumentation *E. Lorenz*, VersR 1995, 616 (620); *Schimikowski*, r + s 1996, 1 (4).

Argumentation gesteht *Hofmann* allerdings ein, dass § 5a VVG a.F. für die Wirksamkeit des gesamten Vertrags und nicht nur für die Einbeziehung der AVB und Verbraucherinformation maßgeblich ist.[168] Nach der Systematik des Gesetzes wird deutlich, dass sich der Versicherungsnehmer bei der Anwendung des § 8 VVG a.F. im Rahmen eines Versicherungsvertrags vollständig durch die in § 8 Abs. 4 und Abs. 5 VVG a.F. genannten Lösungsrechte vom Vertragsschluss lösen konnte. Bei der Anwendung des Policenmodells war jedoch eine Anwendung dieser Rechte seitens des Versicherungsnehmers nach § 8 Abs. 6 VVG a.F. ausgeschlossen. Somit musste auch § 5a VVG a.F. ein vollständiges Lösungsrecht ermöglichen, da eine sonst eintretende eindeutige Verschlechterung der Rechtsstellung des Versicherungsnehmers systemwidrig scheint.[169] Nach Auslegung nach dem *Telos* ist ebenso ersichtlich, dass ein Widerspruch den Vertrag gar nicht zustande kommen lässt.[170] Verdeutlicht wird dies durch die Beschlussempfehlung des Finanzausschusses, die eine vollständige Information des Versicherungsnehmers als Wirksamkeitsvoraussetzung für den Vertrag aufstellt.[171] Bei nicht vollständiger Verbraucherinformation kann er nicht an seinen Vertrag gebunden sein.[172] Der Abschluss des Versicherungsvertrags ist somit „endgültig gescheitert“[173]. Dies liegt auch im Interesse des Versicherungsnehmers, welcher sich durch die Ausübung seines Widerspruchsrechts endgültig von seinem Vertrag lösen möchte.[174] Es wäre widersprüchlich, wenn trotzdem noch ein vertragliches Verhältnis mit Rechten und Pflichten für den Versicherungsnehmer fortbestehen würde.

Der Versicherungsnehmer kann somit seine gezahlten Prämien nach § 812 Abs. 1 S. 1 Alt. 1 BGB zurückverlangen.[175] Die Wirkung des Widerspruchs – *ex nunc* oder *ex tunc* – sowie die vom Versicherer zurückzugewährenden

---

[168] So *E. Lorenz*, VersR 1995, 616 (620).

[169] *Dörner/Hoffmann*, NJW 1996, 153 (157); *Hoffmann*, Verbraucherschutz im deutschen Privatversicherungsrecht nach dem Wegfall der Vorabkontrolle Allgemeiner Versicherungsbedingungen, S. 211.

[170] *Hoffmann*, Verbraucherschutz im deutschen Privatversicherungsrecht nach dem Wegfall der Vorabkontrolle Allgemeiner Versicherungsbedingungen, S. 210 f.; *Fricke*, VersR 1999, 521 (Fn. 6).

[171] Beschlussempfehlung und Bericht des Finanzausschusses, BT-Drucks. 12/7595, S. 111.

[172] Beschlussempfehlung und Bericht des Finanzausschusses, BT-Drucks. 12/7595, S. 111.

[173] *E. Lorenz*, VersR 1995, 616 (620).

[174] *Dörner/Hoffmann*, NJW 1996, 153 (157).

[175] *Schimikowski*, r + s 1996, 1 (4).

Summen wurden insbesondere durch die Rechtsprechung ab dem Jahr 2014 geklärt.[176]

c) *Lösungsrecht des Versicherungsnehmers vor Zugang des Versicherungsscheins*

Weiter soll ein Fall beleuchtet werden, der in der Praxis zwar selbstverständlich war, jedoch gesetzlich nicht explizit geregelt wurde. Wenn der Versicherungsnehmer mehrere Versicherungen betrachten wollte und sodann bei verschiedenen Versicherern seine Anträge abgab, um sich danach – regelmäßig bis auf eine Versicherung, die er abschließen möchte – wieder nach § 5a Abs. 1 VVG a.F. von diesen zu lösen, stellte sich die Frage, auf welche Weise er sich von diesen Anträgen lösen kann, wenn der Versicherungsschein, die AVB und die weitere Verbraucherinformation noch nicht zugegangen sind und somit noch nicht die Frist für den Widerspruch nach § 5a Abs. 1 VVG a.F. begonnen hat. Der Versicherungsnehmer wollte sich also noch vor Zugang des Versicherungsscheins und vor Beginn der Widerspruchsfrist von seinem Antrag, welcher ein bindendes Angebot nach §§ 145, 147 Abs. 2 BGB darstellt, lösen.[177]

Zu beachten ist im Lichte dessen, dass sich der Versicherungsnehmer aufgrund des Verlangens, sich von seinem Antrag zu lösen, freilich auch von dem Versicherungsvertrag nach § 5a VVG a.F. als Ganzes lösen wollte.[178] Daher ist es nur einleuchtend, dass der Versicherungsnehmer dazu das Widerspruchsrecht nach § 5a Abs. 1 VVG a.F. ausüben möchte. Dagegen spricht auch nicht, dass der Antrag des Versicherungsnehmers als bindend auszulegen ist.[179] Denn es würde dem Schutz des Versicherungsnehmers widersprechen, wenn das Widerspruchsrecht erst dann gilt, wenn ihm die Verbraucherinformation zugegangen ist, aber nicht im Zeitraum zwischen Absendung des Antrags und dem Zugang dieser Information. Die Regelung würde ins Leere laufen, wenn ein Versicherungsnehmer bereits weiß, dass er sich von seinem Antrag

---

176 Dazu unter Kap. 3 G. I. 1.; für eine *ex nunc* Wirkung *Hoffmann*, Verbraucherschutz im deutschen Privatversicherungsrecht nach dem Wegfall der Vorabkontrolle Allgemeiner Versicherungsbedingungen, S. 212 f.

177 *E. Lorenz*, VersR 1995, 616 (621); vgl. *Fricke*, VersR 1999, 521; Römer/Langheid/*Römer*, 2. Aufl. 2003, § 5a VVG Rn. 40.

178 *E. Lorenz*, VersR 1995, 616 (621).

179 *E. Lorenz*, VersR 1995, 616 (621); Prölss/Martin/*J. Prölss*, 27. Aufl. 2004, § 5a VVG Rn. 55.

lösen möchte, jedoch noch abwarten musste, bis die Police zugegangen ist.[180] Der Versicherungsnehmer konnte sich folglich durch Erklärung des Widerspruchs nach § 5a VVG a.F. vom Antrag und damit auch dem Vertrag lösen – denn somit kam der Vertrag nach dem Policenmodell gar nicht zustande.[181]

d) *Versicherungsfall vor Ablauf der Widerspruchsfrist, § 5a Abs. 2 VVG a.F.*

Einer weiteren gesonderten Beurteilung bedarf die Frage der Behandlung des Eintritts eines Versicherungsfalls vor Ablauf der Widerspruchsfrist nach § 5a Abs. 2 S. 1 VVG a.F. Denn zu diesem Zeitpunkt ist die erste Prämie im Regelfall noch nicht gezahlt worden.[182] Für den Erfolg eines Deckungsanspruchs des Versicherungsnehmers ist zunächst grundsätzlich ein Eintreten eines Versicherungsfalls nach Abschluss des Versicherungsvertrags notwendig.[183] Der Versicherungsnehmer hat in dieser Situation in der Regel nicht sein Widerspruchsrecht ausgeübt. Damit wurde der Vertrag rückwirkend mit Ablauf der Widerspruchfrist wirksam.[184] Daher war diese Voraussetzung grundsätzlich erfüllt.[185] Die weitere Voraussetzung für den erfolgreichen Deckungsanspruchs des Versicherungsnehmers ist die Zahlung der ersten Prämie zur Zeit des Eintritts des Versicherungsfalls, da sonst der Versicherer von der Verpflichtung zur Leistung frei wird, § 38 Abs. 2 VVG a.F.[186] Diese Vorschrift verhindert nach dem *Telos* des Policenmodells sowie dem Wortlaut des § 5a VVG a.F. jedoch nicht, dass der Versicherungsnehmer zu diesem Zeitpunkt noch keine Deckung erhielt, da hier sowohl der Abschluss des Vertrags rückwirkend auf den Zeitpunkt der Übersendung der Police

---

[180] *E. Lorenz*, VersR 1995, 616 (621); *Wandt*, Verbraucherinformation und Vertragsschluß nach neuem Recht, S. 22; *Schirmer*, VersR 1996, 1045 (1051); *Fricke*, VersR 1999, 521; Römer/Langheid/*Römer*, 2. Aufl. 2003, § 5a VVG Rn. 40; Prölss/Martin/*J. Prölss*, 27. Aufl. 2004, § 5a VVG Rn. 55.

[181] *E. Lorenz*, VersR 1995, 616 (621 f.); *ders.*, VersR 1997, 773 (774); *Schirmer*, VersR 1996, 1045 (1051); dagegen *A. Peters*, DZWIR 1997, 188 (191).

[182] *Schimikowski*, r + s 1996, 1 (4).

[183] *E. Lorenz*, VersR 1995, 616 (622).

[184] *E. Lorenz*, VersR 1995, 616 (622); *ders.*, VersR 1997, 773 (774).

[185] *E. Lorenz*, VersR 1995, 616 (622); vgl. Prölss/Martin/*J. Prölss*, 27. Aufl. 2004, § 5a VVG Rn. 6.

[186] *Schimikowski*, r + s 1996, 1 (4). Allg. dazu Prölss/Martin/*Knollhosser*, § 38 VVG Rn. 1 ff.

wirkte als auch die Zahlung der ersten Prämie aufgeschoben war.[187] Damit hatte der Versicherungsnehmer bei einem Versicherungsfall vor Ablauf der Widerspruchsfrist einen erfolgreichen Deckungsanspruch.

e) *Erlöschen des Widerspruchsrechts, § 5a Abs. 2 S. 4 VVG a.F.*

Die Vorschrift des § 5a VVG a.F. enthielt ein Erlöschen des Widerspruchsrechts, was bis heute zu Kontroversen und Differenzen führt. Diese Ausschlussfrist wurde später durch den EuGH als europarechtswidrig eingestuft.[188] Essentiell ist daher die Darstellung der Vorschrift, ihr originär durch den Gesetzgeber vorgesehener Regelungsinhalt sowie ihrer Anwendungsfälle. Nach § 5a Abs. 2 S. 4 VVG a.F. erlischt das Recht zum Widerspruch ein Jahr nach Zahlung der ersten Prämie, falls der Lauf der Widerspruchsfrist nicht nach § 5a Abs. 2 S. 1 VVG a.F. begonnen hat. Dies umfasste somit die Fälle, bei denen der Versicherungsnehmer entweder Versicherungsschein, AVB oder die übrige Verbraucherinformation nicht erhalten hat – oder die fehlende Übermittlung darlegen kann, aber dennoch die erste Prämie gezahlt hat.[189] Der Versicherungsnehmer konnte folglich in diesen Konstellationen den Vertrag durch Ausübung des Widerspruchsrechts rückabwickeln – jedoch lediglich innerhalb eines Jahres. Der Widerspruch konnte auch kurz vor Ablauf dieser Frist erfolgen. Dies hat der Versicherungsnehmer wohl überdacht, sofern sich bis dahin kein Versicherungsfall ergeben hat.[190] Der Versicherer hatte in diesem Fall sämtliche Prämien zurückzuzahlen. Teils wurde dies von Versicherungsvermittlern ausgenutzt, um Versicherungsnehmer abzuwerben.[191]

Nach der Vorschrift des § 5a Abs. 2 S. 4 VVG a.F. ist der Versicherungsvertrag endgültig rückwirkend wirksam geworden, wenn der Versicherungsnehmer

---

187 *E. Lorenz*, VersR 1995, 616 (622); vgl. *Schimikowski*, r + s 1996, 1 (4).

188 EuGH v. 19.12.2013 – C-209/12 *(Walter Endress/Allianz Lebensversicherungs-AG)*, NJW 2014, 452; siehe dazu folgend im Detail Kap. 2 B. IV.

189 *Schirmer*, VersR 1996, 1045 (1053); dies hat sich auch nicht durch die Umsetzung weiterer Richtlinien im Bereich des Fernabsatzes geändert, siehe *Ebers*, in: Micklitz (Hrsg.), Der Vertragsschluss im deutschen Versicherungsrecht, S. 253, 259; *Dörner*, in: FS Lorenz 2004, S. 195, 205 f.

190 *E. Lorenz*, VersR 1995, 616 (623); dazu auch Römer/Langheid/*Römer*, 2. Aufl. 2003, § 5a VVG Rn. 47.

191 Van Bühren/*van Bühren*, Hdb-Versicherungsrecht, 1. Aufl. 2001, § 1 Rn. 128.

die erste Prämie gezahlt hat und keinen Widerspruch innerhalb der Jahresfrist erhoben hat.[192] Der Vertrag kommt auch hier auf Grundlage des Versicherungsscheins, der AVB und der notwendigen Verbraucherinformation zustande, und nicht lediglich als Rumpfvertrag ohne Einbeziehung von AVB und Verbraucherinformation.[193] Dagegen spricht auch nicht der Wortlaut des § 5a Abs. 1 S. 1 VVG a.F., welcher explizit auf die Überlassung der Unterlagen verweist. Denn die Formulierung markiert lediglich den Beginn des Laufs der Widerspruchsfrist, welcher im Falle des § 5a Abs. 2 S. 4 VVG a.F. mit der Zahlung der ersten Prämie erfolgt.[194] Belegt wird dies weiterhin durch die Stellungnahme des Finanzausschusses des Bundestages, welche bei § 5a Abs. 2 S. 4 VVG a.F. nicht die Vertragsfreiheit wie bei § 5a Abs. 1 S. 1 VVG a.F. in den Mittelpunkt stellt, sondern diese fixe Ausschlussfrist eingeführt hat, da sie „im Interesse des Rechtsfriedens erforderlich ist“[195]. Diese Regelung sollte beide Vertragsparteien schützen, um eine potentiell wirre Rechtslage sowie einen Schwebezustand zu beenden und rückwirkend den Versicherungsvertrag wirksam werden zu lassen.[196]

3. Leistungsstörungen beim Antragsmodell – potentieller Übergang zum Policenmodell

Bereits bei Einführung der neuen Vorschriften wurde im Schrifttum diskutiert, welches der beiden Vertragsmodelle bei Störungsfällen beim Abschluss eines Versicherungsvertrags einschlägig wäre.[197] Dies soll im Folgenden lediglich überblicksartig anhand des damaligen Schrifttums dargestellt werden.[198]

---

[192] *E. Lorenz*, VersR 1995, 616 (623); *Schaffrin*, Die Kontrolle von Allgemeinen Geschäftsbedingungen und Allgemeinen Versicherungsbedingungen, S. 19; *A. Peters*, DZWIR 1997, 188 (192); Römer/Langheid/*Römer*, 2. Aufl. 2003, § 5a VVG Rn. 44; *Püttgen*, Europäisiertes Versicherungsvertragsschlussrecht, S. 191.

[193] *E. Lorenz*, VersR 1995, 616 (623); *Schirmer*, VersR 1996, 1045 (1053).

[194] *E. Lorenz*, VersR 1995, 616 (623).

[195] Beschlussempfehlung und Bericht des Finanzausschusses, BT-Drucks. 12/7595, S. 111.

[196] *E. Lorenz*, VersR 1995, 616 (623).

[197] So beispielsweise *E. Lorenz*, VersR 1995, 616 (618 f.).

[198] Hierzu ergingen ab dem Jahr 2014 einige Urteile, welche sich mit dieser Thematik beschäftigen.

a) Kein Erhalt der Verbraucherinformation vor Antragstellung

Erhielt der Versicherungsnehmer die AVB und sonstigen Informationen gemäß § 10a VAG a.F. nicht vor seiner Abgabe der Willenserklärung, schloss er keinen Versicherungsvertrag nach dem Antragsmodell. Dies war ebenso nicht der Fall, wenn dem Versicherer nicht der Nachweis des Zugangs der Unterlagen nach § 5a Abs. 2 S. 2 VVG a.F. gelang. In beiden Fällen wurde der Versicherungsvertrag im Policenmodell geschlossen.[199] Gleiches gilt, wenn der Versicherer die AVB nicht per Internet zur Verfügung stellte und der Versicherungsnehmer so keine Möglichkeit hatte, Kenntnis von diesen zu nehmen.[200]

b) Kein vollständiger oder fehlerfreier Erhalt der Verbraucherinformation

Diskutiert wurde dies zudem dann, wenn der Verbraucher die Informationen zwar vor Abgabe seines Angebots erhalten hat, diese jedoch fehlerhaft oder nicht vollständig waren.[201] Dies ist beispielweise der Fall, wenn Klauseln der AVB als unwirksam einzustufen oder Informationen wie die Laufzeit des Vertrages oder die Auflistung von Zahlungen schlicht falsch sind.[202] Statt einer Leistungsstörung im Rahmen eines Vertragsschlusses im Antragsmodell könnte auch ein Übergang in einen erfolgreichen Vertragsschluss im Policenmodell angenommen werden. Für eine Anwendung des Policenmodells wurde angeführt, dass das Unterlassen einer Verbraucherinformation nach dem Wortlaut des § 5a VVG a.F. einem Unterlassen einer einzigen Information entspricht.[203] Für einen Verbleib im Antragsmodell sprach allerdings, dass § 5a VVG a.F. von der Verbraucherinformation im

---

199 *E. Lorenz*, VersR 1995, 616 (618); vgl. *Schaffrin*, Die Kontrolle von Allgemeinen Geschäftsbedingungen und Allgemeinen Versicherungsbedingungen, S. 29 f.; *E. Lorenz*, ZVersWiss 84 (1995), 103 (107); *Schimikowski*, r + s 1996, 1 (3); *Schirmer*, VersR 1996, 1045 (1047); Römer/Langheid/*Römer*, 2. Aufl. 2003, § 5a VVG Rn. 16.

200 *Schimikowski*, r + s 1999, 485 (486).

201 *E. Lorenz*, VersR 1995, 616 (618); *Schirmer*, VersR 1996, 1045 (1047 f.); vgl. *Schwintowski*, NVersZ 2001, 337 (339); *A. Peters*, DZWIR 1997, 188 (194).

202 *E. Lorenz*, VersR 1995, 616 (618); *Schirmer*, VersR 1996, 1045 (1047); *Werber*, VersR 2003, 148 (150 ff.); *A. Peters*, DZWIR 1997, 188 (194).

203 In diesem Sinne *Schimikowski*, r + s 1996, 1 (6); dazu auch *Schirmer*, VersR 1996, 1045 (1047); dagegen *E. Lorenz*, VersR 1995, 616 (618).

Singular und nicht von Verbraucherinformationen im Plural spricht. Damit meine der Gesetzgeber wohl nicht jede Information im Sinne des § 10a VAG a.F. i. V. m. Anlage D selbst, sondern die erforderlichen AVB sowie sonstigen Informationen als Gesamtheit.[204] Damit führe eine fehlerhafte Verbraucherinformation bei Übergabe vor Antragstellung nicht zum Abschluss im Policenmodell, sondern als vertragliche Leistungsstörung, gegen die sich der Versicherungsnehmer bei Fehlern der AVB über das AGBG a.F. und bei Mängeln der sonstigen Verbraucherinformationen über Anfechtung und *culpa in contrahendo* schützen kann.[205] Dies folge zudem *e contrario* aus § 8 Abs. 6 VVG a.F., welcher eine Anwendbarkeit des Widerrufsrechts nach § 8 Abs. 4 VVG a.F. und des Rücktrittsrechts nach § 8 Abs. 5 VVG a.F. ausschließt, wenn der Versicherungsnehmer ein Widerrufsrecht nach § 5a VVG a.F. hat.[206] Denn die Vorschrift des § 8 Abs. 6 VVG a.F. würde ins Leere gehen, wenn jeder Mangel beim Abschluss im Antragsmodell in den Abschluss im Policenmodell übergehen würde.[207] Zudem seien die AVB in der Vorschrift des § 5a VVG a.F. – auch wenn sie Teil der Verbraucherinformation sind – explizit erwähnt, um die Frist in Gang zu setzen.[208] Die nationale Judikatur bewertet diese Leistungsstörungen im Rahmen ihrer Entscheidungen jeweils einzelfallabhängig. Jedoch wird an den damaligen Diskussionen ersichtlich, dass der Gesetzgeber mit der Einführung des § 5a VVG a.F. eine unklare Norm geschaffen hat, durch die nicht einmal die Einordnung des Abschlussmodells eindeutig wurde.[209]

---

[204] So *E. Lorenz*, VersR 1995, 616 (618); ebenso dafür *A. Peters*, DZWIR 1997, 188 (194); *Osing*, Informationspflichten des Versicherers und Abschluß des Versicherungsvertrages, S. 74 f.; *Wandt*, Verbraucherinformation und Vertragsschluß nach neuem Recht, S. 46 f.; Römer/Langheid/*Römer*, 2. Aufl. 2003, § 5a VVG Rn. 16.

[205] *E. Lorenz*, VersR 1995, 616 (618); vgl. zu Aufklärungs- und Beratungspflichten im Rahmen der Haftung aus *culpa in contrahendo*, *Kieninger*, AcP 199 (1999), 190 (195 ff.); *Schlossareck*, Ansprüche des Versicherungsnehmers aus culpa in contrahendo, S. 43 ff.

[206] *E. Lorenz*, VersR 1995, 616 (618).

[207] *E. Lorenz*, VersR 1995, 616 (618).

[208] *Wandt*, Verbraucherinformation und Vertragsschluß nach neuem Recht, S. 52 f.; näher dazu, auch im Zusammenhang mit dem in dieser Arbeit nicht zu vertiefenden Transparenzgebot, *Werber*, VersR 2003, 148 (151 f.).

[209] So auch *Schirmer*, der sich eine strikte Trennung der Abschlussmodelle gewünscht hätte, *Schirmer*, VersR 1996, 1045 (1047).

II. Richtlinienkonforme Umsetzung

Bis heute umstritten ist, ob eine richtlinienkonforme Umsetzung der Dritten Richtlinien sowie der Richtlinie Leben 2002, insbesondere der Art. 31, Art. 41 der Dritten Richtlinie Schaden, Art. 31 der Dritten Richtlinie Leben sowie Art. 36 der Richtlinie Leben 2002, durch den deutschen Gesetzgeber in Form des § 5a VVG a.F. gelungen ist.[210] Diese Diskussion bestand seit Anbeginn der Einführung des § 5a VVG a.F., obwohl die Vorschrift in den ersten Jahren der

---

210 *Beckmann*, in: Dauses/Ludwigs (Hrsg.), E. VI. Rn. 232; MüKo-VVG/*Eberhardt*, § 8 VVG Rn. 101 f. Darüber hinaus gab es Einwände gegen die Verfassungsmäßigkeit des § 5a VVG a.F. Diese sollen jedoch keinen vertieften Gegenstand der Arbeit darstellen. Im heutigen Schrifttum und in der Rechtsprechung ist diese Thematik kaum noch von Interesse. Vorwürfe gegen die Verfassungsmäßigkeit wurden zunächst von *Dörner/Hoffmann* und *Meyer* aufgeworfen, siehe *Dörner/Hoffmann*, NJW 1996, 153; *H. Dieter Meyer*, in: Schwintowski/Basedow/Meyer (Hrsg.), Verbraucherpolitische Informationen und Forderungen, S. 157, 206 f. Die wesentliche Rüge schloss sich an die grundlegende Ansicht von *Dörner/Hoffmann* an, dass § 5a VVG a.F. eine Einschränkung und Verletzung des § 10a VAG a.F. sei. § 5a VVG a.F. verstoße gegen Art. 3 Abs. 1 GG, da die Vorschrift eine allein für Versicherer begünstigende Abweichung von § 2 Abs. 1 Nr. 2 AGBG a.F. schafft, indem die AVB nicht vor Antragstellung übergeben werden müssen. Damit liege eine Ungleichbehandlung gegenüber anderen Branchen vor, die vorvertraglich die einschlägigen AVB überlassen müssen. Dies lasse sich nach dem Wegfall der aufsichtsrechtlichen Vorabgenehmigung der AVB in der Versicherungswirtschaft nicht mehr rechtfertigen, *Dörner/Hoffmann*, NJW 1996, 153 (159 f.). *Lorenz* unterschied bei der Beurteilung der Verfassungsmäßigkeit dagegen zwischen dem Grundsatz nach § 5a Abs. 1 VVG a.F. und der Ausnahme des § 5a Abs. 2 S. 4 VVG a.F. Er lehnte eine Verfassungswidrigkeit des § 5a Abs. 1 VVG a.F. ab, da § 5a Abs. 1 S. 1 VVG a.F. die Vorschrift des § 2 Abs. 1 AGBG a.F. nicht einschränke. § 5a Abs. 1 S. 1 VVG a.F. halte die Voraussetzungen des AGB-Gesetzes durch den im Antragsformular vorgesehenen Hinweis auf die AVB sowie dem Einverständnis des Versicherungsnehmers durch seine Unterschrift auf dem Antragsdruck ein. Die Kenntnisnahme bei Vertragsschluss nach § 2 Abs. 1 Nr. 2 AGBG a.F. erfolge vor der Abgabe einer bindenden Einbeziehungserklärung, da der unterzeichnete Antrag erst nach Zugang der AVB wirksam wird. Einer Verfassungsmäßigkeit im Ausnahmefall könne dagegen nicht ohne Weiteres zugestimmt werden. Eine solche könnte hier angenommen werden, da auch nach dem Erlöschen des Widerspruchsrechts ein Anspruch des Versicherungsnehmers auf Aushändigung der AVB fortbestehe. Zudem könnte man in der Zahlung der ersten Prämie ohne Ausüben des Widerspruchsrechts einen konkludenten Verzicht auf die Übermittlung der AVB und somit eine Einhaltung der Regelungen sehen, *E. Lorenz*, VersR 1997, 773 (779); gegen eine Verfassungswidrigkeit, da dem Gesetzgeber bei den einzelnen Wirtschaftszweigen ein weiter Spielraum überlassen sei, *Schirmer*, VersR 1996, 1045; *A. Peters*, DZWIR 1997, 188 (195); Prölss/Martin/*J. Prölss*, 27. Aufl. 2004, § 5a VVG Rn. 8.

Anwendung kaum Probleme in der Praxis bereitete oder gerichtliche Streitigkeiten auslöste.[211] Trotz dessen beabsichtigte sogar die Reformkommission, das Policenmodell und seine Europarechtskonformität zu prüfen.[212] Dies wurde allerdings seitens der Reformkommission nicht genauer erörtert oder verfolgt.[213] Als europarechtswidrig wurde lediglich § 5a Abs. 2 S. 4 VVG a.F. erklärt – über die Richtlinienkonformität des Policenmodells an sich wurde in diesem Zusammenhang nicht entschieden. Eine intensive Einschätzung und Beurteilung zur Europarechtskonformität des Policenmodells als solches soll vor dem Hintergrund des im Jahr 2013 ergangenen EuGH-Urteils nicht erfolgen. Bedeutend und relevant sind dennoch die zentralen Punkte, die diese Diskussion anregen[214] und den legislativen Fehlgriff weiter offenbaren.

1. Richtlinienkonformität des Policenmodells

a) Für eine Richtlinienkonformität des Policenmodells

Diskutiert wird zunächst, ob ein Zugang der Verbraucherinformation auch wirklich vor Abschluss des Versicherungsvertrags nach dem Policenmodell erfolgt oder ein Verstoß gegen den Art. 31 der Dritten Richtlinien vorliegt, da § 5a VVG a.F. keine Übermittlung der nach § 10a VAG a.F. notwendigen Unterlagen vor Vertragsabschluss explizit normiert.[215] Nach einer Auffassung liegt die Vorschrift des § 5a VVG innerhalb der Anforderungen, welche eine Mitteilung der erforderlichen Informationen vor Vertragsschluss fordern.[216] Eine Übermittlung des Zugangs der Unterlagen vor diesem Zeitpunkt sei gegeben, da die vertragliche Bindung erst nach Übersendung der vollständigen Unterlagen sowie

---

[211] *Römer*, VersR 2006, 740 (741); *D. Wendt*, Zum Widerruf im Versicherungsvertragsrecht, S. 27.

[212] Zwischenbericht der Kommission zur Reform des Versicherungsvertragsrechts v. 30.5.2002, S. 36 f.

[213] *Hüntemann*, Der Abschluss von Versicherungsverträgen und die vorvertraglichen Pflichten des Versicherers gemäß §§ 6 und 7 VVG, S. 267.

[214] Dazu instruktiv MüKo-VVG/*Eberhardt*, § 8 VVG Rn. 102 f.

[215] *E. Lorenz*, VersR 1997, 773 (780); *Wandt*, Verbraucherinformation und Vertragsschluß nach neuem Recht, S. 31; *Gaul*, VersR 2007, 21; *D. Wendt*, Zum Widerruf im Versicherungsvertragsrecht, S. 30 f.; *Beckmann*, in: Dauses/Ludwigs (Hrsg.), E. VI. Rn. 236; Prölss/Martin/*J. Prölss*, 27. Aufl. 2004, § 5a VVG Rn. 8; *Reiff*, VersR 1997, 267 (271)

[216] *Schirmer*, VersR 1996, 1045 (1056); *R. Wendt*, r + s 2014, 585 (587); *E. Lorenz*, VersR 1995, 616; *Armbrüster*, Privatversicherungsrecht, Rn. 862; *Römer*, in: FS 50 Jahre BGH 2000, S. 375, 387 ff.

nach Ablauf der Widerspruchsfrist erfolgt. Dieses Widerspruchsrecht könne der Versicherungsnehmer zudem bereits direkt nach Antragstellung ausüben.[217] Zur Einhaltung der Vorgaben der Richtlinien wurde teils die Notwendigkeit eines schwebend unwirksamen Vertrags angenommen.[218] Eine Ausübung des Widerspruchsrechts ist weiterhin innerhalb der maßgeblichen Frist möglich, um ein Zustandekommen des Vertrags zu verhindern. Die Vorschrift des § 5a VVG a.F. schränke somit § 10a VAG a.F. nicht ein.

Ferner war der Mitgliedstaat dazu befugt und bestimmt worden, den genauen Vertragsschluss selbst zu regeln.[219] Gerade dieser Freiraum war durch die Richtlinien gewährt worden.[220] Daher sei es eine Richtlinienwidrigkeit nur dann anzunehmen, wenn die europarechtlichen Vorgaben beispielsweise einen Vertragsschluss allein nach dem Antragsmodell erlaubt hätten.[221] Diese würden allerdings gerade die neue Normierung und Einführung von Vertragsmodellen erlauben, soweit die notwendige Verbraucherinformation dem Versicherungsnehmer vor Zustandekommen des Vertrags zugeht.[222]

Außerdem habe der deutsche Gesetzgeber auch die Zielvorgaben der Richtlinien beachtet. Diese würden jedoch nicht *per se* festlegen, dass der Versicherer einem Versicherungsnehmer bei einem potentiellen Vertragsschluss sämtliche Informationen mitteilen muss. In der Praxis habe der Versicherer den Freiraum, selbst darüber zu verfügen, wie viele Informationen er dem Versicherungsnehmer im Gespräch zukommen lässt.[223] So legt der Versicherungsvermittler zwar den Antragsvordruck mit Hinweis auf die AVB vor. Im Rahmen dessen habe der Versicherer aber nicht mehr Informationen zu übergeben.[224] Der Versicherer sei im Sinne der unternehmerischen Freiheit

---

217 *E. Lorenz*, VersR 1995, 616 (625 f.); *Schirmer*, VersR 1996, 1045 (1056).

218 *Präve*, ZfV 1994, 374 (381 f.).

219 *Rudy*, r + s 2015, 115 (117); Prölss/Martin/*J. Prölss*, 27. Aufl. 2004, § 5a VVG Rn. 8; *Reiff*, VersR 1997, 267 (271).

220 Siehe dazu das Ratsprotokoll Nr. 2 zu Art. 31 Dritte Richtlinie Leben, Dok. 7309/92, abgedruckt bei *Büchner*, Der Referentenentwurf eines Dritten Durchführungsgesetzes/EWG zum VAG auf dem Prüfstand, S. 13.

221 *E. Lorenz*, VersR 1995, 616 (626); *ders.*, VersR 1997, 773 (781).

222 *E. Lorenz*, VersR 1995, 616 (626); *ders.*, VersR 1997, 773 (781); vgl. *Reiff*, VersR 1997, 267 (271).

223 *E. Lorenz*, VersR 1997, 773 (781).

224 *E. Lorenz*, VersR 1997, 773 (781).

und Autonomie als Vertragspartei frei in der Wahl seines Vertragspartners.[225] Dies gilt freilich nur, soweit der Versicherungsnehmer noch keinen bindenden Antrag abgeben möchte. Sobald der Versicherungsnehmer einen Vertragsschluss beabsichtigt, muss der Versicherer je nach Wahl des Abschlussmodells die AVB oder die gesamte Verbraucherinformation übergeben.[226]

b) Gegen eine Richtlinienkonformität des Policenmodells

Nach der Gegenauffassung sei eine Richtlinienwidrigkeit des Policenmodells anzunehmen.[227] Insbesondere wird dies damit begründet, dass § 5a VVG a.F. nicht *expressis verbis* den notwendigen Zugang der Verbraucherinformation vor Abschluss des Versicherungsvertrags erwähnt und vorschreibt.[228] Dies stelle einen Verstoß gegen Art. 31 der Dritten Richtlinien dar.[229] So werde allein mit einer gesetzlichen Fiktion der Vertragsschluss künstlich zeitlich verschoben, um auf diese Weise den europäischen Vorgaben zu entsprechen. Nach diesen hätte ein einheitliches Vertragsschlusskonzept aufgestellt werden müssen.

---

225 *E. Lorenz*, VersR 1997, 773 (781).

226 *E. Lorenz*, VersR 1997, 773 (781).

227 Schwintowski/Brömmelmeyer/*Ebers*, 2. Aufl. 2010, § 8 VVG Rn. 10; vgl. *Hoffmann*, Verbraucherschutz im deutschen Privatversicherungsrecht nach dem Wegfall der Vorabkontrolle Allgemeiner Versicherungsbedingungen, S. 198 f.; *Osing*, Informationspflichten des Versicherers und Abschluß des Versicherungsvertrages, S. 92 f.; *Schwintowski*, VuR 1996, 223 (238 f.); *Ebers*, in: Micklitz (Hrsg.), Der Vertragsschluss im deutschen Versicherungsrecht, S. 253, 260 ff.; *W.-H. Roth*, VersR 2015, 1; *Brömmelmeyer*, VuR 2014, 447. Daher hat die Arbeitsgemeinschaft der Verbraucherverbände eine Beschwerde bezüglich der fraglichen Richtlinienkonformität erhoben. Die Kommission beantwortete dies im Mai 1995 damit, dass der Versicherungsnehmer vor seiner Verpflichtung zu informieren sei; zitiert nach *E. Lorenz*, VersR 1997, 773.

228 Die Intention des § 10a VAG a.F. werde dadurch unterlaufen, so van Bühren/*van Bühren*, Hdb-Versicherungsrecht, 1. Aufl. 2001, § 1 Rn. 123. In diesem Zusammenhang erwägt *Schwintowski* eine Nichtigkeit aller nach dem Policenmodell abgeschlossenen Versicherungsverträge, *Schwintowski*, VuR 1996, 223 (238 f.); dazu auch *Rehberg*, Der Versicherungsabschluss als Informationsproblem, S. 203.

229 *Osing*, Informationspflichten des Versicherers und Abschluß des Versicherungsvertrages, S. 92 f.; *Schwintowski*, VuR 1996, 223 (238 f.); BK/*ders.*, § 5a VVG Rn. 5; *Döhmer*, ZfSch 1997, 281 (283); *Dörner*, in: Brömmelmeyer/Heiss/Meyer/Rückle/Schwintowski/Wallrabenstein (Hrsg.), Verbraucherrechtliche Schwachstellen der VVG-Reform, S. 137, 145 f.; *Micklitz/Ebers*, in: Basedow/Meyer/Rückle/Schwintowski (Hrsg.), Verbraucherschutz durch und im Internet bei Abschluss von privaten Versicherungsverträgen, S. 43, 82 f.; *H. Dieter Meyer*, in: Schwintowski/Basedow/Meyer (Hrsg.), Verbraucherpolitische Informationen und Forderungen, S. 157, 187, 201 f.

Der Gesetzgeber sah jedoch zwei unterschiedliche Konzepte vor: zum einen für den Eintritt der Bindungswirkung der Willenserklärungen und zum anderen für den Lauf der Widerspruchsfrist.[230] Der Versicherungsnehmer müsse die Information aber vor der Abgabe seiner Willenserklärung erhalten.[231]

Problematisch sei dabei insbesondere, dass der Versicherungsnehmer selbst in Form der Ausübung seines Widerspruchsrechts handeln muss, um ein solches Zustandekommen des Vertrags zu verhindern.[232] Zwar sei dies so ähnlich in der Vorschrift des § 5 Abs. 1 VVG a.F. normiert, der eine Abweichung des Inhalts des Versicherungsscheins vom Antrag als genehmigt bestimmt, sofern der Versicherungsnehmer nicht innerhalb von 14 Tagen widerspricht.[233] Abweichend hiervon stelle die Vorschrift des § 5a VVG a.F. aber ein gänzlich neues Abschlussmodell auf, welches deutlich abweichende Folgen für den Versicherungsnehmer als § 5 VVG a.F. enthält. Ein Versicherungsnehmer, der verschiedene Produkte vergleichen möchte und dies im Lichte der Dritten Richtlinien auch soll, müsste also bei einem Vertragsschluss nach dem Policenmodell zunächst bei mehreren Versicherungen seinen bindenden Antrag abgeben. Sodann würde er mehrere Versicherungsscheine inklusive AVB und Verbraucherinformation erhalten und dabei als Laie den Überblick zwischen allen Produkten sowie den Ablauf der jeweiligen Widerspruchsfrist behalten müssen, damit nicht mehrere Versicherungsverträge nach dem Policenmodell wirksam werden.[234] Empirische Auswertungen haben

---

230 *W.-H. Roth*, VersR 2015, 1 (6); dazu auch *Looschelders*, VersR 2016, 7 (11).

231 *W.-H. Roth*, VersR 2015, 1 (6); *Schwintowski*, VuR 2024, 83; *Ebers*, VuR 2017, 47; *Brömmelmeyer*, VuR 2014, 447 (449).

232 *Rehberg*, Der Versicherungsabschluss als Informationsproblem, S. 112; Dies wurde als sogenannte Widerspruchslast bezeichnet, *Ebers*, in: Micklitz (Hrsg.), Der Vertragsschluss im deutschen Versicherungsrecht, S. 253, 264; *Brömmelmeyer*, VuR 2014, 447 (448 f.); dagegen *Schirmer*, VersR 1996, 1045 (1056).

233 *E. Lorenz*, VersR 1995, 616 (626).

234 Dazu *Brömmelmeyer*, VersR 2003, 939 (940); vgl. dazu bereits vor Annahme der Dritten Richtlinien bezweifelnd, dass durch den Wegfall der bisherigen Bedingungsgenehmigung eine Markttransparenz bestehen bleibt; vielmehr bestehe die Gefahr, dass ein Kunde schwieriger die Produkte vergleichen kann, *Müller*, Verbraucherschutz im Versicherungswesen durch Information der Versicherten, S. 19; *Rehberg*, Der Versicherungsabschluss als Informationsproblem, S. 107 ff.; kritisch auch BK/*Schwintowski*, § 5a VVG Rn. 5; das Angebot hat sich infolge der unionsrechtlichen Deregulierung erheblich erhöht und ist seitdem auch unübersichtlicher, so *Fleischer*, ZEuP 2000, 772 (775); nach *Rehberg* nahm kein Versicherungsnehmer dieses Vorgehen auf sich, siehe *Rehberg*, EuZW 2014, 237 (238); dies spreche gegen eine Richtlinienkonformität, so *Looschelders*, VersR 2016, 7 (11).

zudem ergeben, dass Informationen nach bereits entschiedenem Entschluss oftmals ignoriert werden. Als Folge bestehe eine zu große Überwindung, sich von den Verträgen zu lösen.[235] Dies könne nicht im Sinne der Dritten Richtlinien sein und spreche daher eindeutig gegen eine Richtlinienkonformität des Policenmodells. Denn die Vorgaben würden eine Übermittlung von AVB und Verbraucherinformation vor Abgabe der Willenserklärung des Versicherungsnehmers bedeuten.[236] Weiterhin erfülle § 5a VVG a.F. nicht die inhaltlichen Vorgaben der Dritten Richtlinie Leben, welcher eine vielfältige Vertragsauswahl für den Versicherungsnehmer beabsichtigt.[237] Gerade aber eine für den Versicherungsnehmer bestmögliche Wahl zu treffen, sei innerhalb der Widerspruchsfrist sehr aufwendig und komplex.[238] Eine ruhige und fundierte Auswahl seitens des Versicherungsnehmers als Laie zwischen unterschiedlichen Produkten scheine daher ohne weitere Beratung fast unmöglich.[239] Auch die durch die Dritte Richtlinie Leben vorgesehenen Informationspflichten mögen in diesem Zusammenhang die Marktintransparenz nicht erfüllen können.[240] Die deutsche Umsetzung der Dritten Richtlinien könnte somit dem Sinn der Informationspflichten

---

235 *Ebers*, in: Micklitz (Hrsg.), Der Vertragsschluss im deutschen Versicherungsrecht, S. 253, 264; *Berndt*, Konsumentscheidung und Informationsüberlastung, S. 36.

236 *Hüntemann*, Der Abschluss von Versicherungsverträgen und die vorvertraglichen Pflichten des Versicherers gemäß §§ 6 und 7 VVG, S. 270; *Ebers*, in: Micklitz (Hrsg.), Der Vertragsschluss im deutschen Versicherungsrecht, S. 253, 262 f.; *Schwintowski*, VuR 1996, 223 (238 f.); *Rehberg*, Der Versicherungsabschluss als Informationsproblem, S. 112; *Brömmelmeyer*, VuR 2014, 447 (449).

237 *Ebers*, in: Micklitz (Hrsg.), Der Vertragsschluss im deutschen Versicherungsrecht, S. 253, 262 f.; *Schwintowski*, VuR 2024, 83 (87 ff.)

238 Dazu *Brömmelmeyer*, VersR 2003, 939 (940); *Ebers*, in: Micklitz (Hrsg.), Der Vertragsschluss im deutschen Versicherungsrecht, S. 253, 264; *Schwintowski*, VuR 2024, 83; *Osing*, Informationspflichten des Versicherers und Abschluß des Versicherungsvertrages, S. 92 f.; *Looschelders*, VersR 2016, 7 (11)

239 *Hüntemann*, Der Abschluss von Versicherungsverträgen und die vorvertraglichen Pflichten des Versicherers gemäß §§ 6 und 7 VVG, S. 269; *Osing*, Informationspflichten des Versicherers und Abschluß des Versicherungsvertrages, S. 92 f.; *Rehberg*, Der Versicherungsabschluss als Informationsproblem, S. 113 f.; vgl. zur Widerspruchslast, *Huckele*, Die vorvertraglichen Aufklärungs-, Beratungs- und Informationspflichten im Versicherungsrecht, S. 130 f.; *Ebers*, in: Micklitz (Hrsg.), Der Vertragsschluss im deutschen Versicherungsrecht, S. 253, 256.

240 *Hübner/Matusche-Beckmann*, EuZW 1995, 263 (271).

zuwiderlaufen.[241] Auch unter Zustimmung dessen, dass die Übergabe der Verbraucherinformation vor Abschluss des Versicherungsvertrags geschehe, widerspreche dieses Vorgehen dem Zweck und der Zielrichtung dieser Richtlinien.[242] Der Gesetzgeber habe neben der einfachen Umsetzung des Wortlauts ebenso die Absicht dieser zu berücksichtigen.[243]

c) Zwischenergebnis

Eine Klärung durch den EuGH ist bis heute ausgeblieben, auch wenn diese wünschenswert wäre.[244] Es ist anzunehmen, dass das durch § 5a VVG a.F. geschaffene Abschlussmodell den europarechtlichen Anforderungen aufgrund der Zielvorgaben der maßgeblichen Richtlinien nicht entsprechen und der EuGH das Policenmodell aufheben würde.[245] Das *Telos* der Richtlinien wird durch diese Umsetzungsakte nicht vollumfänglich erreicht.

2. Richtlinienkonformität des § 5a Abs. 2 S. 4 VVG a.F.

Nach Einführung des Policenmodells wurde insbesondere die Richtlinienkonformität des Ausnahmefalls des § 5a Abs. 2 S. 4 VVG a.F. kritisch hinterfragt. Dabei wurde hauptsächlich kritisiert, dass es aufgrund dieser Regelung zu keiner Übergabe der Verbraucherinformation im Sinne der Dritten Richtlinie Leben kam.[246]

---

[241] *Ebers*, in: Micklitz (Hrsg.), Der Vertragsschluss im deutschen Versicherungsrecht, S. 253, 263. *Hübner/Matusche-Beckmann* stellten bereits im Jahr 1995 die Frage nach der Umsetzung der Informationspflichten durch die Einführung des § 5a VVG a.F.: „Wird hierdurch nicht zugleich der Sinn der vor Vertragsschlu[ss] erforderlichen Verbraucherinformation in Frage gestellt?“, *Hübner/Matusche-Beckmann*, EuZW 1995, 263 (271).

[242] *Hüntemann*, Der Abschluss von Versicherungsverträgen und die vorvertraglichen Pflichten des Versicherers gemäß §§ 6 und 7 VVG, S. 269; *Rehberg*, Der Versicherungsabschluss als Informationsproblem, S. 109; *Ebers*, in: Micklitz (Hrsg.), Der Vertragsschluss im deutschen Versicherungsrecht, S. 253, 263 f.

[243] *Osing*, Informationspflichten des Versicherers und Abschluß des Versicherungsvertrages, S. 93; *Rehberg*, Der Versicherungsabschluss als Informationsproblem, S. 109.

[244] So auch MüKo-VVG/*Eberhardt*, § 8 VVG Rn. 103.

[245] So auch *Römer*, *Römer*, in: Dörner/Ehlers/Pohlmann/Steinmeyer/Schwienhorst (Hrsg.), Versicherungsrecht, S. 1, 18.

[246] *E. Lorenz*, VersR 1997, 773 (782); dazu *D. Wendt*, Zum Widerruf im Versicherungsvertragsrecht, S. 31; *Beckmann*, in: Dauses/Ludwigs (Hrsg.), E. VI. Rn. 239; *Berg*, VuR 1999, 335 (341 f.); *Ebers*, in: Micklitz (Hrsg.), Der Vertragsschluss im deutschen Versicherungsrecht, S. 253, 269.

Die Argumentation für eine Richtlinienkonformität des Policenmodells selbst lässt sich hierauf somit nicht übertragen.[247]

Der EuGH hat dies auch so gesehen und eine Richtlinienwidrigkeit des § 5a Abs. 2 S. 4 VVG a.F. im Jahr 2013 angenommen. So wird wiederum der legislative Fehlgriff deutlich, indem der Gesetzgeber eine Vorschrift eingeführt hat, die auch Jahre nach dessen Abschaffung für ein EuGH-Urteil sorgte.

C. Telos eines Widerspruchsrechts bei Lebensversicherungen

Ferner bedarf es der Klärung, welche Funktion und welches Ziel das Vorsehen eines Widerspruchsrechts bei Versicherungsverträgen – insbesondere bei Lebensversicherungen – hat.[248] Denn „Widerspruchsrechte, die von weiteren situativen Umständen (etwa einer Haustürsituation) unabhängig sind, sind rechtspolitisch nicht unumstritten“[249].

I. Allgemeines Ziel von Lösungsrechten

In Ausnahme zum Grundsatz *pacta sunt servanda*[250] soll ein Vertragspartner bei einer bestimmten Art von Verträgen die voraussetzungslose Möglichkeit haben, durch eine einseitige Erklärung vom Vertragsschluss abzusehen.[251] Dieses Gestaltungsrecht ist das Widerrufsrecht,[252] welches sich sowohl im BGB als auch in den Bestimmungen der meisten Arten von Versicherungsverträgen

---

247 *E. Lorenz*, VersR 1997, 773 (782); Prölss/Martin/*J. Prölss*, 27. Aufl. 2004, § 5a VVG Rn. 8.

248 Diese Lösungsrechte sorgen schon seit langem für Diskussionen, dazu *Hau*, NZM 2015, 435 (436). So vermisste insbesondere der europäische Gesetzgeber Reflexionen und Rechtfertigungen zum Sinn und Zweck der vorgesehenen Lösungsrechte, siehe *Eidenmüller*, AcP 210 (2010), 67 (69).

249 So *Burtscher*, EuZW 2020, 317 unter Verweis auf *Zimmermann*, JBl 132 (2010), 205 (206).

250 Der Grundsatz meint das Prinzip der Vertragstreue und bildet einen elementaren Teil der Rechtsordnung, siehe dazu *Eidenmüller*, AcP 210 (2010), 67.

251 *F. Maier*, in: Drees/Koch/Nell (Hrsg.), Das Widerrufsrecht als Element des Verbraucherschutzes unter besonderer Berücksichtigung des Versicherungsrechts, S. 1, 5; *D. Kramer*, Der Widerruf von Verbraucherdarlehen zwischen Rechtsdurchsetzung und Rechtsmissbrauch, S. 91 f.; *Fuchs*, AcP 196 (1996), 313; *Eidenmüller*, AcP 210 (2010), 67 (71).

252 Dem Wesen nach war das „Widerspruchsrecht“ des § 5a VVG a.F. ein Widerrufsrecht. So *Ebers*, in: Micklitz (Hrsg.), Der Vertragsschluss im deutschen Versicherungsrecht, S. 253, Fn. 17; *Mankowski*, Beseitigungsrechte, S. 58.

findet.[253] Das *Telos* dieser Bestimmungen liegt in der Förderung des Verbraucherschutzes und der Entscheidung, frei und autonom einen Vertrag eingehen oder ablehnen zu können.[254] Diese Entscheidungsfreiheit ist grundsätzlich bei zwei Gegebenheiten gefährdet: zum einen bei einem für den Verbraucher besonderen und ungewöhnlichen Geschäft wie einem Haustür- oder Fernabsatzgeschäft, zum anderen bei komplexen Produkten wie einem Versicherungsprodukt oder einer Kapitalanlage.[255] Dabei sind Unterschiede zwischen dem beim Haustürgeschäft überforderten Verbraucher[256] sowie dem bei der Wahl eines Finanzprodukts aufgrund eines Informationsdefizits verunsicherten Versicherungsnehmer festzustellen.[257] Der Versicherungsnehmer

---

253 *F. Maier*, in: Drees/Koch/Nell (Hrsg.), Das Widerrufsrecht als Element des Verbraucherschutzes unter besonderer Berücksichtigung des Versicherungsrechts, S. 1, 5; *D. Kramer*, Der Widerruf von Verbraucherdarlehen zwischen Rechtsdurchsetzung und Rechtsmissbrauch, S. 87 ff.; *Schimikowski*, r + s 1998, 353; *Fuchs*, AcP 196 (1996), 313 (321 f.).

254 *F. Maier*, in: Drees/Koch/Nell (Hrsg.), Das Widerrufsrecht als Element des Verbraucherschutzes unter besonderer Berücksichtigung des Versicherungsrechts, S. 1, 5; *D. Kramer*, Der Widerruf von Verbraucherdarlehen zwischen Rechtsdurchsetzung und Rechtsmissbrauch, S. 89; *Fuchs*, AcP 196 (1996), 313 (328 f.). Dieses Lösungsrecht beruhe vor dem unionsrechtlichen Hintergrund ausschließlich in dem Schutz der Entscheidungsfreiheit des Verbrauchers hinsichtlich der Komplexität des Produkts sowie des vertraglichen Ungleichgewichts, so *Knops/Fromm*, WM 2021, 2169 (2180); *Knops*, RabelsZ 85 (2021), 505 (534).

255 Bruck/Möller/*Knops*, 9. Aufl. 2008, § 8 VVG Rn. 3; *Looschelders*, VersR 2013, 653 (655); dies gilt ebenso beispielsweise bei Immobiliar-Verbraucherdarlehen, damit der Verbraucher die Chance hat, sich von einer finanziellen Belastung zu lösen, *D. Kramer*, Der Widerruf von Verbraucherdarlehen zwischen Rechtsdurchsetzung und Rechtsmissbrauch, S. 92; vgl. *D. Wendt*, Zum Widerruf im Versicherungsvertragsrecht, S. 24; nach *Hübner* ist das Produkt des Versicherungsschutzes schwieriger nachvollziehbar als andere Konsumgüter, *Hübner*, EuZW 1995, 1.

256 *Beckmann*, ZEuP 1999, 809 (828 f.); *Gilles*, NJW 1986, 1131; *Heyers* sowie *Eidenmüller* bezeichnen dies als „exogene Präferenzstörungen", siehe *Heyers*, NJW 2014, 2619 (2620); *Eidenmüller*, AcP 210 (2010), 67 (82); vgl. auch *Fuchs*, AcP 196 (1996), 313 (329).

257 Aus ökonomischer Sicht und zu einer Abwägung der Nutzen und Kosten der Einführung eines solchen Rechts, siehe *Eidenmüller*, AcP 210 (2010), 67 (71 ff.); dazu auch *Schimikowski*, r + s 1998, 353; *Schmidt*, ZVersWiss 87 (1998), 55 (59); *Adams*, ZIP 1997, 1224 (1227); zum Recht auf Information aus Sicht der gemeinschaftlichen Verbraucherpolitik, siehe *Reich*, in: Grundmann (Hrsg.), Verbraucherrechte als – unverzichtbare – subjektive Rechte passiver Marktbürger, S. 481, 496; zum strukturellen Ungleichgewicht zwischen Versicherer und Versicherungsnehmer, siehe *Durstin*, Die VersicherungsPraxis 2019, 19 (19 f.); vgl. *Mankowski*, JZ 71 (2016), 787 (790); zum Sinn des Lösungsrechts vor dem Hintergrund des Ungleichgewichts, siehe *Knops*, ZRP 2022, 145 (146).

ist nicht notwendigerweise der sozial Schwächere wie bei Vertragsabschlüssen in anderen Gebieten wie im Arbeits- oder Mietrecht.[258] Er ist auch regelmäßig nicht derart überrumpelt wie etwa bei einem Haustürgeschäft.[259] Der Verbraucherschutz folgte dabei einer langen Entwicklung seit dem 19. Jahrhundert und fand sich im Laufe des 20. Jahrhunderts in vielen verschiedenen Gesetzen wieder, wie erstmals punktuell im VVG ab dem 1.1.1991.[260] Das zu diesem Zeitpunkt in Kraft getretene Gesetz[261] sah bereits damals ein Widerrufsrecht vor.[262] Die Regelung sollte für einen umfassenden Verbraucherschutz im Lichte der versicherungsrechtlichen Besonderheiten sorgen.[263] Ferner wurde das Widerrufsrecht eingeführt, um der Kritik gerecht zu werden, dass das damals eingeführte Haustürwiderrufsgesetz keine Anwendung

---

[258] Gerade im Aufschwung des Versicherungswesens waren viele Versicherungsnehmer Teil eines „besitzenden, sozial und potenten Kreise[s]“, *Reichert-Facilides*, in: FS Drobnig 1998, S. 119, 124.

[259] Vgl. *Römer* zur Einführung des Widerrufsrechts des § 8 VVG n.F., *Römer*, in: Dörner/Ehlers/Pohlmann/Steinmeyer/Schwienhorst (Hrsg.), Versicherungsrecht, S. 1, 17.

[260] Dazu und zum detaillierten Verlauf des Einzugs des Verbraucherschutzrechts in den deutschen Gesetzen *F. Maier*, in: Drees/Koch/Nell (Hrsg.), Das Widerrufsrecht als Element des Verbraucherschutzes unter besonderer Berücksichtigung des Versicherungsrechts, S. 1, 6 ff.; *D. Kramer*, Der Widerruf von Verbraucherdarlehen zwischen Rechtsdurchsetzung und Rechtsmissbrauch, S. 90 f.; *D. Wendt*, Zum Widerruf im Versicherungsvertragsrecht, S. 23 f.; vgl. *W.-H. Roth*, Das Versicherungsverhältnis im internationalen Vertragsrecht, S. 132 ff.; *Beckmann*, ZEuP 1999, 809 (830); vgl. auch *Reichert-Facilides*, in: FS Schmidt 1976, S. 1023, 1023 f.; *Gernhuber*, WM 1998, 1797; *Hohlfeld*, in: FS Büchner 1991, S. 373, 377; zu den Verbrauchervertragsrichtlinien, die Auswirkungen auf das nationale Recht hatten, siehe *Büßer*, Das Widerrufsrecht des Verbrauchers, S. 37 ff.; *Eidenmüller*, AcP 210 (2010), 67 (68); instruktiv zur historischen Entwicklung von verbraucherschützenden Widerrufsrechten, siehe *Gessner*, Widerrufsrecht und Widerrufsbelehrung im deutschen und europäischen Verbraucherrecht, S. 16 ff.

[261] Gesetz zur Änderung versicherungsrechtlicher Vorschriften v. 17.12.1990, BGBl. I 1990, S. 2864.

[262] *D. Wendt*, Zum Widerruf im Versicherungsvertragsrecht, S. 23; vgl. zur Einführung des Widerrufsrechts *Teske*, ZRP 23 (1990), 412; *ders.*, NJW 1991, 2793; *Claussen*, JR 1991, 360; *P. Koch*, VersR 1991, 725; *Strohmaier*, JA 27 (1995), 935 (937); *Kinkel*, in: FS Büchner 1991, S. 423, 426.

[263] Beschlussempfehlung und Bericht des Finanzausschusses, BT-Drucks. 11/8321, S. 12; siehe auch *Teske*, NJW 1991, 2793 (2795).

auf Versicherungsverträge fand.[264] Im Fokus lag dabei das Verhältnis zwischen Unternehmer und Verbraucher sowie die Ungleichheit zwischen diesen Parteien, sei es in Form eines Machtungleichgewichts oder einer Informationsasymmetrie.[265] Im BGB dagegen wurde das erste einheitliche verbraucherschützende Widerrufsrecht[266] im Jahr 2000 mit der Einführung und Umsetzung der Fernabsatzrichtlinie[267] aufgenommen. Dieses gilt bis heute in Form des § 355 BGB, geprägt durch verschiedene Anpassungen.[268] Dennoch fand im Versicherungsvertragsrecht keine Vereinheitlichung und Übertragung der neuen Regelungen aus dem BGB statt. Die Lösungsrechte blieben stattdessen im VVG verortet, da aufgrund der dort bereits bestehenden Regelung kein Bedarf für eine Anpassung gesehen wurde.[269]

---

[264] Dazu näher *Beckmann*, ZEuP 1999, 809 (829 f.); *Drexl*, Die wirtschaftliche Selbstbestimmung des Verbrauchers, S. 479; *Claussen*, JR 1991, 360 (361 f.); *Kemper*, Verbraucherschutzinstrumente, S. 249 ff.; *Huhs*, VuR 1991, 75 (75 f.); *Wassermann*, JuS 1990, 548 (554 f.); *Gilles*, NJW 1986, 1131 (1132); *Teske*, ZRP 23 (1990), 412; *Löwe*, ZIP 1985, 1363; *Bennemann*, JR 1986, 358 (360); *ders.*, BB 1986, 821 (829 ff.); *Magoulas/Schwartze*, JA 1986, 225 (231 f.); *Müller*, Versicherungsbinnenmarkt, Rn. 103; *Jembrek*, MDR 2014, 1242 (1242 f.).

[265] *D. Kramer*, Der Widerruf von Verbraucherdarlehen zwischen Rechtsdurchsetzung und Rechtsmissbrauch, S. 89; Bruck/Möller/*Knops*, 9. Aufl. 2008, § 8 VVG Rn. 3; siehe näher zum Bestehen von Informationsasymmetrien auf dem Versicherungsmarkt, *Mattern*, Das Informationsmodell im VVG unter Berücksichtigung der Auswirkungen auf die AGB-Kontrolle, S. 63 ff.; *Ihle*, Der Informationsschutz des Versicherungsnehmers, S. 21 ff.; *Popp*, VW 1997, 982; *Drexl*, Die wirtschaftliche Selbstbestimmung des Verbrauchers, S. 480; vgl. auch *Dreher*, JZ 52 (1997), 167 (171).

[266] Zu verbraucherschützenden Widerrufsrechten im BGB näher, *F. Maier*, in: Drees/Koch/Nell (Hrsg.), Das Widerrufsrecht als Element des Verbraucherschutzes unter besonderer Berücksichtigung des Versicherungsrechts, S. 1, 9 ff.

[267] Richtlinie 97/7/EG des Europäischen Parlaments und des Rates v. 20.5.1997 über den Verbraucherschutz bei Vertragsabschlüssen im Fernabsatz (nachfolgend: Fernabsatzrichtlinie I); dazu auch *Rott*, BB 2005, 53; zur Umsetzung der Richtlinie, siehe *Kamanabrou*, WM 2000, 1417.

[268] *F. Maier*, in: Drees/Koch/Nell (Hrsg.), Das Widerrufsrecht als Element des Verbraucherschutzes unter besonderer Berücksichtigung des Versicherungsrechts, S. 1, 8; *D. Kramer*, Der Widerruf von Verbraucherdarlehen zwischen Rechtsdurchsetzung und Rechtsmissbrauch, S. 91; *D. Wendt*, Zum Widerruf im Versicherungsvertragsrecht, S. 34; vgl. zur historischen Entwicklung des Verbraucherschutzrechts im Gesetz, *H. Roth*, in: Lorenz (Hrsg.), Verbraucherschutz – Entwicklungen und Grenzen, S. 5, 11 f.; BeckOK BGB/*Müller-Christmann*, § 355 BGB Rn. 1 ff.

[269] *F. Maier*, in: Drees/Koch/Nell (Hrsg.), Das Widerrufsrecht als Element des Verbraucherschutzes unter besonderer Berücksichtigung des Versicherungsrechts, S. 1, 9.

Außerdem genügen die lediglich dort geregelten Lösungsrechte den Individualitäten des Versicherungsvertragsrechts.[270] Zwar fand keine Streichung der Lösungsrechte statt, allerdings mit der Reform des Versicherungsvertragsgesetzes im Jahr 2008 eine Vereinheitlichung der Lösungsrechte zu einem generellen Widerrufsrecht.[271] Diese Vereinheitlichung bezog sich *inter alia* auf den persönlichen sowie sachlichen Anwendungsbereich.[272] § 5a VVG a.F. umfasste als von der Vorschrift geschützte Versicherungsnehmer alle natürliche Personen – unabhängig, ob sie Verbraucher oder Unternehmer waren.[273] Nach herrschender Meinung wurden Personengesellschaften nicht als von § 5a VVG a.F. geschützte Versicherungsnehmer gesehen.[274] Dem Wortlaut nach waren juristische Personen ausgenommen.[275]

II. Ziel eines Widerspruchsrechts bei der Lebensversicherung

Allerdings kann die Möglichkeit eines Widerspruchs bei einer Lebensversicherung vor dem Hintergrund verwundern, dass diese ein komplexes Produkt darstellt und der Versicherungsnehmer im Regelfall mehrere Wochen vor Antragstellung den Vertragsschluss geprüft hat. Sie ist kein Gegenstand, den man sich kurzfristig nach Hause bestellt und im Nachgang entscheidet, ob man diesen behält. Es stellt sich daher die Frage, welchen Zweck dieses Abstandnahme- und Lösungsrecht für den Versicherungsnehmer hat und ob ein solches überhaupt sinnvoll ist.[276]

---

270 *C. Schneider*, VersR 2004, 696 (696 ff.).

271 Siehe dazu nachfolgend im Detail unter Kap. 1 F. II.

272 *F. Maier*, in: Drees/Koch/Nell (Hrsg.), Das Widerrufsrecht als Element des Verbraucherschutzes unter besonderer Berücksichtigung des Versicherungsrechts, S. 1, 29; *C. Schneider*, VersR 2004, 696; *Eidenmüller*, AcP 210 (2010), 67 (100).

273 *F. Maier*, in: Drees/Koch/Nell (Hrsg.), Das Widerrufsrecht als Element des Verbraucherschutzes unter besonderer Berücksichtigung des Versicherungsrechts, S. 1, 30 f.; Prölss/Martin/*J. Prölss*, 27. Aufl. 2004, § 5a VVG Rn. 12 f.

274 Dazu auch *Schirmer*, VersR 1996, 1045 (1049); so ebenfalls *Präve*, VW 1995, 90; Prölss/Martin/*J. Prölss*, 27. Aufl. 2004, § 5a VVG Rn. 13.

275 *F. Maier*, in: Drees/Koch/Nell (Hrsg.), Das Widerrufsrecht als Element des Verbraucherschutzes unter besonderer Berücksichtigung des Versicherungsrechts, S. 1, 31; *Schimikowski*, r + s 1996, 1 (3); *Schirmer*, VersR 1996, 1045 (1047); van Bühren/*van Bühren*, Hdb-Versicherungsrecht, 1. Aufl. 2001, § 1 Rn. 125; BK/*Schwintowski*, § 5a VVG Rn. 11.

276 Siehe zu dieser Frage auch *Eidenmüller*, AcP 210 (2010), 67 (80).

1. Kritische Betrachtung der Notwendigkeit eines Widerspruchsrechts

Die Überlegung des Verbrauchers betrifft nicht nur die Entscheidung über das *wie*, sondern auch die Entscheidung über den Abschluss einer Lebensversicherung selbst, also auch über das *ob*. Dies stellt meist einen längeren Prozess dar, bei dem sich der Einzelne aktiv dafür oder dagegen entscheidet, einen bedeutenden Schritt in der eigenen Finanzplanung zu gehen. Kritisch zu sehen ist daher eine Normierung eines solchen Rechts im Speziellen vor dem Hintergrund der umfassenden Informationspflichten, die der Versicherer zu erfüllen hat. Teils wird daher Kritik geübt, dass zusätzlich zu diesen Pflichten ein Widerspruchsrecht eingeführt wurde. Der Versicherungsnehmer sei im Stande, nach Erhalt einer ordnungsgemäßen Beratung ein bindendes Angebot für die Zukunft abzugeben.[277] Gegen eine Notwendigkeit eines Lösungsrechts könnte auch sprechen, dass die Entscheidung über eine Kapitalanlage oder Lebensversicherung lange im Voraus geplant wird – ganz im Gegensatz zu heutigen Fernabsatz- oder auch Haustürgeschäften. Bei Letzteren kommt ein situativer Umstand hinzu, welcher das Normieren eines Lösungsrechts rechtfertigt.[278] Insbesondere verändere sich die Komplexität des Versicherungsprodukts und die daraus resultierende Informationsasymmetrie nicht durch eine Überlegungsfrist für den Versicherungsnehmer.[279] Dieser werde das Produkt nicht besser beurteilen können als zuvor.[280] Ein Lösungsrecht bei solchen unkörperlichen Leistungen könnte folglich nicht auf eine etwaige Informationsasymmetrie gestützt werden.[281] Dies gelte auch vor dem Hintergrund der finanziellen, langfristigen Tragweite des Abschlusses eines Finanzprodukts. Es sei nicht einleuchtend, wie ein Lösungsrecht das geeignete Instrument sei, diese Bindungen zu korrigieren.[282] Weiter könne der Versicherungsnehmer nicht mehr den Gehalt seiner Unterschrift angemessen beurteilen, wenn dieser sich daran

---

[277] Vgl. *Brand*, in: Lorenz (Hrsg.), Verbraucherschutz im Versicherungsrecht, S. 55, 79 ff.

[278] So *Burtscher*, EuZW 2020, 317 unter Verweis auf *Zimmermann*, JBl 132 (2010), 205 (206).

[279] *Eidenmüller*, AcP 210 (2010), 67 (80).

[280] Vgl. nur *Eidenmüller*, AcP 210 (2010), 67 (80).

[281] So *Eidenmüller*, nach dem in solchen Situationen ein Lösungsrecht nur aufgrund anderer Gründe wie einer endogenen Präferenzstörung begründet werden könne, *Eidenmüller*, AcP 210 (2010), 67 (80).

[282] So *Eidenmüller*, AcP 210 (2010), 67 (89 f.).

gewöhnt, die Abgabe zwei oder sogar vier Wochen zurücknehmen zu können. Damit komme die Warnfunktion der Unterschrift abhanden.[283] Ferner könne hinterfragt werden, ob der Versicherungsnehmer überhaupt die AVB liest.[284]

Es könnte auch die Möglichkeit der Ausübung des Widerspruchsrechts speziell beim Policenmodell hinterfragt werden. Denn in der Praxis erklärte der Versicherungsnehmer den Widerspruch laut *Schwintowski*[285] tatsächlich nur selten. Der Versicherungsnehmer hatte zwar vor seiner Antragstellung noch nicht sämtliche notwendige Informationen für eine fundierte Produktauswahl – dennoch entschied er sich zur Antragstellung.[286] Daher sah der Versicherungsnehmer regelmäßig nach der Antragstellung im Zeitraum bis zum Ablauf der Widerspruchsfrist auch keine Notwendigkeit, sich dann gegen einen Vertragsabschluss zu entscheiden.[287] Bekräftigt wird dies dadurch, dass bis zum Zugang der Unterlagen seit Antragstellung oft mehrere Wochen abgelaufen sind und der Versicherungsnehmer von möglichen Fragen und Zweifeln, die er noch bei der Antragstellung gehabt haben könnte, teilweise keine Kenntnis mehr hatte. Der Vermittler war zur Unterstützung und Befragung nicht mehr anwesend.[288] Zudem besteht bei leichten Zweifeln im Falle eines Fernabsatzgeschäfts keine hohe Hemmschwelle, sich vom Vertrag zu lösen. Dies kann bei einer Lebensversicherung, dessen Abschluss lange vorbereitet wurde, gänzlich anders und mit einer höheren Hemmschwelle verbunden sein, auch wenn Zweifel beim Versicherungsnehmer gegeben sind.[289]

2. Erforderlichkeit des Widerspruchsrechts beim Policenmodell

Jedoch ist das ursprüngliche Ziel, welches die Einführung von Lösungsrechten sowohl im BGB als auch im VVG originär begründet hat, inhaltlich gegenüber

---

283 So *Römer* zur Einführung des Widerrufsrechts des § 8 VVG n.F., *Römer*, in: Dörner/Ehlers/Pohlmann/Steinmeyer/Schwienhorst (Hrsg.), Versicherungsrecht, S. 1, 17 f.

284 Dies für den Regelfall verneinend, *Römer*, in: Dörner/Ehlers/Pohlmann/Steinmeyer/Schwienhorst (Hrsg.), Versicherungsrecht, S. 1, 19; *Hübner*, in: Forschungsgesellschaft für Wettbewerb und Unternehmensorganisation mbH (Hrsg.), Die rechtliche Perspektive, S. 43, 49; *ders.*, EuZW 1995, 1.

285 *Schwintowski*, VuR 2024, 83.

286 *Schwintowski*, VuR 2024, 83.

287 *Schwintowski*, VuR 2024, 83.

288 *Schwintowski*, VuR 2024, 83.

289 Ähnlich meint *Ebers*, dass die Ausübung des Widerspruchs für den Versicherungsnehmer eine große Überwindung darstelle, *Ebers*, in: Micklitz (Hrsg.), Der Vertragsschluss im deutschen Versicherungsrecht, S. 253, 264.

der soeben angeführten Sichtweise und Argumentation vorrangig einzustufen.[290] Die allgemeinen Hintergründe zur Funktion von Widerspruchsrechten können auf das Widerspruchsrecht nach § 5a VVG a.F. übertragen werden.[291] Das Ungleichgewicht zwischen Versicherung und Versicherungsnehmer wollte der Gesetzgeber ebenso beim Policenmodell vermeiden. Der Versicherungsnehmer sollte nach Informationsübergabe die Möglichkeit haben, sich für oder gegen einen Vertragsschluss zu entscheiden.[292] Es sei dabei dahingestellt, ob diese gesetzgeberische Lösung auch im Sinne der europäischen Richtlinien ist und eine fundierte Information des Verbrauchers erreicht wird. Der Versicherungsnehmer kann schlussendlich oftmals nicht die zugrunde liegende komplexe, juristische Substanz eines Versicherungsvertrags und der AVB wie der Versicherer erfassen. Bemerkenswert ist, dass auch Jahre nach der Deregulierung das Ziel der Produktvielfalt nicht erreicht wurde und der Versicherungsnehmer immer noch von komplexen Produkten überfordert war.[293] Das Argument, das Widerspruchsrecht sei vor dem Hintergrund der bereits bestehenden Informationspflichten überflüssig, ist daher abzulehnen. Es wurde zurecht geschaffen, um zusätzlich zu den Informationspflichten den Umfang der Unterlagen verarbeiten zu können.[294] Kritisch wurde teils ebenso gesehen, dass trotz der Aufstellung einer Vielzahl von Informationspflichten diese dennoch die Produkte nicht verständlich kennzeichnen und die AVB den Verbraucher eher verwirren als nutzen.[295] Zudem kann der Versicherungsnehmer

---

290 Aus ökonomischer Sicht ist neben der Stärkung des Verbrauchervertrauens auch die Abwehr ineffizienter Verträge ein Nutzen des Lösungsrechts, so *Eidenmüller,* AcP 210 (2010), 67 (72 f.).

291 Der Sinn des Widerspruchsrechts bestehe im Schutz vor einer übereilten Entscheidung, siehe Rüffer/Halbach/Schimikowski/*Brambach*, § 152 VVG Rn. 108; zur Übertragung des Gedankens auf § 8 Abs. 1 VVG, *Hüntemann*, Der Abschluss von Versicherungsverträgen und die vorvertraglichen Pflichten des Versicherers gemäß §§ 6 und 7 VVG, S. 360 f.

292 Vgl. dazu den Gedankengang, dass der Versicherungsnehmer im Rahmen des Vertragsabschlusses nach §§ 7, 8 VVG die Möglichkeit hat, den Vertragsschluss nochmals zu überdenken, *Hüntemann*, Der Abschluss von Versicherungsverträgen und die vorvertraglichen Pflichten des Versicherers gemäß §§ 6 und 7 VVG, S. 360 f.; Bruck/Möller/*Knops*, 9. Aufl. 2008, § 8 VVG Rn. 3.

293 So *Neugebauer/Nickel-Waninger*, in: FS Eisen 2001, S. 113, 113 f.

294 Ähnlich *Looschelders*, VersR 2013, 653 (655).

295 So *Tonner/Brieske*, die zwei Jahre nach der Einführung der Informationspflichten anmerkten, dass „das deutsche Recht im Ergebnis keinerlei Vorschriften über die Kennzeichnung von Versicherungsleistungen [enthalte]“, *Tonner/Brieske*, BB 1996, 913 (919); vgl. *Hübner*, EuZW 1995, 1.

auf die inhaltliche Gestaltung des Vertrags und der AVB höchstens einen marginalen Einfluss ausüben.[296] Auch kommt ein Versicherungsvertrag gerade in besonderen Situationen zustande, bei denen ein situativer Nachteil für den Versicherungsnehmer anzunehmen ist.[297] Denn der Abschluss des Vertrags findet regelmäßig entweder als Haustürgeschäft oder im Fernabsatz statt.[298] Gerade bei exogenen Einflüssen können beim Kunden Fehler durch Zeitdruck und Anwesenheit einer anderen Person geschehen.[299] Ein Versicherungsnehmer kann auch durch den Versicherungsvermittler in der Wahl des Produkts beeinflusst und temporär in seiner Entscheidung gestört werden. So ist ein Versicherungsnehmer gerade auf den Rat einer dritten Person, des Versicherungsvermittlers, angewiesen.[300] Weiterhin sind Fehlkäufe möglich, wenn der Kunde einem temporären Rationalitätsdefizit durch eine Vielzahl von Informationen und Faktoren ausgesetzt ist.[301] Der Nutzen eines solchen Lösungsrechts besteht auch vor dem Hintergrund der langfristigen Bindung des Vertrags. Dies gilt gerade aufgrund der finanziellen Belastung, die ein Versicherungsnehmer mit dem Abschluss einer Lebensversicherung eingeht.[302] Das Zusammenspiel der exogenen sowie endogen Störungen erfordert folglich ein Lösungsrecht. Das Widerspruchsrecht nach § 5a VVG a.F. ist damit eine der wenigen Möglichkeiten, sich von den Gefahren, die sich durch ein solches Geschäft entstehen, zu schützen. Der Zweck des Widerspruchs insbesondere bei langfristigen Geschäften wie bei der Lebensversicherung ist ein Ausweg, sich von einer finanziellen, weitgehenden Belastung lösen zu können.[303]

---

[296] *Reichert-Facilides*, in: FS Drobnig 1998, S. 119, 124.

[297] Bruck/Möller/*Knops*, 9. Aufl. 2008, § 8 VVG Rn. 3; zu den Hintergründen des situationsbezogenen Verbraucherschutzrechts, *Drexl*, Die wirtschaftliche Selbstbestimmung des Verbrauchers, S. 282 ff., 480.

[298] Bruck/Möller/*Knops*, 9. Aufl. 2008, § 8 VVG Rn. 3; *Looschelders*, VersR 2013, 653 (655).

[299] Allgemein dazu *Eidenmüller*, AcP 210 (2010), 67 (82).

[300] *Eidenmüller*, AcP 210 (2010), 67 (91).

[301] In dieser Konstellation unterliegt der Einzelne sogenannten „endogenen Präferenzstörungen“, siehe allgemein dazu *Eidenmüller*, AcP 210 (2010), 67 (87 f.).

[302] Zum Nutzen eines Lösungsrechts vor dem Hintergrund der finanziellen Belastung, siehe *Eidenmüller*, AcP 210 (2010), 67 (91).

[303] Bruck/Möller/*Knops*, 9. Aufl. 2008, § 8 VVG Rn. 3; so auch bei anderen langfristigen Verbraucherdarlehen, *D. Kramer*, Der Widerruf von Verbraucherdarlehen zwischen Rechtsdurchsetzung und Rechtsmissbrauch, S. 92; Die Entscheidung für ein Versicherungsprodukt ist von großer, finanzieller Tragweite geprägt, siehe *Hübner*, EuZW 1995, 1; zur Unterschätzung der Langfristigkeitsbindungen, siehe *Eidenmüller*, AcP 210 (2010), 67 (89).

Schutzrichtung des § 5a VVG a.F. war der Zugang an Informationen beim Versicherungsnehmer durch den Versicherer.[304] Der Versicherungsnehmer kann seine Entscheidung ohne Furcht vor Nachteilen überdenken.[305]

Zudem hat ein Versicherungsnehmer beim Abschluss eines Vertrags im Policenmodell keine andere Möglichkeit, sich nach Zugang aller Unterlagen überhaupt gegen den Vertragsschluss ohne Angeben eines Grunds entscheiden zu können. Zielrichtung des Widerspruchsrechts in diesem Rahmen ist daher nicht nur die Rückgängigmachung des Abschlusses einer Lebensversicherung, sondern das Überdenken des abzuschließenden Rechtsgeschäfts – innerhalb eines kurzen Zeitraums – und insbesondere die Gestaltung des Vertragsinhalts nach dem Policenmodell.[306] Der Versicherungsnehmer hat bei einem Abschluss einer Versicherung nach dem Policenmodell also keine andere Wahl als eine Antragstellung, um überhaupt einen Versicherungsvertrag einzugehen. Das Lösungsrechts ist damit als elementares Instrument des Verbraucherschutzes neben der Erteilung von Informationen auch im Policenmodell erforderlich.[307]

D. Verhältnis zwischen Antrags- und Policenmodell

Ferner ist für das Verständnis der Auslegung der Vorschrift eine Bewertung des Verhältnisses von Antrags- zu Policenmodell nötig. Denn bei der Einführung der Vorschrift wurde teils vertreten, dass der Versicherer zum Antragsverfahren angehalten worden sei und die beiden Abschlussmodelle somit nicht gleichwertig nebeneinanderstehen würden.[308]

I. Ausgangspunkt im Gesetz

Zunächst ist entscheidend, wie der Gesetzgeber diese beiden Modelle im Gesetz ausgestaltete und ob sich daraus eine Differenzierung ergibt, die

---

304 *S. Lorenz*, Der Schutz vor dem unerwünschten Vertrag, S. 207.

305 Bruck/Möller/*Knops*, 9. Aufl. 2008, § 8 VVG Rn. 3.

306 *B. Peters*, WM 2014, 2145 (2145 f.); *Reiner*, AcP 2003, 1 (4).

307 So *Knops* zur Bedeutung des Widerrufsrechts im Lichte europarechtlicher Regelungen, Bruck/Möller/*Knops*, § 8 VVG Rn. 1; dazu auch *Eidenmüller*, AcP 210 (2010), 67 (67 f.); vgl. *Hoeren*, NJW 1998, 2849 (2851); vgl. auch *D. Kramer*, Der Widerruf von Verbraucherdarlehen zwischen Rechtsdurchsetzung und Rechtsmissbrauch, S. 17; *Brönneke*, Widerrufsrecht und Belehrungspflichten, S. 5.

308 *Präve*, ZfV 1994, 374 (379 f.); *Werber*, ZVersWiss 83 (1994), 321 (338 f.); *Dörner/Hoffmann*, NJW 1996, 153; ähnlich *Müller*, Versicherungsbinnenmarkt, Rn. 868.

möglicherweise auch auf die Praxis ausstrahlte. Im Gesetz stand das Policenmodell grundsätzlich neben dem Antragsmodell.[309] Der zentrale Unterschied lag darin, dass der Versicherer dem Versicherungsnehmer im Policenmodell die Informationen nicht vor Antragstellung übergeben hat.[310]

1. Policenmodell als Ausnahmeregelung

Eine Auffassung sah in der Einführung des Policenmodells durch den Gesetzgeber lediglich eine Ausnahme.[311] Es sei für die wenigen Fälle, in denen der Verbraucher die Informationen praktisch nicht vor dem Antrag erhalten konnte oder der Versicherer die Übersendung der Informationen vor Antragstellung versehentlich unterlassen hat, geschaffen worden. Die Vorschrift des § 5a VVG a.F. erfülle ferner nicht den durch die Norm des § 10a VAG a.F. vorgesehenen Verbraucherschutz. Zudem würde letztere Vorschrift ins Leere laufen, wenn das Policenmodell als Grundsatz verstanden wird. Daher sei das Policenmodell allenfalls die *ultima ratio*, welche nicht als hauptsächliches Abschlussmodell der Versicherungspraxis gesehen werden dürfte.[312] Der Versicherer solle vor Antragstellung die Verbraucherinformation übermitteln.[313]

2. Policenmodell als zivilrechtliche Sanktion

Daneben sahen auch *Dörner/Hoffmann* das Policenmodell als nicht gleichwertig an.[314] Das Policenmodell sei vielmehr als zivilrechtliche Sanktion zu verstehen.[315] Da § 5a VVG a.F. nach dem Wortlaut einen Vertragsschluss lediglich erlaubt, wenn der Versicherer die AVB nicht übergeben hat oder eine Verbraucherinformation nach § 10a VAG a.F. unterlassen hat, knüpfe der Tatbestand des Policenmodells folglich an eine Verletzung einer Pflicht aus

---

[309] *E. Lorenz*, VersR 1995, 616 (617 f.).

[310] *Hüntemann*, Der Abschluss von Versicherungsverträgen und die vorvertraglichen Pflichten des Versicherers gemäß §§ 6 und 7 VVG, S. 256.

[311] *Präve*, ZfV 1994, 374 (379 f.); *Werber*, ZVersWiss 83 (1994), 321 (338 f.); *A. Peters*, DZWIR 1997, 188 (194); dagegen *Schirmer*, VersR 1996, 1045 (1046).

[312] *Präve*, ZfV 1994, 374 (379 f.); vgl. *A. Peters*, DZWIR 1997, 188 (194).

[313] *Präve*, ZfV 1994, 374 (379 f.).

[314] *Dörner/Hoffmann*, NJW 1996, 153; dagegen *Schirmer*, VersR 1996, 1045 (1046).

[315] *Dörner/Hoffmann*, NJW 1996, 153 (154); so auch *Hoffmann*, der in § 5a VVG a.F. zusätzlich eine Privilegierung des Versicherers sieht, *Hoffmann*, Verbraucherschutz im deutschen Privatversicherungsrecht nach dem Wegfall der Vorabkontrolle Allgemeiner Versicherungsbedingungen, S. 197; *Präve*, VW 2001, 372 (376); *ders.*, VersR 2001, 133 (139).

§ 10a VAG a.F. an.[316] Damit „regel[e] § 5a VVG [a.F.] lediglich die Auswirkungen rechtswidrigen Versichererverhaltens auf den Inhalt eines Versicherungsvertrags“[317]. Daher könne das Policenmodell schon aufgrund des Wortlauts unter keinen Umständen als gleichwertiges, zweites Abschlussmodell neben dem Antragsmodell verstanden werden. Der Wortlaut stelle klar, dass § 10a VAG a.F. eine Informationsübermittlung vorsehe und damit das Policenmodell davon abweiche.[318] Zu beachten hierbei ist, dass diese Argumentation insbesondere davon ausgeht, dass § 5a VVG a.F. einen Rumpfvertrag ohne zuvor einbezogene AVB schafft.[319]

3. Policenmodell als gleichwertiges Vertragsabschlussmodell

Nach der überwiegenden Auffassung ist das Policenmodell als gleichwertiges Abschlussmodell einzustufen.[320] Das Argument, dass § 10a VAG a.F. bei Einführung des Policenmodells keinen Anwendungsbereich mehr hat und dieses somit eine Ausnahme darstellt, greife nicht.[321] Denn § 10a VAG a.F. normiert, dass der Verbraucher die Informationen vor Vertragsschluss erhalten muss.[322] Da der Vertrag nach dem Policenmodell allerdings erst nach Übersendung der notwendigen Unterlagen und Ablauf der Widerspruchsfrist wirksam

---

[316] *Dörner/Hoffmann*, NJW 1996, 153 (154); *Hoffmann*, Verbraucherschutz im deutschen Privatversicherungsrecht nach dem Wegfall der Vorabkontrolle Allgemeiner Versicherungsbedingungen, S. 198 f.

[317] *Dörner/Hoffmann*, NJW 1996, 153 (154).

[318] *Dörner/Hoffmann*, NJW 1996, 153 (154).

[319] *E. Lorenz*, VersR 1997, 773 (776).

[320] Wolf/Lindacher/Pfeiffer/*Reiff*, 5. Aufl. 2009, Teil 5, Rn. V98; Lindacher/Pfeiffer/*Reiff*, Teil 5, Rn. V108g; *E. Lorenz*, VersR 1995, 616 (619); *ders.*, VersR 1997, 773 (776); *Schimikowski*, r + s 1996, 1 (Fn. 30); *H. Baumann*, VersR 1996, 1 (3); *Wandt*, Verbraucherinformation und Vertragsschluß nach neuem Recht, S. 34 ff.; *Schirmer*, VersR 1996, 1045 (1046); MüKo-VVG/*Reiff*, 1. Teil, 2. Kap. Rn. 65; Römer/Langheid/*Römer*, 2. Aufl. 2003, § 5a VVG Rn. 17; *Reiff*, VersR 1997, 267 (269). So auch das frühere Bundesaufsichtsamt für Versicherungswesen (BAV) in seinen Anordnungen und Verwaltungsgrundsätzen, VerBAV 1995, 311 (312 f.).

[321] Wolf/Lindacher/Pfeiffer/*Reiff*, 5. Aufl. 2009, Teil 5, Rn. V97; zum Verhältnis zwischen § 5a VVG a.F. und § 10a VAG a.F. auch, *Werber*, VersR 2003, 148 (151); für einen deklaratorischen Charakter des § 5a VVG a.F., *Hemmer*, Die Einbeziehung von AVB in den Versicherungsvertrag nach neuem Recht, S. 73 f.; für einen konstitutiven Charakter des § 5a VVG a.F., *Werber*, in: FS Baumann 1999, S. 359, 368.

[322] Wolf/Lindacher/Pfeiffer/*Reiff*, 5. Aufl. 2009, Teil 5, Rn. V97; *Reiff*, VersR 1997, 267 (269).

wird, bestehe für § 10a VAG a.F. ein Anwendungsbereich.[323] Ferner sehen der deutsche Gesetzgeber sowie die europäischen Richtlinien eine Informationsübergabe gerade vor Vertragsschluss vor.[324] Zudem wurde das Policenmodell geschaffen, um den nicht mehr anwendbaren § 23 Abs. 3 AGBG a.F. zu ersetzen.[325] Die Vorschrift des § 2 AGBG a.F. sei freilich weiterhin bei der Einbeziehung der AVB beim Abschluss nach dem Antragsmodell anwendbar.[326] Dadurch würden dem Versicherer zwei gleichwertige Wege des Abschlusses zur Verfügung stehen, zwischen denen der Versicherer selbst wählen darf.[327]

Auch die Gesetzesmaterialien[328] zu § 10a VAG a.F. sprechen für diese Auffassung. Denn in den europarechtlichen Vorgaben wird der Zeitpunkt der Informationsübergabe nicht spezifiziert. Dies sollte eben durch den § 10a VAG a.F. auch gar nicht festgelegt werden – die unternehmerische Freiheit in Form der Wahl der Vertriebsformen sowie Vertragsmodellen sollte gewahrt werden. Der Gesetzgeber wollte durch die Einführung des Policenmodells ein verbraucherfreundliches Abschlussmodell schaffen, von dem auch Versicherer profitieren können. Es ist daher nicht ersichtlich, dass eine Einführung eines solchen Modells eine Sanktion der vorangegangenen Pflichtverletzung aus § 10a VAG a.F. bezweckt. Die Vorschrift des § 5a VVG a.F. sollte § 10a VAG a.F. flankieren und damit eine vertragsrechtliche Basis schaffen. Ferner kann eine Sanktionierung eines Unterlassens lediglich vorliegen, wenn eine Handlungspflicht besteht. Dies ist gerade nach § 10a VAG a.F. nicht bei Antragstellung der Fall. Zudem kommt der Vertrag nach § 5a VVG a.F. eben noch nicht durch Antrag und Annahme zustande, da der Ablauf der Widerspruchsfrist abgewartet werden muss.[329] Außerdem hätte der Gesetzgeber deutlich machen müssen, dass er eine zu häufige Wahl des Policenmodells unterbinden will. Dies hätte beispielsweise mit einem Einschreiten der Versicherungsaufsicht sanktioniert werden können. Dafür ist in den Gesetzesmaterialien jedoch nichts angelegt. Das Policenmodell sollte folglich für den Versicherer eine gleichwertige Wahl eines Vertragsschlussmodells darstellen.[330]

---

323 Wolf/Lindacher/Pfeiffer/*Reiff*, 5. Aufl. 2009, Teil 5, Rn. V97; *Reiff*, VersR 1997, 267 (269).
324 *E. Lorenz*, VersR 1997, 773 (776); *Reiff*, VersR 1997, 267 (269).
325 *E. Lorenz*, VersR 1995, 616 (619); *ders.*, VersR 1997, 773 (775).
326 *E. Lorenz*, VersR 1995, 616 (619).
327 *E. Lorenz*, VersR 1995, 616 (619); *Schirmer*, VersR 1996, 1045 (1046).
328 RegE, BT-Drucks. 12/6959, S. 55.
329 *E. Lorenz*, VersR 1997, 773 (776); vgl. *Reiff*, VersR 1997, 267 (269).
330 *Reiff*, VersR 1997, 267 (269).

II. Ablauf in der Praxis

Dabei könnte das Antragsmodell das für den Versicherungsnehmer angenehmere Abschlussmodell darstellen. Dies lässt sich durch einen Vergleich des tatsächlichen Abschlusses eines Versicherungsvertrags nach beiden Abschlussmodellen feststellen.[331] Nach § 43 VVG a.F. trat beim Vertragsschluss zumeist ein Versicherungsvermittler auf, der zwischen Versicherer und Versicherungsnehmer stand.[332] Dieser war nach § 43 Nr. 1 VVG a.F. Empfangsvertreter des Versicherers. Ein Zugang der Unterlagen bei ihm bedeutete somit nach § 164 Abs. 3 BGB einen Zugang beim Versicherer.[333] Die Annahme erfolgte regelmäßig mangels Abschlussvollmacht des Versicherungsvertreters durch ein gesondertes Annahmeschreiben oder konkludent durch Übersendung der Versicherungspolice seitens des Versicherers.[334]

1. Erstes Gespräch mit einem Versicherungsvermittler beim Antragsmodell

Beim Abschluss im Antragsmodell wurde seitens des Versicherungsvermittlers die Versicherung inklusive sämtlicher notwendigen Informationen für den Vertragsschluss dem Versicherungsnehmer im Detail dargestellt.[335] Da dieses Vorgehen viel Material umfasste, wurde grundsätzlich ein längeres

---

[331] *E. Lorenz,* VersR 1997, 773 (778 f.). Nach einer Studie des *SPIEGEL*-Verlags wollte die Mehrheit einen Abschluss mit einem Berater im eigenen Zuhause, siehe VW 1996, 244.

[332] *Lührs,* Lebensversicherung, S. 36; *Fricke,* VersR 1993, 399; *Hübner,* in: Forschungsgesellschaft für Wettbewerb und Unternehmensorganisation mbH (Hrsg.), Die rechtliche Perspektive, S. 43, 49; Etwa 80 Prozent der Verträge wurden über firmengebundene Vermittler geschlossen, siehe *ders.,* EuZW 1995, 1; vgl. allgemein Prölss/Martin/*J. Prölss,* 27. Aufl. 2004, § 5a VVG Rn. 7; *Uhlenbrock,* Die Lösungsrechte des Versicherers bei Verletzung der vorvertraglichen Anzeigepflicht durch den Versicherungsnehmer, S. 48 f.

[333] *Schimikowski,* r + s 1999 (485); *Reiff,* r + s 1998, 89 (95 f.); *Fricke,* VersR 1993, 399; vgl. auch *Reiff,* r + s 1998, 133; *Renger,* VersR 1994, 753 (758).

[334] *E. Lorenz,* VersR 1995, 616 (618); *Hüntemann,* Der Abschluss von Versicherungsverträgen und die vorvertraglichen Pflichten des Versicherers gemäß §§ 6 und 7 VVG, S. 257.

[335] *E. Lorenz,* VersR 1997, 773 (778 f.); bereits vor Annahme der Dritten Richtlinien zutreffend feststellend, dass dem Versicherungsvermittler eine entscheidende Rolle als Informationsquelle für den Kunden zukommen würde, *Müller,* Verbraucherschutz im Versicherungswesen durch Information der Versicherten, S. 29; *Hübner,* in: Hamburger Gesellschaft zur Förderung des Versicherungswesens mbH (Hrsg.), Notwendigkeit der Berufsregelung für Versicherungsvermittler in Deutschland, S. 3, 8; Die Kontaktaufnahme konnte im Rahmen des technischen Fortschritts auch im Internet erfolgen, *Präve,* VW 1999, 6 (8).

Gespräch geführt.[336] Für den Versicherungsnehmer, der regelmäßig ein Laie ist, war dies oft schwer verständlich und komplex zu erfassen.[337] Dabei bedurfte es aufgrund der Fülle an Informationen in der Regel mehrerer Termine des Versicherungsvertreters beim Versicherungsnehmer.[338] Ein Versicherungsvertrag ist – auch aufgrund der Komplexität des Produkts – individuell auf den Versicherungsnehmer zu gestalten.[339] Um dies in einem Gespräch gewährleisten zu können, musste der Versicherungsvermittler zunächst oft ein Vorgespräch führen, um die Absichten des Versicherungsnehmers zu verstehen.[340] Beendet wurde das (Abschluss-)Gespräch im Falle der Absicht eines Vertragsschlusses durch Unterzeichnung des Antrags durch den Versicherungsnehmer und Bestätigung des Erhalts der Unterlagen.[341] Im Gegensatz zum Policenmodell konnte dadurch nicht infrage gestellt werden, ob der Versicherungsnehmer überhaupt die Unterlagen erhalten hat.[342]

2. Erstes Gespräch mit einem Versicherungsvermittler beim Policenmodell

Die Differenzierung zum Antragsmodell lag beim Policenmodell im Inhalt des Gesprächs selbst, da der Versicherungsnehmer zu diesem Zeitpunkt wesentlich weniger Unterlagen erhielt.[343] Diese beschränkten sich regelmäßig auf

---

[336] *Leverenz*, Vertragsschluss nach der VVG-Reform, Rn. 2/6.

[337] *E. Lorenz*, VersR 1997, 773 (778 f.); Die Komplexität des Produkts bestätigend, *Hübner*, EuZW 1995, 1.

[338] *Gaul*, VersR 2007, 21.

[339] *Gaul*, VersR 2007, 21; *Leverenz*, Vertragsschluss nach der VVG-Reform, Rn. 2/6; *Pestenhofer*, in: FS Büchner 1991, S. 429, 430.

[340] Dieses längere Prozedere bestand grundsätzlich trotz des technischen Fortschritts in der EDV auch zumindest bis zu dem Jahr 2007. Zudem konnte in einer versicherungsnehmerfreundlichen Versicherungspraxis nicht erwartet werden, dass der Vertreter sämtliche Unterlagen beim Versicherungsnehmer vor Ort ausdruckt, *Gaul*, VersR 2007, 21; das Internet wurde als Medium für den Vertragsschluss nur wenig genutzt, insbesondere im Vergleich zu den USA, *Schimikowski*, r + s 1999, 485; *Präve*, VW 1999, 6 (8); *Herrmann*, VersR 1998, 931 (932); *Schöffski/Samusch*, ZVersWiss 1997 (193 f.); *Blawath*, VW 1997, 518 (521 f.); *Blawath/Heimes*, VW 1996, 1402 (1404 f.); *Bick*, VW 1996, 301 (302); *Reif/Poss*, VW 1996, 312 (313 f.); die Versicherungsverträge wurden in der Praxis grundsätzlich schriftlich abgeschlossen, *Reusch*, NVersZ 1999, 110 (111).

[341] *F. Baumann/Sandkühler*, Das neue Versicherungsvertragsgesetz, S. 47.

[342] *E. Lorenz*, VersR 1997, 773 (779).

[343] *E. Lorenz*, VersR 1997, 773 (779).

den Antragsvordruck ohne die Übergabe weiterer Verbraucherinformation oder der gesamten einschlägigen AVB. Freilich erläuterte auch hier der Vermittler einzelne Bestandteile des Produkts. Die genauen Berechnungen und Einzelheiten der Versicherung konnten allerdings im Nachgang durch Übersendung der Versicherung selbst erfolgen.[344] Dem Versicherer stand es frei, wie viele Informationen der Versicherungsnehmer im ersten Gespräch erhielt.[345] Ein erfolgreiches Gespräch endete ebenso mit der Unterschrift des Versicherungsnehmers.[346] Abweichend vom Antragsmodell hatte der Versicherer mangels Übergabe der Unterlagen vor Ort und aufgrund der Vorschrift des § 5a Abs. 2 S. 2 VVG a.F. den Nachweis über den Zugang der Unterlagen zu verantworten.[347] Zudem konnte der Versicherungsnehmer unmittelbar nach Unterzeichnung des Antrags und noch vor Zugang der Police sein Widerspruchsrecht nach § 5a Abs. 1 VVG a.F. ausüben. In diesem Zeitraum sowie 14 Tage nach Zugang der Police konnte der Versicherungsnehmer somit theoretisch Produkte vergleichen.[348] Dabei ist allerdings einzuwenden, dass beim Policenmodell der Versicherungsnehmer auch in 14 Tagen oft keine vollständig fundierte Entscheidung treffen konnte. Dies gilt insbesondere vor dem Hintergrund, dass er mehrere Versicherungen vergleichen und somit den Überblick zwischen den vorgestellten Produkten behalten sollte. Außerdem konnte ein Versicherer somit deutlich schneller eine Vielzahl an Verträgen eingehen, ohne dass der Versicherungsnehmer beim Gespräch über sämtliche Informationen aufzuklären war. Nach Übersendung der Unterlagen konnte der Versicherer hoffen, dass der Versicherungsnehmer die Widerspruchsfrist verstreichen lässt.[349] Jedoch dürfte ein Gespräch, wie es beim Antragsmodell abläuft, mit einer erheblichen Fülle an Informationen vor Ort und einer bindenden Entscheidung auch nicht einfacher für den einzelnen Laien sein.

---

344 *E. Lorenz,* VersR 1997, 773 (779).

345 *E. Lorenz,* VersR 1997, 773 (781).

346 *E. Lorenz,* VersR 1997, 773 (779); so war die Idealvorstellung der Versicherer, siehe dazu *Rehberg,* EuZW 2014, 237 (238).

347 *E. Lorenz,* VersR 1997, 773 (779); vgl. *Lührs,* Lebensversicherung, S. 35 f.

348 So *E. Lorenz,* VersR 1997, 773 (779).

349 Im Sinne der in der Psychologie anerkannten kognitiven Dissonanz wird sich ein Versicherungsnehmer nach seiner Entscheidung für einen Vertragsschluss selten im Nachgang intensiv mit den Unterlagen beschäftigen, um seine Wahl zu ändern, so *Brömmelmeyer,* VersR 2009, 584 (588).

Daher lässt sich die Hypothese, dass das Antragsmodell das bessere Abschlussmodell für den Versicherungsnehmer ist, nicht bestätigen.[350]

III. Überwiegen des Policenmodells als Abschlussmodell in der Praxis

Trotz der überwiegenden Auffassung, dass das Policenmodell ein im Verhältnis zum Antragsmodell gleichwertiges Modell ist, wagten einige Stimmen bei Einführung die Vorhersage, dass zukünftig das Antragsmodell vorherrschend verwendet werden würde.[351] In der Praxis stellte sich dies jedoch anders dar. Das Policenmodell war im Gegensatz zum Antragsmodell das Modell, welches die Versicherer überwiegend als Abschlussmodell nutzten.[352] Durch dieses Verfahren konnte der Versicherer durch die Übersendung der Vielzahl an Information erst mit der Police die vor dem Jahre 1994 gelebte Praxis beibehalten.[353] Dies ließ sich bereits zu dem Zeitpunkt erahnen, zu dem die Versicherungswirtschaft eine weitere versicherungsvertragsrechtliche Regelung forderte. Die Absicht der Wirtschaft war deutlich erkennbar und konnte bereits Hinweise auf die zukünftige Praxis geben. Denn ein schnelles, effizientes rechtsgeschäftliches Handeln war im Antragsmodell nicht so möglich wie im Policenmodell. Bei der Fülle an Verbraucherinformation, welche der Versicherer nach § 10a VAG a.F. übersenden musste, erscheint es freilich leichter, diese Information erst nach Antragstellung des Versicherungsnehmers zu übermitteln.[354] Dies gilt umso mehr vor dem Hintergrund, dass bei Lebensversicherungen oder weiteren

---

350 *E. Lorenz*, VersR 1997, 773 (779).

351 *E. Lorenz*, VersR 1995, 616 (626).

352 Wolf/Lindacher/Pfeiffer/*Reiff*, 5. Aufl. 2009, Teil 5, Rn. V95; *Hüntemann*, Der Abschluss von Versicherungsverträgen und die vorvertraglichen Pflichten des Versicherers gemäß §§ 6 und 7 VVG, S. 257; *F. Maier*, in: Drees/Koch/Nell (Hrsg.), Das Widerrufsrecht als Element des Verbraucherschutzes unter besonderer Berücksichtigung des Versicherungsrechts, S. 1, 29; *Schimikowski*, r + s 2006, 441 (443); *F. Baumann/Sandkühler*, Das neue Versicherungsvertragsgesetz, S. 49; *Schirmer*, VersR 1996, 1045 (1046); van Bühren/*van Bühren*, Hdb-Versicherungsrecht, 1. Aufl. 2001, § 1 Rn. 123; Römer/Langheid/*Römer*, 2. Aufl. 2003, § 5a VVG Rn. 17. So auch der Zwischenbericht der Kommission zur Reform des Versicherungsvertragsrechts v. 30.5.2002, S. 37.

353 Wolf/Lindacher/Pfeiffer/*Reiff*, 5. Aufl. 2009, Teil 5, Rn. V95; zu der vor 1994 geführten Versicherungspraxis siehe Kap. 1 A. II.

354 *F. Baumann/Sandkühler*, Das neue Versicherungsvertragsgesetz, S. 49; *Leverenz*, Vertragsschluss nach der VVG-Reform, Rn. 2/6. So auch der Zwischenbericht der Kommission zur Reform des Versicherungsvertragsrechts v. 30.5.2022, S. 37.

fondsgebundenen Versicherungsprodukten eine Berechnung einiger Werte erst durch Informationen seitens des Versicherungsnehmers möglich war. Zwar könnte theoretisch eine solche Berechnung und Erörterung auch im Gespräch mit einem Versicherungsvermittler vor Antragstellung erfolgen. Jedoch bedeuteten eine Berechnung und Ausgestaltung sämtlicher Werte Zeit und Aufwand. Dies wurde teils als praktisch kaum umsetzbar gesehen.[355] Ersichtlich ist, dass die meisten Versicherer ihren Vertrieb nicht auf das Antragsmodell umstellen wollten, nachdem bis zur Umsetzung der Dritten Richtlinien ein Einbezug der AVB nach § 23 Abs. 3 AGBG durch Übergabe nach Antragstellung möglich war.[356] Zudem konnte der Versicherer nach Berechnung aller Werte die vorgeschriebenen Informationen gesammelt an den Versicherungsnehmer übersenden. Ein schnelleres Abschlussmodell war für den Versicherer kaum vorstellbar.

E. Historische Entwicklung der Vorschrift des § 5a VVG a.F.

Die durch das Dritte Durchführungsgesetz eingeführte Vorschrift des § 5a VVG a.F. wurde sowohl im Jahr 2001 als auch im Jahr 2004 geändert. Die Änderungen der Fassung betrafen ausschließlich den Abs. 1 des § 5a VVG a.F. Sowohl Abs. 2 als auch Abs. 3 des § 5a VVG a.F. blieben über die gesamte Anwendungsperiode von dem Jahr 1994 bis zum Jahr 2007 identisch.

I. Änderung der Fassung des § 5a VVG a.F. im Jahr 2001

1. Inhalt und Hintergrund

Die erste Änderung der Fassung des § 5a Abs. 1 VVG erfolgte mit Wirkung vom 1.8.2001 durch Gesetz vom 13.7.2001.[357] Hintergrund des Gesetzes war das Ziel, die Regelungen des Privatrechts unter Berücksichtigung der

---

[355] Vgl. *Hüntemann*, Der Abschluss von Versicherungsverträgen und die vorvertraglichen Pflichten des Versicherers gemäß §§ 6 und 7 VVG, S. 258; *Leverenz*, Vertragsschluss nach der VVG-Reform, Rn. 2/6.

[356] *Hüntemann*, Der Abschluss von Versicherungsverträgen und die vorvertraglichen Pflichten des Versicherers gemäß §§ 6 und 7 VVG, S. 256 f.

[357] Gesetz zur Anpassung der Formvorschriften des Privatrechts und anderer Vorschriften an den modernen Rechtsgeschäftsverkehr v. 13.7.2001, BGBl. I 2001 S. 1542. Zum Gesetzgebungsverfahren *Roßnagel*, NJW 2001, 1817 (1818 f.); näher zu einer Darstellung und Analyse des Referentenentwurfs, siehe *Mallmann*, ZRP 2000, 470 (471 ff.); *Vehslage*, DB 2000, 1801; *Leverenz*, Rechtliche Aspekte zum Versicherungsgeschäft im Internet, S. 167 ff.

europarechtlichen Vorgaben[358] zu modernisieren.[359] Die ursprünglichen drei Formvorschriften des BGB, die abweichend von der grundsätzlichen Formfreiheit im BGB zu finden waren, waren die Schriftform, die notarielle Beurkundung sowie die öffentliche Beglaubigung. Diese waren jedoch im Jahr 2001 nicht mehr zeitgemäß und sollten daher auf den Stand des Rechtsverkehrs angepasst werden, welcher noch auf ein vertragliches Handeln zwischen Personen, die sich kannten und *in persona* gegenüberstanden, ausgelegt war. Eine Anpassung auf den Rechtsverkehr, der schneller und unpersönlicher von statten ging, war daher notwendig. Insbesondere die Entwicklung im Bereich der elektronischen Kommunikation bewegte den Gesetzgeber zu einer Einführung von Anpassungen, um einen elektronischen Rechtsverkehr zu ermöglichen.[360] Der Gesetzesentwurf sah zwei Optionen zur Erreichung dieses Zwecks vor: zum einen die elektronische Form, welche den elektronischen Vertragsabschluss als Alternative ermöglichen sollte, und zum anderen die Textform, welche eine Vereinfachung gegenüber der bisher gesetzlich oft vorgesehenen Schriftform darstellen sollte.[361]

Im Versicherungsvertragsrecht entschied sich der Gesetzgeber bei § 5 Abs. 1, Abs. 2 S. 1 VVG a.F. sowie bei § 5a Abs. 1 S. 1 VVG a.F. für die zweite Alternative. Das Wort „schriftlich" wurde jeweils durch die Wörter „in Textform" ersetzt.[362] § 5a Abs. 1 S. 1 VVG a.F. in seiner neuen Fassung sah somit vor, dass der Widerspruch des Versicherungsnehmers nicht mehr schriftlich, sondern in Textform erfolgen muss. Dabei diente auch die Einführung des § 126b

---

358 Richtlinie 1999/93/EG des Europäischen Parlaments und des Rates v. 13.12.1999 über gemeinschaftliche Rahmenbedingungen für elektronische Signaturen, ABl. L 13, S. 12 sowie Richtlinie 2000/31/EG des Europäischen Parlaments und des Rates v. 8.6.2000 über bestimmte rechtliche Aspekte der Dienste der Informationsgesellschaft, insbesondere des elektronischen Geschäftsverkehrs, im Binnenmarkt, ABl. L 178, S. 1; dazu *Hähnchen*, NJW 2001, 2831 (2831 f.).

359 RegE, BT-Drucks. 14/4987, S. 1, 10.

360 RegE, BT-Drucks. 14/4987, S. 10; dazu auch *Leverenz*, VersR 2002, 1318 (1322 ff.); *Dressel/Scheffler*, CR 2000, 378; vgl. zum Wandel der Schriftform zur Textform im deutschen Privatrecht *Müglich*, MMR 2000, 7 (10 ff.).

361 RegE, BT-Drucks. 14/4987, S. 10; Beschlussempfehlung und Bericht des Rechtsausschusses, BT-Drucks. 14/5561, S. 1.

362 Gesetz zur Anpassung der Formvorschriften des Privatrechts und anderer Vorschriften an den modernen Rechtsgeschäftsverkehr v. 13.7.2001, BGBl. I 2001 S. 1542, S. 1548.

BGB als Begründung für die Aufnahme der Textform bei § 5a VVG a.F.[363] Relevant ist insbesondere, dass nicht mehr verschiedene Vorschriften einzelne, unterschiedliche Formerfordernisse voraussetzen. Es sollte vielmehr ein Grundsatz geschaffen werden, mit dem für den Verbraucher oder auch den Unternehmer unübersichtliche Anforderungen vermieden werden.[364] Dies trifft auch auf die Änderung von Schriftform auf Textform beim § 5a Abs. 1 S. 1 VVG a.F. zu. Denn die Anpassung wurde lediglich dann vorgenommen, wenn bei der einschlägigen Vorschrift eine gewisse Rechtssicherheit bestand und auf die Schriftform verzichtet werden konnte.[365] Auffällig war in diesem Rahmen, dass der Gesetzgeber keine Veränderungen im Bereich des Antragsmodells vornahm, obwohl der Gesetzesentwurf noch die Einführung der Textform beim Widerrufsrecht nach § 8 Abs. 4 VVG a.F. vorsah.[366]

2. Folgen

Somit wurde die eigenhändige Unterschrift für die Wirksamkeit des Widerspruchs entbehrlich.[367] Ausreichend war infolge dieser Änderung eine in lesbaren Schriftzeichen fixierte Erklärung oder Mitteilung ohne eine solche Unterschrift. Die Textform ermöglichte damit einen Widerspruch, der auch durch ein elektronisches Dokument erfolgen kann.[368] Zudem hatte der Gesetzgeber etwaige Auslegungsschwierigkeiten beseitigt, da es teilweise umstritten war, welche Formen der Übermittlung der Schriftform beim Widerspruch nach § 5a VVG a.F. genügen.[369]

Die Änderung auf die Textform diente vor allem dem Versicherungsnehmer, der durch das erleichterte Formerfordernis auf besserem Wege den Widerspruch ausüben kann, wie etwa auf der Übermittlungsform der

---

363 RegE, BT-Drucks. 14/4987, S. 31.

364 Gerade bei Handeln ohne Beweiswirkung im Rechtsverkehr sei diese Erleichterung gegenüber der Schriftform sinnvoll, RegE, BT-Drucks. 14/4987, S. 18. Dazu auch *Leverenz,* VersR 2002, 1318 (1322).

365 Dies wurde anhand des Formzwecks der jeweiligen Vorschrift beurteilt, RegE, BT-Drucks. 14/4987, S. 18.

366 Dazu kritisch *Leverenz,* VersR 2002, 1318 (1326); *C. Schneider,* VW 2001, 1499 (1501).

367 RegE, BT-Drucks. 14/4987, S. 10.

368 RegE, BT-Drucks. 14/4987, S. 12.

369 Diskutiert wurde, ob auch E-Mails für die Schriftform ausreichen. Dagegen und somit für die strenge Schriftform, Handbuch Multimedia-Recht/*Vomhof,* Teil 13.6 Rn. 33; BK/*Schwintowski,* § 5a VVG Rn. 82. Dies darstellend, *Leverenz,* VersR 2002, 1318 (1323).

Fernkopie.[370] Ein Rückgriff des Versicherungsnehmers auf andere Formen, die die Textform oder eine strengere Form erfüllen, war freilich weiterhin gestattet.[371] Der Versicherer durfte davon aber nicht zum Nachteil des Versicherungsnehmers abweichen.[372] Der Vorteil für den Versicherer war dagegen als gering einzustufen.[373] Eine Veränderung der Vorschrift des § 10a VAG a.F. nahm der Gesetzgeber nicht vor. Die Verbraucherinformation war dem Versicherungsnehmer folglich weiterhin schriftlich mitzuteilen.[374] Mangels weiterer Änderungen des Gesetzgebers im VVG a.F. oder im VAG a.F. hatte der Versicherer keine Klarheit, ob eine elektronische Übersendung des Versicherungsscheins ausreiche.[375] Vorzugswürdig war auch hier das Erfordernis der Schriftform.[376] Durch die Anpassung des § 5a VVG a.F. war für den Versicherer zumindest klar, dass er seine Vertragsdokumente auf den in Textform möglichen Widerspruch umgestalten musste. Insbesondere waren sowohl die AVB als auch die Belehrung anzupassen.[377] Für die Vielzahl der Versicherer bedeutete dies einen großen Aufwand.[378] Ferner wurde kritisch gesehen, dass sich möglicherweise Beweisschwierigkeiten durch die Einführung der Textform ergeben würden. So könnten für beide Parteien jeweils Risiken beim Zugangsnachweis durch die Möglichkeit der Manipulation elektronischer Dokumente auftreten.[379]

---

370 RegE, BT-Drucks. 14/4987, S. 31; *Leverenz,* VersR 2002, 1318 (1324 f.); *C. Schneider,* VW 2001, 1499 (1500).

371 RegE, BT-Drucks. 14/4987, S. 31.

372 *C. Schneider,* VW 2001, 1499 (1500).

373 *Leverenz,* VersR 2002, 1318 (1324).

374 So *Abram,* NVersZ 2002, 202; *C. Schneider,* VW 2001, 1499 (1500); kritisch dazu *Leverenz,* VersR 2002, 1318 (1323 f.). Dafür sprach auch das BaFin Rundschreiben R 2/99 des BAV v. 23.7.1999 – Z – Q2 – 66/99, VerBAV 1999, 219. Dazu auch der Zwischenbericht der Kommission zur Reform des Versicherungsvertragsrechts v. 30.5.2022, S. 29. Die Kommission wollte aufgrund der divergierenden Ansichten die Schriftform mit der VVG-Reform im Jahr 2008 abschaffen.

375 *Leverenz,* VersR 2002, 1318 (1324); dazu auch *Fricke,* VersR 2001, 925 (927 ff.).

376 So auch *Leverenz,* VersR 2002, 1318 (1324); *Reusch,* NVersZ 1999, 110 (115).

377 *Leverenz,* VersR 2002, 1318 (1325); *C. Schneider,* VW 2001, 1499 (1500 f.).

378 Zum verbesserungswürdigen Umgang mit elektronischer Kommunikation deutscher Versicherer *Blanke/Bölscher/Graf v. d. Schulenburg, J.-Matthias,* VW 2001, 240.

379 So *Leverenz,* VersR 2002, 1318 (1325 f.); vgl. auch *ders.*, Rechtliche Aspekte zum Versicherungsgeschäft im Internet, S. 146; vgl. zum Missbrauchspotenzial elektronischer Erklärungen *Hähnchen,* NJW 2001, 2831 (2833 f.).

II. Änderung der Fassung des § 5a VVG a.F. im Jahr 2004

1. Inhalt und Hintergrund

Die Fassung des § 5a VVG a.F. vom 1.8.2001 wurde durch Gesetz vom 2.12.2004 mit Wirkung vom 8.12.2004 geändert.[380] Hintergrund des Gesetzes war die Umsetzung einer europäischen Richtlinie über den Fernabsatz von Finanzdienstleistungen[381].[382] Insbesondere beabsichtigte das Gesetz die Umsetzung umfassender Informationspflichten, welche vorwiegend durch Regelungen im BGB aufgenommen wurden.[383] Für das VVG war explizit „eine in sich geschlossene Parallelregelung"[384] vorgesehen. Dies galt weitestgehend für die Regelungen über den Fernabsatz von Finanzdienstleistungen, welcher in den Vorschriften der §§ 48a ff. VVG a.F. geregelt wurde.[385] Bei der Vorschrift des § 10a Abs. 2 S. 1 VAG a.F. wurde zumindest die Zulässigkeit der Information in Textform für Fernabsatzverträge hinzugefügt.[386] Insofern galt das Schriftformerfordernis für diesen Bereich nicht mehr.[387]

---

[380] Gesetz zur Änderung der Vorschriften über Fernabsatzverträge bei Finanzdienstleistungen v. 2.12.2004, BGBl. I 2004 S. 3102; vgl. zu der Umsetzung der europarechtlichen Vorgaben in das deutsche Recht *Härting/Schirmbacher*, CR 2002, 809; *Felke/Jordans*, NJW 2005, 710; *Rott*, BB 2005, 53; zum Referentenentwurf *Felke/Jordans*, WM 2004, 166; *Härting/Schirmbacher*, DB 2003, 1777.

[381] Richtlinie 2002/65/EG des Europäischen Parlaments und des Rates v. 23.9.2002 über den Fernabsatz von Finanzdienstleistungen an Verbraucher und zur Änderung der Richtlinie 90/619/EWG des Rates und der Richtlinien 97/7/EG und 98/27/EG; ABl. L 271, 16 (nachfolgend: Fernabsatzrichtlinie II); zur Analyse des Richtlinienvorschlags *Drygala*, in: FS Lutter 2000, S. 1563; *Hoppmann*, VersR 1999, 673; *Präve*, VW 1999, 1410; *ders.*, VW 1999, 1511; *Riesenhuber*, WM 1999, 1441.

[382] RegE, BT-Drucks. 15/2946, S. 1; Beschlussempfehlung und Bericht des Rechtsausschusses, BT-Drucks. 15/3483, S. 1; *D. Wendt*, Zum Widerruf im Versicherungsvertragsrecht, S. 32.

[383] Gesetz zur Änderung der Vorschriften über Fernabsatzverträge bei Finanzdienstleistungen v. 2.12.2004, BGBl. I 2004 S. 3102, S. 3102 ff.

[384] RegE, BT-Drucks. 15/2946, S. 2; dazu instruktiv *Rott*, BB 2005, 53 (54).

[385] RegE, BT-Drucks. 15/2946, S. 29 ff; dazu näher *Rott*, BB 2005, 53 (61 ff.).

[386] Gesetz zur Änderung der Vorschriften über Fernabsatzverträge bei Finanzdienstleistungen v. 2.12.2004, BGBl. I 2004 S. 3102, S. 3109. Die Schriftform für sämtliche andere Verträge blieb damit bestehen; dazu auch *Hüntemann*, Der Abschluss von Versicherungsverträgen und die vorvertraglichen Pflichten des Versicherers gemäß §§ 6 und 7 VVG, S. 94.

[387] Diskutiert wurde allerdings, ob dies mit der Vorgabe der Schriftform durch Anhang III der Richtlinie Leben 2002 zulässig war, *Rott*, BB 2005, 53 (63); *C. Schneider*, VersR 2004, 696 (701); *Micklitz/Ebers*, VersR 2002, 641 (657 ff.).

Daneben regelt die Fernabsatzrichtlinie II, dass jeder Mitgliedstaat sicherstellen muss, dass ein Versicherungsnehmer ab dem Zeitpunkt der Kenntnis des Vertragsschlusses eines individuellen Lebensversicherungsvertrags eine Rücktrittsfrist von 30 Tagen hat.[388] Hervorzuheben ist, dass die Zweite Richtlinie Leben noch einen Zeitraum von 14 bis 30 Tagen für diese Frist vorsah.[389] Diese Regelung der Zweiten Richtlinie Leben wurde somit durch die Fernabsatzrichtlinie II geändert.[390] Die nationale Umsetzung erfolgte durch die Änderung des Rücktrittsrechts des § 8 Abs. 5 VVG a.F. sowie des Widerspruchsrechts des § 5a Abs. 1 VVG a.F.[391] Durch diese Anpassung des § 5a VVG a.F. wurde dem Abs. 1 ein neuer Satz 2 hinzugefügt. Die bisherigen Sätze 2 und 3 wurden infolgedessen ohne inhaltliche Änderung die Sätze 3 und 4. Der neue § 5a Abs. 1 S. 2 VVG a.F. regelte, dass bei Lebensversicherungsverträgen die Widerspruchsfrist 30 Tage beträgt.[392]

Der Hintergrund für die Einführung einer 30-tägigen Frist für den Rücktritt oder Widerspruch bei Versicherungsverträgen ausschließlich im Bereich der Lebensversicherungen beruht auf der besonderen Bedeutung und der Langfristigkeit der Verpflichtungen für den Versicherungsnehmer.[393] Es besteht eine Informationsasymmetrie zwischen Versicherungsnehmer und Versicherer.[394] Dies soll dem Schutz des Versicherungsnehmers vor komplexen Finanzprodukten sowie übereilten Entscheidungen dienen. Die Lebensversicherung ist insbesondere im Vergleich zu anderen Versicherungen ein Produkt, das von erheblicher Komplexität geprägt ist.[395] Gerade diese Komplexität stellt eine Informationsasymmetrie auf, vor der sich der Versicherungsnehmer

---

388 Art. 17 Fernabsatzrichtlinie II.

389 Art. 15 Zweite Richtlinie Leben.

390 Art. 17 Fernabsatzrichtlinie II.

391 RegE, BT-Drucks. 15/2946, S. 29. Da mit der Umsetzung des Art. 17 der Fernabsatzrichtlinie II die Rücktrittsfrist des § 8 Abs. 5 VVG a.F. bei Lebensversicherungsverträgen auf 30 Tage verlängert wird, bedeutet dies gleichzeitig eine Verlängerung der Widerspruchsfrist § 5a Abs. 1 VVG a.F.

392 Gesetz zur Änderung der Vorschriften über Fernabsatzverträge bei Finanzdienstleistungen v. 2.12.2004, BGBl. I 2004 S. 3102, S. 3106.

393 BGH v. 7.5.2014 – IV ZR 76/11, NJW 2014, 2646 Rn. 30; *Rott*, BB 2005, 53 (62).

394 Vgl. LG Erfurt v. 30.12.2021 – 8 O 1519/20, BeckRS 2021, 41768 Rn. 18.

395 BGH v. 7.5.2014 – IV ZR 76/11, NJW 2014, 2646 Rn. 30.

durch die längere Frist schützen soll.[396] Dem Versicherungsnehmer soll durch diese längere Frist eine längere Bedenkzeit eingeräumt werden.[397] Zudem bedarf es einer intensiven Betrachtung des Produkts Lebensversicherung eines Laien, um dieses vollumfänglich zu verstehen.

2. Folgen

Der Versicherungsnehmer hatte somit bei einer Ausübung seines Widerspruchsrechts bei einer Lebensversicherung eine Frist von 30 Tagen nach Zugang der Police, der AVB sowie der weiteren Verbraucherinformation. Die Frist von 14 Tagen für das Widerspruchsrecht blieb für sämtliche andere Versicherungsverträge erhalten. Nach § 5a Abs. 2 S. 1 VVG a.F. hatte der Versicherer in drucktechnisch deutlicher Form über das Widerspruchsrecht, den Fristbeginn und die Dauer zu belehren. Der Versicherer hatte damit ab dem 8.12.2004 darauf zu achten, bei einem Abschluss einer Lebensversicherung für den ordnungsgemäßen Fristbeginn nach § 5a Abs. 2 S. 1 VVG a.F. den Versicherungsnehmer über die neue Frist zu informieren. Dies stellte für einige Versicherer eine große Herausforderung dar.[398] Im Rahmen dessen ist zudem von erheblicher Bedeutung, dass der Versicherer in seiner Belehrung die Dauer der Frist richtig benannte. Dies waren bei Abschlüssen von Lebensversicherungsverträgen 30 Tage und nicht ein Monat.[399]

F. Ende des Policenmodells

I. Grundsätzliche Abschaffung des Policenmodells

Die Gültigkeit der Vorschrift des § 5a VVG a.F. endete zum 31.12.2007 und damit grundsätzlich auch der Vertragsschluss im Policenmodell. Dies geschah im Rahmen der Neukodifikation des VVG aus dem Jahr 1908 durch das VVG

---

[396] Vgl. LG Erfurt v. 30.12.2021 – 8 O 1519/20, BeckRS 2021, 41768 Rn. 18.

[397] Diese Argumentation wird heute ebenso bei der 30-tägigen Frist in § 152 VVG zugrunde gelegt. Die Vorschrift des § 152 VVG bestimmt abweichend von dem Grundsatz der 14-tägigen Frist nach § 8 VVG für den Abschluss einer Lebensversicherung eine 30-tägige Frist für den Widerruf. Zum Normzweck und der Historie der Einführung dieser Frist, Langheid/Rixecker/*Grote*, § 152 VVG Rn. 7; MüKo-VVG/*Heiss*, VVG § 152 Rn. 1 ff.

[398] Dies war ein möglicher Angriffspunkt für Klägeranwälte, dazu unter Kap. 4 A. I. 8.

[399] Diese Abweichung stellte einen Schwerpunkt mehrerer Urteile dar.

aus dem Jahr 2008[400].[401] Dabei wurde insbesondere das Ziel verfolgt, mehr Verbraucherschutz für die Versicherungsnehmer[402] und einen „gerechte[n] Interessenausgleich zwischen Versicherungsunternehmen und Versicherten"[403] zu schaffen. Der Gesetzesentwurf der Bundesregierung konstituiert insbesondere, dass das VVG aus dem Jahr 1908 den „Bedürfnissen eines modernen Verbraucherschutzes [...] nicht mehr vollständig gerecht [wird]"[404]. Im Mittelpunkt des Entwurfes standen die Verbesserung der Information des Verbrauchers vor und beim Vertragsschluss sowie die Neuregelung und Anpassungen bezüglich der Beendigung von Versicherungsverträgen.[405] Wie bereits beim Versuch der

---

400 Gesetz zur Reform des Versicherungsvertragsrechts v. 23.11.2007, BGBl. 2007 I S. 2631. Zu Reformüberlegungen bereits vor sowie kurz nach der Jahrtausendwende *H. Dieter Meyer*, in: Basedow/Meyer/Rückle/Schwintowski (Hrsg.), Reform des Versicherungsvertragsgesetzes, S. 261, 263 f.; *Präve*, in: Basedow/Meyer/Rückle/Schwintowski (Hrsg.), Aspekte zur Reform des Versicherungsvertragsrechts, S. 277, 278 f.; *ders.*, VW 2002, 1836; *Schimikowski*, r + s 2000, 353; *Hübner*, ZVersWiss 91 (2002), 87; *Hesberg/Karten*, NVersZ 1999, 1; *Niederleithinger*, ZIP 1995, 597 (603).

401 Versicherungsrecht-Hdb/*W.-T. Schneider*, 1. Teil, 1. Abschnitt, § 1 B. I. Rn. 15; *Harbrecht*, Effektiver Kundenschutz bei Finanzdienstleistungen, S. 57; *Sarak*, Der Versicherungsschein, S. 132; *Rixecker*, zfs 28 (2007), 495; *Grote/C. Schneider*, BB 2007, 2689 (2691); *Honsel*, VW 2007, 359; *Stockmeier*, VersR 2008, 717; *Werber*, VersR 2007, 1153 (1158 f.); *Hering*, SVR 2008, 5 (6); *Schimikowski*, r + s 2007, 309; *ders.*, VW 2007, 715 (715 f.); Beckmann/Matusche-Beckmann/*W.-T. Schneider*, 3. Aufl. 2015, 1. Teil, 1. Abschnitt, § 1a A. Rn. 1 ff.; zu den Änderungen im besonderen Teil des VVG, *Römer*, VersR 2006, 865.

402 Versicherungsrecht-Hdb/*W.-T. Schneider*, 1. Teil, 1. Abschnitt, § 1 B. I. Rn. 15; *Römer*, in: Dörner/Ehlers/Pohlmann/Steinmeyer/Schwienhorst (Hrsg.), Versicherungsrecht, S. 1, 18; *K.-J. Neuhaus*, r + s 2008, 449; vgl. auch dazu bereits Jahre vor der Umsetzung des neuen VVG *Bultmann*, in: Basedow/Meyer/Rückle/Schwintowski (Hrsg.), Zum Verbraucherschutz in der Reform des VVG, S. 247; *Schwintowski*, ZRP 2006, 139 (140); *Schubach*, AnwBl 2007, 215; *ders.*, AnwBl 2008, 27 (28 f.).

403 *Zypries*, Rede vor dem Deutschen Bundestag v. 1.2.2007, Plenarprotokoll 16/79, S. 7874 (zuletzt abgerufen am 5.1.2024 unter: https://dserver.bundestag.de/btp/16/16079.pdf); gegen die Abschaffung des Policenmodells *Wanderwitz*, Rede vor dem Deutschen Bundestag v. 1.2.2007, Plenarprotokoll 16/79, S. 7877 (zuletzt abgerufen am 5.1.2024 unter: https://dserver.bundestag.de/btp/16/16079.pdf).

404 RegE, BT-Drucks. 16/3945, S. 1, 47.

405 RegE, BT-Drucks. 16/3945, S. 47. Zu den Reformen bezüglich der Festlaufzeit von Versicherungsverträgen, der vorläufigen Deckung, der laufenden Versicherung, und der Aufgabe des Alles-oder-nichts-Prinzips, RegE, BT-Drucks. 16/3945, S. 48 ff.; *Gitzel*, VersR 2007, 322. Zu den Änderungen im Bereich der Lebensversicherung schlüssig, *Heinen*, in: Dörner/Ehlers/Pohlmann/Steinmeyer/Schwienhorst (Hrsg.), Welche Änderungen kommen auf die Lebensversicherer zu?, S. 25, 25 ff.

Harmonisierung des europäischen Versicherungsvertragsrechts, stand auch hier eine hohe Transparenz sowie Vielfalt an Versicherungsprodukten im Fokus, um den Versicherungsnehmern eine bessere Auswahl zu bieten.[406] Außerdem wollte der deutsche Gesetzgeber damit auch einem Vertragsverletzungsverfahren beim EuGH[407] aus dem Weg gehen.[408] Auch der Gesetzesentwurf bezeichnet die Vereinbarkeit des Policenmodells „mit den EU-rechtlichen Vorgaben, insbesondere der Fernabsatzrichtlinie II, [als] nicht zweifelsfrei“[409].

II. Neue Regelungen nach dem neuen VVG

Als neue Regelung erging die Vorschrift des § 7 VVG, welche sicherstellen sollte, dass der Versicherungsnehmer die Informationen spätestens vor Abgabe seiner Willenserklärung erhält – im Gegensatz zum bisher regelmäßig genutzten Policenmodell.[410] Dadurch kann sich der Versicherungsnehmer vor Antragstellung in alle Informationen einarbeiten und selbst entscheiden, zu welchem Zeitpunkt er seine Willenserklärung abgibt.[411] Dem Policenmodell ist damit grundsätzlich ein Ende gesetzt.[412]

---

[406] RegE, BT-Drucks. 16/3945, S. 47; *Römer*, VersR 2006, 740 (741); *ders.*, VersR 2007, 618.

[407] Europäische Kommission: Vertragsverletzungsverfahren gegen die Bundesrepublik Deutschland Nr. 2005/5046.

[408] *Armbrüster*, VVG § 7 Rn. 42; *Römer*, VersR 2006, 740 (741 f.); *Rehberg*, EuZW 2014, 237 (238); *Trittmacher/Gaußmann*, VuR 2014, 155 (156); angestrengt vom Bund der Versicherten, siehe VuR 2005, 172.

[409] RegE, BT-Drucks. 16/3945, S. 60.

[410] RegE, BT-Drucks. 16/3945, S. 48, 60; MüKo-VVG/*Armbrüster*, VVG § 7 Rn. 6; *Gaul*, VersR 2007, 21 (22); *Reinecke*, RdA 2009, 13 (13 f.); *Marlow/Spuhl*, Das Neue VVG kompakt, S. 9; zum Abschluss von Versicherungsverträgen über das Internet nach den neuen Regelungen, *Armbrüster*, r + s 2017, 57; *Notthoff*, r + s 2018, 523; *Reusch*, VersR 2007, 1313 (1313 f.).

[411] RegE, BT-Drucks. 16/3945, S. 48.

[412] RegE, BT-Drucks. 16/3945, S. 60; *Langheid*, NJW 2006, 3317 (3318); *Gaul*, VersR 2007, 21 (22); *Römer*, VersR 2006, 740 (741); *Harbrecht*, Effektiver Kundenschutz bei Finanzdienstleistungen, S. 57; *Sarak*, Der Versicherungsschein, S. 132; *Franz*, DStR 2008, 303 (305); *Langheid*, NJW 2007, 3665 (3666); *Franz*, VersR 2008, 298 (301); *R. Schmitz*, DRiZ 2006, 208; *F. Baumann/Sandkühler*, Das neue Versicherungsvertragsgesetz, S. 49 f.; *Schaffrin*, Die Kontrolle von Allgemeinen Geschäftsbedingungen und Allgemeinen Versicherungsbedingungen, S. 20 f.; *Präve*, VersR 2007, 1046 (1049); Rüffer/Halbach/Schimikowski/*Brömmelmeyer*, VVG § 1 Rn. 61; *H. Baumann*, VW 2007, 1955; *Leverenz*, Vertragsschluss nach der VVG-Reform, Rn. 3/48 f.; *ders.*, VW 2008, 392; *Niederleithinger*, VersR 2006, 437 (441); vgl. *Bürkle*, VersR 2006, 1042 (1047).

Die Vorschrift des § 7 VVG bestimmt den Erhalt derjenigen Informationen, die sich aus den europarechtlichen Vorgaben ergeben.[413] Nach § 7 Abs. 1 S. 1 VVG hat der Versicherer dem Versicherungsnehmer seine Vertragsbestimmungen einschließlich der AVB sowie die in einer Rechtsverordnung nach § 7 Abs. 2 VVG bestimmten Informationen in Textform rechtzeitig vor dessen Vertragserklärung mitzuteilen.[414] Das Ziel ist, dass der Kunde im Erstgespräch mit dem Versicherungsvermittler bereits all diese Informationen erhält.[415] Die Frist des neu geregelten Widerrufsrechts soll erst dann beginnen, wenn die Informationen nach § 7 VVG dem Versicherungsnehmer vollständig zugegangen sind.[416]

Die Vorschrift des § 8 VVG soll laut Gesetzesentwurf das Widerrufsrecht des Versicherungsnehmers normieren und somit auch § 5a VVG a.F. ablösen.[417] Die Widerrufsfrist beträgt nach § 8 Abs. 1 VVG 14 Tage. Der Wortlaut orientiert sich dabei an der Fernabsatzrichtlinie II und sieht einen Widerruf in Textform gegenüber dem Versicherer vor, § 8 Abs. 1 S. 2 VVG. Die Widerrufsfrist beginnt mit Zugang des Versicherungsscheins, § 8 Abs. 2 Nr. 1 VVG. Dies sah der Gesetzesentwurf als einzig richtigen Zeitpunkt an, um keine Rechtsunsicherheit durch eine unterschiedliche Auslegung bezüglich des Zeitpunktes des Vertragsschlusses zu schaffen.[418] Durch die Regelung des § 8 VVG wird dem Versicherungsnehmer also eine zusätzliche

---

413 Dies sind nach § 7 VVG nicht nur die Informationen, die der Versicherer bis Ende 2007 nach § 10a VAG dem Versicherungsnehmer zukommen lassen musste. Ebenso sind Informationen nach Art. 3 und Art. 5 Fernabsatzrichtlinie II und nach Art. 6 des Gesetzes zur Änderung der Vorschriften über Fernabsatzverträge bei Finanzdienstleistungen v. 2.12.2004, zu übermitteln, RegE, BT-Drucks. 16/3945, S. 59; zu den Beratungspflichten im Detail *Schimikowski/Höra*, Das neue Versicherungsvertragsgesetz, S. 103 ff.

414 Ausgenommen sind davon gemäß § 7 Abs. 5 VVG Versicherungsverträge über ein Großrisiko im Sinne des § 210 Abs. 2 VVG. Beim Vorschlag des Entwurfs des neuen VVG wurde bereits das Tatbestandsmerkmal der Rechtzeitigkeit ausgelegt und versucht die Absicht und Ausführung des deutschen Gesetzgebers zu analysieren und zu bestimmen, *Gaul*, VersR 2007, 21 (22 f.); *Römer*, VersR 2006, 740 (741).

415 *Gaul*, VersR 2007, 21 (22).

416 Schimikowski/*Schimikowski*, 2. Teil, I. 6. Rn. 79.

417 RegE, BT-Drucks. 16/3945, S. 61. § 8 VVG entsprach dabei laut Entwurf dem Inhalt des Art. 6 des Gesetzes zur Änderung der Vorschriften über Fernabsatzverträge bei Finanzdienstleistungen v. 2.12.2004.

418 RegE, BT-Drucks. 16/3945, S. 61 f.

Überlegungsfrist eingeräumt, um sich gegen einen möglichen Vertragsabschluss zu entscheiden.[419]

Mit der VVG-Reform hat der Gesetzgeber die vorher existierenden, auf den Einzelfall bezogenen Lösungsrechte in Form des § 5a VVG a.F., § 8 Abs. 4 VVG a.F. sowie § 48c Abs. 1–4 VVG a.F. abgeschafft und mit der neuen Vorschrift des § 8 VVG ein einheitliches Widerrufsrecht geschaffen, welches sich grundsätzlich weder nach Vertragsart noch nach persönlichen sowie sachlichen Anwendungsbereich unterscheidet.[420] Hervorzuheben in diesem Rahmen ist, dass der Gesetzesentwurf der Bundesregierung den Versicherungsnehmer unabhängig von einer Eigenschaft als Verbraucher schutzwürdig sieht.[421] Sowohl juristische als auch natürliche Personen waren davon umfasst.[422] Die Regelungen aus dem BGB, die den Verbraucherschutz förderten, fanden folglich keine Anwendung im VVG – dies war aufgrund der bereits bestehenden Regelung aus Sicht des Gesetzgebers auch nicht nötig.[423] Im Ergebnis hat sich der Gesetzgeber mit der Einführung dieser vorstehenden Regelungen entschieden, keine dem § 5a VVG a.F. entsprechende Vorschrift in das neue VVG aufzunehmen.[424]

---

419 Dazu und zur Kritik an dem Konzept, da durch diese Regelung unnötigerweise eine Verdoppelung des Schutzes für den Versicherungsnehmer entstehen könnte, siehe *Armbrüster*, r + s 2008, 493 (494); *Funck*, VersR 2008, 163 (165).

420 *F. Maier*, in: Drees/Koch/Nell (Hrsg.), Das Widerrufsrecht als Element des Verbraucherschutzes unter besonderer Berücksichtigung des Versicherungsrechts, S. 1, 20; *Armbrüster*, r + s 2008, 493 (493 f.); *Rixecker*, zfs 28 (2007), 556; *Langheid*, NJW 2007, 3665 (3666); dies begrüßend *A. Staudinger*, in: Kollhosser/Dörner/Ehlers/Pohlmann/Steinmeyer/Schwienhorst (Hrsg.), Versicherungsrechtsmodernisierung, S. 1, 16; *F. Baumann/Beenken*, Das neue Versicherungsvertragsgesetz, S. 21; *Heß/Burmann*, NJW-Spezial 2007, 111 (112); *D. Wendt*, Zum Widerruf im Versicherungsvertragsrecht, S. 33.

421 RegE, BT-Drucks. 16/3945, S. 61.

422 RegE, BT-Drucks. 16/3945, S. 61; zur Übertragung des Telos von verbraucherschützenden Widerrufsrechten auf § 8 Abs. 1 VVG, *Hüntemann*, Der Abschluss von Versicherungsverträgen und die vorvertraglichen Pflichten des Versicherers gemäß §§ 6 und 7 VVG, S. 360 f.

423 *F. Maier*, in: Drees/Koch/Nell (Hrsg.), Das Widerrufsrecht als Element des Verbraucherschutzes unter besonderer Berücksichtigung des Versicherungsrechts, S. 1, 21.

424 RegE, BT-Drucks. 16/3945, S. 60; *Hüntemann*, Der Abschluss von Versicherungsverträgen und die vorvertraglichen Pflichten des Versicherers gemäß §§ 6 und 7 VVG, S. 265 f.; *Schimikowski*, r + s 2007, 133; *Dörner/A. Staudinger*, WM 2006, 1710 (1712).

III. Ausnahmeregelung zum potentiellen, faktischen Fortbestand des Policenmodells?

Fraglich bleibt, ob das Policenmodell trotz des neuen VVG weiterhin Bestand hat. Dies wird beispielsweise für einige Fälle von *Reiff* vertreten[425], und auch von *Brömmelmeyer*[426] und *Ebers*[427] diskutiert.[428] Letzterer wirft die Frage auf, ob eine „Renaissance des Policenmodells"[429] durch die Regelung des § 7 VVG entstehen könnte.

1. Vertragsschluss unter Einbeziehung der AVB

Problematisch dabei ist jedoch die Einbeziehung der AVB. Diese richtet sich nach §§ 305 Abs. 2, 310 BGB.[430] Danach müssten die AVB dem Versicherungsnehmer vor Abgabe seiner Willenserklärung zugegangen sein.[431] Eine Übermittlung zusammen mit der Police – wie beim Policenmodell – ist daher grundsätzlich nicht möglich. Der Gesetzesentwurf sieht allerdings in § 7 Abs. 1 S. 3 VVG vor, dass der Verbraucher vor Erhalt aller Informationen eine Willenserklärung abgeben kann.[432] Dafür wird durch § 7 Abs. 1 S. 3 Hs. 2 VVG eine Ausnahme geschaffen, welche die Möglichkeit eines schriftlichen Verzichts auf Information vor Abgabe der Erklärung bestimmt.[433] Damit soll dem „mündigen Verbraucher"[434] die Entscheidung, wann er die Abgabe der Willenserklärung vornimmt, selbst überlassen werden. Der Gesetzgeber zielt darauf ab, keine Regelung zu schaffen, die den Versicherungsnehmer zwingt, eine bestimmte Zeit abzusitzen, um dann seine Erklärung abgeben zu dürfen.[435] Dieser Verzicht hat jedoch im Sinne des Verbraucherschutzes in schriftlicher Form zu erfolgen,

---

[425] Lindacher/Pfeiffer/*Reiff*, Teil 5, Rn. V108n.

[426] *Brömmelmeyer*, VersR 2009, 584 (587 f.).

[427] Schwintowski/Brömmelmeyer/*Ebers*, 2. Aufl. 2010, § 5 VVG Rn. 8.

[428] Vgl. auch *F. Baumann/Sandkühler*, Das neue Versicherungsvertragsgesetz, S. 50.

[429] *Brömmelmeyer*, VersR 2009, 584 (588).

[430] *Schaffrin*, Die Kontrolle von Allgemeinen Geschäftsbedingungen und Allgemeinen Versicherungsbedingungen, S. 25; das AGBG ist zum 1.1.2002 außer Kraft getreten.

[431] *Hüntemann*, Der Abschluss von Versicherungsverträgen und die vorvertraglichen Pflichten des Versicherers gemäß §§ 6 und 7 VVG, S. 271 f.

[432] RegE, BT-Drucks. 16/3945, S. 48.

[433] RegE, BT-Drucks. 16/3945, S. 48.

[434] RegE, BT-Drucks. 16/3945, S. 60.

[435] In der Praxis kann eine Information aufgrund der verfügbaren Kommunikationsmittel nicht immer im Voraus übermittelt werden. Auch aus diesem Grund besteht diese Ausnahme, RegE, BT-Drucks. 16/3945, S. 48, 60.

und die Informationen sind dem Versicherungsnehmer nach Vertragsabschluss zu übersenden.[436] Erst nach Erhalt der Unterlagen beginnt gemäß § 8 Abs. 2 VVG die Widerrufsfrist. Die zweite Variante, bei der die Ausnahme des § 7 Abs. 1 S. 3 VVG greift und eine Informationsübermittlung durch den Versicherer unverzüglich nach Vertragsschluss erforderlich ist, betrifft den Vertragsschluss per Telefon oder unter Verwendung eines anderen Kommunikationsmittels nach § 7 Abs. 1 S. 3 Hs. 1 VVG. Hier wird eine Übersendung der Informationen in Textform vor Vertragserklärung des Versicherungsnehmers nicht gestattet.[437]

Nach Auffassung von *Reiff* soll das Policenmodell zumindest in den seltenen Fällen des schriftlichen Verzichts beibehalten werden, sodass auch weiterhin ein Abschluss des Versicherungsvertrages auf diesem Wege möglich bleibt. Dies sei in den Gesetzesmaterialien deutlich erkennbar.[438] Dabei sei § 7 Abs. 1 S. 3 VVG *lex specialis* zu § 305 Abs. 2 BGB.[439] Denn eine Anwendung des § 305 Abs. 2 BGB würde bedeuten, dass der Versicherungsnehmer die AVB vor Abgabe der Willenserklärung zu erhalten habe.[440] Dies würde jedoch dem Sinn dieser Ausnahme entgegenlaufen, da diese ja gerade den Verzicht auf die AVB bestimmt.[441] Die Ausnahmeregelung des § 7 Abs. 1 S. 3 Hs. 2 VVG würde sonst ins Leere laufen.[442] Zuzustimmen ist der Auffassung insofern, dass eine Einbeziehung der AVB nach § 305 Abs. 2 BGB durch Übersendung mit der Police grundsätzlich nicht mehr erfolgen kann.[443] Ausschließlich mittels

---

436 RegE, BT-Drucks. 16/3945, S. 60.

437 Lindacher/Pfeiffer/*Reiff*, Teil 5, Rn. V108j; *Schaffrin*, Die Kontrolle von Allgemeinen Geschäftsbedingungen und Allgemeinen Versicherungsbedingungen, S. 14.

438 Lindacher/Pfeiffer/*Reiff*, Teil 5, Rn. V108n.

439 Lindacher/Pfeiffer/*Reiff*, Teil 5, Rn. V108l; so auch *Leverenz*, Vertragsschluss nach der VVG-Reform, Rn. 3/78; *Funck*, VersR 2008, 163 (165); dagegen *Matusche-Beckmann/ Beckmann*, in: FS Fiedler 2011, S. 915, 927; Schwintowski/Brömmelmeyer/*Ebers*, 2. Aufl. 2010, § 7 VVG Rn. 41, 43. Zu der Frage und einer Darstellung des Meinungsstreits, ob bei einem Verzicht nach § 7 Abs. 1 S. 3 VVG die Kenntnisnahme der AVB Wirksamkeitsvoraussetzung ist, siehe Lindacher/Pfeiffer/*Reiff*, Teil 5, Rn. V108k ff.; *Schaffrin*, Die Kontrolle von Allgemeinen Geschäftsbedingungen und Allgemeinen Versicherungsbedingungen, S. 25 ff.

440 Lindacher/Pfeiffer/*Reiff*, Teil 5, Rn. V108m.

441 RegE, BT-Drucks. 16/3945, S. 48.

442 *Reiff* führt hier außerdem einen Vergleich zur vorläufigen Deckung an, bei welcher der Versicherungsnehmer ebenso sofortigen Versicherungsschutz anstrebt und die AVB nach § 49 Abs. 2 VVG einbezogen werden, Lindacher/Pfeiffer/*Reiff*, Teil 5, Rn. V108m.

443 *Hüntemann*, Der Abschluss von Versicherungsverträgen und die vorvertraglichen Pflichten des Versicherers gemäß §§ 6 und 7 VVG, S. 272.

Verzichts nach § 7 Abs. 1 S. 3 Hs. 2 VVG kann es zu einer Einbeziehung ohne vorherige Kenntnisnahme kommen. Es ist jedoch eindeutig abzulehnen, dass diese Ausnahme einen Fortbestand des Policenmodells bedeutet. Der Auffassung ist entgegenzuhalten, dass der Gesetzgeber gerade zur Vermeidung eines Vertragsverletzungsverfahrens[444] und weiterer Diskussionen das Policenmodell abschaffen wollte.[445] Zudem spricht der Gesetzgeber in seiner Begründung nie explizit davon, das Policenmodell aufrecht erhalten zu wollen. Vielmehr möchte er dem Verfahren durch Aufnahme neuer Vorschriften entgegentreten.[446] Die Aufnahme der Möglichkeit des Verzichts ändert folglich nichts an der Abschaffung des Policenmodells.[447] Auch wenn der Abschluss eines Vertrags mittels Verzichts dem Abschluss im Policenmodell ähneln mag, so unterscheidet sich dieser gegenüber dem Policenmodell in einem entscheidenden Punkt: Der Verzicht bedarf für seine Wirksamkeit einer gesonderten schriftlichen Erklärung.[448] Hervorzuheben hierbei ist das Tatbestandsmerkmal „gesondert", welches formularmäßige Erklärungen und somit ein regelmäßiges Vorgehen auf diesem Wege verhindert.[449] Ein Fortbestehen des Policenmodells wäre nur denkbar, wenn die Mehrzahl an Verträgen über das Modell des Verzichts nach § 7 Abs. 1 S. 3 Hs. 2 VVG geschlossen würden.[450] Dies hätte zur Folge, dass die Vielzahl an Versicherungsnehmern den Aufwand zu den bereits beschriebenen erheblichen formalen Anforderungen auf sich nehmen müssten. Damit ist jedoch nicht zu rechnen.[451] Der Verzicht auf die Unterlagen bedeutet zudem keinen zeitlich unbegrenzten Verzicht – der Versicherer hat die Unterlagen dennoch

---

444 Europäische Kommission: Vertragsverletzungsverfahren gegen die Bundesrepublik Deutschland Nr. 2005/5046; *Franz*, VersR 2008, 298 (301).

445 MüKo-VVG/*Armbrüster*, VVG § 7 Rn. 47.

446 *Gaul*, VersR 2007, 21 (24); *Römer*, VersR 2006, 740 (742); *Harbrecht*, Effektiver Kundenschutz bei Finanzdienstleistungen, S. 57; *F. Baumann/Sandkühler*, Das neue Versicherungsvertragsgesetz, S. 50; *Funck*, VersR 2008, 163.

447 *Langheid*, NJW 2006, 3317 (3318).

448 *Blankenburg*, VersR 2008, 1446 (1447).

449 *Langheid*, NJW 2006, 3317 (3318); *Gaul*, VersR 2007, 21 (23 f.); *Blankenburg*, VersR 2008, 1446 (1447); *Franz*, VersR 2008, 298 (301); vgl. *Funck*, VersR 2008, 163 (166); Rüffer/Halbach/Schimikowski/*Brömmelmeyer*, VVG § 1 Rn. 62.

450 *Hüntemann*, Der Abschluss von Versicherungsverträgen und die vorvertraglichen Pflichten des Versicherers gemäß §§ 6 und 7 VVG, S. 272; *Römer*, VersR 2006, 740 (742).

451 *Hüntemann*, Der Abschluss von Versicherungsverträgen und die vorvertraglichen Pflichten des Versicherers gemäß §§ 6 und 7 VVG, S. 272.

immer unverzüglich nachzureichen.[452] Überdies wäre zu erwarten, dass sich die Aufsichtsbehörde im Wege aufsichtsrechtlicher Schritte gemäß § 81 Abs. 2 S. 1 VAG a.F. einschalten würde, da der Verzicht nach § 7 Abs. 1 S. 3 Hs. 2 VVG lediglich eine Ausnahme darstellen soll.[453] Zudem könnte der Versicherer bei einem Verstoß aus *culpa in contrahendo* haften.[454] Die Regelung des Verzichts ist restriktiv anzuwenden.[455] In der Praxis haben sich infolge der Einführung der neuen Regelungen das Antragsmodell[456] sowie das sogenannte Invitatiomodell[457] etabliert.[458]

2. Information und Beratung des Versicherungsnehmers nach neuem Recht

Auch im Rahmen der notwendigen Informationsübermittlung und dem zu erfüllenden Beratungsumfang nach neuem Recht kann das Policenmodell nicht weiterbestehen.[459] Nach § 7 Abs. 1 S. 1 VVG ist eine Übersendung der

---

452 *Armbrüster*, r + s 2008, 493 (498 f.).

453 *Hüntemann*, Der Abschluss von Versicherungsverträgen und die vorvertraglichen Pflichten des Versicherers gemäß §§ 6 und 7 VVG, S. 272; *Gaul*, VersR 2007, 21 (24); *Römer*, VersR 2006, 740 (742); *F. Maier*, in: Drees/Koch/Nell (Hrsg.), Das Widerrufsrecht als Element des Verbraucherschutzes unter besonderer Berücksichtigung des Versicherungsrechts, S. 1, 34; *Brömmelmeyer*, VersR 2009, 584 (585); *Blankenburg*, VersR 2008, 1446 (1450 f.); *F. Baumann/Sandkühler*, Das neue Versicherungsvertragsgesetz, S. 50; *Funck*, VersR 2008, 163 (164 f.); Rüffer/Halbach/Schimikowski/*Castellvi*, VVG § 5 Rn. 11; MüKo-VVG/*Armbrüster*, VVG § 7 Rn. 48.

454 Rüffer/Halbach/Schimikowski/*Castellvi*, VVG § 5 Rn. 11; *Schaffrin*, Die Kontrolle von Allgemeinen Geschäftsbedingungen und Allgemeinen Versicherungsbedingungen, S. 30; Rüffer/Halbach/Schimikowski/*Brömmelmeyer*, VVG § 1 Rn. 62.

455 *Brömmelmeyer*, VersR 2009, 584 (588); *Blankenburg*, VersR 2008, 1446 (1450 f.); *Stockmeier*, VersR 2008, 717 (723); *Schimikowski*, r + s 2006, 441 (443); *Langheid*, NJW 2007, 3665 (3666); Erman BGB/*Looschelders*, § 305 BGB III. 1.

456 Das Antragsmodell bleibt dabei als solches erhalten. Der Versicherer hatte durch das neue Recht mehr Informationen zu übergeben, *F. Baumann/Sandkühler*, Das neue Versicherungsvertragsgesetz, S. 47.

457 Dazu *Schimikowski*, r + s 2012, 577 (579 ff.); *Stockmeier*, VersR 2008, 717 (719 f.); *Schimikowski*, VW 2007, 715; zur Forderung dieses Abschlussmodells und der Abschaffung des Policenmodells bereits im Jahr 2003 *Scholl*, in: Basedow/Meyer/Rückle/Schwintowski (Hrsg.), Versicherungsrechtsreform – ihre Notwendigkeit und die Inhalte, S. 249, 257 f.

458 *Stockmeier*, VersR 2008, 717; *Schimikowski*, r + s 2012, 577.

459 *Hüntemann*, Der Abschluss von Versicherungsverträgen und die vorvertraglichen Pflichten des Versicherers gemäß §§ 6 und 7 VVG, S. 273 f.; *Stadler*, VW 2006, 1339.

nach § 7 Abs. 2 VVG notwendigen Informationen lediglich vor Abgabe der Willenserklärung möglich.[460] Eine weitreichende Verwendung des Verzichts nach § 7 Abs. 1 S. 3 HS. 2 VVG ist aufgrund der Vorschrift des § 81 Abs. 2 S. 1 VAG a.F. praktisch nicht möglich.[461] Gleiches gilt für die Beratung des Versicherungsnehmers nach § 6 Abs. 1 VVG durch den Versicherer, welcher eine solche je nach Schwierigkeit und Situation durchzuführen hat. Auf diese kann ebenso verzichtet werden, § 6 Abs. 3 VVG.[462] Einem regelmäßigen Verzicht in der Praxis stehen jedoch hohe formale Anforderungen sowie ein zu erwartendes Einschreiten der BaFin nach § 81 Abs. 2 S. 1 VAG a.F. entgegen.[463]

3. Ausschlussfrist für das Widerspruchsrecht

Zudem wurde die einjährige Ausschlussfrist – also das Erlöschen des Widerspruchsrechts nach einem Jahr nach Zahlung der ersten Prämie nach § 5a Abs. 2 S. 4 VVG a.F. – nicht in das neue VVG übernommen.[464] Dies lag auch daran, dass man sich einer befürchteten Annahme der Europarechtswidrigkeit durch den EuGH entziehen wollte.[465] Im Rahmen dessen wurde in

---

460 *Harbrecht*, Effektiver Kundenschutz bei Finanzdienstleistungen, S. 57 ff.; *Lux*, Die Lebensversicherung nach der VVG-Reform im Lichte der wettbewerblichen EU-Liberalisierung, S. 19.

461 *Hüntemann*, Der Abschluss von Versicherungsverträgen und die vorvertraglichen Pflichten des Versicherers gemäß §§ 6 und 7 VVG, S. 273; *Grote/C. Schneider*, BB 2007, 2689 (2691).

462 *K. Maier*, r + s 2004, 485 (486); *Schimikowski*, in: Verein der Förderer des Fachbereichs Versicherungswesen an der Fachhochschule Köln e.V. (Hrsg.), Beratungs- und Informationspflichten des Versicherers, S. 1, 1 ff.

463 *Hüntemann*, Der Abschluss von Versicherungsverträgen und die vorvertraglichen Pflichten des Versicherers gemäß §§ 6 und 7 VVG, S. 273 f.; *Grote/C. Schneider*, BB 2007, 2689 (2691).

464 *Armbrüster*, r + s 2008, 493 (498 f.); Schimikowski/*Schimikowski*, 2. Teil, I. 6. Rn. 79.

465 Der EuGH hatte bei dem vom Gesetzgeber ursprünglich vorgesehenen Widerrufsrecht im BGB im Zuge der Schuldrechtsmodernisierung aus dem Jahr 2002 eine Ausschlussfrist (in diesem Fall von sechs Monaten) als europarechtswidrig angesehen, EuGH v. 13.12.2001 – C-481/99 *(Georg und Helga Heininger/Bayerische Hypo- und Vereinsbank AG)*, NJW 2002, 281; vgl. zur Entscheidung *A. Staudinger*, NJW 2002, 653; *Franzen*, JZ 58 (2003), 321; *Looschelders*, VersR 2013, 653 (656 f.). In einer anderen, nachfolgenden Entscheidung hatte der EuGH eine zeitliche Beschränkung eines Lösungsrechts unter gewissen Voraussetzungen zugestanden, EuGH v. 10.4.2008 – C-412/06 *(Annelore Hamilton/Volksbank Filder eG)*, NJW 2008, 1865; vgl. dazu *D. Wendt*, Zum Widerruf im Versicherungsvertragsrecht, S. 31; *Edelmann*, BB 2008, 969; *Looschelders*, GPR 2008, 187; *Mankowski*, JZ 2008, 1141; *Kroll*, NJW 2008, 1999; *Ebers*, VuR 2008, 270; *Häublein*, ZIP 2008, 2005; *A. Maier*, EWiR 2008, 367; *Schinkels*, JZ 64 (2009), 774; *Bonin/Glos*, WM 2010, 1821.

der Vorschrift des § 8 VVG das ewige Widerrufsrecht normiert.[466] Dies bedeutet, dass der Versicherungsnehmer bei Verträgen, die auf Grundlage der §§ 7, 8 VVG ab dem 1.1.2008 geschlossen werden, ein zeitlich unbegrenztes Widerrufsrecht hat.[467] Eben diese Änderung in das neue VVG sowie die vorstehend dargelegte Abschaffung des Policenmodells führten dazu, dass bis heute keine derart hohe Anzahl an Gerichtsverfahren auf Grundlage von nach dem neuen VVG geschlossenen Versicherungsverträgen wie bei solchen nach dem Policenmodell geschlossenen Verträgen entstanden.[468] Der Versicherer und die jeweiligen Vermittler konnten sich noch beim Abschluss im Policenmodell (bis zu der Annahme der Europarechtswidrigkeit des § 5a Abs. 2 S. 4 VVG a.F.) sicher sein, dass der Versicherungsnehmer nicht mehr nach dem Ablauf eines Jahres nach Zahlung seiner ersten Prämie erfolgreich widersprechen kann. Jedoch brachten die ständigen europarechtlichen Bedenken Unruhe um die Vorschrift und um die Verträge auf, da diese im Falle einer Annahme der Europarechtswidrigkeit des Policenmodells selbst möglicherweise keinen Bestand mehr haben.[469]

Bei der Einführung der neuen Vorschriften begab sich der Gesetzgeber jedoch nicht in europarechtliche Ungewissheiten. Das klare Konzept des § 8 VVG stellt trotz eines potentiellen ewigen Widerrufsrechts des Versicherungsnehmers Rechtssicherheit und insbesondere Rechtsklarheit bezüglich möglicher Ansprüche dar.[470] Dabei werden in der Vorschrift des § 8 Abs. 3 S. 1 VVG gut verständlich Einzelfälle aufgezählt, bei denen ein Widerrufsrecht von vornherein nicht besteht. Es wurde eben kein Abschlussmodell geschaffen, dessen Richtlinienkonformität und Wirksamkeit von Anfang an als zweifelhaft betrachtet wird, sowie dessen Ausschlussfrist als europarechtswidrig eingestuft werden kann. Durch diese klaren Regelungen schaffte der Gesetzgeber keine Panne – wie sie in Form des Policenmodells geschaffen wurde – und

---

466 MüKo-VVG/*Eberhardt*, § 8 VVG Rn. 99; Schimikowski/*Schimikowski*, 2. Teil, I. 6. Rn. 79.

467 *Armbrüster*, r + s 2008, 493 (499).

468 Diese nehmen jedoch in den letzten Jahren deutlich zu. Angegriffen wird seitens der Versicherungsnehmer die Ordnungsgemäßheit der Belehrung. Bezweifelt werden darf jedoch, ob ein solches Massengeschäft wie in dem Ausmaß des Policenmodells entstehen wird. Dem zustimmend, *Teilnehmer 3* – telefonisches Interview vom 19.11.2024; *Teilnehmer 4* – telefonisches Interview vom 22.11.2024.

469 Dazu unter Kap. 3 B. IV. 3.

470 *Schwintowski*, VuR 2019, 330 (332); so auch *Teilnehmer 6* – online-Interview vom 2.12.2024.

vermied ein Ausschlagen in ein kommerzielles Massenproblem der deutschen Versicherungswirtschaft.[471] Zusätzlich schafft die Sicherung des Informationszugangs beim Versicherungsnehmer vor seiner Antragstellung durch § 7 VVG Rechtssicherheit. Somit entstehen in dieser Kombination grundsätzlich keine großen sowie zahlreichen Rechtsfragen mehr beim Versicherungsnehmer; zumindest sicherlich nicht in dem Ausmaß wie bei der Einführung des Policenmodells.

IV. Einführung der Musterwiderrufsbelehrung

Einen bedeutenden Anteil am Ausbleiben des Massengeschäfts im Vergleich zum Policenmodell trägt zudem die Einführung der Musterwiderrufsbelehrung hinsichtlich der Ausgestaltung des Widerrufsrechts.[472] Das Muster für die Widerrufsbelehrung, welches auch in anderen Gebieten des Zivilrechts eingeführt wurde,[473] wurde im VVG als Anlage zu § 8 Abs. 5 VVG am 11.6.2010[474] aufgenommen.[475] In der Fassung der Anlage des VVG ab 2008 bis zum 11.6.2010

---

471 Zwar erhöht sich die Anzahl der Rechtsstreitigkeiten auch im neuen Recht deutlich, so *Teilnehmer 3* – telefonisches Interview vom 19.11.2024. Eine Kommerzialisierung und eine solche Dimension werden jedoch nicht erwartet, so *Teilnehmer 3* – telefonisches Interview vom 19.11.2024; *Teilnehmer 5* – online-Interview vom 27.11.2024.

472 *Teilnehmer 3* – telefonisches Interview vom 19.11.2024; *Teilnehmer 6* – online-Interview vom 2.12.2024; näher zur Musterwiderrufsbelehrung allgemein *D. Wendt*, Zum Widerruf im Versicherungsvertragsrecht, S. 90 ff.; *D. Kramer*, Der Widerruf von Verbraucherdarlehen zwischen Rechtsdurchsetzung und Rechtsmissbrauch, S. 104.

473 So beispielweise bereits im Jahr 2002 im Zuge der Schuldrechtsreform zur Änderung der BGB-Informationenpflichtverordnung, BGBl. I 2002, S. 2958; dazu instruktiv *D. Kramer*, Der Widerruf von Verbraucherdarlehen zwischen Rechtsdurchsetzung und Rechtsmissbrauch, S. 63 ff.; *Masuch*, NJW 2008, 1700.

474 Gesetz zur Umsetzung der Verbraucherkreditrichtlinie, des zivilrechtlichen Teils der Zahlungsdiensterichtlinie sowie zur Neuordnung der Vorschriften über das Widerrufs- und Rückgaberecht, BGBl. I 2009, S. 2355, S. 2408.

475 *D. Wendt*, Zum Widerruf im Versicherungsvertragsrecht, S. 89. In der heutigen Fassung der Anlage VVG bezieht sich das Muster für die Widerrufsbelehrung auf § 8 Abs. 4 VVG. Die aktuelle Fassung der Anlage VVG gilt seit dem 1.1.2025, Gesetz zur Finanzierung von zukunftssichernden Investitionen, BGBl. I 2023 Nr. 352. Dabei wurde die Musterwiderrufsbelehrung immer wieder geändert, so bereits kurz nach Einführung durch das Gesetz zur Anpassung der Vorschriften über den Wertersatz bei Widerruf von Fernabsatzverträgen und über verbundene Verträge v. 27.7.2011, BGBl. I 2011, Nr. 41, S. 1600. Vgl. dazu *Wendehorst*, NJW 2011, 2551 (2555).

bestand noch kein solches Muster.[476] Versicherungsnehmerkanzleien und Legal-Tech-Unternehmen versuchen auch aus den neuen Vorschriften den Verbraucherschutz durchzusetzen – und, damit oft verbunden, Profit daraus zu schlagen. Angriffsfläche bietet daher weiterhin die Ordnungsgemäßheit der Belehrung.[477] Sofern jedoch der Versicherer die Musterwiderrufsbelehrung ordnungsgemäß und fehlerfrei anwendet, ist eine Geltendmachung eines Anspruchs des Versicherungsnehmers wegen unzutreffender Belehrung mit hoher Wahrscheinlichkeit ausgeschlossen.[478] Dies beruht auf der gesetzlichen Fiktion[479] bei identischer Übernahme der Belehrung aus dem Gesetz.[480] Zusammenfassend ergibt sich somit eine niedrigere Erfolgsquote und geringere Anzahl an Verfahren seitens der Versicherungsnehmer.

V. Kritik an der Abschaffung des Policenmodells

Obwohl das Policenmodell rechtlich bereits seit der Einführung äußerst umstritten war, gab es einige starke Befürworter für seine Fortführung und eine Aufnahme des § 5a VVG a.F. oder einer vergleichbaren Vorschrift in das neue VVG.[481] Für eine Fortführung wurde angeführt, dass sich dieses Abschlussmodell gegenüber dem Antragsmodell in der Praxis etabliert hat.[482] Dabei traten in der Versicherungspraxis zunächst kaum Probleme durch das Policenmodell

---

476 Die Verfahren betreffen insbesondere die Jahrgänge von 2008 bis 2010 vor der Einführung der Musterwiderrufsbelehrung. Daher können diese Jahrgänge seitens der Klägeranwälte erfolgreicher angegriffen werden, *Teilnehmer 3* – telefonisches Interview vom 19.11.2024., *Teilnehmer 7* – online-Interview vom 3.12.2024.

477 *Teilnehmer 3* – telefonisches Interview vom 19.11.2024.

478 *Teilnehmer 3* – telefonisches Interview vom 19.11.2024; *Teilnehmer 4* – telefonisches Interview vom 22.11.2024; *Teilnehmer 5* – online-Interview vom 27.11.2024.

479 Vgl. dazu *Heinig*, JR 2010, 461; MüKo-VVG/*Eberhardt*, § 8 VVG Rn. 48.

480 *D. Wendt*, Zum Widerruf im Versicherungsvertragsrecht, S. 95. Gerade bei komplexen Produkten wie der Lebensversicherung ist eine Belehrung jedoch oft individuell, beispielweise aufgrund der Prämienrückzahlung bei Rückabwicklung, und daher teilweise bei unzutreffenden Anpassungen angreifbar, so *Teilnehmer 5* – online-Interview vom 27.11.2024; in dem Sinne auch *Teilnehmer 6* – online-Interview vom 2.12.2024. Solche Änderungen waren jedoch weiterhin unter engen Voraussetzungen möglich und auch vom Gesetzgeber beabsichtigt, RegE, BT-Drucks. 16/11643, S. 149; dazu auch *ders.*, Zum Widerruf im Versicherungsvertragsrecht, S. 96.

481 *Gaul*, VersR 2007, 21 (26).

482 *Gaul*, VersR 2007, 21 (26); *Franz*, VersR 2008, 298 (301); *Aden*, VW 2006, 1218 (1219).

auf.[483] Auch der Rechts- und Wirtschaftsausschuss des Bundesrats bezeichnete das Policenmodell im Rahmen der Reform als ein „bewährte[s], sachgerechte[s] und unbürokratische[s]“[484] Abschlussmodell. Dies mag verwundern, da das Policenmodell bereits zu Beginn äußerst stark von der Literatur und den Verbraucherschutzverbänden kritisiert wurde. Allerdings sollte nicht unbeachtet bleiben, dass Versicherer im Streitfall häufig nachgaben, um gerichtlichen Verfahren aus dem Weg zu gehen.[485] Zudem ist die Vielzahl an rechtlichen Streitigkeiten zu einem Großteil erst nach dem EuGH-Urteil aus dem Jahr 2013 entstanden.[486] Ferner sind die geringeren Vertriebskosten beim Policenmodell vorteilhaft gewesen, die durch die neuen Regelungen des VVG wegfallen. Die durch neue Abschlussmodelle entstehenden Kostensteigerungen würden bis zum Verbraucher durchgereicht und schlussendlich einen Nachteil für den einzelnen Versicherungsnehmer bedeuten.[487] Zudem warnte *Römer* – auch wenn aus seiner Sicht eine Richtlinienwidrigkeit des Policenmodells wohl anzunehmen sei und eine Abschaffung daher nicht abgelehnt werden solle – davor, dass ein besserer Verbraucherschutz durch die neuen Regelungen nicht unbedingt erreicht werde. So werde eine Lektüre des komplexen Regelwerks um AVB und Verbraucherinformation allein durch die zeitliche Verschiebung der Übersendung nicht besser verständlich für einen Versicherungsnehmer.[488]

---

483 *Römer*, VersR 2006, 740 (741); *ders.*, in: Dörner/Ehlers/Pohlmann/Steinmeyer/Schwienhorst (Hrsg.), Versicherungsrecht, S. 1, 18.

484 Empfehlungen der Ausschüsse, BR-Drucks. 701/1/06 v. 13.11.2006, S. 5, Nr. 8.

485 *Römer*, in: Dörner/Ehlers/Pohlmann/Steinmeyer/Schwienhorst (Hrsg.), Versicherungsrecht, S. 1, 19 Fn. 54.

486 *Römer*, VersR 2006, 740 (741).

487 *Gaul*, VersR 2007, 21 (26); von Rückversicherungsaktuaren wurden zum Zeitpunkt der Einführung des neuen VVG die Kosten für das erste Jahr der Abschaffung des Policenmodells auf EUR 800 Mio. geschätzt, dazu *Langheid*, in: Kollhosser/Dörner/Ehlers/Pohlmann/Steinmeyer/Schwienhorst (Hrsg.), VVG-Reform und Verbraucherschutz, S. 23, 37 f.; zu den praktischen Hindernissen bei der Umsetzung der neuen Regelungen *Stadler*, VW 2006, 1339 (1341 f.) Dazu auch der Rechts- und Wirtschaftsausschuss des Bundesrats, nach dem insbesondere die Direktversicherer durch das neue VVG erhöhte Kosten tragen müssten, da diese auf den postalischen Versand von Verkaufsanschreiben angewiesen sind, Empfehlungen der Ausschüsse, BR-Drucks. 701/1/06 v. 13.11.2006, S. 5 f., Nr. 8.

488 So *Römer*, in: Dörner/Ehlers/Pohlmann/Steinmeyer/Schwienhorst (Hrsg.), Versicherungsrecht, S. 1, 18 f.; so auch *Franz*, VersR 2008, 298 (301).

VI. Zwischenergebnis

Zusammenfassend lässt sich somit festhalten, dass durch die neuen Regelungen im VVG ein Fortbestehen des Policenmodells ausgeschlossen wurde. Dies ist auch ein Grund, weshalb sich die Vielzahl an Rechtsstreitigkeiten zwischen Versicherungsnehmer und Versicherer auf die Versicherungsverträge, welche bis zum 31.12.2007 geschlossen wurden, beschränken. Eine klare Aufstellung an Informationen und zudem ein transparenter Zeitpunkt, zu dem der Versicherungsnehmer diese erhalten muss, werden durch das neue VVG bestimmt. Dabei gab es keine europarechtlichen Bedenken hinsichtlich des Vertragsschlusses, wie sie bei der Einführung des § 5a VVG a.F. vorlagen und das Stimmungsbild von Lehre und Literatur prägten. Der deutsche Gesetzgeber begibt sich vorliegend nicht in europarechtliche Unwägbarkeiten und vermeidet so Verwirrungen unter den Versicherungsnehmern und Versicherern im Rahmen des Vertragsschlusses.[489]

---

[489] *Römer*, VersR 2006, 740 (741).

Genese des ewigen Widerspruchsrechts

A. Rechtsprechung bis zur Entstehung des ewigen Widerspruchsrechts

In den Jahren 1994 bis 2013 ergingen in der deutschen Rechtsprechung nur wenige Entscheidungen des BGH und der Oberlandesgerichte[1], welche die Auslegung des § 5a VVG a.F. und den Widerspruch nach dieser Vorschrift als Schwerpunkt behandelten. Im Folgenden werden zunächst die zentralen Entscheidungen des BGH dargestellt, die für die Entwicklung des Policenmodells von Bedeutung waren.[2]

I. Inhalt der Entscheidungen des BGH

1. BGH v. 28.1.2004 – IV ZR 58/03

Das erste BGH-Urteil, das sich mit § 5a VVG a.F. beschäftigte, erfolgte im Jahr 2004.[3] Dieses Urteil ist als eine der wenigen Entscheidungen, die vor

---

[1] Nachfolgend: OLG.

[2] In diesem Zeitraum ergingen *inter alia* drei Urteile des BGH am 12.10.2005 (BGH v. 12.10.2005 – IV ZR 162/03, NJW 2005, 3559; v. 12.10.2005 – IV ZR 177/03, BeckRS 2005, 12481; v. 12.10.2005 – IV ZR 245/03, BeckRS 2005, 12969), bei denen § 5a VVG a.F. eine nur untergeordnete Rolle spielte und welche sich mit der Ersetzung von unwirksamen Klauseln in Kapital-Lebensversicherungen beschäftigten. Gleiches gilt für das BGH-Urteil vom 26.4.2006 (BGH v. 26.4.2006 – IV ZR 248/04, NJW-RR 2006, 1101), das über die Belehrung über Erstprämienverzugsfolgen bei vorläufiger Deckung entschied und erwähnte, dass in einem solchen Fall und beim Abschluss eines Vertrags im Policenmodell die Widerspruchsfrist des § 5a VVG a.F. zu beachten sei.

[3] BGH v. 28.1.2004 – IV ZR 58/03, NJW-RR 2004, 751.

dem Jahr 2013 ergingen, weiterhin elementar für die Auslegung der heutigen Rechtsprechung.[4]

a) Sachverhalt

In dem der Entscheidung zugrundeliegenden Sachverhalt ging es um eine Klage eines Versicherungsnehmers, welcher erst Monate nach Abschluss des Versicherungsvertrags seinen Widerspruch gemäß 5a Abs. 2 S. 4 VVG a.F. erklärt hat. Der Versicherungsnehmer trug vor, dass die Verbraucherinformation, insbesondere die Angaben zur Überschussübermittlung und -verteilung fehlerhaft seien und die 14-tätige Widerspruchsfrist nach § 5a VVG a.F. nicht in Gang gesetzt wurde.[5]

b) Entscheidung

Der BGH entschied, dass die Widerspruchsbelehrung nicht den gesetzlichen Anforderungen entsprach. Dabei ging die Entscheidung insbesondere auf die fehlerhafte Belehrung des Versicherungsnehmers ein und widersprach so den Vorinstanzen, welche die Belehrung jeweils als ordnungsgemäß ansahen.[6]

Der IV. Senat begründete dies zum einen damit, dass § 5a VVG a.F. in seiner ersten Fassung einen schriftlichen Widerspruch fordert. Jedoch fehlte ein solcher Hinweis in der Belehrung des Versicherers, was den gesetzlichen Anforderungen des § 5a Abs. 2 VVG a.F. nicht entspreche.[7] Dieser Hinweis fehlte sowohl im Antrag als auch in der Verbraucherinformation, die mit der Police dem Versicherungsnehmer zuging.[8] Zum anderen genüge die Belehrung in diesem Fall nicht der Vorschrift des § 5a Abs. 2 S. 3 VVG a.F., welche ausdrücklich die rechtzeitige Absendung als ausreichend normiert. Die Belehrung verweist zwar auf Beginn und Dauer der Frist, nicht jedoch

---

4 Vgl. den Hinweis zum relevanten Inhalt der Belehrung nach § 5a VVG a.F. von *Seiffert* auf dieses Urteil, *Seiffert,* r + s 2010, 177 (179); BeckOK VVG/*Schepers*, § 5a VVG a.F. Rn. 21.

5 BGH v. 28.1.2004 – IV ZR 58/03, NJW-RR 2004, 751 (751 f.).

6 BGH v. 28.1.2004 – IV ZR 58/03, NJW-RR 2004, 751 (752).

7 BGH v. 28.1.2004 – IV ZR 58/03, NJW-RR 2004, 751 (752); dies einordnend, siehe *Langheid/Müller-Frank*, NJW 2005, 340 (341); *Harsdorf-Gebhardt,* r + s 2016, 433 (443).

8 Ein Hinweis auf die Schriftlichkeit, der lediglich im Antrag, nicht jedoch mit der Police erfolgt, soll nicht zur ordnungsgemäßen Belehrung ausreichen, BGH v. 28.1.2004 – IV ZR 58/03, NJW-RR 2004, 751 (752).

ausdrücklich auf die rechtzeitige Absendung des Widerspruchs.[9] Weiterhin führe zu einer Unwirksamkeit der Belehrung, dass diese weder drucktechnisch noch durch Einrücken oder Einrahmen hervorgehoben wurde und sich nicht von den anderen Seiten und Informationen durch beispielsweise eine gesonderte Stellung unterscheide.[10] Als Ergebnis sei damit der Widerspruch des Versicherungsnehmers durch seine Erklärung innerhalb der Jahresfrist des § 5a Abs. 2 S. 4 VVG a.F. wirksam. Der Versicherungsvertrag sei nicht zustande gekommen.[11]

Infolgedessen könne der Versicherungsnehmer nach § 812 Abs. 1 S. 1 Alt. 1 BGB die geleisteten Beitragszahlungen herausverlangen.[12] Zudem seien nach § 818 Abs. 1 BGB die Nutzungen, die der Versicherer aus den vom Versicherungsnehmer geleisteten Prämien gezogen hat, herauszugeben.[13]

2. BGH v. 24.10.2007 – IV ZR 94/05

a) Sachverhalt

In einem aus dem Jahr 2007 stammenden BGH-Urteil ging es um die Klage eines Versicherungsnehmers, der zwar Monate nach dem Abschluss des Vertrags, jedoch noch vor Ablauf der Jahresfrist des § 5a Abs. 2 S. 4 VVG a.F. seinen Widerspruch erklärte.[14] Dabei brachte der Kläger vor, dass die Bestimmungen in den AVB wegen Verstoßes gegen das Transparenzgebot[15] unwirksam seien und somit die Widerspruchsfrist nach § 5a Abs. 1 S. 1 VVG a.F. nicht in Lauf

---

9 BGH v. 28.1.2004 – IV ZR 58/03, NJW-RR 2004, 751 (752); dies ist jedoch zwingend notwendig nach Ansicht des BGH, *Langheid/Müller-Frank*, NJW 2005, 340 (341).

10 BGH v. 28.1.2004 – IV ZR 58/03, NJW-RR 2004, 751 (752 f.); dem Versicherungsnehmer dürfe die Belehrung nicht entgehen, selbst wenn er danach nicht sucht, so *Langheid/Müller-Frank*, NJW 2005, 340 (341); so auch *Kloth*, r + s 2007, 397 (400); vgl. *K.-J. Neuhaus*, r + s 2008, 449 (458); *ders.*, r + s 2009, 309 (311).

11 BGH v. 28.1.2004 – IV ZR 58/03, NJW-RR 2004, 751 (753).

12 BGH v. 28.1.2004 – IV ZR 58/03, NJW-RR 2004, 751 (753).

13 BGH v. 28.1.2004 – IV ZR 58/03, NJW-RR 2004, 751 (753); siehe dazu auch *Reiff*, r + s 2015, 105 (111).

14 BGH v. 24.10.2007 – IV ZR 94/05, NJOZ 2008, 17 (18); dies mit anderem Schwerpunkt einordnend, BeckOGK BGB/*Lehmann-Richter*, § 305 BGB Rn. 93.

15 Näher zum Transparenzgebot und der Ausgestaltung im Rahmen des § 10a VAG a.F. *Schimikowski*, r + s 1998, 353 (355 ff.); der BGH befasste sich in früheren Entscheidungen bereits mit den Grenzen des Transparenzgebots, siehe dazu *Köndgen*, NJW 1989, 943; Langheid/Rixecker/*Rixecker*, VVG § 1 Rn. 78 ff.

gesetzt wurde. Die Unwirksamkeit der Klauseln sei der unvollständigen Überlassung der Unterlagen im Sinne des § 5a VVG a.F. gleichzusetzen.[16]

b) Entscheidung

Der BGH hat den Anspruch des Versicherungsnehmers aus § 812 Abs. 1 S. 1 Alt. 1 BGB verneint.[17] Der Vertrag sei wirksam zustande gekommen und die Prämien damit mit Rechtsgrund gezahlt worden. Das Widerspruchsrecht sei regulär nach 14 Tagen nach § 5a Abs. 1 S. 1 VVG a.F. abgelaufen.[18] Der vom Versicherungsnehmer erklärte Widerspruch sei verspätet ausgeübt worden.[19] Begründet wurde dies damit, dass eine Unwirksamkeit einer Klausel in den AVB keine Unvollständigkeit der Verbraucherinformation bedeute. Die Unwirksamkeit sei hier durch einen Verstoß gegen das Transparenzgebot hervorgerufen worden.[20] Damit würden sich die Rechtsfolgen allein aus § 6 AGBG[21] und nicht aus § 5a VVG a.F. ergeben.[22]

3. BGH v. 24.11.2010 – IV ZR 252/08

a) Sachverhalt

In einer weiteren Entscheidung des BGH verlangte der Versicherungsnehmer von einem Versicherer Leistungen aus einer Berufsunfähigkeits-Zusatzversicherung.[23] Der Versicherer erklärte die Anfechtung wegen

---

16 BGH v. 24.10.2007 – IV ZR 94/05, NJOZ 2008, 17 (18); dazu auch *Grams*, FD-VersR 2007, 247446.

17 BGH v. 24.10.2007 – IV ZR 94/05, NJOZ 2008, 17 (18 f.).

18 BGH v. 24.10.2007 – IV ZR 94/05, NJOZ 2008, 17 (18).

19 BGH v. 24.10.2007 – IV ZR 94/05, NJOZ 2008, 17 (18).

20 BGH v. 24.10.2007 – IV ZR 94/05, NJOZ 2008, 17 (18 f.); damit ein vorheriges Urteil des BGH bestätigend, v. 12.10.2005 – IV ZR 162/03, NJW 2005, 3559; diese Entscheidung beschäftigte sich hauptsächlich mit dem Rückkaufswert einer kapitalbindenden Lebensversicherung und bestimmte, dass sich Rechtsfolgen einer Unwirksamkeit von Klauseln aus AGBG und nicht aus § 5a VVG a.F. ergeben würden; so auch *Werber*, VersR 2003, 148 (150 ff.); dies einordnend, *Grams*, FD-VersR 2007, 247446; *Langheid/Müller-Frank*, NJW 2008, 337 (343 f.).

21 Heute entspricht dies der Vorschrift des § 306 BGB. Die Problematik des Transparenzgebots wird in dieser Arbeit nicht vertieft.

22 BGH v. 24.10.2007 – IV ZR 94/05, NJOZ 2008, 17 (19); v. 12.10.2005 – IV ZR 162/03, r + s 2005, 519 (524).

23 BGH v. 24.11.2010 – IV ZR 252/08, NJW 2011, 1213.

arglistiger Täuschung, da der Versicherungsnehmer frühere Behandlungen verschwiegen habe.[24] Der Versicherungsnehmer forderte dagegen die Zahlung der Berufsunfähigkeitsrenten sowie weitere Feststellungen über eine Befreiung von Beitragszahlungen sowie die Höhe der Bonusrenten aus der Überschussbeteiligung.[25] Von großer Bedeutung in diesem Fall ist die Art des Vertragsabschlusses. Denn nach dem vom Versicherungsnehmer unterschriebenen Antragsformular galt dieser als abgeschlossen, wenn dem Vertragsabschluss nicht innerhalb eines Monats widersprochen wird und der Versicherungsnehmer darüber in der Police belehrt wurde.[26]

b) Entscheidung

Der BGH sah das vorliegende Vertragsschlussmodell dem des Policenmodell nach § 5a VVG a.F. als ähnlich an.[27] Er erläuterte in einem gesamten Abschnitt das Zustandekommen eines Versicherungsvertrags nach dem Policenmodell: Der Vertrag gelte auf der Grundlage der AVB und weiteren Verbraucherinformation als abgeschlossen, wenn der Versicherungsnehmer nach Überlassung der Unterlagen nicht widerspricht.[28] Dabei ordnet der IV: Senat den Antrag des Versicherungsnehmers als bindendes Vertragsangebot ein, welches der Versicherer mit der Übermittlung der notwendigen Unterlagen annehme.[29] Zudem liege bis zum Ablaufen der maßgeblichen

---

24 BGH v. 24.11.2010 – IV ZR 252/08, NJW 2011, 1213 (1213 f.); diese Entscheidung hinsichtlich der Arglistanfechtung einordnend, siehe *Langheid/Müller-Frank*, NJW 2012, 358 (359 f.); *Karczewski*, r + s 2012, 521 (531 f.); *Wagner*, NJ 2013, 177 (181); vgl. auch *Schirmer*, r + s 2014, 533 (535); *Schwintowski*, VuR 2018, 220 (222); *Karczewski*, r + s 2018, 397 (407); Staudinger/Halm/Wendt/*Gramse*, § 172 VVG Rn. 17 f.; Neuhaus/*K.-J. Neuhaus*, Kapitel 21 Rn. 338; Präve/*Seifert*, Teil 2, § 6 Rn. 77 ff.

25 BGH v. 24.11.2010 – IV ZR 252/08, NJW 2011, 1213 (1214); dies schlüssig darstellend *Karczewski*, r + s 2012, 270 (279). Die Überschussbeteiligung bedeutet die Beteiligung des Versicherungsnehmers am Bilanzüberschuss und möglicherweise an den stillen Reserven des Versicherers, dazu instruktiv *Brömmelmeyer*, VersR 2009, 584 (590 f.).

26 BGH v. 24.11.2010 – IV ZR 252/08, NJW 2011, 1213.

27 BGH v. 24.11.2010 – IV ZR 252/08, NJW 2011, 1213 Rn. 22; dazu auch, *Karczewski*, r + s 2012, 270 (279).

28 BGH v. 24.11.2010 – IV ZR 252/08, NJW 2011, 1213 Rn. 22; siehe dazu *Karczewski*, r + s 2012, 270 (279).

29 BGH v. 24.11.2010 – IV ZR 252/08, NJW 2011, 1213 Rn. 22.

Widerspruchsfrist ein schwebend unwirksamer Vertrag vor.[30] Ob das Policenmodell selbst gegen europäisches Gemeinschaftsrecht verstößt, ließ der BGH jedoch ausdrücklich offen.[31]

II. Inhalt der Entscheidungen der OLG

Auch einige OLG befassten sich mit dem Policenmodell und seiner Ausprägungen. Aufgrund der höheren Anzahl an OLG-Entscheidungen gegenüber den BGH-Urteilen in diesem Zeitraum, wird eine problembezogene Aufbereitung der wichtigsten Entscheidungen vorgenommen.

1. Rechtsdogmatische Einordnung des Vertrags nach dem Policenmodell

Einige der einschlägigen OLG-Entscheidungen beschäftigten sich mit der Einordnung der Art des Versicherungsvertrags bis zum Ablauf der Widerspruchsfrist. Insbesondere wurde die Frage diskutiert, ob ein Rumpfvertrag oder ein schwebend unwirksamer Vertrag vorliegt.[32]

So bestätigte das OLG Hamm mit seinem Urteil aus dem Jahr 1999, dass der Versicherungsvertrag beim Abschluss im Policenmodell als schwebend unwirksamer Vertrag erst rückwirkend nach Ablauf der Widerspruchsfrist wirksam werde, und erst dann die Verpflichtung des Versicherungsnehmers zur Zahlung der Prämie entstehe.[33] Gleiches entschied das OLG Düsseldorf

---

[30] BGH v. 24.11.2010 – IV ZR 252/08, NJW 2011, 1213 Rn. 22; insofern folgt der BGH hier der herrschenden Meinung im Schrifttum, *Schimikowski*, r + s 2000, 353 (355); *Schirmer*, VersR 1996, 1045 (1052); BK/*Schwintowski*, § 5a VVG Rn. 78.

[31] BGH v. 24.11.2010 – IV ZR 252/08, NJW 2011, 1213 Rn. 23.

[32] Als erstes sich mit der Vorschrift des § 5a VVG a.F. befassenden Gericht nahm das LG Essen einen Rumpfvertrag an, siehe LG Essen v. 26.2.1997 – 2 S 139/96, VersR 1997, 993; dieser Ansicht zustimmend, *Hofmann*, VersR 1997, 1257; kritisch dazu *E. Lorenz*, VersR 1997, 994.

[33] OLG Hamm v. 29.1.1999 – 20 U 159/98, BeckRS 1999, 3713; dies ebenso einordnend, *Ebers*, in: Micklitz (Hrsg.), Der Vertragsschluss im deutschen Versicherungsrecht, S. 253, 259; *Hüntemann*, Der Abschluss von Versicherungsverträgen und die vorvertraglichen Pflichten des Versicherers gemäß §§ 6 und 7 VVG, S. 265; Staudinger/*Stoffels*, Anh. zu §§ 305–310 BGB Rn. J 136; *Langheid/Müller-Frank*, NJW 2001, 111 (113 f.).

im Jahr 2000.[34] Bei letzterer Entscheidung konnte der Versicherer die Übersendung der Unterlagen nicht nach § 5a Abs. 2 S. 2 VVG a.F. nachweisen. Somit wurde zu Lasten des Versicherers ausgegangen, dass er die Unterlagen nicht vollständig übergeben hat.[35] Infolgedessen wird die reguläre Widerspruchsfrist nicht in Gang gesetzt. Der Vertrag war somit bis zum Ablauf der Jahresfrist schwebend unwirksam.[36] Aber auch im Falle des § 5a Abs. 2 S. 4 VVG a.F. werde der Vertrag nach Ansicht des OLG Düsseldorf rückwirkend wirksam.[37] Die AVB werden somit auch ohne mögliche Kenntnisnahme dieser in den Vertrag einbezogen.[38] Andere Nichtigkeits- oder Aufhebungsgründe wie eine Sittenwidrigkeit nach § 138 BGB oder ein Schadensersatzanspruch aus *culpa in contrahendo* wurden durch das OLG abgelehnt, da die Rechtsfolgen des § 5a VVG a.F. abschließend seien.[39] Der von *Dörner/Hoffmann* angedachte Schadensersatzanspruch *culpa in contrahendo* zur Rückgängigmachung des Vertrags[40] finde nach Treu und Glauben eine zeitliche Grenze, hier in Form der Ausschlussfrist des § 5a Abs. 2 S. 4 VVG a.F.[41]

---

[34] OLG Düsseldorf v. 5.12.2000 – 4 U 32/00, NVersZ 2001, 156; die Konstruktion des schwebend unwirksamen Vertrags auch annehmend, OLG Frankfurt a.M. v. 10.12.2003 – 7 U 15/03, NJOZ 2005, 197; dazu auch *Ebers*, in: Micklitz (Hrsg.), Der Vertragsschluss im deutschen Versicherungsrecht, S. 253, 259; dazu ebenso *Hüntemann*, Der Abschluss von Versicherungsverträgen und die vorvertraglichen Pflichten des Versicherers gemäß §§ 6 und 7 VVG, S. 26, Fn. 164; *F.-H. Lange*, VersR 2006, 313 (316).

[35] OLG Düsseldorf v. 5.12.2000 – 4 U 32/00, NVersZ 2001, 156; gleiches wurde in einer Entscheidung des OLG Köln angenommen, OLG Köln v. 4.8.1998 – 9 U 17/98, r + s 1998, 494 (495).

[36] OLG Düsseldorf v. 5.12.2000 – 4 U 32/00, NVersZ 2001, 156 (156 f.).

[37] OLG Düsseldorf v. 5.12.2000 – 4 U 32/00, NVersZ 2001, 156 (157); dies auch bejahend, OLG Frankfurt a.M. v. 10.12.2003 – 7 U 15/03, NJOZ 2005, 197.

[38] OLG Köln v. 4.8.1998 – 9 U 17/98, r + s 1998, 494 (495); so auch das OLG Koblenz, welches sich mit der Einbeziehung von Allgemeinen Bedingungen für eine Einbruch- und Raubversicherung befasste. In diesem Rahmen entschied das OLG, dass die hier einschlägigen Bedingungen nach Ablauf der einjährigen Ausschlussfrist in den Vertrag einbezogen werden. Dafür reiche ein ausdrücklicher Hinweis auf diese in der Police aus, OLG Koblenz v. 24.1.2003 – 10 U 1319/01, NJW-RR 2003, 749; zustimmend, Prölss/Martin/*J. Prölss*, 27. Aufl. 2004, § 5a VVG Rn. 57.

[39] OLG Düsseldorf v. 5.12.2000 – 4 U 32/00, NVersZ 2001, 156 (157); dazu auch, siehe *Langheid/Müller-Frank*, NJW 2002, 403 (Fn. 86).

[40] *Dörner/Hoffmann*, NJW 1996, 153 (160).

[41] OLG Düsseldorf v. 5.12.2000 – 4 U 32/00, NVersZ 2001, 156 (157).

2. Einordnung der Richtlinienkonformität des Policenmodells an sich und des § 5a Abs. 2 S. 4 VVG a.F.

Ferner behandelten einige OLG die Frage, ob das Policenmodell oder im Speziellen die Ausnahmevorschrift des § 5a Abs. 2 S. 4 VVG a.F. mit den europäischen Richtlinien vereinbar sind. Das OLG Düsseldorf sah in seiner Entscheidung keinen Verstoß des Policenmodells oder der Ausschlussfrist gegen Gemeinschaftsrecht.[42] Die von den Dritten Richtlinien vorgeschriebene Obliegenheit, dem Versicherungsnehmer die Informationen vor Vertragsschluss mitzuteilen, sei in § 10a VAG a.F. geregelt und hier eingehalten worden. Der Zeitpunkt des Vertragsschlusses sowie der Inhalt des Vertrags sei allerdings von der privatrechtlichen Vorschrift des § 5a VVG a.F. abhängig, welche als Ergänzung zu § 10a VAG a.F. in Umsetzung der europarechtlichen Vorgaben eingeführt wurde.[43] Die spätere Übermittlung der Informationen bedeute zudem keine richtlinienwidrige Umsetzung, da der Gesetzgeber durch die Einführung des § 5a VVG a.F. das Policenmodell nicht als Regelfall ansah. Vielmehr bezweckte der Gesetzgeber nach Ansicht des OLG den Regelfall einer Übergabe der Unterlagen vor oder bei Antragstellung des Versicherungsnehmers.[44] Zudem habe der Gesetzgeber eine Vorsorge dafür schaffen müssen, wenn eine Übergabe nach § 10a VAG a.F. nicht gelingt. Der Versicherungsnehmer sei in diesen Fällen einem Risiko des fehlenden Versicherungsschutzes ausgesetzt, welches der Gesetzgeber zwecks Rechtssicherheit durch die Einführung des § 5a VVG a.F. vermeiden wollte.[45] Allerdings sei das Policenmodell auch dann mit den Dritten Richtlinien vereinbar, wenn dieses Abschlussmodell als Regelfall geschaffen worden wäre. Der Versicherungsnehmer habe durch das Einräumen der Widerspruchsfrist die Zeit, die Unterlagen sowie andere Produkte zu prüfen.[46] Auch das eigene Tätigwerden des Versicherungsnehmers im Zusammenhang

---

[42] OLG Düsseldorf v. 5.12.2000 – 4 U 32/00, NVersZ 2001, 156 (157 f.); dies auch darstellend, *Hüntemann*, Der Abschluss von Versicherungsverträgen und die vorvertraglichen Pflichten des Versicherers gemäß §§ 6 und 7 VVG, S. 94; *Armbrüster*, NJW 2014, 497 (498); *Jembrek*, MDR 2014, 1242 (1243).

[43] OLG Düsseldorf v. 5.12.2000 – 4 U 32/00, NVersZ 2001, 156 (157); dazu kritisch, *Ebers*, in: Micklitz (Hrsg.), Der Vertragsschluss im deutschen Versicherungsrecht, S. 253, 269.

[44] OLG Düsseldorf v. 5.12.2000 – 4 U 32/00, NVersZ 2001, 156 (157).

[45] So ausdrücklich OLG Düsseldorf v. 5.12.2000 – 4 U 32/00, NVersZ 2001, 156 (157).

[46] OLG Düsseldorf v. 5.12.2000 – 4 U 32/00, NVersZ 2001, 156 (157 f.).

mit der Antragstellung und dem Widerspruch ändere daran nichts. Der Versicherungsnehmer habe durch seinen Antrag seinen Willen zur Vertragsbindung aufgezeigt.[47] Zwar kommt es im Ausnahmefall des § 5a Abs. 2 S. 4 VVG a.F. nicht zu einer (vollständigen) Übermittlung der Unterlagen. Jedoch bestehe in diesem Ausnahmefall kein Informationsbedürfnis mehr für den Versicherungsnehmer. Nach Ablauf der Frist sei es nicht mehr erforderlich, den Versicherungsnehmer zu schützen.[48]

3. Gleichstellung des Policenmodells und des Antragsmodells

Das OLG Hamm befasste sich ferner mit der Einbeziehung von AVB bei einem Versicherungsvertrags über eine Unfallversicherung.[49] Im Rahmen dessen behandelte es die Einführung des § 5a VVG a.F. und stellte klar, dass das Policenmodell als gleich berechtigtes Abschlussmodell geschaffen wurde.[50] Der Versicherer solle das für ihn geeignete Abschlussmodell selbst wählen können.[51] Auch auf diesem Wege sollten die AVB einbezogen werden. § 2 AGBG stelle keine abschließende Regelung dar.[52]

III. Einordnung der Rechtsprechung

1. Geringe Anzahl an ober- und höchstgerichtlichen Entscheidungen bis zum Jahr 2013

Die Vorschrift des § 5a VVG a.F. beschäftigte die Gerichte in den ersten Jahren der Einführung kaum bis gar nicht.[53] Die Problemfelder wurden eher im Schrifttum als in der Rechtsprechung erörtert. Im Lichte dessen war die Kritik

---

47 OLG Düsseldorf v. 5.12.2000 – 4 U 32/00, NVersZ 2001, 156.

48 OLG Düsseldorf v. 5.12.2000 – 4 U 32/00, NVersZ 2001, 156 (158); mit dieser Argumentation eine Richtlinienwidrigkeit dieser Ausnahmevorschrift ebenso ablehnend, OLG Frankfurt a.M. v. 10.12.2003 – 7 U 15/03, NJOZ 2005, 197.

49 OLG Hamm v. 31.5.2000 – 20 U 222/99, NVersZ 2002, 312.

50 Differenziert dazu OLG Düsseldorf v. 5.12.2000 – 4 U 32/00, NVersZ 2001, 156 (157); dies darstellend, *Hüntemann*, Der Abschluss von Versicherungsverträgen und die vorvertraglichen Pflichten des Versicherers gemäß §§ 6 und 7 VVG, S. 264.

51 OLG Hamm v. 31.5.2000 – 20 U 222/99, NVersZ 2002, 312; dazu auch *Hüntemann*, Der Abschluss von Versicherungsverträgen und die vorvertraglichen Pflichten des Versicherers gemäß §§ 6 und 7 VVG, S. 264.

52 OLG Hamm v. 31.5.2000 – 20 U 222/99, NVersZ 2002, 312.

53 Laut dem ehemaligen BGH-Richter *Seiffert* habe sich der BGH mit § 5a VVG a.F. bis zum Jahr 2010 kaum entscheidungserheblich befasst, *Seiffert*, r + s 2010, 177 (179).

an der Abschaffung des Policenmodells bis zu diesem Zeitpunkt nicht zu beanstanden. Zunächst überzeugte die Ansicht, dass die mit der Einführung des § 5a VVG a.F. einhergehende Problematik lediglich von Anmerkungen im Schrifttum geprägt war. Dies lag auch daran, dass ein Versicherungsnehmer in der Regel die mit der Police übersandten AVB ohnehin nicht las.[54] Zudem gab ein Versicherer oftmals im Streitfall nach, um gerichtlichen Verfahren aus dem Weg zu gehen.[55]

a) BGH

Der Umgang der höchstgerichtlichen Rechtsprechung mit den bisher lediglich im Schrifttum besprochenen Problemfeldern war sowohl für Versicherungsnehmer als auch Versicherer bedeutend. So war schnell ersichtlich, dass der BGH ersichtlich strenge Anforderungen an die Wirksamkeit der Widerspruchsbelehrung stellt und diese bereits bei kleineren Fehlern nicht den gesetzlichen Anforderungen des § 5a Abs. 2 VVG a.F. genügten.[56] Durch eine mögliche Unwirksamkeit des Widerspruchs wurde der Lauf der Widerspruchsfrist nicht in Gang gesetzt. Somit war die Vorschrift des § 5a Abs. 2 S. 4 VVG a.F. einschlägig. Richtungsweisend ist daher die vom BGH gewählte, verbraucherfreundliche Linie sowie die Anweisungen, die den Versicherern für eine ordnungsgemäße Belehrung an die Hand gegeben wurden.

Auch die Vollständigkeit der Verbraucherinformation war für die Praxis von höchster Relevanz, da dies den zentralen Teil der für den Versicherungsnehmer wichtigen Unterlagen darstellte. Jedoch sah der IV. Zivilsenat in unwirksamen Klauseln in den AVB keine Unvollständigkeit oder Fehlerhaftigkeit der Verbraucherinformation.[57] Damit wurde durch dieses Urteil klar, dass ein Versicherungsnehmer seinen Widerspruch grundsätzlich nicht erfolgreich auf Grundlage von unwirksamen AVB-Klauseln ausüben kann.[58]

Außerdem wurde erstmalig das Policenmodell durch den BGH ausdrücklich besprochen und rechtlich eingeordnet. Die Erwägungen des Senats

---

54 *Römer*, in: Dörner/Ehlers/Pohlmann/Steinmeyer/Schwienhorst (Hrsg.), Versicherungsrecht, S. 1, 19.

55 *Römer*, in: Dörner/Ehlers/Pohlmann/Steinmeyer/Schwienhorst (Hrsg.), Versicherungsrecht, S. 1, 19 Fn. 54.

56 Dazu kritisch, siehe *Gsell*, ZfPW 2022, 130 (152, Fn. 105).

57 *Grams*, FD-VersR 2007, 247446.

58 *Grams*, FD-VersR 2007, 247446.

decken sich mit der überwiegenden Ansicht im Schrifttum nach Einführung des § 5a VVG a.F. Der Vertrag im Policenmodell ist somit auch nach höchstrichterlicher Beurteilung bis zum Ablauf der Widerspruchsfrist als schwebend unwirksam einzuordnen.[59] Beachtlich ist, dass der BGH eine Einschätzung zur Europarechtswidrigkeit des Policenmodells und eine Vorlage an den EuGH vermied und beides aufgrund des vorliegenden Sachverhalts als entbehrlich sah.

b) OLG

Auch in den Entscheidungen der OLG geriet die Norm bis zu diesem Zeitpunkt nicht in europarechtliche Zweifel. Eine Eskalation der Verfahren im Stile des heute bestehenden Massengeschäfts blieb jedoch aus. Durch die klare Linie der OLG, welche die Einbeziehung der AVB auch ohne mögliche Kenntnisnahme der AVB im Fall des § 5a Abs. 2 S. 4 VVG a.F. bejahten, konnte sich der Versicherungsnehmer innerhalb der einjährigen Ausschlussfrist auf beispielsweise eine nicht vollständige Überreichung der AVB berufen. Die einjährige Ausschlussfrist konnte der Versicherungsnehmer grundsätzlich häufig nutzen, da der Nachweis über den Zugang der Unterlagen gemäß § 5a Abs. 2 S. 2 VVG a.F. dem Versicherer obliegt und dieser Nachweis schwer in jedem Fall gelingen wird.[60] Somit wurde bereits daran deutlich, dass durch die schwierige Nachweismöglichkeit seitens des Versicherers eine Lücke zur Lösung von Versicherungsverträgen für den Versicherungsnehmer besteht.

2. Beginn der Klagenflut ab den Jahren 2011 und 2012

Die Klagenflut seitens der Versicherungsnehmer begann in den Jahren 2011 und 2012. Deutlich wird dies in einer von dem Präsidenten des BGH übermittelten Stellungnahme vom 17.6.2014, welche vom stellvertretenden Vorsitzenden des IV. Zivilsenats stammt. Diese führt aus, dass seit Anfang 2012

---

[59] *Ferber/Rosowski*, VuR 2018, 89 (90); PHdB-VersProz/*Kipar/Schnepp*, § 10 Rn. 103.

[60] Zur Schwierigkeit des Zugangsnachweises, *Looschelders*, VersR 2013, 653 (656); *Armbrüster*, VersR 2012, 513 (514 f.); der Versicherungsnehmer konnte daher den Zugang der Verbraucherinformation mit Nichtwissen bestreiten, van Bühren/*van Bühren*, Hdb-Versicherungsrecht, 1. Aufl. 2001, § 1 Rn. 128; in diesem Sinne auch *Armbrüster*, NJW 2014, 497 (498).

über 100 gleichgelagerte Fälle beim BGH anhängig geworden seien.[61] Nach Verhandlung der in den Jahren 2011 und 2012 anhängig gewordenen Rechtssachen ergingen die Entscheidungen ab dem Jahr 2013. Für die Anwälte aus der Versicherungswirtschaft, insbesondere die der Versichererseite, nahm die Arbeit ab dem Jahr 2011 merklich zu.[62] Bis dahin wurde die Geltendmachung der Ansprüche meistens noch von einzelnen Versicherungsnehmern oder Einzelanwälten statt von Großkanzleien oder Legal-Tech-Kanzleien durchgesetzt.[63]

B. Die Frage der Europarechtskonformität der Ausschlussfrist und die Geburt des ewigen Widerspruchsrechts – EuGH v. 19.12.2013 – C-209/12 (*Endress*)

Die Geltendmachung durch einzelne Versicherungsnehmer oder Einzelanwälte wandelte sich jedoch drastisch mit dem EuGH-Urteil aus dem Jahr 2013, welches das sogenannte ewige Widerspruchsrecht einleitete. Danach konnte sich der Versicherungsnehmer nicht mehr nur bei Widersprüchen innerhalb eines Jahres nach Zahlung der ersten Prämie nach § 5a Abs. 2 S. 4 VVG a.F. auf eine nicht ordnungsgemäß erfolgte Belehrung berufen. Ab diesem Zeitpunkt wurde die bereits angedeutete Klagenflut ein kommerzielles Massengeschäft.[64] Zuvor wurde im Jahr 2010 eine vom BGH ersuchte Vorlage an den EuGH durch Anerkenntnis seitens des Versicherers noch gestoppt.[65]

Im Folgenden wird die Entstehung und damit die sogenannte Geburt des ewigen Widerspruchs erörtert. Dabei werden zunächst der zugrundeliegende Sachverhalt und der Verfahrensgang der EuGH-Entscheidung dargestellt.

---

61 Zitiert nach BVerfG v. 17.9.2014 – 2 BvR 64/12, BeckRS 2014, 57458 Rn. 17. *Reiff* bezeichnete die Zunahme der Verfahren nach Abschaffung der Vorschrift als „explosionsartig", siehe MüKo-VVG/*Reiff*, 1. Teil, 2. Kap. Rn. 66.

62 *Teilnehmer 6* – online-Interview vom 2.12.2024; *Teilnehmer 7* – online-Interview vom 3.12.2024.

63 *Teilnehmer 6* – online-Interview vom 2.12.2024; *Teilnehmer 7* – online-Interview vom 3.12.2024.

64 Zur Entstehung und den Gründen der Entstehung dieses Massengeschäfts unter Kap. 4.

65 *Harsdorf-Gebhardt*, r + s 2016, 433 (434).

Im Nachfolgenden wird sodann die Entscheidung selbst eingeordnet, insbesondere im Hinblick auf die vorangegangene Rechtsprechung und die Auswirkungen auf die Versicherungspraxis sowie das Verhalten der Versicherungsnehmer. Es wird bewusst darauf verzichtet, diese Entscheidung eingehend zu bewerten. Es wird untersucht, wie sich die Praxis der Rechtsprechung und das Verhalten der Versicherungsnehmer geändert hat.

I. Sachverhalt

In dem für das gesamte Verfahren zugrunde liegenden Sachverhalt ging es um den Widerspruch nach § 5a VVG a.F. im Jahr 2008 durch den Versicherungsnehmer Herrn *Endress* als Kläger und das Begehren der Rückzahlung seiner geleisteten Versicherungsbeiträge inklusive Zinsen.[66] Beklagter war die *Allianz*, mit der der Kläger einen Rentenversicherungsvertrag mit vertraglicher Laufzeit ab dem 1.12.1998 geschlossen hat.[67] Zuvor kündigte er im Jahr 2007 den Vertrag, woraufhin die Allianz den Rückkaufswert des Rentenversicherungsvertrags auskehrte, wobei dieser unter dem Betrag seiner Forderung lag.[68] Aus seiner Sicht erfolgte trotz Übergabe der AVB und der Police keine vollständige Belehrung über das Widerspruchsrecht.[69] Insbesondere soll eine Belehrung über die einjährige Ausschlussfrist fehlen. Weiterhin unterblieb laut dem Kläger eine genaue Darstellung dessen, wie die Berechnung der Abschlusskosten sowie des Rückkaufswerts erfolgt.[70] Ferner trug er vor, dass er den Vertrag nicht abgeschlossen hätte, wenn er über die Berechnung und Aufstellung der oben genannten Berechnungsverfahren und Kosten ordnungsgemäß aufgeklärt worden wäre.[71] Zudem ist § 5a VVG a.F. aus seiner Sicht europarechtswidrig – der Versicherungsvertrag sei daher

---

66 EuGH v. 19.12.2013 – C-209/12 *(Walter Endress/Allianz Lebensversicherungs-AG)*, NJW 2014, 452; BGH v. 28.3.2012 – IV ZR 76/11, r + s 2012, 281; OLG Stuttgart v. 31.3.2011 – 7 U 147/10, BeckRS 2012, 9586; LG Stuttgart v. 13.7.2010 – 22 O 587/09, BeckRS 2012, 9587.

67 LG Stuttgart v. 13.7.2010 – 22 O 587/09, BeckRS 2012, 9587.

68 EuGH v. 19.12.2013 – C-209/12 *(Walter Endress/Allianz Lebensversicherungs-AG)*, NJW 2014, 452; dazu auch *D.-C. Günther*, FD-VersR 2012, 332110.

69 EuGH v. 19.12.2013 – C-209/12 *(Walter Endress/Allianz Lebensversicherungs-AG)*, NJW 2014, 452.

70 LG Stuttgart v. 13.7.2010 – 22 O 587/09, BeckRS 2012, 9587.

71 LG Stuttgart v. 13.7.2010 – 22 O 587/09, BeckRS 2012, 9587.

nicht zustande gekommen. Wenigstens müsste die Vorschrift richtlinienkonform dahingehend ausgelegt werden, dass sie ein zeitlich unbefristetes Widerspruchsrecht gewähre.[72]

II. Verfahrensgang

1. LG Stuttgart v. 13.7.2010 – 22 O 587/09

Das erstinstanzliche Verfahren war dem LG Stuttgart zugewiesen. Die Klage auf Rückzahlung der Versicherungsbeiträge nebst Schadensersatz wurde jedoch durch Urteil abgewiesen. Der durch Herrn *Endress* erfolgte Widerspruch wäre verfristet, da der Vertrag wirksam geschlossen worden sei. Eine Unwirksamkeit einzelner AVB bedeute nicht die Unwirksamkeit des gesamten Vertrags. Zudem verneinte das LG eindeutig eine Richtlinienwidrigkeit der Ausschlussfrist. Das LG lehnte zudem einen Schadensersatzanspruch aus § 280 Abs. 1 i. V. m. §§ 311 Abs. 2, 241 Abs. 2 BGB ab, da die *Allianz* keine Informationen über die Berechnung von den Abschluss- und Stornokosten ungefragt teilen musste. Der Versicherer solle sich im Rahmen seiner Auskunftspflicht auf das Wesentliche beschränken und lediglich bei besonderen Umständen angehalten sein, Weiteres zu teilen. Ferner sei eine Vorlage an den EuGH zur Vorabentscheidung nicht geboten, da keine Zweifel an der Richtlinienkonformität bestehen.[73]

2. OLG Stuttgart v. 31.3.2011 – 7 U 147/10

Die Berufung des Versicherungsnehmers gegen das Urteil wurde durch das OLG Stuttgart zurückgewiesen. Spezifiziert wird im Urteil des OLG, dass auch potentiell unwirksame Klauseln bezüglich der Abschlusskosten und des Rückkaufswerts keine Unvollständigkeit der Verbraucherinformation im Sinne des § 5a Abs. 2 S. 1 VVG a.F. bedeuten würden. Jedoch entspreche eine nicht drucktechnisch hervorgehobene Belehrung nicht den gesetzlichen Anforderungen des § 5a Abs. 2 S. 1 VVG a.F., weshalb die Ausschlussfrist gemäß § 5a Abs. 2 S. 4 VVG a.F. greift. Auch das OLG stuft das Policenmodell nicht als europarechtswidrig ein, da die Informationsübermittlung zwar vor Vertragsschluss, jedoch nicht vor Antragstellung des Versicherungsnehmers

---

[72] LG Stuttgart v. 13.7.2010 – 22 O 587/09, BeckRS 2012, 9587.

[73] LG Stuttgart v. 13.7.2010 – 22 O 587/09, BeckRS 2012, 9587.

erfolgen müsse. Daher lehnte auch das OLG Stuttgart eine Vorlage an den EuGH ab.[74]

Das OLG Stuttgart lässt allerdings aufgrund der grundsätzlichen Bedeutung durch die Vielzahl an ähnlichen Fällen die Revision zu. Diese begrenzt es aber auf die Frage der Richtlinienkonformität des § 5a VVG a.F.[75]

3. BGH v. 28.3.2012 – IV ZR 76/11

Nach der Zurückweisung durch das Berufungsgericht legte der Kläger Revision ein.[76]

a) Aussetzung des Verfahrens und Vorlage an den EuGH

Das Verfahren wurde durch den BGH ausgesetzt und gemäß Art. 267 Abs. 1 *lit.* b, Abs. 3 AEUV eine Vorabentscheidung des EuGH eingeholt.[77] Der Senat legte dem EuGH die Frage vor, ob Art. 15 Abs. 1 S. 1 Zweite Richtlinie Leben unter Berücksichtigung des Art. 31 Abs. 1 Dritte Richtlinie Leben einer Regelung wie der des § 5a Abs. 2 Satz 4 VVG a.F. entgegenstand, nach der das Widerspruchsrecht ein Jahr nach Zahlung der ersten Prämie erlischt, selbst wenn der Versicherungsnehmer nicht über dieses Recht belehrt wurde. Der Versicherungsnehmer könnte somit auch dann erfolgreich den Widerspruch erklären, wenn mehr als ein Jahr nach Zahlung der ersten Prämie vergangen ist.[78]

b) Zweifel des BGH an der Richtlinienkonformität des § 5a Abs. 2 S. 4 VVG a.F.

Vorliegend wurde die 14-tägige reguläre Widerspruchsfrist laut dem BGH mangels drucktechnisch deutlicher Belehrung nicht in Gang gesetzt. Damit greift grundsätzlich die einjährige Ausschlussfrist, nach der der Vertrag auch ohne Kenntnisnahme der Verbraucherinformation durch den

---

74 OLG Stuttgart v. 31.3.2011 – 7 U 147/10, BeckRS 2012, 9586.

75 OLG Stuttgart v. 31.3.2011 – 7 U 147/10, BeckRS 2012, 9586.

76 BGH v. 28.3.2012 – IV ZR 76/11, r + s 2012, 281 Rn. 6; siehe auch *D.-C. Günther*, FD-VersR 2012, 332110.

77 BGH v. 28.3.2012 – IV ZR 76/11, r + s 2012, 281 Rn. 7; dies einordnend MüKo-VVG/*Reiff*, 1. Teil, 2. Kap. Rn. 66; *Grote/Finkel*, NJW 2020, 2311 (2314); *Langheid/Müller-Frank*, NJW 2012, 2324; *Reiff*, r + s 2015, 105 (106).

78 BGH v. 28.3.2012 – IV ZR 76/11, r + s 2012, 281 Rn. 7 f.; dazu *Armbrüster*, NJW 2014, 497; *Brand*, VersR 2014, 269 (270).

Versicherungsnehmer zustande kommt.[79] Der IV. Zivilsenat zweifelte jedoch an der Richtlinienkonformität genau dieser Ausschlussfrist und führte dafür in seinem Beschluss die differenzierten Meinungen in Rechtsprechung und Literatur auf.[80] Er stellte zunächst klar, dass sowohl die Zweite Richtlinie Leben als auch die Dritte Richtlinie Leben selbst keine Vorgaben zum Widerspruch machen. Vor Vertragsschluss muss lediglich über die Modalitäten von Widerspruch und Rücktritt aufgeklärt werden.[81] Allerdings könnten Sinn und Zweck dieser Richtlinien eine Auslegung des § 5a Abs. 2 S. 4 VVG a.F. dahingehend begründen, dass das zeitlich begrenzte Widerspruchsrecht unbegrenzt besteht, da ein Versicherungsvertrag ohne vorherige Belehrung und Übergeben der Verbraucherinformation nicht zustande kommen soll.[82] Auch könnte für diese Sichtweise das EuGH-Urteil *Heininger*[83] sprechen, wonach die Überlegungen zur Rechtssicherheit zurücktreten mussten, da sie eine Einschränkung der dem Verbraucher verliehenen Rechte bedeuteten. Im vorliegenden Fall vermitteln die Dritten Richtlinien das *Telos*, dem Versicherungsnehmer eine breite Auswahl an Produkten zu bieten.[84]

III. Schlussanträge der Generalanwältin

Die Generalanwältin *Eleanor Sharpston* hat auf die mündliche Verhandlung nachfolgend ihre Schlussanträge vorgelegt.[85] Zunächst bestätigte auch sie,

---

[79] BGH v. 28.3.2012 – IV ZR 76/11, r + s 2012, 281 Rn. 11 f.; dies einordnend *D.-C. Günther*, FD-VersR 2012, 332110.

[80] BGH v. 28.3.2012 – IV ZR 76/11, r + s 2012, 281 Rn. 15 ff.; statt vieler gegen eine Richtlinienkonformität, siehe BK/*Schwintowski*, § 5a VVG Rn. 5; *Berg*, VuR 1999, 335 (342); statt vieler für eine Richtlinienkonformität, siehe OLG Frankfurt a.M. v. 10.12.2003 – 7 U 15/03, NJOZ 2005, 197; *Wandt*, Verbraucherinformation und Vertragsschluß nach neuem Recht, S. 33.

[81] BGH v. 28.3.2012 – IV ZR 76/11, r + s 2012, 281 Rn. 18 ff.

[82] BGH v. 28.3.2012 – IV ZR 76/11, r + s 2012, 281 Rn. 23.

[83] Hier wurde entschieden, dass ein Verbraucher das Recht zum Widerruf ohne dessen Kenntnis nicht ausüben könne und eine Ausschlussfrist daher nicht im Sinne der Rechtssicherheit sei, EuGH v. 13.12.2001 – C-481/99 *(Georg und Helga Heininger/Bayerische Hypo- und Vereinsbank AG)*, NJW 2002, 281; dazu auch *Jembrek*, MDR 2014, 1242 (1243).

[84] BGH v. 28.3.2012 – IV ZR 76/11, r + s 2012, 281 Rn. 24; dies einordnend, *Brand*, VersR 2014, 269 (270).

[85] Schlussanträge SHARPSTON v. 11.7.2013 – C-209/12 *(Walter Endress/Allianz Lebensversicherungs-AG)*, BeckRS 2013, 81465. Dies einordnend *Langheid/Müller-Frank*, NJW 2013, 2329 (2332).

dass der Vertrag nach dem Policenmodell während des Laufs der Widerspruchsfrist schwebend unwirksam ist.[86] Sie griff auf, dass in der Zweiten Richtlinie Leben lediglich das Rücktrittsrecht und nicht auch das Widerspruchsrecht, wie es im § 5a VVG a.F. geregelt ist, ausdrücklich genannt ist. Die Dritte Richtlinie Leben umfasse allerdings beide Begriffe im Anhang II.[87] Aufgeteilt werden ihre Schlussanträge in die Fragen, ob einerseits die Dritten Richtlinien der Ausschlussfrist bei Annahme eines Rücktrittsrechts im Sinne dieser Richtlinien entgegenstehen und andererseits die Dritten Richtlinien unabhängig vom Rücktrittsrecht einem Abschlussmodell wie nach dem § 5a VVG a.F. an sich zuwiderlaufen.[88]

1. Schlussanträge bezüglich der Ausschlussfrist

Die Zweite sowie Dritte Richtlinie Leben selbst sahen zwar keine Rechtsfolgen für den Fall vor, wenn die Mitteilung von Information fehlte. Fraglich war vor diesem Hintergrund die Richtlinienkonformität der Normierung einer Ausschlussfrist.[89] Nach der Ansicht der Generalanwältin sollten die Mitgliedstaaten allerdings Rechtsfolgen für diese Situation definieren dürfen. Eine Sanktionierung kann daher für beide Parteien sinnvoll sein.[90] Allerdings haben diese Richtlinien auch nicht vorgegeben, dass eine solche unvollständige Belehrung in jedem Fall zu einem unwirksamen Vertrag führen muss.[91] Für die Generalanwältin kommt es daher auf den Einzelfall an, welche Sanktion passend erscheint. So könne ein Versicherungsnehmer

---

86 Schlussanträge SHARPSTON v. 11.7.2013 – C-209/12 *(Walter Endress/Allianz Lebensversicherungs-AG)*, BeckRS 2013, 81465 Rn. 28.

87 Schlussanträge SHARPSTON v. 11.7.2013 – C-209/12 *(Walter Endress/Allianz Lebensversicherungs-AG)*, BeckRS 2013, 81465 Rn. 32.

88 Schlussanträge SHARPSTON v. 11.7.2013 – C-209/12 *(Walter Endress/Allianz Lebensversicherungs-AG)*, BeckRS 2013, 81465 Rn. 33.

89 Schlussanträge SHARPSTON v. 11.7.2013 – C-209/12 *(Walter Endress/Allianz Lebensversicherungs-AG)*, BeckRS 2013, 81465 Rn. 37.

90 Schlussanträge SHARPSTON v. 11.7.2013 – C-209/12 *(Walter Endress/Allianz Lebensversicherungs-AG)*, BeckRS 2013, 81465 Rn. 39. Denn dann würde der Versicherer keinen Anreiz mehr haben, die Belehrung und Verbraucherinformation zu erfüllen und der Versicherungsnehmer keinen Schutz erhalten.

91 Schlussanträge SHARPSTON v. 11.7.2013 – C-209/12 *(Walter Endress/Allianz Lebensversicherungs-AG)*, BeckRS 2013, 81465 Rn. 39; dazu ebenso *D.-C. Günther*, FD-VersR 2013, 348600.

keine Verbraucherinformation erhalten und ein Zustandekommen eines Vertrags nicht sinnvoll erscheinen. Andererseits könne ein Versicherungsnehmer lediglich keine Kenntnis von dem Rücktrittsrecht selbst haben. In diesem Fall wäre ein Vertrag potentiell auch bei Kenntnis des Rechts zustande gekommen.[92] Im Vergleich mit der *Heininger*-Entscheidung des EuGH sieht sie zwar deutliche Differenzen, überträgt aber auf den vorliegenden Fall die grundlegende Erwägung, dass das Erlöschen des Rücktrittsrechts nicht aufgrund der Rechtssicherheit beibehalten werden sollte, wenn dabei der Verbraucherschutz des Einzelnen zurückstehen muss. Dafür spreche, dass der Versicherungsnehmer als schwächere Vertragspartei über den Vertrag und seinen Inhalt zu informieren sei, um eine informierte Auswahl eines Versicherungsprodukts treffen zu können.[93] Zwar kann auch die Zahlung der ersten Prämie als Bereitschaft des Versicherungsnehmers zur vertraglichen Bindung gewertet werden. Dies gilt aber nur auf Basis der ihm zuvor übermittelten Verbraucherinformation. Diese reiche aber im Falle der unterlassenen Information nicht für einen Vertragsschluss im Sinne der Vorgaben des Gemeinschaftsrechts aus.[94] Wenn der Versicherungsnehmer nicht vom Versicherer belehrt wird, jedoch auf anderem Wege von seinem Widerspruchsrecht Kenntnis erlangt, entbinde auch dies nicht den Versicherer von dessen Pflicht zur Belehrung und Informationsübermittlung. Lediglich bei erfolgreichem Nachweis dessen bestehe Rechtssicherheit.[95] Aus Sicht der Generalanwältin stehen daher die beiden Richtlinien einer nationalen Vorschrift wie der des § 5a Abs. 2 S. 4 VVG a.F. entgegen.[96]

---

[92] Schlussanträge SHARPSTON v. 11.7.2013 – C-209/12 *(Walter Endress/Allianz Lebensversicherungs-AG)*, BeckRS 2013, 81465 Rn. 39 ff.

[93] Schlussanträge SHARPSTON v. 11.7.2013 – C-209/12 *(Walter Endress/Allianz Lebensversicherungs-AG)*, BeckRS 2013, 81465 Rn. 42 ff; dies darstellend *Heyers*, NJW 2014, 2619.

[94] Schlussanträge SHARPSTON v. 11.7.2013 – C-209/12 *(Walter Endress/Allianz Lebensversicherungs-AG)*, BeckRS 2013, 81465 Rn. 46; dazu auch *Kas/Micklitz*, EWS 2018, 241 (274).

[95] Schlussanträge SHARPSTON v. 11.7.2013 – C-209/12 *(Walter Endress/Allianz Lebensversicherungs-AG)*, BeckRS 2013, 81465 Rn. 47; dies im Rahmen des Widerrufs von Verbraucherkrediten einordnend, siehe *Knops*, WM 2020, 2249 (2260 f.).

[96] Schlussanträge SHARPSTON v. 11.7.2013 – C-209/12 *(Walter Endress/Allianz Lebensversicherungs-AG)*, BeckRS 2013, 81465 Rn. 49; siehe auch *D.-C. Günther*, FD-VersR 2013, 348600; der Generalanwältin zustimmend *Rehberg*, EuZW 2014, 237 (238).

2. Zweifel der Generalanwältin an der Richtlinienkonformität des Policenmodells insgesamt

Ferner bewertete die Generalanwältin, ob die beiden Richtlinien dem Abschluss eines Versicherungsvertrags nach einem Modell wie dem des Policenmodells entgegenstehen, falls § 5a VVG a.F. nicht das Rücktrittsrecht im Sinne des Art. 15 Zweite Richtlinie Leben betraf.[97] *Sharpston* äußerte ausdrücklich Zweifel an dem Policenmodell nach § 5a VVG a.F. Denn die Dritte Richtlinie Leben stehe einer solchen Regelung, die einen Vertragsschluss ohne vorherige Informationsübermittlung regelt, entgegen. Sie sah den Zweck der Belehrungspflicht sowie der Dritten Richtlinie Leben nicht erfüllt.[98] Abschließend schlug sie im Rahmen der Vorlagefrage dem EuGH vor, die Regelung des § 5a Abs. 2 S. 4 VVG a.F. als europarechtswidrig anzunehmen.[99]

IV. Inhalt des Urteils, EuGH v. 19.12.2013 – C-209/12

1. Maßstab der Entscheidung

Gemäß Art. 267 AEUV beschäftigt sich der EuGH lediglich mit der Auslegung und Gültigkeit der Unionsnorm. Die Auslegung des § 5a VVG a.F. selbst blieb ausschließlich Sache des BGH.[100] Der EuGH war daher davon ausgegangen, dass der Versicherungsnehmer nicht ordnungsgemäß über das Rücktrittsrecht belehrt worden ist. Der Gerichtshof hatte lediglich zu entscheiden, ob eine durch den nationalen Gesetzgeber vorgesehene Ausschlussfrist dem in Art. 15 der Zweiten Richtlinie Leben geregelten Rücktrittsrecht zuwiderläuft, wenn ein Versicherungsnehmer nicht über

---

[97] Schlussanträge SHARPSTON v. 11.7.2013 – C-209/12 *(Walter Endress/Allianz Lebensversicherungs-AG)*, BeckRS 2013, 81465 Rn. 56 f.; dies einordnend *Ferber/Rosowski*, VuR 2018, 89 (90 f.).

[98] Schlussanträge SHARPSTON v. 11.7.2013 – C-209/12 *(Walter Endress/Allianz Lebensversicherungs-AG)*, BeckRS 2013, 81465 Rn. 62; dies bestätigend und darstellend *Ebers*, VuR 2017, 47 (47 f.); *Schwintowski*, VuR 2024, 83; vgl. auch *Armbrüster*, NJW 2014, 497 (498); *Pilz*, VuR 2014, 389 (390); *Brömmelmeyer*, VuR 2014, 447 (449).

[99] Schlussanträge SHARPSTON v. 11.7.2013 – C-209/12 *(Walter Endress/Allianz Lebensversicherungs-AG)*, BeckRS 2013, 81465 Rn. 73; dazu auch *Armbrüster*, EuZW 2013, 686 (691); *Brand*, VersR 2014, 269 (270).

[100] EuGH v. 19.12.2013 – C-209/12 *(Walter Endress/Allianz Lebensversicherungs-AG)*, NJW 2014, 452 Rn. 19; vgl. in diesem Sinne v. 14.1.2010 – C-226/08 *(Stadt Papenburg/Deutschland)*, EuZW 2010, 222 Rn. 23

dieses belehrt wurde. Eine Prüfung der Richtlinienkonformität des Policenmodells selbst erfolgte nicht.[101]

2. Gewährleistung der praktischen Wirksamkeit

Auch wenn die Zweite sowie Dritte Richtlinie Leben nicht die Modalitäten der Ausübung des Rücktrittsrechts regelten und dies ausdrücklich dem nationalen Gesetzgeber überlassen war, müsse der Mitgliedstaat jedoch die praktische Wirksamkeit der Richtlinien unter Berücksichtigung des mit diesen verfolgten Zwecks in seiner Umsetzung des Rechts beachten.[102] Im Hinblick auf den Zweck des Ziels einer Produktvielfalt für den Versicherungsnehmer müsse dieser im Sinne der Dritten Richtlinie Leben insbesondere genau über sein Rücktrittsrecht belehrt werden.[103]

3. Zuwiderlaufen der vorliegenden nationalen Regelung

Infolgedessen nahm der Gerichtshof an, dass eine nationale Regelung, die das Erlöschen dieses Rechts auch ohne erfolgte Belehrung vorsieht, dem Zweck der Richtlinien und damit deren praktischen Wirksamkeit zuwiderläuft.[104] Dagegen spreche auch nicht das Argument, dass nach einer gewissen Zeit aus Gründen der Rechtssicherheit ein Erlöschen des Rücktrittsrechts eintreten kann. Bereits in der *Heininger*-Entscheidung habe der EuGH entschieden, dass der Verbraucher ohne Kenntnis von seinem Recht dieses nicht ausüben und eine Begrenzung des Rechts nicht auf den Grundsatz der Rechtssicherheit gestützt werden könne.[105] Trotz der Unterschiede zum vorliegenden Fall übertrug der EuGH, wie von der Generalanwältin vorgeschlagen, die

---

[101] EuGH v. 19.12.2013 – C-209/12 *(Walter Endress/Allianz Lebensversicherungs-AG)*, NJW 2014, 452 Rn. 20 f.

[102] EuGH v. 19.12.2013 – C-209/12 *(Walter Endress/Allianz Lebensversicherungs-AG)*, NJW 2014, 452 Rn. 23; in diesem Sinne v. 8.4.1976 – Rs. 48/75 *(Royer)*, NJW 1976, 2065 Rn. 73; dazu auch *Brand*, VersR 2014, 269 (271); *Schwintowski*, wbl 2017, 245.

[103] EuGH v. 19.12.2013 – C-209/12 *(Walter Endress/Allianz Lebensversicherungs-AG)*, NJW 2014, 452 Rn. 24 f.; siehe ebenso *Armbrüster*, NJW 2014, 497; *Brand*, VersR 2014, 269 (271); *Kas/Micklitz*, EWS 2018, 241 (274).

[104] EuGH v. 19.12.2013 – C-209/12 *(Walter Endress/Allianz Lebensversicherungs-AG)*, NJW 2014, 452 Rn. 26; dazu auch *Grams*, FD-VersR 2014, 353915; *Heyers*, NJW 2014 (2619); MüKo-VVG/*Reiff*, 1. Teil, 2. Kap. Rn. 66; *ders.*, r + s 2015, 105 (106).

[105] EuGH v. 19.12.2013 – C-209/12 *(Walter Endress/Allianz Lebensversicherungs-AG)*, NJW 2014, 452 Rn. 27; dazu auch *Kohler/Seyr/Puffer-Mariette*, ZEuP 2015, 335 (357 f.).

zentralen Erwägungen auf die schwächere Position des Versicherungsnehmers. Der Versicherer könne sich daher nicht auf die Rechtssicherheit berufen, um trotz einer fehlenden Belehrung – einen Umstand, für den der Versicherer alleine verantwortlich ist – ein Erlöschen des Lösungsrechts herbeiführen zu können.[106] Dagegen sei die *Hamilton*-Entscheidung[107] des EuGH, nach der das Widerrufsrecht auch nach einer fehlerhaften Belehrung erlöschen kann, nicht auf den vorliegenden Fall zu übertragen. Denn diese Entscheidung befasste sich mit der Frage, ob die Regelung eines Erlöschens dieses Rechts nach vollständiger Leistungserfüllung mit der dort einschlägigen Richtlinie[108] vereinbar ist. Im vorliegenden Fall hat der deutsche Gesetzgeber eine derartige Regelung allerdings gar nicht eingeführt.[109]

4. Zeitliche Wirkungen des Urteils

Der Versicherer *Allianz* hatte ursprünglich aufgrund der befürchteten weitreichenden Folgen beantragt, die zeitlichen Wirkungen des Urteils einzuschränken.[110] Es sei eine herausragende Zahl an Versicherungsverträgen nach dem Policenmodell geschlossen worden, weshalb eine Vielzahl an Verträgen von der Entscheidung des EuGH betroffen sein könnten. Die von ihr selbst abgeschlossenen Verträge in Höhe von etwa 9 Millionen Verträgen bilden eine sehr bedeutende Zahl.[111] Jedoch lehnte der EuGH diese Begrenzung

---

106 EuGH v. 19.12.2013 – C-209/12 *(Walter Endress/Allianz Lebensversicherungs-AG)*, NJW 2014, 452 Rn. 30.

107 EuGH v. 10.4.2008 – C-412/06 *(Annelore Hamilton/Volksbank Filder eG)*, NJW 2008, 1865 Rn. 49; diese Entscheidung einordnend *Knops/Fromm*, WM 2021, 2169 (2173 f.); *D. Kramer*, Der Widerruf von Verbraucherdarlehen zwischen Rechtsdurchsetzung und Rechtsmissbrauch, S. 107 ff.; *Lechner*, WM 2015, 2165 (2167 f.).

108 Richtlinie 85/577/EWG des Rates v. 20.12.1985 betreffend den Verbraucherschutz im Falle von außerhalb von Geschäftsräumen geschlossenen Verträgen, ABl. L 372, S. 31. Das Widerrufsrecht dieser Richtlinie war in Art. 5 Abs. 1 vorgesehen.

109 EuGH v. 19.12.2013 – C-209/12 *(Walter Endress/Allianz Lebensversicherungs-AG)*, NJW 2014, 452 Rn. 31; dazu auch *Armbrüster*, NJW 2014, 497; kritisch dazu *Zegowitz/Haferkorn*, VersR 2020, 1005 (1011).

110 EuGH v. 19.12.2013 – C-209/12 *(Walter Endress/Allianz Lebensversicherungs-AG)*, NJW 2014, 452 Rn. 33; Besonders die Rückabwicklung von Verträgen mit langer Laufzeit wie einer Lebensversicherung bedeutet erhebliche wirtschaftliche Nachteile für den Versicherer, dazu *Looschelders*, VersR 2013, 653 (656).

111 EuGH v. 19.12.2013 – C-209/12 *(Walter Endress/Allianz Lebensversicherungs-AG)*, NJW 2014, 452 Rn. 34.

ab. Denn der EuGH stellt hohe Anforderungen, um eine solche zeitliche Begrenzung herbeizuführen und sieht diese durch den Vortrag der *Allianz* nicht erfüllt. Als Voraussetzung müsste eine „Gefahr schwerwiegender wirtschaftlicher Auswirkungen besteh[en], die insbesondere mit der großen Zahl von Rechtsverhältnissen zusammenhängen, die gutgläubig auf der Grundlage der als gültig betrachteten Regelung eingegangen wurden; dabei müssen die Einzelnen und die nationalen Behörden zu einem mit dem Unionsrecht unvereinbaren Verhalten veranlasst worden sein, weil eine erhebliche objektive Unsicherheit hinsichtlich der Tragweite der Bestimmungen bestand, zu der eventuell das Verhalten anderer Mitgliedstaaten oder der Europäischen Kommission beigetragen hatte“[112]. Die *Allianz* habe jedoch lediglich die Anzahl der nach dem Policenmodell geschlossenen Verträge genannt, nicht aber die Zahl der Verträge beziffert, bei denen der Versicherungsnehmer nicht belehrt wurde und die durch eine Richtlinienwidrigkeit der Ausschlussfrist letztendlich betroffen wären. In diesem Rahmen folgte aufgrund dessen auch nicht die Aufstellung des gesamten wirtschaftlichen Risikos. Daher sah der EuGH keine Gefahr schwerwiegender wirtschaftlicher Auswirkungen.[113] Zudem sei die weitere Voraussetzung der erheblichen objektiven Unsicherheit nicht erfüllt, da die Richtlinien das Ziel der Rücktrittsmöglichkeit klar definieren und die hier vorliegende nationale Vorschrift dies verbietet.[114]

5. Bewertung und Einordnung

Die Entscheidung des EuGH wurde vielfach diskutiert und besprochen.[115] Von Bedeutung für die Versicherungswirtschaft ist vor allem, dass das

---

[112] EuGH v. 19.12.2013 – C-209/12 *(Walter Endress/Allianz Lebensversicherungs-AG)*, NJW 2014, 452 Rn. 36; vgl. auch v. 13.12.2012 – C-465/11 *(Forposta SA u. a./Poczta Polska SA)*, EuZW 2013, 151 Rn. 45; dem EuGH zustimmend *Rehberg*, EuZW 2014, 237 (238).

[113] EuGH v. 19.12.2013 – C-209/12 *(Walter Endress/Allianz Lebensversicherungs-AG)*, NJW 2014, 452 Rn. 37; in diesem Sinne auch *Grams*, FD-VersR 2014, 353915.

[114] EuGH v. 19.12.2013 – C-209/12 *(Walter Endress/Allianz Lebensversicherungs-AG)*, NJW 2014, 452 Rn. 38 f.; kritisch *Brand*, VersR 2014, 269 (272 f.).

[115] Statt vieler, *Langheid/Müller-Frank*, NJW 2014, 354 (358); *Armbrüster*, EuZW 2013, 686 (690); *Rudy*, r + s 2015, 115; *Heyers*, NJW 2014, 2619; *Armbrüster*, NJW 2014, 497; *Schaffrin*, Die Kontrolle von Allgemeinen Geschäftsbedingungen und Allgemeinen Versicherungsbedingungen, S. 19 f.; *Reichow/Michaelis*, ZfV 2014, 88; *Zegowitz/Haferkorn*, VersR 2020, 1005.

Policenmodell an sich nicht als europarechtswidrig eingestuft wurde, sondern, aufgrund der Vorlagefrage, lediglich die Ausschlussfrist bewertet wurde.[116] Teils wurde die Ansicht vertreten, der EuGH habe wie erwartet entschieden und zurecht eine Richtlinienwidrigkeit der Vorschrift angenommen.[117] So würde bei einer Entscheidung des EuGH über das Policenmodell als Ganzes dieses aufgrund der Argumentation der Generalanwältin und des Gerichts selbst auch als richtlinienwidrig eingestuft werden.[118] Andere dagegen sehen in den Erwägungen des EuGH keinen Schluss auf eine mögliche, zukünftige Beurteilung des Abschlussmodells.[119] Der EuGH setzte zudem den Fall der nicht erfolgten Belehrung dem Fall der nicht ordnungsgemäßen Belehrung gleich.[120] Außerdem hat der EuGH mit der *Endress*-Entscheidung – wie *Heyers* zutreffend feststellt – im Hinblick auf das Ziel eines Lösungsrechts die Differenzen zwischen einem beim Haustürgeschäft überforderten Verbraucher und einem durch das komplexe Versicherungsprodukt verwirrten Verbraucher „in recht unbekümmerter Weise eingeebnet“[121]. Kritisch wurde gesehen, dass der EuGH keine Abwägung im Lichte des Effektivitätsgebots bei der Umsetzung der Dritten Richtlinie vorgenommen und nicht die Vorschriften des VAG a.F. beachtet habe.[122]

---

[116] Dazu *Rehberg*, EuZW 2014, 237 (238); *Grams*, FD-VersR 2014, 353915; *Langheid/Müller-Frank*, NJW 2014, 354 (358); *Armbrüster*, NJW 2014, 497 (498); *ders.*, EuZW 2015, 614 (616); *Brand*, VersR 2014, 269 (270); *Trittmacher/Gaußmann*, VuR 2014, 155 (156); *Kas/Micklitz*, EWS 2018, 241 (275).

[117] *Rehberg*, EuZW 2014, 237 (238); nach den Schlussanträgen der Generalanwältin sei eine solche Entscheidung klar, so *Grams*, FD-VersR 2014, 353915; *Langheid/Müller-Frank*, NJW 2014, 354 (358).

[118] So *Rehberg*, EuZW 2014, 237 (238).

[119] So *Armbrüster*, NJW 2014, 497 (498).

[120] So *Brand*, VersR 2014, 269 (270); dazu auch *Burtscher*, EuZW 2020, 317 (319); *Rebhahn*, Der prolongierte Rücktritt in der Lebensversicherung, S. 71.

[121] *Heyers*, NJW 2014, 2619 (2620).

[122] Dazu und zu weiterer Kritik an der Entscheidung des EuGH, siehe *Brand*, VersR 2014, 269 (271 f.).

C. Unbefristeter Widerspruch von Lebensversicherungen nach dem Policenmodell – BGH v. 7.5.2014 – IV ZR 76/11[123]

Der BGH entschied nunmehr als Nachinstanz nach der erfolgten Vorlagefrage an den EuGH über den Bereicherungsanspruch des Versicherungsnehmers *Endress*, nachdem der EuGH die Vorlagefrage bejaht hat.[124]

I. Inhalt des Urteils

Der IV. Zivilsenat urteilte, dass der Versicherungsnehmer gegen den Versicherer einen Bereicherungsanspruch aus § 812 Abs. 1 S. 1 Alt. 1 BGB hat, da der Widerspruch rechtzeitig erklärt wurde.[125] Auch in dieser Entscheidung lässt er offen, ob das Policenmodell insgesamt als richtlinienwidrig einzustufen ist.[126]

1. Richtlinienkonforme Auslegung des § 5a Abs. 2 S. 4 VVG a.F.

Infolge des EuGH-Urteils sei die bisher greifende Ausschlussfrist abweichend zu beurteilen, sodass das Widerspruchsrecht auch noch im Jahr 2008 bestehe.[127] Denn der BGH legte § 5a Abs. 2 S. 4 VVG a.F. richtlinienkonform aus.[128] Dieser ist an die Entscheidung des EuGH als nationales Gericht gebunden und muss bei Auslegung der Vorschrift den ihm dadurch eingeräumten Beurteilungsspielraums bestmöglich nutzen und dabei soweit wie möglich Wortlaut und Zweck der Richtlinie beachten, um das mit ihr verfolgte Ziel zu verwirklichen, Art. 288 Abs. 3 AEUV und Art. 4 Abs. 3 EUV.[129]

---

[123] Eine Übertragung dieser Entscheidung und Rechtsprechung auf nicht im Policenmodell abgeschlossene Lebensversicherungsverträge geschah durch den BGH mit Urteil v. 17.2.2014, BGH v. 17.12.2014 – IV ZR 260/11, r + s 2015, 60; dies einordnend *Looschelders*, VersR 2016, 7 (8).

[124] BGH v. 7.5.2014 – IV ZR 76/11, NJW 2014, 2646.

[125] BGH v. 7.5.2014 – IV ZR 76/11, NJW 2014, 2646 Rn. 12 ff.; dazu *Karczewski*, r + s 2014, 373 (392); MüKo-BGB/*Schwab*, § 818 Rn. 25; Rüffer/Halbach/Schimikowski/*Brambach*, § 152 VVG Rn. 31; BeckRA-Hdb/*Schäffer*, § 35 Rn. 146.

[126] BGH v. 7.5.2014 – IV ZR 76/11, NJW 2014, 2646 Rn. 16.

[127] BGH v. 7.5.2014 – IV ZR 76/11, NJW 2014, 2646 Rn. 17.

[128] BGH v. 7.5.2014 – IV ZR 76/11, NJW 2014, 2646 Rn. 18; dies zusammenfassend, siehe *Karczewski*, r + s 2014, 373 (392); dazu auch *Reiff*, r + s 2015, 105 (106).

[129] BGH v. 7.5.2014 – IV ZR 76/11, NJW 2014, 2646 Rn. 20; in diesem Sinne EuGH v. 5.10.2004 – C-397/01 bis 403/01 *(Bernhard Pfeiffer u.a./Deutsches Rotes Kreuz, Kreisverband Waldshut e.V.)*, NJW 2004, 3547 Rn. 113; v. 10.4.1984 – Rs. 14/83 *(Von Colson und Kamann/Land Nordrhein-Westfalen)*, NJW 1984, 2021 Rn. 26, 28; dazu auch *Trittmacher/Gaußmann*, VuR 2014, 155 (156 f.).

Der BGH sah es jedoch als unmöglich an, die Vorschrift im engeren Sinne auszulegen, da der Wortlaut, welcher ein Ausschluss des Widerspruchsrechts auch bei gänzlich fehlender Belehrung bestimmt, dies nicht zulasse. Daher reduzierte er diese telelogisch, indem er das grundsätzliche Fortbestehen des Widerspruchsrechts bestimmte, wenn der Versicherungsnehmer nicht ordnungsgemäß über dieses Recht belehrt wurde und/oder die Verbraucherinformation nicht empfangen hat.[130] Es bestehe ferner für die teleologische Reduktion die erforderliche planwidrige Regelungslücke, da der nationale Gesetzgeber keine Vorschrift, die den Richtlinien entgegensteht, erlassen wollte.[131] Zu beachten ist, dass der BGH im Rahmen seiner Darstellung der Gesetzgebungshistorie und der Begründung der Einführung des § 5a VVG a.F. die beiden Vorschriften § 5a VVG a.F. sowie § 10a VAG a.F. als „einheitlich zu betrachtenden Komplex"[132] sah. Im Lichte dessen kritisierte er zugleich Teile der Rechtsprechung, die die Einführung des § 5a VVG a.F. als Verwirklichung des Ziels der Harmonisierung des europäischen Aufsichtsrechts sahen. Das Ziel der fundierten und größeren Produktauswahl zugunsten des Versicherungsnehmers stamme nicht aus dem Aufsichtsrecht.[133] Der Zweck der Einführung der Ausschlussfrist müsse dabei gegenüber dem Ziel der gesamten Dritten Richtlinie zurückstehen.[134]

Die teleologische Reduktion galt allerdings nur für den Bereich der Zweiten und Dritten Richtlinie Leben, folglich für Lebens- und Rentenversicherungen sowie Zusatzversicherungen zur Lebensversicherung. Die Anwendung für alle anderen Versicherungsarten, die nicht vom Anwendungsbereich dieser Richtlinien umfasst sind, bleibe unberührt.[135] Der Senat verfolgte damit eine gespaltene Auslegung. Die nationale Norm wird somit nur insoweit ausgelegt, als sie mit den Anforderungen der Zweiten und Dritten Richtlinie Leben nicht

---

130 BGH v. 7.5.2014 – IV ZR 76/11, NJW 2014, 2646 Rn. 21; dazu auch MAH VersR/*Leithoff*, § 25 Rn. 362.

131 BGH v. 7.5.2014 – IV ZR 76/11, NJW 2014, 2646 Rn. 22 f.; vgl. v. 21.12.2011 – VIII ZR 70/08, NJW 2012, 1073 Rn. 31; v. 26.11.2008 – VIII ZR 200/05, NJW 2009, 427 Rn. 22.

132 BGH v. 7.5.2014 – IV ZR 76/11, NJW 2014, 2646 Rn. 24.

133 BGH v. 7.5.2014 – IV ZR 76/11, NJW 2014, 2646 Rn. 25.

134 BGH v. 7.5.2014 – IV ZR 76/11, NJW 2014, 2646 Rn. 26.

135 BGH v. 7.5.2014 – IV ZR 76/11, NJW 2014, 2646 Rn. 21; siehe dazu auch *Frohnecke*, NJW 2015, 985 (985 f.); *Armbrüster*, EuZW 2017, 709 (711); so auch OLG Celle v. 27.2.2014 – 8 U 192/13, NJW-RR 2014, 993 (994 f.); kritisch dazu *Pilz*, VuR 2014, 389 (390); MüKo-VVG/*Eberhardt*, § 8 VVG Rn. 99.

übereinstimme. Der überschießende Teil, welcher nicht durch europarechtliche Vorgaben bestimmt wird, bleibe unverändert.[136] Begründet wird dies hier insbesondere mit dem engeren Anwendungsbereich der Dritten Richtlinie Leben. So wird in diesem Bereich der von dieser Richtlinie verfolgte Zweck verwirklicht, wohingegen bei allen anderen Versicherungen der in Form des Rechtsfriedens verfolgte Zweck erhalten werde. Diese Differenzierung lasse sich auch aus den Gesetzesbegründungen der Bundesregierung herleiten.[137] Weiterhin ist der Versicherungsnehmer bei allen anderen Versicherungen nicht derart schützenswert. Dies belegen die Komplexität des Produkts Lebensversicherung sowie die erheblichen, wirtschaftlichen Folgen, die der Abschluss einer Lebensversicherung mit sich bringt.[138] Der Senat sehe in der vorliegenden Auslegung auch keine gesetzeswidrige Rechtsschöpfung.[139] Der BGH erkannte durch seine Auslegung weder Schwierigkeiten in der Abgrenzung[140] der Anwendbarkeit des § 5a Abs. 2 S. 4 VVG a.F. noch einen Verstoß gegen das Prinzip der Rechtssicherheit im Sinne des Art. 20 Abs. 3 GG. Letzteres sei nicht erfüllt, da das Vertrauen des Einzelnen nie als gesichert gesehen werden konnte und es bereits seit Einführung der Vorschrift Zweifel an ihrer Richtlinienkonformität gab.[141]

2. Kein Wegfall des Widerspruchsrechts infolge vorheriger Kündigung

Der BGH stellte zudem klar, dass die vor dem Widerspruch ausgeübte Kündigung dem Versicherungsnehmer nicht die Möglichkeit einer späteren Ausübung des Widerspruchsrechts nach § 5a VVG a.F. nehme. Mangels ordnungsgemäß erfolgter Belehrung „konnte [der Versicherungsnehmer]

---

[136] BGH v. 7.5.2014 – IV ZR 76/11, NJW 2014, 2646 Rn. 27 f.; dazu näher *Karczewski*, r + s 2014, 373 (393); grundlegend dazu Riesenhuber/*Habersack/Mayer*, § 14 Rn. 38 f.; *Mayer/Schürnbrand*, JZ 2004, 545; *Mörsdorf*, ZIP 2008, 1409 (1415 ff.); *Hainthaler*, ZJS 2015, 13; zu § 5 Abs. 2 HWiG a.F. siehe *Herdegen*, WM 2005, 1921 (1930 f.).

[137] BGH v. 7.5.2014 – IV ZR 76/11, NJW 2014, 2646 Rn. 29.

[138] BGH v. 7.5.2014 – IV ZR 76/11, NJW 2014, 2646 Rn. 30.

[139] BGH v. 7.5.2014 – IV ZR 76/11, NJW 2014, 2646 Rn. 33.

[140] Vgl. dazu BGH v. 9.4.2002 – XI ZR 91/99, NJW 2002, 1881 (1884).

[141] BGH v. 7.5.2014 – IV ZR 76/11, NJW 2014, 2646 Rn. 31 f.; dazu näher *Heyers*, NJW 2014, 2619 (2620 f.); dem zustimmend *Trittmacher/Gaußmann*, VuR 2014, 155 (157); hinterfragend dazu, ob kritische Literaturstimmen das Vertrauen in eine Norm wesentlich erschüttern können, siehe *Bürkle*, VersR 2015, 398 (399 f.).

sein Wahlrecht zwischen Kündigung und Widerspruch nicht sachgerecht ausüben"[142]. Ein Erlöschen nach beiderseits vollständiger Leistungserbringung lehnte der BGH auch ab.[143]

3. Kein Verstoß gegen Treu und Glauben

Einen Verstoß gegen Treu und Glauben durch die Ausübung des Widerspruchsrechts verneinte das Gericht.[144] Zunächst lehnte es eine Verwirkung ab, welche die Beklagte vortrug. Vorliegend sei zumindest das Umstandsmoment nicht erfüllt, da die *Allianz* die Situation selbst verursacht hat und sich somit nicht auf eine Schutzwürdigkeit berufen kann.[145] Zudem liege neben der Verwirkung auch eine widersprüchliche und damit unzulässige Rechtsausübung durch die Geltendmachung des Anspruchs aus § 812 Abs. 1 S. 1 Alt. 1 BGB nicht vor. Dies sei ebenso nicht erfüllt, da die *Allianz* durch die fehlerhafte Belehrung kein schutzwürdiges Interesse erfahren dürfe.[146]

4. Rückwirkung des Widerspruchs

Entgegen der Ansicht der *Allianz*, seien die Rechtsfolgen des Bereicherungsanspruchs nicht auf eine Wirkung ab Zugang des Widerspruchs, also *ex nunc*, zu begrenzen.[147] Denn sonst würde das Effektivitätsgebot[148] aus Art. 4 Abs. 3

---

[142] BGH v. 7.5.2014 – IV ZR 76/11, NJW 2014, 2646 Rn. 36; vgl. dazu auch v. 16.10.2013 – IV ZR 52/12, NJW 2013, 3776 Rn. 24. Im Jahr 2012 hatte das OLG Hamm noch entschieden, dass ein Widerspruch nach bereits erfolgter Kündigung nicht mehr erfolgen könne, siehe OLG Hamm v. 24.8.2011 – 20 U 50/11, BeckRS 2012, 3836; dazu *Langheid/Müller-Frank*, NJW 2012, 2324.

[143] BGH v. 7.5.2014 – IV ZR 76/11, NJW 2014, 2646 Rn. 36; entgegen v. 16.10.2013 – IV ZR 52/12, NJW 2013, 3776.

[144] BGH v. 7.5.2014 – IV ZR 76/11, NJW 2014, 2646 Rn. 38; dem zustimmend *Heyers*, NJW 2014, 2619 (2621).

[145] BGH v. 7.5.2014 – IV ZR 76/11, NJW 2014, 2646 Rn. 39; grundlegend einer Zurückhaltung bei der Anwendung der Verwirkung zustimmend *Lechner*, WM 2015, 2165 (2171).

[146] BGH v. 7.5.2014 – IV ZR 76/11, NJW 2014, 2646 Rn. 40.

[147] BGH v. 7.5.2014 – IV ZR 76/11, NJW 2014, 2646 Rn. 41.

[148] Nach dem Effektivitätsgebot darf das nationale Recht die Ausübung des im Europarecht begründeten Rechts weder verhindern noch unzumutbar erschweren, siehe dazu *Pfeiffer*, AnwBl 2009, 488 (490 f.). Nationale Rechtsinstrumente müssen im Einklang mit diesem Grundsatz angewendet werden, EuGH v. 21.9.1983 – Rs. 205–215/82 *(Deutsche Milchkontor GmbH)*, NJW 1984, 2024 Rn. 33.

EUV unterlaufen und eine fehlerhafte Belehrung nicht bestraft werden. Aus der Dritten Richtlinie Leben sei zu folgern, dass der Versicherer den einzelnen Versicherungsnehmer in jedem Fall über sein Recht zum Widerspruch belehren muss. Der Mitgliedstaat habe im Lichte dieser europarechtlichen Vorgaben die praktische Wirksamkeit zu achten.[149] Dies könne nur dann erreicht werden, wenn dem Versicherungsnehmer bei einer nicht ordnungsgemäß erfolgten Belehrung im Fall seiner Ausübung des Widerspruchsrechts grundsätzlich ein Bereicherungsanspruch über die bereits gezahlten Prämien zusteht. Der BGH begründete dies damit, dass der Widerspruch nach § 5a VVG a.F. das Zustandekommen des Versicherungsvertrags verhindere und dies somit nicht einem Rücktrittsrecht entspreche, welches ein Lösungsrecht von einem bereits zustande gekommenen Vertrag darstellt.[150]

5. Höhe des Bereicherungsanspruchs

Grundsätzlich seien allerdings nicht alle an die *Allianz* gezahlten Versicherungsbeiträge herauszugeben. Vielmehr bedürfe es im Lichte der richtlinienorientierten Auslegung des § 5a VVG a.F. auch auf der Rechtsfolgenseite eines „vernünftige[n] Ausgleich[s] und eine[r] gerechte[n] Risikoverteilung zwischen den Beteiligten“[151]. Der Ausgleich solle sich daran orientieren, dass der Versicherungsnehmer eine gewisse Zeit Versicherungsschutz genießen konnte und er diesen im potentiellen Schadensfall auch genutzt hätte. Der BGH ging davon aus, dass der Versicherungsnehmer in diesem Fall trotz Kenntnis seines Widerspruchsrechts dieses nicht ausgeübt hätte, und daher eine vollständige Zurückgewährung aller geleisteten Prämien eine Disparität unter den Versicherten auslösen würde. Deshalb bestimmte der Senat eine Anrechnung dieses genossenen Versicherungsschutzes zulasten des Versicherungsnehmers, den er zumindest bis zu seiner erfolgten Kündigung erfahren hat. Dieser Versicherungsschutz sei ein Vermögensvorteil im Sinne der §§ 812 ff. BGB. Der Wert berechnet sich nach §§ 812 Abs. 1 S. 1 Alt. 1, 818 Abs. 2 BGB. In diese Berechnung können Prämienkalkulation sowie bei

---

149 EuGH v. 19.12.2013 – C-209/12 *(Walter Endress/Allianz Lebensversicherungs-AG)*, NJW 2014, 452 Rn. 23 ff.; BGH v. 7.5.2014 – IV ZR 76/11, NJW 2014, 2646 Rn. 42.

150 BGH v. 7.5.2014 – IV ZR 76/11, NJW 2014, 2646 Rn. 43.

151 EuGH v. 15.4.2010 – C-215/08 *(E.Friz GmbH/Carsten von der Heyden)*, NJW 2010, 1511 Rn. 48; BGH v. 7.5.2014 – IV ZR 76/11, NJW 2014, 2646 Rn. 45.

Lebensversicherungen der Risikoanteil einbezogen werden.[152] Eine genaue Berechnung wurde dem Berufungsgericht überlassen.[153]

II. Einordnung

Dieses Urteil des BGH erregte Aufmerksamkeit wie bisher kaum eines im Bereich der Lebensversicherungen.[154] Auf diese Weise entstand das sogenannte ewige Widerspruchsrecht.[155] Dabei ist insbesondere die Rechtsdogmatik und das methodische Vorgehen des BGH von Bedeutung – zunächst hinsichtlich der telelogischen Reduktion des § 5a Abs. 2 S. 4 VVG a.F.,[156] wobei diese Vorgehensweise vom OLG München vor Verkündung der Entscheidung durch den BGH als *„contra legem"*[157] eingeordnet wurde. Nach Ansicht des OLG München sei die Ausschlussfrist auch bei einer Richtlinienwidrigkeit dieser Vorschrift anzuwenden.[158] Diese telelogische Reduktion wurde auch durch Teile des Schrifttums kritisch gesehen.[159] Der BGH habe hier zum einen die Folgen der Richtlinienwidrigkeit einer Norm für die Fachgerichte und zum anderen die verfassungsrechtlichen Grenzen der Rechtsfortbildung verkannt.[160] Er habe in

---

[152] BGH v. 7.5.2014 – IV ZR 76/11, NJW 2014, 2646 Rn. 45; dazu auch *R. Koch*, LMK 2014, 359159.

[153] BGH v. 7.5.2014 – IV ZR 76/11, NJW 2014, 2646 Rn. 46; dazu auch *Langheid/Müller-Frank*, NJW 2014, 2323 (2327); *Adenauer*, EWiR 2014, 555 (556).

[154] Eine Vielzahl an Aufsätzen und Rechtsprechungsübersichten setzten auf dieser Entscheidung auf und zeichneten so die Rechtsprechung über die Jahre des BGH nach; zum Beispiel direkt im Anschluss an die Entscheidung, *Karczewski*, r + s 2014, 373 (392 f.); *R. Wendt*, r + s 2014, 585 (586 ff.); *Heyers*, NJW 2014, 2619; *Langheid/Müller-Frank*, NJW 2014, 2323 (2326 f.); *Grams*, FD-VersR 2014, 358482; *Bürkle*, VersR 2015, 398; *Looschelders*, VersR 2016, 7.

[155] *Beckmann*, in: Dauses/Ludwigs (Hrsg.), E. VI. Rn. 243; *Langheid/Müller-Frank*, NJW 2014, 2323 (2327); Prölss/Martin/*W.-T. Schneider*, VVG § 152 Rn. 3; *Kas/Micklitz*, EWS 2018, 241 (275).

[156] Im Detail zur Umsetzung des BGH und der zugrunde liegenden Rechtsdogmatik, *Heyers*, NJW 2014, 2619 (2620 f.).

[157] OLG München v. 10.10.2013 – 14 U 1804/13, NJOZ 2014, 204 (207); dazu Rüffer/Halbach/Schimikowski/*Brambach*, § 152 VVG Rn. 41.

[158] OLG München v. 10.10.2013 – 14 U 1804/13, NJOZ 2014, 204 (207); siehe zur Einordnung dieser Entscheidung *Langheid/Müller-Frank*, NJW 2013, 2329 (2332); *Trittmacher/Gaußmann*, VuR 2014, 155 (157).

[159] So *Brand*, VersR 2014, 269 (273 f.); *Pilz*, VuR 2014, 389 (390); *Zegowitz/Haferkorn*, VersR 2020, 1005 (1015); MüKo-VVG/*Eberhardt*, § 8 VVG Rn. 99.

[160] So und näher dazu *Michael/Payandeh*, NJW 2015, 2392 (2393 ff.).

der Konzeption des unbegrenzten Widerspruchs den vermeintlichen Willen des Gesetzgebers bei der Einführung der Ausschlussfrist falsch eingeschätzt. Der Gesetzgeber hätte bei Kenntnis der Richtlinienwidrigkeit diese Vorschrift nicht auf diese Weise eingeführt.[161] Weiter ist die Einführung der Grenzen des ewigen Widerspruchsrechts in Form der Verwirkung und der Treuwidrigkeit beziehungsweise des Rechtsmissbrauchs bemerkenswert.[162]

D. Folgen und Relevanz für die Versicherungswirtschaft

Erst nach über fünf Jahren nach Abschaffung der Vorschrift ergingen ein wegweisendes EuGH- sowie BGH-Urteil zur Richtlinienkonformität des § 5a VVG a.F. Auch wenn lediglich die Ausschlussfrist der Vorschrift vom EuGH bewertet wurde, bedeutete diese Entscheidung sowie die daran anschließende Auslegung des BGH einen Einschnitt für die Rechtsprechung sowie Versicherungspraxis.

Nach Verkündung dieser beiden Urteile änderten sich der Inhalt und die Problemfelder der nachfolgenden Rechtsprechung. Die Herangehensweise der Parteien eines Versicherungsvertrags wandelte sich auch. Denn diese Rechtsprechung öffnete eine Tür, bei der man annehmen konnte, dass eine Mehrheit der Versicherungsnehmer versuchen wird, sich von ihren Lebensversicherungsverträgen zu lösen. Das BGH-Urteil bedeutet, dass jeder Verbraucher, der nicht (ordnungsgemäß) über sein Widerspruchsrecht belehrt wurde, sich durch den Widerspruch ohne Eingreifen jeglicher Ausschlussfrist vom Vertrag lösen kann.[163] Dies erscheint auch dann wirtschaftlich attraktiv, wenn der Versicherungsnehmer bereits früher gekündigt hat. Denn der Bereicherungsanspruch bedeutet oftmals eine Rückgewährung eines höheren Geldbetrags als bei einer Kündigung.[164] Ob dies auch im Interesse des Versicherungsnehmers liegt und er sich am Ende wirklich für einen Widerspruch entscheidet, liegt in seinen Händen. Dazu kommt, dass dem Versicherer nicht immer der Nachweis des Zugangs der Verbraucherinformation gelingen

---

[161] *Michael/Payandeh*, NJW 2015, 2392 (2393 f.).
[162] *Heyers*, NJW 2014, 2619 (2621).
[163] *Armbrüster*, NJW 2014, 497 (497 f.).
[164] Dazu Kap. 3 E. II.

wird und sich der Versicherungsnehmer darauf berufen könnte. Somit ist offensichtlich, dass hier eine Möglichkeit für den Versicherungsnehmer geschaffen wurde, bei der erwartet werden kann, dass sie in einer Vielzahl genutzt werden würde.

Das Ausmaß der Folgen wird anhand der großen Zahl an Lebensversicherungen, die im Policenmodell im relevanten Zeitraum geschlossen wurden, deutlich. Allein die *Allianz* hat nach eigenen Angaben in dem Zeitraum *circa* 9 Millionen Verträge mit einem ungefähren Beitragsvolumen von EUR 62 Milliarden im Policenmodell geschlossen. Insgesamt bezifferte die *Allianz* die Zahl sämtlicher in dem Zeitraum geschlossener Verträge auf 108 Millionen mit einem Beitragsvolumen von über EUR 400 Milliarden gezahlten Prämien.[165] Nach Schätzungen des GDV wurden im relevanten Zeitraum zwischen 6,1 und 11,8 Millionen Lebensversicherungen pro Jahr geschlossen.[166] All diese sind potentiell von Versicherungsnehmern angreifbar und somit betroffen. Es wird eine Klagenwelle in Gang gesetzt, die ein großes Anspruchsvolumen in sich trägt.[167] Selbst wenn nicht alle Versicherungsnehmer Widerspruch erheben – sei es, da sie die Lebensversicherung fortführen wollen, oder da sie keine Kenntnis von ihrem Recht haben – kann dies immense Auswirkungen auf die Versicherungswirtschaft haben. Falls rechtlich ein Prozessrisiko droht, müssen Unternehmen regelmäßig bilanziell Rückstellungen bilden, die Auswirkungen auf ihre Bilanz, Unternehmenswert und Marktwahrnehmung haben. Vorliegend besteht durch das BGH-Urteil ein hohes Prozessrisiko, weshalb anzunehmen ist, dass die Versicherer sich intern

---

[165] EuGH v. 19.12.2013 – C-209/12 *(Walter Endress/Allianz Lebensversicherungs-AG)*, NJW 2014, 452 Rn. 34.

[166] *Heyers*, NJW 2014, 2619. Zudem ist die absolute Zahl der Lebensversicherungen in Deutschland von 81,1 Millionen im Jahr 1995 auf 96,3 Millionen im Jahr 2008 gestiegen. Dies ergibt einen Anstieg von 15,2 Millionen Lebensversicherungen. Dabei muss beachtet werden, dass auch zahlreiche alte Verträge während dieser Zeit beendet wurden. Daher ist auch nach dieser Angabe eine deutlich höhere Kennzahl als die hier vorliegende Differenz anzunehmen. Zu diesen Kennzahlen, siehe Statistisches Taschenbuch der Versicherungswirtschaft 2014, S. 8, 28; zitiert nach *Reiff*, r + s 2015, 105 (Fn. 17).

[167] So wohl auch bei dem Widerruf von Immobiliar-Verbraucherdarlehensverträgen, bei denen das Entstehen des ewigen Widerrufsrechts eine neue Widerrufswelle auslöste, *D. Kramer*, Der Widerruf von Verbraucherdarlehen zwischen Rechtsdurchsetzung und Rechtsmissbrauch, S. 128.

Gedanken machen müssen, sich gegen diese Ansprüche abzusichern.[168] Denn in diesem Fall bedeutet das Prozessrisiko eine wahrscheinlich entstehende Verbindlichkeit gegenüber einem Dritten, also dem Versicherungsnehmer.[169] Die Höhe der zu erfolgenden Rückstellung und die Bewertung dessen ist grundsätzlich abhängig von einer Wahrscheinlichkeitsprognose, welche die Einschätzung verschiedener Risiken und die Wahrscheinlichkeit einer Belastung und eines Schadenseintritts mit einschließt.[170] Obgleich die Höhe und Notwendigkeit sich *inter alia* nach der Rechnungslegung – HGB oder US-GAAP – richten,[171] kommt es auf verschiedene Faktoren wie die Sicherheit des Prozessausgangs, das Stadium des Verfahrens oder auch die Dauer und Kosten des einschlägigen Verfahrens an.[172] Das Prozessrisiko und die damit verbundenen Rückstellungen sind umso wichtiger vor dem Hintergrund, dass trotz bereits anfänglichem Misstrauen gegenüber dem Policenmodell durch Literatur und Verbraucherschutzverbänden keine Mehrheit der Versicherungsnehmer in den ersten Jahren nach Einführung der Vorschrift den Widerspruch erklärte. Dies bedeutet, dass der Anteil derer, die eine Rückabwicklung der Lebensversicherung vor dem Jahr 2013 nicht erstrebt haben, deutlich denen, die einen Widerspruch nach § 5a Abs. 1 VVG a.F. ausgeübt haben, überwiegt. Somit ist besonders nach dem Jahr 2013, aber auch noch heute, ein großes Volumen an Lebensversicherungen von einem möglichen Widerspruch betroffen. Auch mangels Einschränkungen auf der Rechtsfolgenseite oder Einwendungen aufgrund von Verwirkung oder Treuwidrigkeit durften Versicherungsnehmer und Verbraucherkanzleien zunächst glauben und erwarten, dass ein Widerspruch des Versicherungsvertrags und eine gerichtliche Durchsetzung in den meisten Fällen erfolgreich sein wird.

---

168 Vgl. zu Rückstellungen und dem Prozessrisiko *Osterloh-Konrad*, DStR 2003, 1631; *dies.*, DStR 2003, 1675; Grottel/Justenhoven/Kliem/Schubert/*Schubert*, § 249 HGB Rn. 45 ff.; zu versicherungstechnischen Rückstellungen im Speziellen, *Müller*, Finanzaufsicht im Versicherungswesen, S. 3 ff.

169 Grottel/Justenhoven/Kliem/Schubert/*Schubert*, § 249 HGB Rn. 48 ff.; *Osterloh-Konrad*, DStR 2003, 1631.

170 Zu den Details und den Einzelheiten der Berechnung einer solchen Rückstellung und den Mechanismen *Osterloh-Konrad*, DStR 2003, 1631 (1631 ff.).

171 *Osterloh-Konrad*, DStR 2003, 1631.

172 *Osterloh-Konrad*, DStR 2003, 1631.

Grenzen und Rechtsfolgen des ewigen Widerspruchsrechts im Lichte der deutschen und europäischen Rechtsprechung

Das ewige Widerspruchsrecht fand allerdings in einigen Fällen schnell seine Grenzen und der Versicherungsnehmer konnte sich nicht einfach auf einen Erfolg in seiner gerichtlichen Durchsetzung dieses Rechts verlassen. Denn die Versicherungen versuchten und versuchen immer noch, eine solche Durchsetzung um jeden Preis zu verhindern und bringen dabei verschiedene Einwände vor. Im Folgenden sind vor allem die Darstellung der Verteidigungslinien des BGH sowie ihre rechtliche Analyse und kritische Würdigung von Bedeutung. Beleuchtet werden dabei die verschiedenen Themenschwerpunkte, die der BGH bereits in seinem Urteil zum nicht ordnungsgemäß belehrten Versicherungsnehmer[1] juristisch eingeordnet hatte. Gerade diese sind immer wieder Schwerpunkte aktueller Judikatur und wurden oftmals bei einem anderen Einzelfall abweichend bewertet. Ersichtlich wird bereits an dieser Stelle ein immenses Spannungsfeld, welches sich in den Jahren nach 2011 und 2012 aufbaute.

A. Anforderungen an eine wirksame Widerspruchsbelehrung

Zunächst kann dabei eine ordnungsgemäß erfolgte Widerspruchsbelehrung eine Grenze darstellen. Dies wird insbesondere durch § 5a Abs. 2 S. 1 VVG a.F. definiert und vorgeschrieben. Kenntnis und vor allem Verständnis der Widerspruchsbelehrung sind essentiell, damit der Versicherungsnehmer

---

1 BGH v. 7.5.2014 – IV ZR 76/11, NJW 2014, 2646.

sein Widerspruchsrecht ausüben und somit ein Zustandekommen des Vertrags unterbinden kann.[2]

I. Anwendung durch die Rechtsprechung

Bei Aushändigung der Police muss der Versicherungsnehmer nach § 5a Abs. 2 S. 1 VVG a.F. schriftlich, in drucktechnisch deutlicher Form über das Widerspruchsrecht, den Fristbeginn und die Dauer belehrt worden sein. So dürfte eindeutig sein, welche Anforderungen ein Versicherer zu erfüllen hat, damit eine ordentliche Belehrung des Versicherungsnehmers erfolgt ist.[3] Jedoch rügen viele Versicherungsnehmer seit Kenntnis des ewigen Widerspruchsrechts, dass eine ordentliche Belehrung nie erfolgt sei und ihnen somit noch ein Widerspruchsrecht zustehe. Im Zuge dessen stellten die Gerichte gewisse Anforderungen an eine ordnungsgemäße Belehrung. Dies kann für den Versicherungsnehmer einerseits von Vorteil sein, wenn das jeweilige Gericht strenge Anforderungen stellt und der Versicherer diese bei Vertragsschluss nicht eingehalten hat. Andererseits kann dies auch eine Grenze des ewigen Widerspruchsrechts darstellen, indem die nationalen Gerichte gewisse Rügen der Versicherungsnehmer nicht zulassen und die Belehrung als wirksam einordnen.

Neben den gesetzlichen Anforderungen ist damit auch die Rechtsprechung bedeutend, da der Versicherungsnehmer im Falle einer unwirksamen Belehrung vom ewigen Widerspruchsrecht profitieren kann. Dabei ist oft fraglich, ob zunächst ein Fehler in der Belehrung vorliegt und ob im nächsten Schritt dieser ein ewiges Widerspruchsrecht auslösen kann.[4] Somit ist die

---

2 *Schwintowski*, VuR 2019, 330; vgl. allgemein zum Schutzzweck der Belehrung *D. Kramer*, Der Widerruf von Verbraucherdarlehen zwischen Rechtsdurchsetzung und Rechtsmissbrauch, S. 92 f.

3 Vgl. *Schwintowski*, VuR 2019, 330 (330 f.).

4 Damit das Gericht den Zugang der Unterlagen an sich als substanziiert bestritten bewertet, ist es nach überwiegender Ansicht nicht ausreichend, dass der Versicherungsnehmer den Zugang bloß mit Nichtwissen verneint. Dies gilt auch, obwohl der Versicherer den Zugang beweisen muss, dazu *Grote/Finkel*, NJW 2023, 341 (345). Der Versicherungsnehmer müsse alles ihm Zumutbare tun, um das Unwissen zu beseitigen. Diese ergriffenen Maßnahmen müsse er im Rahmen der sekundären Darlegungslast darlegen, so OLG Karlsruhe v. 19.1.2022 – 9 U 130/19, VuR 2022, 302. Im Sinne des § 286 ZPO gehen dabei widersprüchliche Einlassungen des Versicherungsnehmers zu seinen Lasten, *Armbrüster*, NJW 2014, 497 (498). In der Praxis könnte die Regelung des § 5a Abs. 2 S. 2 VVG a.F.

Rechtsprechung für beide Vertragsparteien äußerst relevant: zum einen für den Versicherungsnehmer, um zu prüfen, ob beim damaligen Vertragsschluss der Versicherer nicht ordnungsgemäß belehrt hat und somit ein Bereicherungsanspruch grundsätzlich bestehen würde. Zum anderen ist sie für den Versicherer von Bedeutung, um beurteilen zu können, wie viele Belehrungen fehlerhaft sein könnten und welches Volumen an Versicherungsverträgen damit potentiell betroffen ist.

Grundsätzlich ist zunächst festzuhalten, dass nach Ansicht des BGH die Entscheidung, ob die gesetzlichen Anforderungen des § 5a Abs. 2 S. 1 VVG a.F. formal sowie inhaltlich gewahrt wurden, der Tatrichter im Einzelfall zu tragen habe.[5] Aus seiner Sicht seien eigene Bewertungen über die Wirksamkeit einzelner Belehrungen nicht erforderlich, sondern Aufgabe der Tatrichter.[6]

Trotz dessen gibt es eine große Zahl an Entscheidungen der deutschen Judikatur, insbesondere auch durch den BGH, die sich zu den rechtlichen Anforderungen an eine ordnungsgemäße Belehrung und ihrer Folgen äußerte.[7] Bereits hieran wird deutlich, dass die Instanzgerichte und die Tatrichter viel Spielraum genießen, der BGH und die obergerichtliche Judikatur jedoch immer wieder eingreifen und ihre Linien aufstellen, an denen sich die Tatrichter orientieren sollen. Dies schaffte eine Rechtsunsicherheit bei den Versicherungsnehmern und Versicherern aufgrund einer divergierenden Rechtsprechung zwischen den jeweiligen OLG.[8]

II. Optische Anforderungen an die Wirksamkeit der Belehrung

Darzustellen sind zunächst die formalen, optischen Anforderungen an eine ordnungsgemäße Belehrung.

---

zu einem Missbrauch seitens des Versicherungsnehmers führen. Dennoch stellte sich dieses Problem in der Praxis nicht so häufig, da der Versicherungsnehmer in der Regel den Zugang des Versicherungsscheins zugibt und etwaige Belehrungsfehler angreift. Zudem konnte der Versicherer bereits damals durch gewisse Wege des Versands den Zugang nachweisen, so *Teilnehmer 1* – persönliches Interview vom 13.11.2024.

5 BGH v. 21.3.2018 – IV ZR 201/16, r + s 2018, 363.

6 BGH v. 21.3.2018 – IV ZR 201/16, r + s 2018, 363 Rn. 9; dazu BeckOK VVG/*Schepers*, § 5a VVG a.F. Rn. 4.

7 PHdB-VersProz/*Kipar/Schnepp*, § 10 Rn. 102.

8 *Zegowitz/Haferkorn*, VersR 2020, 1005 (1013). So auch *Teilnehmer 1* – persönliches Interview vom 13.11.2024; *Teilnehmer 2* – telefonisches Interview vom 19.11.2024.

1. Grundsätze des Gesetzes und des Schrifttums

Grundsätzlich ist es einhellige Meinung der Literatur, dass die Belehrung Teil der Police, also des Versicherungsscheins, sein könnte.[9] Allerdings bedurfte es der Schriftlichkeit und der drucktechnisch deutlichen Form, um den Anforderungen einer wirksamen Belehrung zu genügen, § 5a Abs. 2 S. 1 VVG a.F. Es steckte damit grundsätzliche Parameter ab, welche eine wirksame Belehrung mit sich bringen müsste.

2. Anwendung in der deutschen Judikatur

Insbesondere ab dem Jahr 2014 definierte die Rechtsprechung allerdings weitere Parameter. Die erforderlichen formalen und optischen Anforderungen seien dann erfüllt, wenn der Versicherungsnehmer – auch wenn er nicht nach der Belehrung sucht – von dieser Kenntnis nimmt.[10] Dies sei beispielsweise durch einen Kursivdruck der Belehrung erreicht.[11] Gleiches gelte, wenn die Belehrung mittels Fettdruck hervorgehoben wurde.[12] Entscheidend sei zwar auch die Frage des Einzelfalls, jedoch sei eine Belehrung beispielsweise durch ihren komplett durchgehenden Kursivdruck für den Versicherungsnehmer gut auffindbar gewesen und damit aufgrund ihrer Positionierung und Darstellung ordnungsgemäß.[13] Ebenso könne eine ausreichende Hervorhebung erreicht werden, wenn es sich bei der Belehrung um den einzig durchgehend unterstrichenen Text handelt und die Überschriften in großen Druckbuchstaben formatiert sind.[14]

Uneinheitlich in der deutschen Judikatur wurde die Frage behandelt, ob eine teilweise Hervorhebung durch Fettdruck ausreiche, um den

---

[9] *F. Maier*, in: Drees/Koch/Nell (Hrsg.), Das Widerrufsrecht als Element des Verbraucherschutzes unter besonderer Berücksichtigung des Versicherungsrechts, S. 1, 32; BeckOK VVG/*Schepers*, § 5a VVG a.F. Rn. 5 m.w.N.

[10] Das Urteil des BGH v. 28.1.2004 damit bestätigend, BGH v. 14.10.2015 – IV ZR 388/13, r + s 2015, 598; so auch Rüffer/Halbach/Schimikowski/*Brambach*, § 152 VVG Rn. 57.

[11] BGH v. 14.10.2015 – IV ZR 388/13, r + s 2015, 598 Rn. 11; BeckOK VVG/*Schepers*, § 5a VVG a.F. Rn. 25.

[12] Zum Fettdruck: OLG Stuttgart v. 27.10.2014 – 7 U 111/14, VersR 2015, 611 (612). Zum Kursivdruck: OLG Stuttgart v. 23.10.2014 – 7 U 256/13, VersR 2015, 609 (610). Dazu auch BeckOK VVG/*Schepers*, § 5a VVG a.F. Rn. 24.

[13] OLG Stuttgart v. 23.10.2014 – 7 U 256/13, VersR 2015, 609; im Gegensatz treffe diese Ansicht bei einer Belehrung inmitten der komplexen und langen Unterlagen ohne optische Hervorhebung nicht zu, BGH v. 9.1.2013 – IV ZR 197/11, BeckRS 2013, 01580.

[14] OLG Dresden v. 15.1.2018 – 4 U 1596/17, NJW 2018, 611 Rn. 14.

gesetzlichen Anforderungen und den Erwägungen des BGH[15] zu genügen. Der BGH entschied mehrmals, dass eine teilweise Hervorhebung durch Fettdruck nicht ausreiche[16] und fuhr somit eine verbraucherfreundliche Linie im Bereich der Widerspruchsbelehrung. Wenn lediglich der erste Satz durch Fettdruck hervorgehoben ist, der Rest jedoch nicht durch Fettdruck oder auf sonstige Weise, könne die Belehrung und insbesondere die Information zur rechtzeitigen Absendung übersehen werden.[17] Abweichend davon behandelten dies einige OLG und bewerteten eine solche Belehrung als wirksam und zutreffend.[18] Begründet wurde dies damit, dass durch den teilweisen Fettdruck die Aufmerksamkeit des Versicherungsnehmers ausreichend auf die Belehrung gelenkt werde und er dadurch sein Widerspruchsrecht wahrnehmen könne.[19] So wurde im Rahmen der Begründung auch darauf verwiesen, dass nach aktueller Rechtsprechung des BGH die Frage der Wirksamkeit der Belehrung im Spielraum der tatrichterlichen Beurteilung liege. Daher wurden in diesen Entscheidungen auch Erwägungen abweichend von den vorangegangenen BGH-Entscheidungen getroffen.[20] Eine erneute höchstrichterliche Entscheidung ist aufgrund des dem Tatrichter überlassenen Beurteilungsspielraums wohl nicht zu erwarten.

III. Inhaltliche Anforderungen an die Wirksamkeit der Belehrung

Neben den optischen Belehrungsfehlern stellen insbesondere inhaltliche Belehrungsfehler einen Schwerpunkt der Verfahren um das Policenmodell dar.

---

15 Zum Urteil des BGH v. 28.1.2004 unter Kap. 2 A. I. 1.

16 BGH v. 14.10.2015 – IV ZR 284/12, r + s 2015, 597; v. 14.10.2015 – IV ZR 341/12, BeckRS 2015, 17675 Rn. 12; v. 11.11.2015 – IV ZR 412/14, BeckRS 2015, 19665 Rn. 12; v. 7.9.2016 – IV ZR 174/14, BeckRS 2016, 16642; dazu instruktiv BeckOK VVG/*Schepers*, § 5a VVG a.F. Rn. 24.

17 BGH v. 14.10.2015 – IV ZR 284/12, r + s 2015, 597 Rn. 12; v. 14.10.2015 – IV ZR 341/12, BeckRS 2015, 17675 Rn. 12; v. 11.11.2015 – IV ZR 412/14, BeckRS 2015, 19665; v. 7.9.2016 – IV ZR 174/14, BeckRS 2016, 16642 Rn. 12

18 OLG München v. 28.8.2015 – 25 U 2492/14, BeckRS 2016, 12282.

19 OLG München v. 28.8.2015 – 25 U 2492/14, BeckRS 2016, 12282 Rn. 17.

20 So zum Beispiel, dass Verweise der Versicherungsnehmerseite auf frühere BGH-Rechtsprechung nichts an der Beurteilung der dem OLG vorliegenden Belehrung ändern würde, da dies der Spielraum des Tatrichters ist, OLG Dresden v. 28.4.2022 – 4 U 2762/21, NJOZ 2022, 1520 Rn. 3.

Relevant für Versicherungsnehmer und Versicherer sind daher die inhaltlichen Anforderungen an eine wirksame Belehrung.

Entscheidend ist dabei auch, welche jeweilige Fassung der drei Fassungen[21] des § 5a VVG a.F. zum Zeitpunkt des Abschlusses des Versicherungsvertrags gültig war – denn daraus ergeben sich unterschiedliche Anforderungen an die Belehrung. Dabei müsse die Belehrung darauf hinweisen, dass der Versicherungsvertrag auf Grundlage des Versicherungsscheins, den Versicherungsbedingungen sowie der Verbraucherinformation im Sinne des § 10a VAG a.F. als abgeschlossen gelte, wenn der Versicherungsnehmer nicht widerspreche.[22]

1. Fehlerhafter und fehlender Hinweis auf die Form des Widerspruchs

Ein Themenkomplex, mit welchem sich die Gerichte bereits vor dem EuGH-Urteil aus dem Jahr 2013 beschäftigten, war der der Form des Widerspruchs und des Hinweises in der Belehrung auf diesen.

a) BGH v. 10.6.2015 – IV ZR 105/13

Eine erste Entscheidung des BGH erging dazu im Jahr 2015.[23] Vorliegend verlangte eine Versicherungsnehmerin die Rückzahlung von Versicherungsbeiträgen, welche sie auf zwei Rentenversicherungen, die nach dem Policenmodell Ende des Jahres 2004 abgeschlossen wurden, zahlte.[24] Nach Kündigung der Verträge und der darauffolgenden Auskehrung des Rückkaufswerts erklärte sie den Widerspruch. Sie stützte dies auf eine nach ihrer Sicht unwirksam erfolgte Belehrung.[25] Nach Abweisung der Klage durch das AG Frankfurt a. M.[26] und der Zurückweisung der Berufung durch das OLG Frankfurt a. M.[27] hatte

---

21 Zum Inhalt und der Historie der Fassungen des § 5a VVG a.F. unter Kap. 1 E.

22 BGH v. 23.9.2015 – IV ZR 496/14, r + s 2015, 538 Rn. 12; v. 29.7.2015 – IV ZR 497/14, BeckRS 2015, 14062 Rn. 12.

23 BGH v. 10.6.2015 – IV ZR 105/13, NJW 2015, 2733.

24 BGH v. 10.6.2015 – IV ZR 105/13, NJW 2015, 2733; dazu auch *P. Koch*, LMK 2015, 371071.

25 BGH v. 10.6.2015 – IV ZR 105/13, NJW 2015, 2733.

26 AG Frankfurt a. M. v. 27.3.2012 – 31 C 113/12/74 (unveröffentlicht).

27 OLG Frankfurt a. M. v. 14.2.2013 – 23 S 9/12, BeckRS 2015, 11073.

auch die Revision keinen Erfolg.[28] Die Versicherungsnehmerin habe hier mit Rechtsgrund die Versicherungsbeiträge geleistet, da die Bedingungen für das Zustandekommen der Verträge – folglich durch Zugang von Versicherungsscheinen, -bedingungen, -informationen sowie zwei ordnungsgemäßen Belehrungen – gewahrt seien. Insbesondere sei der Begriff der Textform in einer Belehrung ausreichend für ihre Wirksamkeit und nicht erläuterungsbedürftig.[29] Der BGH begründete dies damit, dass ein Versicherungsnehmer auch ohne Kenntnis des § 126b BGB verstehen könne, dass der Widerspruch in lesbarerer Form, in Schriftzeichen zur dauerhaften Wiedergabe verfasst werden und dabei den Urheber erkennen lassen müsse.[30]

b) BGH v. 15.7.2015 – IV ZR 386/13

Eine weitere Entscheidung des BGH betreffend die inhaltlichen Anforderungen steht fast schon sinnbildlich für die Entstehung des kommerziellen Massenphänomens Policenmodell. Wieder einmal erging hier eine einzelfallorientierte, äußerst verbraucherfreundliche Entscheidung, die Verbraucherkanzleien für sich nutzen konnten. Man erkennt an dieser Entscheidung, dass die Belehrung eine Vielzahl von Angriffspunkten bietet, welche ausgenutzt werden (können).

aa) Entscheidung

Laut dem BGH sei hier entgegen der Ansicht des Berufungsgerichts die Widerspruchsbelehrung inhaltlich nicht ordnungsgemäß erfolgt, da über die Widerspruchsfrist nicht ordnungsgemäß belehrt worden sei.[31] In der ab dem 8.12.2004 gültigen Fassung des § 5a VVG a.F. betrug die Frist für den Widerspruch für Lebens- und auch davon umfasste Rentenversicherungsverträge 30 Tage. Vorliegend hat der Versicherer eine Frist von einem Monat angegeben, was inhaltlich einen Belehrungsfehler darstelle.[32] Denn die

---

[28] BGH v. 10.6.2015 – IV ZR 105/13, NJW 2015, 2733.

[29] BGH v. 10.6.2015 – IV ZR 105/13, NJW 2015, 2733 Rn. 11; dies einordnend MAH VersR/*Leithoff*, § 25 Rn. 363; BeckOK VVG/*Schepers*, § 5a VVG a.F. Rn. 10; dem zustimmend *P. Koch*, LMK 2015, 371071.

[30] BGH v. 10.6.2015 – IV ZR 105/13, NJW 2015, 2733 Rn. 11.

[31] BGH v. 15.7.2015 – IV ZR 386/13, BeckRS 2015, 13132 Rn. 12.

[32] BGH v. 15.7.2015 – IV ZR 386/13, BeckRS 2015, 13132 Rn. 12; dazu BeckOK VVG/*Schepers*, § 5a VVG a.F. Rn. 8.

vorgeschriebene Frist von 30 Tagen könne nicht einem Monat entsprechen, da ein Monat auch 28 oder 29 Tage haben könne. Daran ändere auch die Tatsache nichts, dass das Policenbegleitschreiben, welches die Belehrung umfasste, im November abgefasst wurde und der November 30 Tage hat. Die Belehrung müsse die Frist unabhängig vom Zeitpunkt ihrer Abfassung oder ihres Zugangs richtig angeben.[33] Durch die teleologische Reduktion des § 5a Abs. 2 S. 4 VVG a.F. im Falle einer nicht ordnungsgemäßen Belehrung resultiere auch hier ein fortbestehendes Widerspruchsrecht, an welchem weder eine vorangegangene Kündigung noch die beiderseits vollständige Leistungserbringung etwas ändere.[34]

bb) Bewertung

Mit dem Urteil erging wiederum eine äußerst versicherungsnehmerfreundliche und das Massengeschäft Policenmodell fördernde Entscheidung. Dies wurde im Schrifttum teils kritisch gesehen, da die hier fragwürdige Belehrung nicht in den Monat Februar fiel, sondern in den November und somit die Frist des Monats der des Novembers entsprach.[35] Damit laufe der Fall von fehlender und fehlerhafter Belehrung fast schon gleich und löse ähnliche Folgen aus.[36] Insofern ist fraglich, ob ein Versicherungsnehmer wirklich durch diesen inhaltlichen Belehrungsfehler darin beeinträchtigt wurde, sein Widerspruchsrecht auszuüben. Die Situation dieses fehlerhaft belehrten Versicherungsnehmers – dessen Frist im Februar ein oder zwei Tage länger sein könnte – lasse sich nicht mit einem gar nicht belehrten Versicherungsnehmer vergleichen.[37] Die Entscheidung des BGH war also streng.[38]

Auf der anderen Seite ist durchaus positiv zu bewerten, dass der IV. Zivilsenat durch diese Argumentationslinie eine transparente und klare Haltung vermittelte, statt sich bei jedem neuen Sachverhalt einzelfallorientiert

---

33 BGH v. 15.7.2015 – IV ZR 386/13, BeckRS 2015, 13132 Rn. 12; dazu Rüffer/Halbach/Schimikowski/*Brambach*, § 152 VVG Rn. 51.

34 BGH v. 15.7.2015 – IV ZR 386/13, BeckRS 2015, 13132 Rn. 14 ff.

35 So *Burtscher*, EuZW 2020, 317 (319).

36 Das vom BGH getroffene Ergebnis lasse sich zudem so nicht aus dem Europarecht herleiten, da nach diesem eine Frist von einem Monat ausreiche, so *Burtscher*, EuZW 2020, 317 (319).

37 *Burtscher*, EuZW 2020, 317 (319).

38 So *Grote*, NJW 2023, 1667.

einschalten zu müssen. Zudem ist zutreffend, dass die Angabe der Monatsfrist grundsätzlich nicht der gesetzlich vorgesehenen 30-tägigen Frist entspricht. Der Versicherungsnehmer darf sich auf eine nicht ordnungsgemäß erfolgte Belehrung zurecht stützen.

c) BGH v. 27.1.2016 – IV ZR 130/15

Der BGH bekräftigte seine strenge Linie hinsichtlich der inhaltlichen Belehrungsfehler mit einem nachfolgenden Urteil.[39] Er verwies dabei auf sein Urteil vom 28.1.2004[40]. Der fehlende Hinweis auf die gesetzlich vorgesehene Schriftform stelle einen inhaltlichen Fehler dar.[41] Eine ordnungsgemäße Belehrung, auch im Lichte des hier angenommenen Fehlers, sei vorliegend nicht ausnahmsweise entbehrlich, da der Versicherungsnehmer durch einen Versicherungsmakler beraten wurde.[42] Denn die „Frage der Ordnungsgemäßheit der Belehrung [sei] abstrakt zu beurteilen“[43]. Dabei spiele es keine Rolle, ob der Versicherungsnehmer im Einzelfall von seinem Widerspruchsrecht weiß, auch wenn er fehlerhaft belehrt wurde.[44] Damit bekräftigte er, wie im Fall der Monatsfrist, nicht den einzelnen Versicherungsnehmer und seine potentielle Kenntnis des Widerspruchsrechts zu bewerten.[45]

d) EuGH v. 19.12.2019 – C-355/18, C-356/18, C-357/18, C-479/18 (Rust-Hackner)

Für die deutsche Rechtsprechung und ihre Entwicklung hinsichtlich der Verteidigungslinien ist auch die europäische Rechtsprechung von großer Bedeutung. Im Jahr 2019 ist ein EuGH-Urteil mit inhaltlichem Schwerpunkt zu der Rücktrittsfrist bei einem Lebensversicherungsvertrag ergangen,[46] welches erheblichen Einfluss auf die deutsche Rechtsprechung hatte. Fraglich ist, ob

---

[39] BGH v. 27.1.2016 – IV ZR 130/15, r + s 2016, 230; so auch *Grote*, NJW 2023, 1667.

[40] BGH v. 28.1.2004 – IV ZR 58/03, NJW-RR 2004, 751.

[41] BGH v. 27.1.2016 – IV ZR 130/15, r + s 2016, 230 Rn. 14 f.

[42] BGH v. 27.1.2016 – IV ZR 130/15, r + s 2016, 230 Rn. 15.

[43] BGH v. 27.1.2016 – IV ZR 130/15, r + s 2016, 230 Rn. 15; *Harsdorf-Gebhardt*, r + s 2016, 433 (443).

[44] BGH v. 27.1.2016 – IV ZR 130/15, r + s 2016, 230 Rn. 15.

[45] *Grote*, NJW 2023, 1667.

[46] EuGH v. 19.12.2019 – C-355/18, C-356/18, C-357/18, C-479/18 (*Rust-Hackner ua/Nürnberger Versicherung Aktiengesellschaft Österreich sowie weitere*), NJW 2020, 667.

Teile der Annahmen aus dieser Entscheidung auf die nationale Rechtsprechung zu übertragen sind und ob Gerichte dies bereits durchführen. Zwar liegt dem Urteil ein österreichischer Sachverhalt zugrunde,[47] jedoch sind diese Annahmen auch für die deutsche Judikatur höchst relevant.[48] Grund für die Entscheidung des EuGH waren Folgefragen, welche im Anschluss an die *Endress*-Entscheidung entstanden und durch österreichische Gerichte im Gegensatz zu den deutschen Gerichten dem EuGH vorgelegt wurden.[49]

aa) Sachverhalt

Das vorliegende Urteil befasste sich mit der Auslegung von Art. 15 Zweite Richtlinie Leben, Art. 31 Dritte Richtlinie Leben, Art. 35 Abs. 1, 36 Richtlinie Leben 2002, und Art. 185 Abs. 1, 186 Abs. 1 der Richtlinie Solvabilität II[50].[51] Grundlage dessen waren sieben Rechtsstreitigkeiten, bei denen jeweils die „Tragweite und die Frist für die Ausübung eines Rechts auf Rücktritt[52] von einem Lebensversicherungsvertrag“[53] im Mittelpunkt standen. Dabei erklärten die Versicherungsnehmer nach jahrelanger Ausübung des Vertrags den Rücktritt, da die Belehrung zur Wirksamkeit des Rücktritts die Schriftform vorsah, obwohl das Gesetz dies nicht voraussetzte.[54] Problematisch und Grundlage der Entscheidung war damit die Frage, ob alleine dieser Fehler bereits zu einem fortbestehenden Rücktrittsrecht führe, obwohl der Versicherungsnehmer über den Bestand seines Rechts an sich nicht getäuscht

---

47 *Ebers*, NJW 2020, 674; *Schauer*, ÖJZ 2019, 993; *T. Lange*, VersR 2020, 351.

48 So *Grote/Finkel*, NJW 2020, 374; MüKo-VVG/*Eberhardt*, § 8 VVG Rn. 105.

49 *Burtscher*, EuZW 2020, 317; *Schauer*, ÖJZ 2019, 993.

50 Art. 185 dieser Richtlinie statuiert die Informationen, welche dem Versicherungsnehmer vor Abschluss des Lebensversicherungsvertrags mitzuteilen sind. Art. 186 stellt den Rücktrittszeitraum auf und normiert eine Rücktrittsfrist zwischen 14 und 30 Tagen, um von einem individuellen Lebensversicherungsvertrag zurückzutreten.

51 EuGH v. 19.12.2019 – C-355/18, C-356/18, C-357/18, C-479/18 *(Rust-Hackner ua/Nürnberger Versicherung Aktiengesellschaft Österreich sowie weitere)*, NJW 2020, 667.

52 Der EuGH verwendet hier den Begriff des Rücktritts, wie dieser auch in den Richtlinien statuiert wird. Im nationalen, deutschen Recht entspricht dies dem Widerspruchsrecht nach § 5a VVG a.F.

53 EuGH v. 19.12.2019 – C-355/18, C-356/18, C-357/18, C-479/18 *(Rust-Hackner ua/Nürnberger Versicherung Aktiengesellschaft Österreich sowie weitere)*, NJW 2020, 667 (667 f.).

54 EuGH v. 19.12.2019 – C-355/18, C-356/18, C-357/18, C-479/18 *(Rust-Hackner ua/Nürnberger Versicherung Aktiengesellschaft Österreich sowie weitere)*, NJW 2020, 667 (668).

wird.[55] Geklärt wurde ferner, ob eine Ausübung des Rücktrittsrechts auch nach bereits erfolgter Kündigung zulässig ist. Dagegen könnten die Erwägungen sprechen, dass ein danach erfolgter Rücktritt nicht im Sinne des Verbraucherschutzes sein könne, da keine Verpflichtungen mehr aus der Lebensversicherung entstehen, aus welchen sich ein Versicherungsnehmer lösen könnte und somit lediglich Spekulationsmöglichkeiten zuungunsten der Versicherungswirtschaft darstelle.[56] Zudem waren die jeweiligen Bereicherungsansprüche und ihre Höhe, insbesondere im Hinblick auf die zurückzuerstattenden Prämien und Kosten, zu prüfen.[57]

bb) Entscheidung

Der EuGH ließ den Mitgliedstaaten Spielraum, die nationalen Modalitäten des Rücktrittsrechts zu regeln, solange die praktische Wirksamkeit hinsichtlich des Zwecks der Richtlinien eingehalten wird.[58] Dabei übertrug der EuGH in dieser Entscheidung die in der *Endress*-Entscheidung getroffenen Erwägungen im Hinblick auf den Informationszweck und der Schaffung einer Produktvielfalt für den einzelnen Versicherungsnehmer auf die Richtlinie Leben 2002 sowie die Richtlinie Solvabilität II, indem er ein Erlöschen des Rücktrittsrechts auch nach diesen Richtlinien als unionswidrig einstuft.[59] Der Gerichtshof stellte klar, dass die Frist des Versicherungsnehmers bei fehlender Kenntnis von seinem Recht mangels erhaltener Informationen nicht in Gang gesetzt werde.[60] Weiterhin sei der Versicherungsnehmer eindeutig und detailliert schriftlich über die Einzelheiten seines Rechts zu belehren, um einen

---

55 EuGH v. 19.12.2019 – C-355/18, C-356/18, C-357/18, C-479/18 *(Rust-Hackner ua/Nürnberger Versicherung Aktiengesellschaft Österreich sowie weitere)*, NJW 2020, 667 (668).

56 EuGH v. 19.12.2019 – C-355/18, C-356/18, C-357/18, C-479/18 *(Rust-Hackner ua/Nürnberger Versicherung Aktiengesellschaft Österreich sowie weitere)*, NJW 2020, 667 (668).

57 EuGH v. 19.12.2019 – C-355/18, C-356/18, C-357/18, C-479/18 *(Rust-Hackner ua/Nürnberger Versicherung Aktiengesellschaft Österreich sowie weitere)*, NJW 2020, 667 (668 f.).

58 EuGH v. 19.12.2019 – C-355/18, C-356/18, C-357/18, C-479/18 *(Rust-Hackner ua/Nürnberger Versicherung Aktiengesellschaft Österreich sowie weitere)*, NJW 2020, 667 Rn. 62.

59 EuGH v. 19.12.2019 – C-355/18, C-356/18, C-357/18, C-479/18 *(Rust-Hackner ua/Nürnberger Versicherung Aktiengesellschaft Österreich sowie weitere)*, NJW 2020, 667 Rn. 63 ff.; v. 19.12.2013 – C-209/12 *(Walter Endress/Allianz Lebensversicherungs-AG)*, NJW 2014, 452 Rn. 24.

60 EuGH v. 19.12.2019 – C-355/18, C-356/18, C-357/18, C-479/18 *(Rust-Hackner ua/Nürnberger Versicherung Aktiengesellschaft Österreich sowie weitere)*, NJW 2020, 667 Rn. 65 ff.; dies einordnend *T. Lange*, VersR 2020, 351.

wirksamen Rücktritt vom Vertrag zu gewährleisten.[61] Dies betrifft insbesondere auch die Form, wenn der Mitgliedstaat eine solche normiert. Eine sich von der gesetzlichen Vorgabe unterscheidende Form könne dabei als unwirksam eingeordnet werden.[62] Die Belehrung müsse keinen Hinweis auf eine Formfreiheit enthalten.[63] Wenn der Versicherungsnehmer über eine nach nationalem Recht zu strenge Form belehrt wird, werde er nicht im gleichen Maße beeinträchtigt wie der gar nicht belehrte Versicherungsnehmer und könne daher nicht von einem fortbestehenden Lösungsrecht profitieren.[64] Der EuGH betonte, dass nicht jede unrichtige Information über die Form als fehlerhaft einzuordnen sei, solange dem Versicherungsnehmer „durch die Belehrung, auch wenn diese fehlerhaft ist, nicht die Möglichkeit genommen wird, sein Rücktrittsrecht im Wesentlichen unter denselben Bedingungen wie bei zutreffender Belehrung auszuüben"[65]. Der Gerichtshof begründete dies mit einer sonst entstehenden Unverhältnismäßigkeit zum Nachteil der Versicherungen sowie der Wahrung der praktischen Wirksamkeit der Ziele der Richtlinien.[66] Bei der Betrachtung dieser Formel sollen die nationalen Gerichte den Rechtsrahmen des eigenen Landes sowie den jeweiligen Einzelfall beachten.[67]

---

[61] EuGH v. 19.12.2019 – C-355/18, C-356/18, C-357/18, C-479/18 *(Rust-Hackner ua/Nürnberger Versicherung Aktiengesellschaft Österreich sowie weitere)*, NJW 2020, 667 Rn. 70 f.; dazu *Graf von Westphalen*, BB 2023, 1091 (1092); der Versicherungsnehmer müsse daher genau über sein Recht belehrt werden, *Schwintowski*, VuR 2019, 330 (331).

[62] EuGH v. 19.12.2019 – C-355/18, C-356/18, C-357/18, C-479/18 *(Rust-Hackner ua/Nürnberger Versicherung Aktiengesellschaft Österreich sowie weitere)*, NJW 2020, 667 Rn. 72.

[63] EuGH v. 19.12.2019 – C-355/18, C-356/18, C-357/18, C-479/18 *(Rust-Hackner ua/Nürnberger Versicherung Aktiengesellschaft Österreich sowie weitere)*, NJW 2020, 667 Rn. 73 ff.

[64] EuGH v. 19.12.2019 – C-355/18, C-356/18, C-357/18, C-479/18 *(Rust-Hackner ua/Nürnberger Versicherung Aktiengesellschaft Österreich sowie weitere)*, NJW 2020, 667 Rn. 77 ff.; dazu instruktiv *T. Lange*, VersR 2020, 351 (351 f.).

[65] EuGH v. 19.12.2019 – C-355/18, C-356/18, C-357/18, C-479/18 *(Rust-Hackner ua/Nürnberger Versicherung Aktiengesellschaft Österreich sowie weitere)*, NJW 2020, 667 Rn. 79; dem zustimmend *Gsell*, ZfPW 2022, 130 (152); dazu auch BeckOGK BGB/*Kähler*, § 242 BGB Rn. 1817; Staudinger/*Looschelders/Olzen*, § 242 BGB Rn. 1250; BeckOK VVG/*Schepers*, § 5a VVG a.F. Rn. 42.

[66] EuGH v. 19.12.2019 – C-355/18, C-356/18, C-357/18, C-479/18 *(Rust-Hackner ua/Nürnberger Versicherung Aktiengesellschaft Österreich sowie weitere)*, NJW 2020, 667 Rn. 79 f.; diese Argumentation begrüßend MüKo-VVG/*Eberhardt*, § 8 VVG Rn. 40.

[67] EuGH v. 19.12.2019 – C-355/18, C-356/18, C-357/18, C-479/18 *(Rust-Hackner ua/Nürnberger Versicherung Aktiengesellschaft Österreich sowie weitere)*, NJW 2020, 667 Rn. 81.

cc) Bewertung

Der EuGH unterschied zunächst zwischen geringfügigen und nicht geringfügigen Fehlern – er differenzierte somit anhand des Informationszwecks.[68] Im Schrifttum erhielt die Entscheidung teils Zuspruch, da durch die Unterscheidung nach der Schwere der Fehler die Sanktion des ewigen Widerspruchsrechts beschränkt werde.[69] Auffällig ist, dass in der Entscheidung keine konkreten Beispiele genannt werden, sondern lediglich der rechtliche Rahmen definiert wird. Innerhalb dieses kann der BGH somit seine Entscheidungen treffen.[70] Im engeren Sinne war jedoch ohnehin keine Änderung der Argumentationslinie durch den BGH zu erwarten, da er bisher nach Auffassung einiger lediglich in Fällen gravierender Fehler zu entscheiden hatte.[71] Die Entscheidung des EuGH hinsichtlich des Hinweises auf die Form bedeutete keine Änderung für die deutsche Judikatur, da das nationale, deutsche Recht abweichend vom österreichischen Recht ohnehin eine besondere Form verlangt.[72]

e) BGH v. 15.2.2023 – IV ZR 353/21

Eine Umsetzung dieser EuGH-Rechtsprechung durch den BGH folgte mit zwei Urteilen aus dem Jahr 2023, in denen er sich mit der Geringfügigkeit eines Belehrungsfehlers und den Folgen auseinandersetzte. Zunächst soll das Urteil des IV. Zivilsenats vom 15.2.2023 beleuchtet werden.[73]

In dieser Entscheidung wurden die drei maßgeblichen Versicherungsverträge im Jahr 2002 geschlossen. Die zu diesem Zeitpunkt gültige Fassung des § 5a VVG a.F. sah beim Widerspruch lediglich Textform statt Schriftform vor.[74] Das Begleitschreiben enthielt jeweils eine Belehrung, welche die rechtzeitige Absendung des Widerspruchs zur Wahrung der Frist genügen

---

68 *Burtscher*, EuZW 2020, 317 (319); so bereits damals *Heyers*, NJW 2014, 2619 (2621).
69 *Gsell*, ZfPW 2022, 130 (152).
70 *T. Lange*, VersR 2020, 351 (352); *Gal*, JZ 79 (2024), 199 (200).
71 *Burtscher*, EuZW 2020, 317 (320) m.w.N.
72 *Burtscher*, EuZW 2020, 317 (320).
73 BGH v. 15.2.2023 – IV ZR 353/21, NJW 2023, 1659. An dieser Stelle der Arbeit erfolgt lediglich eine Untersuchung im Hinblick auf die Einordnung des Belehrungsfehlers an sich. Eine Darstellung und Bewertung hinsichtlich eines potentiellen Verstoßes gegen den Grundsatz von Treu und Glauben erfolgt unter Kap. 3 B.
74 BGH v. 15.2.2023 – IV ZR 353/21, NJW 2023, 1659; dazu *Karczewski*, r + s 2024, 193 (193 f.).

ließ. Die dort enthaltene Belehrung forderte jedoch zur Wirksamkeit des Widerspruchs die Schriftform.[75] Der Widerspruch erfolgte jeweils erst nach bereits ergangener Kündigung und Auszahlung des Rückkaufswerts.[76] Das LG Berlin hat die Klage zunächst abgewiesen.[77] Das KG hat die Berufung nach Hinweisbeschluss[78] zurückgewiesen.[79] Der BGH lehnte die Ansprüche der Versicherungsnehmer ebenso ab.[80]

Der BGH sah einen Mangel in der unrichtigen Information über die Form der Erklärung des Widerspruchs.[81] Durch die fehlerhafte Belehrung werde dem Versicherungsnehmer aber nicht die Möglichkeit genommen, sein Widerspruchsrecht im Wesentlichen unter denselben Bedingungen wie bei zutreffender Belehrung auszuüben. Unter Beachtung der von dem EuGH durch die *Rust-Hackner*-Entscheidung vorgegebenen Voraussetzungen wäre es unverhältnismäßig, ihm zu ermöglichen, sich von den Verpflichtungen aus einem in gutem Glauben geschlossenen Vertrag zu lösen. Es liege lediglich ein geringfügiger Belehrungsfehler vor. Dieser stehe einer Ausübung des Widerspruchsrechts nach § 242 BGB entgegen.[82] Der BGH stützte dabei seine Argumentation auf den Grundsatz von Treu und Glauben nach § 242 BGB und sieht einen geringfügigen Fehler als „im Ergebnis folgenlose Verletzung der Pflicht des Versicherers zur ordnungsgemäßen Belehrung“[83] an.

---

75 BGH v. 15.2.2023 – IV ZR 353/21, NJW 2023, 1659.

76 BGH v. 15.2.2023 – IV ZR 353/21, NJW 2023, 1659.

77 LG Berlin v. 22.10.2020 – 24 O 26/20 (unveröffentlicht).

78 KG v. 15.6.2021 – 6 U 1139/20, BeckRS 2021, 61036.

79 KG v. 9.7.2021 – 6 U 1139/20 (unveröffentlicht).

80 BGH v. 15.2.2023 – IV ZR 353/21, NJW 2023, 1659; siehe auch *Karczewski*, r + s 2024, 193 (194).

81 BGH v. 15.2.2023 – IV ZR 353/21, NJW 2023, 1659 Rn. 11; dazu Rüffer/Halbach/Schimikowski/*Brambach*, § 152 VVG Rn. 109.

82 BGH v. 15.2.2023 – IV ZR 353/21, NJW 2023, 1659 Rn. 14. Näher zum Einwand des Grundsatzes von Treu und Glauben, auch im Rahmen dieser Entscheidung, unter Kap. 3 B.; zustimmend *Graf von Westphalen*, BB 2023, 1091 (1093); dazu auch BeckOGK BGB/*Kähler*, § 242 BGB Rn. 1836; Rüffer/Halbach/Schimikowski/*Brambach*, § 152 VVG Rn. 109; kritisch dazu *Fischer*, der im ewigen Widerspruchsrecht eine Folge „fundamentalistischer Verbraucherideologie“ sieht, weshalb der BGH dies ohne Treu und Glauben und alleine mit dem Ablauf der ursprünglichen 14-tägigen Frist hätte begründen sollen, siehe *Fischer*, WM 2023, 1491 (1492 f.).

83 BGH v. 15.2.2023 – IV ZR 353/21, NJW 2023, 1659 Rn. 16; dazu auch BeckOK VVG/*Schepers*, § 5a VVG a.F. Rn. 50.

Der Versicherungsnehmer könne den Widerspruch innerhalb der gesetzlichen Frist des § 5a Abs. 1 S. 1 VVG a.F. erklären.[84] Durch die strengere Formvorgabe sei gerade keine Gefahr gegeben, dass der Versicherungsnehmer formunwirksam widersprechen könnte.[85] Eine in der Schriftform oder auch in Textform erfolgte Erklärung genüge den gesetzlichen Anforderungen der ab dem 1.8.2001 gültigen Fassung des § 5a Abs. 1 S. 1 VVG a.F. Außerdem sei die Schriftform für den Versicherungsnehmer ohne unzumutbare Hindernisse einzuhalten, wie es auch in der Zeit vor der Änderung der Fassung des § 5a VVG a.F. der Fall war.[86]

f) BGH v. 15.3.2023 – IV ZR 40/21

Abgrenzend dazu[87] erfolgte daraufhin ein Urteil des BGH, welches sich ebenso mit den Anforderungen an eine wirksame Widerspruchsbelehrung und der Frage der Geringfügigkeit von Belehrungsfehlern beschäftigte. In diesem Fall enthielt der Versicherungsschein eine durch Fettdruck hervorgehobene Widerspruchsbelehrung. Diese verwies darauf, dass zur Wahrung der 14-tägigen Frist die rechtzeitige Absendung des Widerspruchs genügt.[88]

Der BGH nahm einen Fehler in der Widerspruchsbelehrung an, da auf die Textform nicht hingewiesen wurde. So könne der Kläger nicht erkennen, dass diese Form erforderlich ist.[89] Allerdings lehnte der BGH die Einordnung des Belehrungsfehlers als geringfügig ab.[90] Eine Belehrung, welche mangels Hinweises auf die nach § 5a Abs. 1 S. 1 VVG a.F. in der ab 1.8.2001 gültigen Fassung notwendige Textform, fehlerhaft ist, beeinträchtige den Versicherungsnehmer in seiner Widerspruchserklärung mehr als nur unerheblich. Denn dieser könne keine Kenntnis von der erforderlichen

---

84 BGH v. 15.2.2023 – IV ZR 353/21, NJW 2023, 1659 Rn. 16.

85 BGH v. 15.2.2023 – IV ZR 353/21, NJW 2023, 1659 Rn. 21; zustimmend BeckOGK BGB/*Kähler*, § 242 BGB Rn. 1836.1; dazu auch Rüffer/Halbach/Schimikowski/*Brambach*, § 152 VVG Rn. 109.

86 BGH v. 15.2.2023 – IV ZR 353/21, NJW 2023, 1659 Rn. 22; abhängig von den Umständen des Einzelfalls sei dies allerdings gegebenenfalls anders zu bewerten, so BeckOK VVG/*Schepers*, § 5a VVG a.F. Rn. 50

87 *Grams*, FD-VersR 2023, 456955; *Graf von Westphalen*, BB 2023, 1091 (1094).

88 BGH v. 15.3.2023 – IV ZR 40/21, NJW 2023, 1664; *Karczewski*, r + s 2024, 193 (196 f.).

89 BGH v. 15.3.2023 – IV ZR 40/21, NJW 2023, 1664 Rn. 10.

90 BGH v. 15.3.2023 – IV ZR 40/21, NJW 2023, 1664 Rn. 11; kritisch dazu *Graf von Westphalen*, BB 2023, 1091 (1094).

Form haben.[91] Diesen Fehler stellte der BGH insbesondere dem ordnungsgemäß belehrten Versicherungsnehmer gegenüber. Der Zweck der Widerspruchsbelehrung liegt in der klaren und einfach verständlichen Information für einen Versicherungsnehmer, wie dieser eine wirksame Widerspruchserklärung abgeben kann.[92] Ein fehlender Hinweis auf das hier vorliegende Formerfordernis könne also zu einem unwirksamen Widerspruch führen.[93] Der alleinige Hinweis, dass die rechtzeitige Absendung des Widerspruchs zur Wahrung der Frist ausreicht, könne auch dazu führen, dass der Versicherungsnehmer einen formlosen Widerspruch als wirksam ansieht.[94] Der Versicherungsnehmer wisse nicht, dass der Widerspruch einer Form bedarf – insbesondere beziehe sich der zweite Teil der Belehrung vielmehr auf die Frist sowie den richtigen Zeitpunkt der Absendung und nicht auf die Form des Widerspruchs.[95] Der BGH begründete dies weiterhin damit, dass die Formulierung nicht nur eine Absendung in Schriftform oder Textform bedeuten könne, sondern auch Erklärungen in Ton- oder Videoformat.[96] Diese könnte der Versicherungsnehmer als Datei in einer E-Mail anhängen oder als körperlichen Datenträger wie einen USB-Stick an den Versicherer übersenden. Dadurch wären jedoch weder die Text- noch Schriftform eingehalten, da die Daten nicht in Schriftzeichen zu erkennen sind.[97]

g) Bewertung

Durch diese Entscheidungen nahm der BGH folglich eine Abgrenzung vor. Zusammenfassend ist der fälschliche Hinweis auf die strengere Schriftform als geringfügiger Fehler einzuordnen und daher unschädlich.[98] Dagegen hindert der

---

[91] BGH v. 15.3.2023 – IV ZR 40/21, NJW 2023, 1664 Rn. 14; dazu *Fischer*, WM 2023, 1491 (1492).

[92] BGH v. 15.3.2023 – IV ZR 40/21, NJW 2023, 1664 Rn. 14; kritisch zur Argumentation des BGH, siehe BeckOK VVG/*Schepers*, § 5a VVG a.F. Rn. 50a.

[93] BGH v. 15.3.2023 – IV ZR 40/21, NJW 2023, 1664 Rn. 15; dazu instruktiv Prölss/Martin/*Armbrüster*, § 8 VVG Rn. 24.

[94] BGH v. 15.3.2023 – IV ZR 40/21, NJW 2023, 1664 Rn. 16; dies ablehnend *Graf von Westphalen*, BB 2023, 1091 (1094).

[95] BGH v. 15.3.2023 – IV ZR 40/21, NJW 2023, 1664 Rn. 17; einordnend BeckOGK BGB/*Kähler*, § 242 BGB Rn. 1836.

[96] BGH v. 15.3.2023 – IV ZR 40/21, NJW 2023, 1664 Rn. 17.

[97] BGH v. 15.3.2023 – IV ZR 40/21, NJW 2023, 1664 Rn. 18.

[98] *Grams*, FD-VersR 2023, 456955; *Graf von Westphalen*, BB 2023, 1091 (1093).

gänzlich fehlende Hinweis auf die notwendige Form den Versicherungsnehmer nicht unerheblich in seiner Widerspruchsausübung und dieser inhaltliche Belehrungsfehler ist als schädlich zu werten.[99] Der BGH hält mit dieser Entscheidung die Linie, die er bereits in seinem Urteil vom 28.1.2004[100] aufgezeigt hat. Zudem bestätigt er diese Linie in einem aktuellen Urteil bei einem ähnlich gelagerten Sachverhalt.[101] Gleichzeitig stellen diese Entscheidungen eine erste, größere Änderung und Abkehr von der bisherigen Rechtsprechung hinsichtlich der Beurteilung inhaltlicher Belehrungsfehler dar.[102] Der BGH setzte die *Rust-Hackner*-Rechtsprechung um und wich von seiner strengen, einseitigen Betrachtung der inhaltlichen Belehrungsfehler ab.[103]

Die Entscheidung des BGH wurde allerdings in Teilen des Schrifttums kritisch gesehen.[104] So sei die Begründung des BGH unzutreffend. Das Erklären eines Widerspruchs in Form des Versendens einer Sprachnachricht sei in der Zeit ab dem Jahr 1994 unrealistisch gewesen.[105] Denn diese Möglichkeit bestand erst ab dem Jahr 2009 bei Handys, sodass eine Erklärung lediglich auf Tonträgern wie Schallplatten hätte erfolgen können.[106] Zudem hätte der Versicherer dem Versicherungsnehmer deutlich machen müssen, dass er überhaupt eine Erklärung in dieser Form empfangen kann.[107] Auch wenn die Kritik in der Hinsicht zutreffend ist, dass die Argumentation des Gerichts einen unrealistischen technischen Stand zu damaliger Zeit annimmt, darf dennoch nicht die schnelle technologische Entwicklung vernachlässigt werden.[108] Gerade um die Jahrtausendwende nahm der technologische Fortschritt zu.

Zudem habe der BGH nicht die gesamte Belehrung korrekt betrachtet. Er hätte erkennen müssen, dass das Wort der Absendung nicht nur eine körperliche Erklärung bedeute, sondern auch, dass diese an einen Adressaten

---

99 *Grams*, FD-VersR 2023, 456955.
100 BGH v. 28.1.2004 – IV ZR 58/03, NJW-RR 2004, 751.
101 BGH v. 18.9.2024 – IV ZR 45/23, BeckRS 2024, 26487; dazu BeckOK BGB/*Sutschet*, § 242 BGB Rn. 178b.
102 *Grote*, NJW 2023, 1667; *T. Lange*, VersR 2020, 351 (352).
103 *Grote*, NJW 2023, 1667; *Graf von Westphalen*, BB 2023, 1091 (1093).
104 *Graf von Westphalen*, BB 2023, 1091 (1094 f.).
105 *Grote*, NJW 2023, 1667; dies als lebensfremd einordnend *Fischer*, WM 2023, 1491 (1493).
106 *Grote*, NJW 2023, 1667.
107 *Graf von Westphalen*, BB 2023, 1091 (1094).
108 *Grote*, NJW 2023, 1667.

zu richten sei. Bei einer postalischen Anschrift sei ersichtlich, dass der Widerspruch in Schriftform oder Textform zu erklären sei. Daher sei der vorliegende Fall als geringfügiger Fehler einzuordnen.[109]

Schwintowski hatte sich mit dem in der *Rust-Hackner*-Entscheidung begründeten Wesentlichkeitsgedanken beschäftigt, bevor jedoch die sich damit befassenden BGH-Urteile ergingen.[110] Dabei interpretierte er die Grundsätze aus dem Urteil anders, als dies nun der BGH und ein Teil des Schrifttums vornahm. Seiner Auffassung nach handelt es sich bei den vom EuGH angesprochenen Fällen geringfügiger Fehler nicht um eine strengere Form, sondern lediglich um Fälle wie Schreibfehler in der Belehrung. Folglich gehe es bloß um die Fälle, bei denen die erforderliche Form für den Versicherungsnehmer in Wirklichkeit verständlich war.[111] Dagegen sei der Hinweis auf eine strengere Form ein schwerwiegender Fehler, bei dem der Versicherungsnehmer nicht unter denselben Bedingungen wie bei zutreffender Belehrung den Widerspruch erklären könne.[112]

Der BGH verpasst hier, abschließend für Klarheit zu sorgen[113] und mögliche Angriffspunkte weiter einzuschränken – stattdessen ist es nun Aufgabe des Tatrichters, die ihm jeweils vorliegenden Mängel als geringfügige oder nicht geringfügige Mängel einzuordnen.[114] Dennoch lässt sich anführen, dass der BGH dadurch für mehr Transparenz gesorgt hat und weitere inhaltliche Belehrungsfehler höchstgerichtlich bewertet werden. So schmälert er den Spielraum für eine divergierende Instanzenrechtsprechung. Denn wie an der Anzahl der Rechtsprechung zu diesem Themenkomplex ersichtlich wird, haben zahlreiche Versicherer mangels Hinweises auf das Formerfordernis zur Zeit der ersten Fassung des § 5a VVG a.F. eine nicht ordnungsgemäße Belehrung übersandt. Dadurch kann sich weiterhin grundsätzlich jeder Versicherungsnehmer, der eine solche fehlerhafte Belehrung erhalten hat, von

---

109 *Graf von Westphalen*, BB 2023, 1091 (1094 f.); dagegen *Schultheiß*, WuB 2023, 311.

110 *Schwintowski*, VuR 2022, 83 (87 f.).

111 *Schwintowski*, VuR 2022, 83 (88).

112 *Schwintowski*, VuR 2022, 83 (88).

113 So auch *Teilnehmer 1* – persönliches Interview vom 13.11.2024. Der BGH hätte zumindest in diesem Bereich Angriffspunkte schließen können und das Thema nicht wieder aufkochen lassen müssen, *Teilnehmer 3* – telefonisches Interview vom 19.11.2024.

114 *Grote*, NJW 2023, 1667; vgl. *Graf von Westphalen*, BB 2023, 1091 (1093 f.); ähnlich Rüffer/Halbach/Schimikowski/*Brambach*, § 152 VVG Rn. 109.

seiner Lebens- oder Rentenversicherung lösen, ohne dass er grundsätzlich den Einwand rechtsmissbräuchlichen Verhaltens aufgrund eines geringfügigen Fehlers zu befürchten hat.[115] Dies befördert freilich das Geschäft für Kanzleien beider Seiten.

Allerdings hat der BGH vorliegend neue, klare Leitlinien gesetzt, an denen sich Kanzleien und Gerichte orientieren können. Eine gänzliche Abkehr von seiner bisherigen, strengen Argumentation in diesem Bereich wäre verwunderlich gewesen. Die klare Haltung trägt somit nicht zur weiteren Unübersichtlichkeit rund um das Policenmodell bei. Auch aus juristischer Sicht ist das Urteil in der Hinsicht zu begrüßen, dass der Versicherungsnehmer im Gegensatz zu anderen Fehlern hier tatsächlich keine Kenntnis davon haben kann, auf welche Weise er das Widerspruchsrecht korrekt auszuüben hat.

h) OLG München v. 16.11.2023 – 14 U 3996/23 e

Beispielhaft zur Monatsfrist vor dem Hintergrund der aktuellen Rechtsprechung lässt sich ein Hinweisbeschluss des OLG München anführen, in welchem das OLG mit Hinweisbeschluss den inhaltlichen Belehrungsfehler als geringfügig einstufte und dieser daher folgenlos blieb.[116] Hier wurde der Versicherungsvertrag im Dezember geschlossen und die Belehrung sah eine Frist von einem Monat statt der gesetzlich vorgesehenen 30 Tage vor. Dem Versicherungsnehmer würde aufgrund der 31 Tage im Dezember ein Tag mehr zustehen.[117] Vom OLG München wurde bezweifelt, ob gar ein Belehrungsfehler darin zu sehen sei oder nicht eine objektiv-vertragsrechtliche Gestaltung zwischen Versicherungsnehmer und Versicherer über die längere Frist vorliege. Bei Letzterem wäre kein Fehler anzunehmen, sondern eine fehlerfreie, ordnungsgemäße Belehrung.[118] Eine Ungleichbehandlung des Versicherungsnehmers sei auch nicht durch die abweichende Länge von Widerspruchsfristen anzunehmen, da § 5a VVG a.F. allein den Individualschutz des einzelnen Versicherungsnehmers bezwecke und vorliegend der Versicherungsnehmer sogar einen Tag mehr erhalte.[119] Ein fortbestehendes

---

[115] Dies im Sinne der strengen Linie, siehe BGH v. 18.9.2024 – IV ZR 45/23, BeckRS 2024, 26487.

[116] OLG München v. 16.11.2023 – 14 U 3996/23 e, BeckRS 2023, 35203 Rn. 23 ff.

[117] OLG München v. 16.11.2023 – 14 U 3996/23 e, BeckRS 2023, 35203 Rn. 13.

[118] OLG München v. 16.11.2023 – 14 U 3996/23 e, BeckRS 2023, 35203 Rn. 25.

[119] OLG München v. 16.11.2023 – 14 U 3996/23 e, BeckRS 2023, 35203 Rn. 26 f.

Widerspruchsrecht sei nicht gegeben, da sich die Belehrung nur zugunsten des Versicherungsnehmers auswirke und auch bei angenommenem Fehler dieser so gering sei, dass der Versicherungsnehmer fristgerecht hätte widersprechen können.[120]

Das OLG München öffnet dem BGH hier die Tür, falls sich dieser dazu entscheidet, eine in Einklang mit dieser Entscheidung für eine für die Versicherer freundlichere Linie zu wählen und nicht den gleichen engen, abstrakten Maßstab wie zu Beginn des Massengeschäfts anzulegen. Jedoch sollte von der Instanzenrechtsprechung nicht gefolgert werden, dass der BGH diese ebenso vertritt und übernimmt. Besonders die verschiedenen Instanzengerichte stehen oftmals für eine divergierende, vom BGH abweichende Argumentation.[121] So lag dem OLG ein spezieller Fall vor. In Anbetracht des Vertragsschlusses im Dezember hatte der Versicherungsnehmer mit Einräumung der Monatsfrist tatsächlich eine Frist von 31 Tagen statt der gesetzlich vorgesehenen 30 Tage.[122] Begrüßenswert in diesem Rahmen ist die Argumentation des OLG, die ohne einen Rückgriff auf den Grundsatz von Treu und Glauben urteilt. Schließlich lässt sich festhalten, dass dieser Einzelfall sinnbildlich für die Seiten des Massengeschäfts des Policenmodells steht und die Kommerzialisierung des Ganzen widerspiegelt. Es muss bezweifelt werden, dass es dem *Telos* eines verbraucherschützenden Widerspruchsrechts entspricht, sich von der Versicherung zum jetzigen Zeitpunkt lösen zu wollen, da damals der hier betreffende Versicherungsnehmer real einen Tag länger hatte, um sich vom Vertrag zu lösen.[123]

2. Fehlender Hinweis auf die Ausschlussfrist

Daneben prägten viele Einzelfälle die Rechtsprechung im Bereich der inhaltlichen Belehrungsfehler. So sah ein Versicherungsnehmer in einem anderen Fall die Belehrung mangels Hinweises auf die Ausschlussfrist des § 5a Abs. 2 S. 4 VVG a.F. als fehlerhaft an.[124] Der BGH stellte jedoch fest, dass ein

[120] OLG München v. 16.11.2023 – 14 U 3996/23 e, BeckRS 2023, 35203 Rn. 30 ff.

[121] So *Teilnehmer 1* – persönliches Interview vom 13.11.2024; *Teilnehmer 2* – telefonisches Interview vom 19.11.2024; *Teilnehmer 3* – telefonisches Interview vom 19.11.2024.

[122] OLG München v. 16.11.2023 – 14 U 3996/23 e, BeckRS 2023, 35203 Rn. 25.

[123] In diesem Sinne Rüffer/Halbach/Schimikowski/*Brambach*, § 152 VVG Rn. 51.

[124] BGH v. 21.3.2018 – IV ZR 201/16, r + s 2018, 363.

Verweis auf die Ausschlussfrist nicht erforderlich sei. § 5a Abs. 2 S. 1 VVG a.F. sehe dies nicht vor. Ebenso sei ein ausdrücklicher Verweis auf § 10a VAG a.F. entbehrlich. Entscheidend ist vielmehr die Vollständigkeit der Verbraucherinformation im Sinne dieser Vorschrift.[125]

3. Fehlerhafte Angabe zur Widerspruchsfrist

Weiter nahm der BGH zur fehlerhaften Angabe bezüglich der Widerspruchsfrist Stellung. Eine Belehrung sei dann unvollständig, wenn sie den Beginn der Frist allein vom Erhalt des Versicherungsscheins abhängig macht.[126]

In einem anderen Fall hatte er entschieden, dass für den durchschnittlichen Versicherungsnehmer der Beginn der Frist auch dann eindeutig zu erkennen sei, wenn der erste Satz der Belehrung lediglich auf die Frist nach Erhalt des Versicherungsscheins verweist und ein zweiter, anschließender Satz für den Beginn dieser Frist auf den Zugang des Versicherungsscheins, der Versicherungsbedingungen sowie der Verbraucherinformation abstellt.[127]

4. Bezugnahme auf den Erhalt des Versicherungsscheins

Fraglich war zudem, inwiefern die Belehrung auf den Erhalt des Versicherungsscheins selbst Bezug nehmen musste. Nach einer aktuellen Entscheidung des BGH im Lichte der *Rust-Hackner*-Entscheidung des EuGH[128] genügt eine Formulierung, welche für den durchschnittlichen Versicherungsnehmer bedeuten könnte, dass allein der Erhalt des Versicherungsscheins maßgeblich für den Beginn der Widerspruchsfrist ist, nicht den gesetzlichen Anforderungen. Eine Ausübung des Widerspruchsrechts im Wesentlichen unter

---

125 BGH v. 21.3.2018 – IV ZR 201/16, r + s 2018, 363 Rn. 17; BeckOK VVG/*Schepers*, § 5a VVG a.F. Rn. 15 f.

126 BGH v. 14.10.2015 – IV ZR 284/12, r + s 2015, 597 Rn. 12; v. 14.10.2015 – IV ZR 341/12, BeckRS 2015, 17675 Rn. 12; einordnend BeckOK VVG/*Schepers*, § 5a VVG a.F. Rn. 13.

127 Auch wenn ein Teil der Belehrung auf die Möglichkeit der unverzüglichen Nachreichung von noch fehlenden Unterlagen verweise, sei dem Versicherungsnehmer bewusst, dass erst ab dem Zeitpunkt des Zugangs sämtlicher Unterlagen die Frist beginne, BGH v. 21.3.2018 – IV ZR 201/16, r + s 2018, 363 Rn. 15.

128 *Grote/Finkel*, NJW 2024, 2369 (2373).

denselben Bedingungen wie bei einer zutreffenden Belehrung sei daher nicht möglich.[129] Hier eröffnet der BGH eine weitere Tür für Versicherungsnehmer und die Anwaltspraxis. Dagegen ist nach Ansicht des Gerichts in Abgrenzung zum Dargelegten eine Belehrung, welche im Policenbegleitschreiben enthalten ist und als fristauslösendes Ereignis den Zugang dieses Schreibens benennt, ordnungsgemäß.[130] Unschädlich sei es nach Ansicht des OLG Dresden auch, dass in der Belehrung keine ausdrückliche Benennung des Versicherungsscheins für den Fristbeginn erfolgt, sondern lediglich ein allgemeiner Verweis auf die notwendigen Unterlagen.[131] Es begründete dies unter anderem damit, dass die Belehrung auf dem Versicherungsschein abgedruckt sei und damit deutlich werde, dass diese nur gemeinsam für den Fristbeginn zugehen können.[132]

5. Beginn der Belehrung mit einem Konditionalsatz

Einige Versicherungsnehmer griffen die Belehrung an, da diese mit einem Konditionalsatz begann. Diesbezüglich hatte das OLG Karlsruhe entschieden. Wenn der Versicherungsnehmer bei einer solchen Belehrung dadurch selbst ermitteln müsse, ob er das Widerspruchsrecht ausüben könne, sei diese nicht ordnungsgemäß. Der Versicherungsnehmer dürfe durch die Handlung des Versicherers nicht das Risiko tragen, den Sachverhalt falsch einzuschätzen und fälschlicherweise von einem Widerspruch abzusehen, da er dessen Bestand verkennt.[133]

---

129 BGH v. 21.2.2024 – IV ZR 297/22, NJW 2024, 1108. Diese Entscheidung des BGH hätte wohl auch anders ergehen können – das Gericht definiert weitere Fälle innerhalb seiner verbraucherfreundlichen Rechtsprechung, welche zu einem fortbestehenden Widerspruchsrecht führen, so auch *Teilnehmer 1* – persönliches Interview vom 13.11.2024. Dies bestätigend BGH v. 19.6.2024 – IV ZR 401/22, NJW-RR 2024, 1155; *Grote/Finkel*, NJW 2025, 335 (339); Rüffer/Halbach/Schimikowski/*Brambach*, § 152 VVG Rn. 46; *Dörner*, WuB 2024, 248 (250).

130 BGH v. 17.1.2024 – IV ZR 19/23, NJW 2024, 965; siehe dazu auch *Grote/Finkel*, NJW 2024, 2369 (2373); dies begrüßend *Dörner*, WuB 2024, 248 (249). Auch mit diesem Urteil wendet er sich wie mit der Entscheidung vom 15.2.2023 von seiner bisher strengeren Linie ab, *Teilnehmer 1* – persönliches Interview vom 13.11.2024.

131 OLG Dresden v. 15.1.2018 – 4 U 1596/17, NJW 2018, 611 Rn. 16.

132 OLG Dresden v. 15.1.2018 – 4 U 1596/17, NJW 2018, 611 Rn. 16.

133 OLG Karlsruhe v. 15.12.2017 – 12 U 127/17, r + s 2018, 124 Rn. 23.

In einem anderen Fall, bei dem eine gleichlautende Widerspruchsbelehrung vorlag, sah der BGH darin allerdings eine ordnungsgemäße Belehrung. Der Versicherungsnehmer sei in der Lage, festzustellen, ob sämtliche, aufgezählte Unterlagen ihm rechtzeitig zugegangen seien.[134] Der BGH verweist darauf, dass die Entscheidung des OLG Karlsruhe den Anspruch aufgrund Verjährung verneint habe, und somit die Frage der Richtigkeit der Belehrung nicht entscheidungserheblich gewesen sei.[135] Dies spiegelt deutlich das Massenphänomen Policenmodell wider. Denn das OLG Karlsruhe hatte sehr wohl die Belehrung als unzureichend empfunden und dies auch eingehend begründet. Dies führte erst zur Annahme des fortbestehenden Widerspruchsrechts.[136] Dennoch setzt sich der BGH aufgrund seiner angenommenen fehlenden Entscheidungserheblichkeit nicht tiefer damit auseinander. Freilich ist der Linie des BGH grundsätzlich als Instanzgericht zu folgen. Fragwürdig erscheint die Vorgehensweise dennoch, da der BGH grundsätzlich den Tatrichtern den Spielraum für eine solche Bewertung überlassen wollte. Der BGH griff hier wiederum ein und schaffte keine Rechtssicherheit.

6. Widerspruchadressat

Teilweise wurde seitens der Versicherungsnehmer eine Belehrung als unvollständig gerügt, wenn sie keine Angabe darüber enthält, an welche Anschrift der Widerspruch zu senden ist.[137] Dies wurde jedoch durch den BGH abgelehnt.[138] Begründet wird dies zum einen dadurch, dass die Vorschrift des § 5a Abs. 2 S. 1 VVG a.F. diese Angabe nicht vorschreibe, und zum anderen damit, dass dem durchschnittlichen Versicherungsnehmer auch ohne die Nennung der Anschrift bewusst sei, dass der Widerspruch gegenüber dem Versicherer zu erklären sei, da dieser sowohl im Begleitschreiben als auch in der Police genannt werde.[139]

---

134 BGH v. 28.10.2020 – IV ZR 53/20, BeckRS 2020, 32187 Rn. 13; einordnend BeckOK VVG/*Schepers*, § 5a VVG a.F. Rn. 20.

135 BGH v. 28.10.2020 – IV ZR 53/20, BeckRS 2020, 32187 Rn. 11.

136 OLG Karlsruhe v. 15.12.2017 – 12 U 127/17, r + s 2018, 124 Rn. 23 ff.

137 So statt vieler BGH v. 14.10.2015 – IV ZR 388/13, r + s 2015, 598.

138 BGH v. 14.10.2015 – IV ZR 388/13, r + s 2015, 598 Rn. 11; v. 23.9.2015 – IV ZR 496/14, r + s 2015, 538 Rn. 12; dazu ebenso Rüffer/Halbach/Schimikowski/*Brambach*, § 152 VVG Rn. 56; BeckOK VVG/*Schepers*, § 5a VVG a.F. Rn. 19.

139 BGH v. 14.10.2015 – IV ZR 388/13, r + s 2015, 598 Rn. 11.

7. Vermittlung durch Versicherungsmakler

Besprochen wurde ferner, ob eine fehlerhafte Belehrung als ordnungsgemäß zu werten ist, wenn der Versicherungsnehmer bei seinem Antrag auf den Abschluss einer Lebensversicherung durch einen Versicherungsmakler beraten wurde.[140] Dies wurde durch den BGH abgelehnt[141] – sogar für den Fall, bei dem sich ein Versicherungsnehmer als Versicherungsmakler den Vertrag selbst vermittelt hat.[142] Auch in dieser Situation sei der Versicherer selbst für eine ordnungsgemäße Belehrung zuständig.[143] Weiterhin sei die Wirksamkeit der Belehrung abstrakt zu beurteilen.[144]

Dagegen entschieden vereinzelt OLG, dass ein Versicherungsvertreter sich nach jahrelanger Vertragsdurchführung nicht mehr auf sein Widerspruchsrecht wegen fehlerhafter Belehrung berufen könne.[145]

Deutlich wird anhand dessen wiederum, wie eine Linie des BGH in der Instanzenrechtsprechung abweichend beurteilt werden kann und inwiefern jede Entscheidung eine Sache des Einzelfalls ist. Es stehen somit gewisse Entscheidungen des BGH im Widerspruch zu Entscheidungen der OLG. Es entsteht dadurch quasi eine Zersplitterung der deutschen Judikatur. Dies können die Anwälte beider Parteien hervorragend für sich nutzen und das Massengeschäft des Policenmodells dadurch weiter fördern.[146]

8. Keine zutreffende Benennung der Unterlagen

Weiterhin hat der BGH mehrmals entschieden, dass eine Belehrung nicht den gesetzlichen Anforderungen entspreche, wenn die erforderlichen Unterlagen – auch wenn diese mit dem Versicherungsschein zugegangen sind – nicht

---

[140] PHdB-VersProz/*Kipar/Schnepp*, § 10 Rn. 102.

[141] BGH v. 13.7.2016 – IV ZR 329/15, r + s 2016, 608. Im Übrigen führe die wiederholte Vertragsänderung sowie die Übertragung des Vertrags auf einen Makler zur Annahme der Verwirkung, v. 21.12.2016 – IV ZR 339/15, NJOZ 2018, 229; dies darstellend *Harsdorf-Gebhardt*, r + s 2018, 625 (630).

[142] BGH v. 13.7.2016 – IV ZR 329/15, r + s 2016, 608.

[143] BGH v. 13.7.2016 – IV ZR 329/15, r + s 2016, 608 Rn. 4.

[144] BGH v. 27.1.2016 – IV ZR 130/15, r + s 2016, 230 Rn. 15.

[145] Hier kannte der Versicherungsvertreter nach Ansicht des OLG Stuttgart sein Widerspruchsrecht und handle somit rechtsmissbräuchlich, OLG Stuttgart v. 6.11.2014 – 7 U 147/10, NJOZ 2015, 594.

[146] Dazu vertieft Kap. 4 A. I. 8.

zutreffend benannt sind.[147] Dem Versicherungsnehmer sei dadurch im Falle einer Belehrung, welche lediglich einige der nach § 10a VAG a.F. aufgeführten Unterlagen benennt, nicht bewusst, dass es des Zugangs sämtlicher nach § 10a VAG a.F. erforderlichen Unterlagen für die Fristauslösung bedürfe.[148] Denn die Frist beginne erst zu laufen, wenn Versicherungsschein sowie Versicherungsbedingungen und die Verbraucherinformation zugegangen sind.[149] Infolgedessen ist bei diesen Rechtssachen die Belehrung jeweils nicht ordnungsgemäß erfolgt und das Widerspruchsrecht besteht fort.[150]

Dagegen reiche es für die gesetzlichen Anforderungen und damit eine ordnungsgemäße Belehrung aus, wenn der Versicherungsschein die weiteren Unterlagen als Beilagen benenne.[151] Denn auch mit diesem Begriff sei dem Versicherungsnehmer bewusst, welche Unterlagen für einen Fristbeginn zugehen müssten.[152]

9. Einordnung

Die deutsche Judikatur musste sich mit einer Vielzahl an potentiellen Belehrungsfehlern beschäftigen. Die Versicherungsnehmer und die Kanzleien rügten unterschiedliche Punkte. Auch der BGH hat sich in seinen Entscheidungen mit einigen der gerügten Punkte befasst. Mit diesen konnte er – insbesondere durch die Urteile hinsichtlich der Geringfügigkeit von Belehrungsfehlern – für eine gewisse Abnahme der Klagenflut sorgen.[153] Es sind jedoch durch seine Entscheidungen nicht alle Fragen hinsichtlich der

---

[147] BGH v. 28.9.2016 – IV ZR 192/14, BeckRS 2016, 17977; v. 7.9.2016 – IV ZR 306/14, r + s 2016, 607; v. 27.4.2016 – IV ZR 200/14, BeckRS 2016, 9341; einordnend *Harsdorf-Gebhardt*, r + s 2018, 625 (630); so auch *Schwintowski*, VuR 2019, 330 (334).

[148] BGH v. 28.9.2016 – IV ZR 192/14, BeckRS 2016, 17977 Rn. 13; v. 27.4.2016 – IV ZR 200/14, BeckRS 2016, 9341 Rn. 11.

[149] BGH v. 7.9.2016 – IV ZR 306/14, r + s 2016, 607 Rn. 11; dazu *Harsdorf-Gebhardt*, r + s 2018, 625 (630); Rüffer/Halbach/Schimikowski/*Brambach*, § 152 VVG Rn. 46; *Schwintowski*, VuR 2019, 330 (334).

[150] BGH v. 28.9.2016 – IV ZR 192/14, BeckRS 2016, 17977; v. 7.9.2016 – IV ZR 306/14, r + s 2016, 607; v. 27.4.2016 – IV ZR 200/14, BeckRS 2016, 9341.

[151] BGH v. 12.7.2016 – IV ZR 558/15, BeckRS 2016, 15208.

[152] BGH v. 12.7.2016 – IV ZR 558/15, BeckRS 2016, 15208 Rn. 8.

[153] *Teilnehmer 1* – persönliches Interview vom 13.11.2024; *Teilnehmer 2* – telefonisches Interview vom 19.11.2024; *Teilnehmer 4* – telefonisches Interview vom 22.11.2024; *Teilnehmer 5* – online-Interview vom 27.11.2024.

Anforderungen an die Belehrung geklärt. Folglich bleibt ein Spielraum für die OLG-Bezirke, jeweils zu den entsprechenden Rügen zu urteilen.[154] Der BGH wird wohl auch nicht mehr zu sämtlichen, gerügten Fehlern Stellung nehmen. Es werden sich also weiterhin Angriffsflächen für die Versicherungsnehmer und die Anwaltspraxis ergeben.

B. Verstoß gegen den Grundsatz von Treu und Glauben

I. Grundsatz von Treu und Glauben, § 242 BGB

Eine weitere Grenze des ewigen Widerspruchsrechts ist ein potentieller Verstoß gegen den Grundsatz von Treu und Glauben. Der BGH führte in seiner Grundsatzentscheidung im Jahr 2014 zwei Ausflüsse des Grundsatzes in die Verfahren des Policenmodells ein. Die Rechtsinstitute sind zum einen der Einwand des rechtsmissbräuchlichen, widersprüchlichen Verhaltens und zum anderen der Einwand der Verwirkung. Diese wurden den Instanzgerichten als Mittel zur Einschränkung der Klagenflut an die Hand gegeben.[155]

1. Rechtsmissbrauch in Form des widersprüchlichen Verhaltens

Im Zivilrecht ist ein widersprüchliches Verhalten grundsätzlich zulässig.[156] Dieses wird erst dann als rechtsmissbräuchlich angesehen, wenn für den anderen Teil ein Vertrauenstatbestand geschaffen worden ist oder wenn andere besondere Umstände die Rechtsausübung als treuwidrig erscheinen lassen.[157] Dies kann nach nationaler Rechtsprechung der Fall sein, wenn aus objektiver Sicht ein Gesamtbild widersprüchlichen Verhaltens besteht, da das frühere Verhalten mit dem späteren sachlich unvereinbar ist und die Interessen des anderen Teils im Hinblick hierauf vorrangig schutzwürdig erscheinen.[158]

---

154 In diesem Sinne Rüffer/Halbach/Schimikowski/*Brambach*, § 152 VVG Rn. 109.

155 So ausdrücklich der frühere BGH-Richter *Roland Wendt*, *R. Wendt*, r + s 2014, 585 (588).

156 *Salzmann*, Die zivilrechtliche Verwirkung durch Nichtausübung, S. 60.

157 BGH v. 16.7.2014 – IV ZR 73/13, NJW 2014, 2723 Rn. 33; v. 7.5.2014 – IV ZR 76/11, NJW 2014, 2646 Rn. 40; BeckOGK BGB/*Kähler*, § 242 BGB Rn. 1306; zur historischen Entwicklung des Verbots des Rechtsmissbrauchs in Deutschland, siehe *Fleischer*, JZ 58 (2003), 865 (866 f.).

158 BGH v. 16.7.2014 – IV ZR 73/13, NJW 2014, 2723 Rn. 33; v. 7.5.2014 – IV ZR 76/11, NJW 2014, 2646 Rn. 40; Jauernig/*Mansel*, § 242 BGB Rn. 48; Rüffer/Halbach/Schimikowski/*Brambach*, § 152 VVG Rn. 104; *Pohlmann*, in: FS Yamauchi 2017, S. 377, 386.

Hierfür müssten also das vorherige Verhalten des Versicherungsnehmers der Geltendmachung seines Widerspruchsrechts entgegenstehen und die Interessen des Versicherers schutzwürdig sein.[159]

2. Verwirkung – Spezialfall des venire contra factum proprium

Neben dem Einwand des widersprüchlichen Verhaltens wird regelmäßig der Einwand der Verwirkung in den Verfahren erhoben. Die Verwirkung stellt zwar einen Sonderfall der rechtsmissbräuchlichen Rechtsausübung wegen widersprüchlichen Verhaltens dar, ist jedoch stets von ersterer Rechtsfigur zu trennen.[160] Der Verstoß liegt in der illoyal verspäteten Geltendmachung des Rechts.[161] Zur Verwirkung eines Rechts bedarf es der kumulativen Erfüllung zweier Elemente, zum einen des Zeitmoments und zum anderen des Umstandsmoments.[162] Für die Erfüllung des Zeitmoments muss seit der möglichen Geltendmachung des Rechts eine längere Zeit vergangen sein. Für die Annahme des Umstandsmoments müssen besondere Umstände eingetreten sein, die diese verspätete Ausübung als Verstoß gegen Treu und Glauben erscheinen lassen.[163] Voraussetzung dafür im Bereich des Versicherungsvertragsrechts ist, dass der Versicherer aus objektiver Sicht aus dem Verhalten des Versicherungsnehmers ableiten durfte, dass dieser

---

159 BGH v. 16.7.2014 – IV ZR 73/13, NJW 2014, 2723 Rn. 33; v. 7.5.2014 – IV ZR 76/11, NJW 2014, 2646 Rn. 40.

160 BGH v. 20.10.1998 – VII ZR 302/87, NJW 1989, 836; dazu *Knops*, WM 2020, 2249 (2255 f.); zur allgemeinen Dogmatik der Verwirkung näher *Siebert*, Verwirkung und Unzulässigkeit der Rechtsausübung, S. 172 ff.; Jauernig/*Mansel*, § 242 BGB Rn. 48 f.; *Knops*, RabelsZ 85 (2021), 505 (514); Grüneberg/*Grüneberg*, § 242 BGB Rn. 87 f.; zum historischen Ursprung der Verwirkungslehre, siehe *Salzmann*, Die zivilrechtliche Verwirkung durch Nichtausübung, S. 11 ff.

161 BGH v. 20.10.1998 – VII ZR 302/87, NJW 1989, 836; *D. Kramer*, Der Widerruf von Verbraucherdarlehen zwischen Rechtsdurchsetzung und Rechtsmissbrauch, S. 137; Jauernig/*Mansel*, § 242 BGB Rn. 53; *Hölldampf*, BB 2021, 2569 (2570); *Feldhusen*, IWRZ 2022, 105 (106); *B. Thode*, VersR 2020, 1277 (1280).

162 BGH v. 7.5.2014 – IV ZR 76/11, NJW 2014, 2646 Rn. 39; *Ferber/Rosowski*, VuR 2018, 89 (96); *Brand*, VersR 2014, 269 (275); *Armbrüster*, VersR 2012, 513 (517); Jauernig/*Mansel*, § 242 BGB Rn. 59 f.; zwischen diesen Elementen besteht eine Wechselwirkung, siehe MüKo-BGB/*Schubert*, § 242 BGB Rn. 511; *Habersack/Schürnbrand*, ZIP 2014, 749 (750 f.).

163 BGH v. 7.5.2014 – IV ZR 76/11, NJW 2014, 2646 Rn. 39; *Ferber/Rosowski*, VuR 2018, 89 (96); *Knops*, WM 2020, 2249 (2256); BeckOGK BGB/*Kähler*, § 242 BGB Rn. 1825.

sein Widerspruchsrecht nicht mehr ausübt.[164] Zudem müsste dem Versicherer aufgrund seiner durch das Vertrauen in den Versicherungsnehmer eingerichteten Maßnahmen ein unzumutbarer Nachteil durch die späte Ausübung entstehen.[165]

3. Einordnung der Rechtsinstitute

Grundsätzlich soll der Rückgriff auf den Grundsatz von Treu und Glauben und seine Ausflüsse die Ausnahme darstellen.[166] Dies gilt insbesondere bei Sachverhalten, die vom Europarecht geprägt sind, da in diesem Rahmen der Effektivitätsgrundsatz – *effet utile* – gewahrt werden muss.[167] Aus Sicht der ökonomischen Analyse des Rechts[168] ist der Begriff von Treu und Glauben ein offener Wertbegriff, bei dem das Gesetz zwar selbst keine Wertung vornimmt, diese aber notwendig ist.[169] Als Adressat der Wertung steht neben dem Gesetzgeber der Richter.[170] Dieser hat im Lichte der ökonomischen Betrachtung bei der Anwendung eines offenen Wertbegriffs die Kosten und Nutzen abzuwägen, wobei er stets die Folgen seiner Beurteilung beachten muss.[171]

Maßgeblich war vorliegend die Auslegung der Rechtsinstitute durch die höchstrichterliche, nationale Rechtsprechung. Dabei ist entscheidend, dass beide Rechtsinstitute zwar anfangs durch den BGH definiert, diese allerdings im Laufe der Zeit immer wieder angepasst und im Einzelfall ausgelegt wurden. Dabei ist eine Unterscheidung der Anwendung der Rechtsinstitute im Hinblick auf den ordnungsgemäß und den nicht (ordnungsgemäß) belehrten Versicherungsnehmer vorzunehmen.

---

164 BGH v. 7.5.2014 – IV ZR 76/11, NJW 2014, 2646 Rn. 39; *Trittmacher/Gaußmann*, VuR 2014, 155 (158); *Ferber/Rosowski*, VuR 2018, 89 (96); Rüffer/Halbach/Schimikowski/*Brambach*, § 152 VVG Rn. 103.

165 BGH v. 7.5.2014 – IV ZR 76/11, NJW 2014, 2646 Rn. 39; *Ferber/Rosowski*, VuR 2018, 89 (96).

166 *D. Kramer*, Der Widerruf von Verbraucherdarlehen zwischen Rechtsdurchsetzung und Rechtsmissbrauch, S. 138; Staudinger/*Looschelders/Olzen*, § 242 BGB Rn. 1249.

167 *Looschelders*, r + s 2022, 622 (623); BeckOGK BGB/*Kähler*, § 242 BGB Rn. 343; Staudinger/*Looschelders/Olzen*, § 242 BGB Rn. 1246; *Pohlmann*, in: FS Yamauchi 2017, S. 377, 382.

168 Grundlegend zu dieser, siehe *Ott/H.-B. Schäfer*, JZ 1988, 213.

169 *Ott/H.-B. Schäfer*, JZ 1988, 213 (214); *Eidenmüller*, AcP 197 (1997), 80 (86).

170 *Eidenmüller*, AcP 197 (1997), 80 (86).

171 *Eidenmüller*, AcP 197 (1997), 80 (86 f.).

II. Ordnungsgemäß belehrter Versicherungsnehmer

Bevor der BGH hinsichtlich des Versicherungsnehmers, dem zusammen mit dem Versicherungsschein sowohl die AVB und die vollständige Verbraucherinformation als auch eine ordnungsgemäße Belehrung zugegangen ist, entschied, ergingen zunächst mehrere Kammerbeschlüsse des BVerfG. Diese befassten sich mit Verfassungsbeschwerden von Versicherungsnehmern, welche rügten, dass die Instanzgerichte ihre Vorlagepflicht hinsichtlich der Frage der Richtlinienkonformität des Policenmodells nicht ausreichend begründet haben.[172] In den Beschlüssen wurden die Berufungsentscheidungen aufgehoben, da das BVerfG jeweils eine Verletzung des Beschwerdeführers in seinem Recht auf Gewährung effektiven Rechtsschutzes im Sinne des Art. 2 Abs. 1 i.V.m. Art. 20 Abs. 3 GG[173] und in einer Rechtssache eine Verletzung in seinem Recht auf den gesetzlichen Richter nach Art. 101 Abs. 1 S. 2 GG[174] annahm. Das BVerfG trug jeweils vor, dass die Instanzgerichte zu Unrecht keine Zweifel an der Auslegung des Unionsrecht sahen, und sich dabei trotz Erforderlichkeit nicht mit der Wahlfreiheit des Versicherungsnehmers und einer potentiellen Widerspruchslast befasst haben.[175] Der BGH griff die Rügen der Versicherungsnehmer in seinem Grundsatzurteil auf und entschied zum ordnungsgemäß belehrten Versicherungsnehmer.[176]

1. BGH v. 16.7.2014 – IV ZR 73/13

In diesem Fall erklärte ein Versicherungsnehmer nach der Kündigung des Vertrags und der Auskehrung des Rückkaufswerts den Widerspruch und stützte seine Begründung auf einen unwirksamen Vertrag, da das Policenmodell richtlinienwidrig sei.[177]

---

[172] BVerfG v. 9.5.2014 – 1 BvR 2020/11, BeckRS 2014, 52555; v. 3.3.2014 – 1 BvR 2083/11, BeckRS 2014, 49404; v. 3.3.2014 – 1 BvR 2534/10, NJW 2014, 1796; dazu *Harsdorf-Gebhardt*, r + s 2016, 433 (437).

[173] BVerfG v. 9.5.2014 – 1 BvR 2020/11, BeckRS 2014, 52555 Rn. 18 ff.; v. 3.3.2014 – 1 BvR 2534/10, NJW 2014, 1796 Rn. 31 ff.

[174] BVerfG v. 3.3.2014 – 1 BvR 2083/11, BeckRS 2014, 49404 Rn. 47 ff.

[175] *Harsdorf-Gebhardt*, r + s 2016, 433 (437).

[176] BGH v. 16.7.2014 – IV ZR 73/13, NJW 2014, 2723; diese Entscheidung einordnend PHdB-VersProz/*Kipar/Schnepp*, § 10 Rn. 102.

[177] BGH v. 16.7.2014 – IV ZR 73/13, NJW 2014, 2723.

a) Entscheidung

Der Versicherungsnehmer habe jedoch laut BGH mit Rechtsgrund geleistet. Das Stützen auf einen unwirksamen Vertrag sei nach dem Grundsatz des widersprüchlichen Verhaltens nach Treu und Glauben unzulässig.[178]

aa) Richtlinienkonformität des Policenmodells

Zunächst bestätigte der IV. Zivilsenat die Rechtsdogmatik des Policenmodells in Form des schwebend unwirksamen Vertrags, wessen Voraussetzungen hier erfüllt seien – insbesondere sei der Versicherungsnehmer vorliegend ordnungsgemäß belehrt worden.[179] Ein mögliches Vorabentscheidungsersuchen hinsichtlich des Policenmodells sei dabei nicht geboten. Dies liege daran, dass der BGH dieses für richtlinienkonform halte sowie die Frage der Richtlinienkonformität nicht entscheidungserheblich sei.[180] Er sah keinen Hinweis auf ein Entgegenstehen der Richtlinienkonformität.[181] Das Gericht argumentierte *inter alia*, dass die Modalitäten für den Vertragsabschluss in der Hand des Mitgliedsstaats liegen würden,[182] und dass sowohl die Versicherungsnehmer als auch die Lebensversicherer selbst Schutz genießen sollten.[183] Zudem werde das Aufsichtsrecht weiterhin gewahrt[184] und § 5a VVG a.F. schütze den Informationszweck sowie das Wahlrecht des Versicherungsnehmers angemessen in Form der ordnungsgemäßen Belehrung im Konstrukt des schwebend unwirksamen Vertrags.[185]

---

[178] BGH v. 16.7.2014 – IV ZR 73/13, NJW 2014, 2723 Rn. 12.

[179] BGH v. 16.7.2014 – IV ZR 73/13, NJW 2014, 2723 Rn. 15; siehe auch *Reiff*, LMK 2014, 363951.

[180] BGH v. 16.7.2014 – IV ZR 73/13, NJW 2014, 2723 Rn. 16; dazu auch *Jembrek*, MDR 2014, 1242 (1243); *Reiff*, r + s 2015, 105 (106); MüKo-VVG/*ders.*, 1. Teil, 2. Kap. Rn. 67.

[181] BGH v. 16.7.2014 – IV ZR 73/13, NJW 2014, 2723 Rn. 20 f.; dazu *Reiff*, r + s 2015, 105 (106); kritisch *Brömmelmeyer*, VuR 2014, 447 (448 ff.).

[182] BGH v. 16.7.2014 – IV ZR 73/13, NJW 2014, 2723 Rn. 21.

[183] BGH v. 16.7.2014 – IV ZR 73/13, NJW 2014, 2723 Rn. 22.

[184] BGH v. 16.7.2014 – IV ZR 73/13, NJW 2014, 2723 Rn. 23; kritisch *Brömmelmeyer*, VuR 2014, 447 (449 f.).

[185] BGH v. 16.7.2014 – IV ZR 73/13, NJW 2014, 2723 Rn. 25; dazu *Reiff*, r + s 2015, 105 (106); MüKo-VVG/*Eberhardt*, § 8 VVG Rn. 100; zustimmend *Reiff*, LMK 2014, 363951.

bb) Annahme der widersprüchlichen Rechtsausübung

Diese Frage sei ohnehin nicht entscheidungserheblich, da auch bei angenommener Unionsrechtswidrigkeit des Policenmodells der Versicherungsnehmer sich vorliegend wegen widersprüchlicher Rechtsausübung nicht auf diese berufen und keinen Bereicherungsanspruch geltend machen könne.[186] Er habe sich durch die Geltendmachung des Anspruchs nach ordnungsgemäßer Belehrung und jahrelanger Vertragsdurchführung gegenüber dem Versicherer, welcher zurecht einen Vertrauenstatbestand schaffen durfte, treuwidrig verhalten.[187] Das Verhalten sei in Anbetracht der ordnungsgemäßen Belehrung und jahrelanger Zahlung seiner Prämien objektiv widersprüchlich gewesen. Er habe so trotz Kenntnis seines Widerspruchsrechts nach § 5a VVG a.F. den Eindruck vermittelt, den Vertrag durchzuführen. Die unterstellte Richtlinienwidrigkeit des Policenmodells wurde lediglich im Schrifttum diskutiert und könne ihm nicht positiv bekannt sein.[188] Eine unredliche Absicht oder ein Verschulden des Versicherungsnehmers forderte der BGH nicht.[189] Das Schaffen des Vertrauenstatbestands beim Versicherer sei für den Versicherungsnehmer durch die jahrelange Vertragsdurchführung sowie das Verstreichen der Widerspruchsfrist nach ordnungsgemäßer Belehrung auch erkennbar gewesen.[190]

cc) Keine Vorlage im Hinblick auf den Einwand von Treu und Glauben

Der Einwand von Treu und Glauben gelte auch im Falle einer angenommenen Richtlinienwidrigkeit und unterliege dem nationalen Recht, solange der europarechtliche Äquivalenz- sowie Effektivitätsgrundsatz eingehalten werden.[191] Das Gericht entschied, dass dies hier gewahrt sei, da der Einwand

---

186 BGH v. 16.7.2014 – IV ZR 73/13, NJW 2014, 2723 Rn. 32; dazu instruktiv *Reiff*, r + s 2015, 105 (106 f.); MüKo-VVG/*ders.*, 1. Teil, 2. Kap. Rn. 67; *Looschelders*, VersR 2016, 7 (8).

187 BGH v. 16.7.2014 – IV ZR 73/13, NJW 2014, 2723 Rn. 34; zustimmend *Reiff*, LMK 2014, 363951; dazu auch MüKo-BGB/*Schubert*, § 242 BGB Rn. 508.

188 BGH v. 16.7.2014 – IV ZR 73/13, NJW 2014, 2723 Rn. 35.

189 BGH v. 16.7.2014 – IV ZR 73/13, NJW 2014, 2723 Rn. 37.

190 BGH v. 16.7.2014 – IV ZR 73/13, NJW 2014, 2723 Rn. 40.

191 Nach dem Äquivalenzgrundsatz dürfen die verfahrensrechtlichen Vorgaben nach nationalem Recht nicht ungünstiger sein als rein innerstaatlich betreffendes Recht, BGH v. 16.7.2014 – IV ZR 73/13, NJW 2014, 2723 Rn. 41; EuGH v. 20.9.2001 – C-453/99 *(Courage Ltd/Crehan)*, EuZW 2001, 715 Rn. 29; *Pfeiffer*, AnwBl 2009, 488 (490 f.)

bei ordnungsgemäßer Belehrung lediglich greife, wenn der Vertrag jahrelang durchgeführt wurde.[192] Eine Vorlage an den EuGH sei im Hinblick auf diesen Einwand nicht erforderlich, da dieser das Unionsrecht und den Informationszweck der Dritten Richtlinie Leben weder in der Wirksamkeit noch in der einheitlichen Anwendung beschränke.[193]

b) Bewertung

Dieses Urteil des BGH sorgte für Aufsehen im Schrifttum.[194] So wurde hinterfragt, ob der BGH die Instanzgerichte bewegen möchte, von einer Vorlage abzusehen und das Policenmodell als richtlinienkonform einzustufen.[195] Kritisch zu sehen ist dabei, dass der BGH bei seiner Entscheidung zum nicht ordnungsgemäß belehrten Versicherungsnehmer[196] und bei dieser Entscheidung dieselben Stimmen aus dem Schrifttum heranzieht, um Zweifel an der Vorschrift zu begründen.[197] Bei ersterem Urteil reichen jedoch die Stimmen aus, um ausreichende Zweifel an der Unionskonformität der Ausschlussfrist zu hegen. Bei diesem Urteil genügen diese gerade nicht, um eine Unionskonformität des ganzen Policenmodells ernsthaft zu bezweifeln.[198] Zurecht hinterfragte *Bürkle*, wo die Grenze zu den Anforderungen an vertrauenskritischem Schrifttum gezogen werde.[199] Weiterhin wurden dem Urteil einige europarechtliche Schwächen attestiert.[200] Zwar würden die Mitgliedstaaten die Modalitäten des Vertragsschlusses selbst regeln können, jedoch nicht grenzenlos. Der Begriff des Vertragsschlusses stelle einen unionsrechtlich geprägten Begriff dar, bei dessen Auslegung und Ausgestaltung die Mitgliedstaaten die Grenze der praktischen Wirksamkeit der Richtlinien zu

---

192 BGH v. 16.7.2014 – IV ZR 73/13, NJW 2014, 2723 Rn. 41.

193 BGH v. 16.7.2014 – IV ZR 73/13, NJW 2014, 2723 Rn. 42; dazu *Mährlein*, VuR 2022, 145.

194 *W.-H. Roth*, VersR 2015, 1; *Reiff*, r + s 2015, 105 (106 f.); *Brömmelmeyer*, VuR 2014, 447 (448 ff.); *Looschelders*, VersR 2016, 7 (8); *Schwintowski*, VuR 2014, 473.

195 *W.-H. Roth*, VersR 2015, 1 (5).

196 Dazu Kap. 2 C.

197 *Bürkle*, VersR 2015, 398 (399).

198 *Bürkle*, VersR 2015, 398 (399).

199 *Bürkle*, VersR 2015, 398 (399).

200 *W.-H. Roth*, VersR 2015, 1 (5); *Brömmelmeyer*, VuR 2014, 447 (448); *Schwintowski*, VuR 2014, 473.

beachten haben.[201] So habe der deutsche Gesetzgeber durch die Regelung des § 5a VVG a.F. diesen Spielraum überschritten. Der Versicherungsnehmer müsse die notwendigen Informationen im Sinne der Richtlinien vor Abgabe seiner bindenden Erklärung erhalten.[202] Der BGH könne die Ablehnung einer Vorlage nicht als offenkundig werten, da durch die abweichende Meinung in Teilen der Literatur sowie durch die Schlussanträge der Generalanwältin *Sharpston* gerade Zweifel geäußert wurden.[203]

Roth sah die Ablehnung der Vorlagepflicht hinsichtlich des Einwands von Treu und Glauben nur insoweit als zutreffend, dass die Frage der Auslegung der europäischen Vorgaben im vorliegenden Fall nicht entscheidungserheblich sei.[204] Allerdings stimmte er dem Gericht in seinem Absehen von einer Vorlage hinsichtlich der Frage des Berufens auf den nationalen Einwand des Rechtsmissbrauchs selbst nicht zu. Die Rollenverteilung des BGH und EuGH im Lichte des aus dem Unionsrecht resultierenden Anspruchs sei fehlgeschlagen, da der BGH den Zweck der Wahlfreiheit verkenne und es Sache des EuGH sei, die europäischen Vorgaben und die Anforderungen an ihre Wirksamkeit zu benennen. Es bestehen jedenfalls vernünftige Zweifel an der Auslegung des BGH.[205] Nach *Schwintowksi* habe der BGH durch die Zulässigkeit des Einwands von Treu und Glauben eine neue Argumentationslinie geschaffen, welche dieser gegen eine Vorlage nutzt.[206]

2. BVerfG v. 2.2.2015 – 2 BvR 2437/14

Infolge dieser BGH-Entscheidung sorgte eine dagegen gerichtete Verfassungsbeschwerde für Aufsehen. Denn diese wurde durch das BVerfG zwar nicht angenommen, stimmte jedoch Teilen der Argumentation des BGH nicht zu[207] und ist Grundlage für die Argumentation aktueller Rechtsprechung und

---

[201] *W.-H. Roth,* VersR 2015, 1 (5); *Brömmelmeyer,* VuR 2014, 447 (450).

[202] *W.-H. Roth,* VersR 2015, 1 (6); *Schwintowski,* VuR 2024, 83; *Brömmelmeyer,* VuR 2014, 447 (448 f.); *Schwintowski,* VuR 2014, 473.

[203] So und zu den Voraussetzungen einer Vorlagepflicht im Allgemeinen, siehe *W.-H. Roth,* VersR 2015, 1 (6 ff.).

[204] *W.-H. Roth,* VersR 2015, 1 (8).

[205] *W.-H. Roth,* VersR 2015, 1 (8).

[206] *Schwintowski,* VuR 2024, 83 (84).

[207] BVerfG v. 2.2.2015 – 2 BvR 2437/14, BeckRS 2015, 42139.

Literatur.[208] Der Beschwerdeführer rügte eine Verletzung seines Rechts auf einen gesetzlichen Richter, Art. 101 Abs. 1 S. 2 GG, sowie des allgemeinen Justizgewährungsanspruchs, Art. 2 Abs. 1 i.V.m. Art. 20 Abs. 3 GG, betreffend den Umgang der Vorlagepflicht des BGH im Hinblick auf die angenommene Richtlinienkonformität des Policenmodells sowie den Grundsatz von Treu und Glauben.[209] Eine Verletzung des Art. 101 Abs. 1 S. 2 GG ist gegeben, wenn ein letztinstanzliches Gericht den EuGH, welcher gesetzlicher Richter ist, nicht anruft, wenn sich eine Frage des Gemeinschaftsrecht stellt, außer es liegt ein Fall des *acte éclairé*[210] oder ein Fall des *acte clair*[211] vor.[212] In einer willkürlichen Bejahung einer dieser Fälle liegt eine Überschreitung in unvertretbarer Weise des dem Fachgericht zustehenden Spielraums. Dieses muss sich folglich mit bereits ergangener EuGH-Rechtsprechung auseinandersetzen.[213]

Das BVerfG nahm die Verfassungsbeschwerde nicht zur Entscheidung an, da diese unbegründet sei.[214] Es sah zwar die Annahme der eindeutigen Richtlinienkonformität des Policenmodells durch den BGH als „objektiv unvertretbar und willkürlich an, mit der Folge, dass er durch die unterlassende Vorlage zur

[208] So immer noch in Teilen der Diskussion um eine mögliche Vorlage bezüglich der Richtlinienkonformität des Policenmodells an sich, *Schwintowski*, VuR 2024, 83 (83 f.). Sie ist auch Basis der Argumentation bezüglich einer möglichen Vorlage hinsichtlich des Einwands des Rechtsmissbrauchs, siehe *Ebers*, VuR 2022, 203.

[209] BVerfG v. 2.2.2015 – 2 BvR 2437/14, BeckRS 2015, 42139 Rn. 1, 18. Der EuGH ist gesetzlicher Richte im Sinne des Art. 101 Abs. 1 S. 2 GG, BVerfG v. 22.10.1986 – 2 BvR 197/83, BVerfGE 73, 339. Unter den Voraussetzungen des Art. 267 Abs. 3 AEUV müssen nationale Gerichte den EuGH anrufen, BVerfG v. 31.5.1990 – 2 BvL 12/88, 2 BvL 13/88, 2 BvR 1436/87, BVerfGE 82, 159.

[210] Dafür müsste der EuGH bereits in einem früheren identischen Fall entschieden haben oder der EuGH hat die betreffende Regelung in einer Auslegung behandelt, BVerfG v. 2.2.2015 – 2 BvR 2437/14, BeckRS 2015, 42139 Rn. 23; EuGH v. 15.9.2005 – C-495/03 *(Intermodal)*, BeckRS 2005, 70697 Rn. 33; *Brömmelmeyer*, VuR 2014, 447 (448); BVerfG v. 31.5.1990 – 2 BvL 12/88, 2 BvL 13/88, 2 BvR 1436/87, BVerfGE 82, 159.

[211] Dafür müsste die Rechtslage derart offenkundig sein, dass für vernünftige Zweifel keinerlei Raum bleibt, BVerfG v. 2.2.2015 – 2 BvR 2437/14, BeckRS 2015, 42139 Rn. 23; EuGH v. 15.9.2005 – C-495/03 *(Intermodal)*, BeckRS 2005, 70697 Rn. 33; *Brömmelmeyer*, VuR 2014, 447 (448); BVerfG v. 31.5.1990 – 2 BvL 12/88, 2 BvL 13/88, 2 BvR 1436/87, BVerfGE 82, 159.

[212] Weiter zu den Zuständigkeiten und dem Beurteilungsspielraum des BverfG, BVerfG v. 2.2.2015 – 2 BvR 2437/14, BeckRS 2015, 42139 Rn. 22 f.

[213] BVerfG v. 2.2.2015 – 2 BvR 2437/14, BeckRS 2015, 42139 Rn. 28.

[214] BVerfG v. 2.2.2015 – 2 BvR 2437/14, BeckRS 2015, 42139 Rn. 21.

Unionsrechtskonformität [...] gegen das Recht des Beschwerdeführers auf den gesetzlichen Richter aus Art. 101 Abs. 1 Satz 2 GG verstoßen hat"[215]. Das Gericht sah den Verstoß im Hinblick auf die angenommene Richtlinienkonformität des BGH darin, dass die europäische Rechtsprechung dies bisher nicht geklärt habe,[216] und zudem die Ausführungen des BGH nicht genügen, um im Lichte der Anwendung des Gemeinschaftsrechts keine Zweifel offen zu lassen.[217] Es begründete dies damit, dass alleine die Übertragung der Regelung der Modalitäten durch die Richtlinien auf den Mitgliedstaat nicht gleichzusetzen sei mit der Bedeutung, dass jede Art von Vertragsschluss zulässig wäre – das Ermessen habe auch Grenzen, wie beispielsweise im Verbraucherschutz.[218] Ein *acte clair* könne auch nicht durch die rechtsdogmatische Annahme eines schwebend unwirksamen Vertrags bejaht werden. Denn fraglich ist dadurch die Erfüllung des Ziels der Förderung des Binnenmarkts und der beabsichtigten Wahlfreiheit des Verbrauchers.[219] Unterstützend zitierte das BVerfG den deutschen Gesetzgeber, welcher mit dem neuen VVG im Jahr 2008 das Policenmodell abschaffen wollte und die Richtlinienkonformität als „nicht zweifelsfrei"[220] bewertete.

Jedoch beruhte das Urteil des BGH auch auf der Anwendung des Einwands des Rechtsmissbrauchs, welche nicht Art. 101 Abs. 1 S. 1 GG verletze und somit verfassungsrechtlich nicht zu beanstanden sei. Der IV. Zivilsenat habe dabei überzeugend vertreten, dass die Voraussetzungen für eine Anwendung des Grundsatzes von Treu und Glauben durch den EuGH ohne verbliebene vernünftige Zweifel geklärt seien.[221] Es sei zulässig gewesen, den Verstoß

---

215 BVerfG v. 2.2.2015 – 2 BvR 2437/14, BeckRS 2015, 42139 Rn. 21; dies seien ungewöhnlich deutliche Worte gegen den BGH, so *Armbrüster*, EuZW 2015, 614 (616); so auch MüKo-VVG/*Reiff*, 1. Teil, 2. Kap. Rn. 67; dazu einordnend Prölss/Martin/*Armbrüster*, 1. B. III. 3. Rn. 36a; *Looschelders*, VersR 2016, 7 (8 f.); *P. Koch*, LMK 2015, 371071.

216 Auch in der *Endress*-Entscheidung sei dies unbeantwortet, BVerfG v. 2.2.2015 – 2 BvR 2437/14, BeckRS 2015, 42139 Rn. 31.

217 BVerfG v. 2.2.2015 – 2 BvR 2437/14, BeckRS 2015, 42139 Rn. 32 ff.; dies einordnend *Reiff*, r + s 2015, 105 (107).

218 BVerfG v. 2.2.2015 – 2 BvR 2437/14, BeckRS 2015, 42139 Rn. 33.

219 Das BVerfG führt im Folgenden weitere Argumente auf, weshalb das Vorbringen des BGH keinen Fall des *acte clair* begründen könne, siehe BVerfG v. 2.2.2015 – 2 BvR 2437/14, BeckRS 2015, 42139 Rn. 35 ff.

220 RegE, BT-Drucks. 16/3945 S. 60; BVerfG v. 2.2.2015 – 2 BvR 2437/14, BeckRS 2015, 42139 Rn. 41.

221 BVerfG v. 2.2.2015 – 2 BvR 2437/14, BeckRS 2015, 42139 Rn. 21.

gegen den Grundsatz anzunehmen, wenn sich der Versicherungsnehmer nach jahrelanger Vertragsdurchführung auf dessen angebliche Unwirksamkeit berufe.[222] Der BGH habe die entsprechende, bisher ergangene Rechtsprechung ausgewertet, diese in die Entscheidung einfließen lassen und die einschlägigen europäischen Grundsätze beachtet. Er habe somit zurecht einen Fall des *acte éclairé* angenommen.[223] Insbesondere dürfte das Widerspruchsrecht auch im Lichte der europäischen Rechtsprechung durch nationale Grundsätze eingeschränkt werden.[224] Auch gehe es hier gerade nicht um einen Fall, bei dem Wirtschaftsteilnehmer unionswidrige missbräuchliche Vorgehensweisen nutzen, um sich einen gemeinschaftsrechtlich vorgesehenen Vorteil zu verschaffen. Es bedürfe keines zusätzlichen subjektiven Elements zur Feststellung eines rechtsmissbräuchlichen Verhaltens.[225] Zwar sei der Versicherer durch seine Wahl des Policenmodells für eine potentielle Unwirksamkeit des Vertrags verantwortlich. Allerdings könne das Vertrauen des Versicherers in den Bestand des Vertrags ebenso schutzwürdig sein.[226]

3. BGH v. 10.6.2015 – IV ZR 105/13

Der BGH befasste sich in Folge dieser Entscheidung auch mit einer potentiellen Vorlage an den EuGH, hier hinsichtlich der inhaltlichen Anforderungen an eine Belehrung[227]. Auch nach der Entscheidung des BVerfG sei die Frage einer Vorlage an den EuGH wegen möglicher Richtlinienwidrigkeit des Policenmodells vorliegend nicht entscheidungserheblich, da auch bei angenommener Richtlinienwidrigkeit ein Anspruch aufgrund einer widersprüchlichen Rechtsausübung abzulehnen sei. Es sei – wie schon in der Entscheidung des BGH zum ordnungsgemäß belehrten Versicherungsnehmer angenommen – treuwidrig, sich bei ordnungsgemäßer Widerspruchsbelehrung nach jahrelanger Vertragsdurchführung auf die Unwirksamkeit der Verträge

[222] BVerfG v. 2.2.2015 – 2 BvR 2437/14, BeckRS 2015, 42139 Rn. 42; siehe dazu *Armbrüster*, EuZW 2015, 614 (616); MüKo-VVG/*Reiff*, 1. Teil, 2. Kap. Rn. 67.

[223] BVerfG v. 2.2.2015 – 2 BvR 2437/14, BeckRS 2015, 42139 Rn. 43 ff.; dazu MüKo-VVG/*Eberhardt*, § 8 VVG Rn. 101.

[224] BVerfG v. 2.2.2015 – 2 BvR 2437/14, BeckRS 2015, 42139 Rn. 44.

[225] BVerfG v. 2.2.2015 – 2 BvR 2437/14, BeckRS 2015, 42139 Rn. 45 f.

[226] BVerfG v. 2.2.2015 – 2 BvR 2437/14, BeckRS 2015, 42139 Rn. 47.

[227] Siehe dazu unter Kap. 3 A. III. 1. a).

zu berufen.[228] Im vorliegenden Fall hätten die Zahlung der Prämien über dreieinhalb Jahre und die Kündigung einige Monate vor dem Widerspruch im Lichte der ordnungsgemäßen Belehrung ein schutzwürdiges Vertrauen beim Beklagten geschaffen. Dies sei auch für die Klägerin erkennbar gewesen.[229] Darüber hinaus gebe es keine ungeklärten Fragen im Hinblick auf die unionsrechtlichen Einwirkungen auf den nationalen Grundsatz von Treu und Glauben, weshalb eine Vorlage diesbezüglich auch nicht erforderlich sei.[230]

4. Bewertung

Der BGH bestätigte diese Linie im Rahmen mehrerer Entscheidungen im Hinblick auf die ordnungsgemäß erfolgte Belehrung.[231] Dieses Urteil wurde als elementar gesehen – insbesondere im Hinblick auf die Auslegung des vom BGH geprägten und wiederholt verwendeten Ausdrucks der jahrelangen Vertragsdurchführung.[232] In diesem Urteil hat der Senat einen Zeitraum von dreieinhalb Jahren als eine solche anerkannt und damit quasi eine Schwelle gesetzt, mit der einem erklärten Widerspruch im Falle einer ordnungsgemäßen Widerspruchsbelehrung der Grundsatz von Treu und Glauben entgegengehalten werden kann.[233] Seinerzeit wurde hier eine interessante Lücke erkannt[234] – welche bis heute nicht geschlossen wurde.[235] Denn fraglich ist, wie der BGH mit einem erheblich kürzeren Zeitraum umgehen würde – es könnte eine Vorlage an den EuGH in Betracht kommen.[236] Würde also ein Versicherungsnehmer eine Lebens- oder Rentenversicherung abgeschlossen

---

228 BGH v. 10.6.2015 – IV ZR 105/13, NJW 2015, 2733 Rn. 12; dazu auch *Looschelders*, VersR 2016, 7 (9).

229 BGH v. 10.6.2015 – IV ZR 105/13, NJW 2015, 2733 Rn. 12.

230 BGH v. 10.6.2015 – IV ZR 105/13, NJW 2015, 2733 Rn. 13 f.

231 Statt aller BGH v. 21.3.2018 – IV ZR 201/16, r + s 2018, 363 Rn. 18.

232 *Langheid/Müller-Frank*, NJW 2015, 2311 (2314).

233 *Langheid/Müller-Frank*, NJW 2015, 2311 (2314); *Pohlmann*, in: FS Yamauchi 2017, S. 377, 382; so auch *Teilnehmer 3* – telefonisches Interview vom 19.11.2024.

234 *Langheid/Müller-Frank*, NJW 2015, 2311 (2314); *Beckmann*, in: Dauses/Ludwigs (Hrsg.), E. VI. Rn. 238.

235 *Teilnehmer 7* – online-Interview vom 3.12.2024. Ein solcher Fall wird jedoch nach Ansicht der Praxis wahrscheinlich nicht mehr eintreten, so *Teilnehmer 3* – telefonisches Interview vom 19.11.2024.

236 *Langheid/Müller-Frank*, NJW 2015, 2311 (2314); *Beckmann*, in: Dauses/Ludwigs (Hrsg.), E. VI. Rn. 238; *Teilnehmer 3* – telefonisches Interview vom 19.11.2024.

haben, sich von dieser jedoch zeitnah trotz ordnungsgemäß erfolgter Belehrung lösen wollen und in einem Zeitraum von unter dreieinhalb Jahren den Widerspruch erklärt haben, ergibt sich die Frage, wie der BGH mit diesem Sachverhalt umgehen würde. Denn die Basis dessen, dass der BGH den nationalen Einwand des Rechtsmissbrauchs ohne europarechtliche Bedenken anwenden kann, ist *inter alia*, dass der Versicherungsnehmer gerade durch die lange Vertragsdurchführung einen Vertrauenstatbestand beim Versicherer begründen konnte. Es erscheint zweifelhaft, ob diese Argumentation bei einem so gelagerten Fall Bestand hätte.[237]

III. Nicht (ordnungsgemäß) belehrter Versicherungsnehmer

Hinsichtlich des nicht (ordnungsgemäß) belehrten Versicherungsnehmers entschied der BGH mit seinem Grundsatzurteil, mit dem er das ewige Widerspruchsrecht einleitete. Vor dieser Entscheidung ergingen auch im Rahmen dessen mehrere Kammerbeschlüsse des BVerfG. Dieses nahm hier jeweils eine Verletzung des Beschwerdeführers in seinem Recht auf Gewährung effektiven Rechtsschutzes im Sinne des Art. 2 Abs. 1 i.V.m. Art. 20 Abs. 3 GG an.[238] Es begründete dies damit, dass die entscheidenden Instanzgerichte sich nicht in ausreichendem Maße mit dem durch die Europäische Kommission eingeleiteten Vertragsverletzungsverfahren sowie mit dem von der Zweiten und Dritten Richtlinie Leben verfolgten Zweck befasst haben.[239]

In der Folge entschied der BGH, dass der Grundsatz von Treu und Glauben dabei einer Geltendmachung des Lösungsrechts nur im Ausnahmefall entgegenstehen könne. Um einen Verstoß anzunehmen, müssten vom Tatrichter festzustellende, besonders gravierende Umstände des Einzelfalls vorliegen.[240]

---

[237] *Beckmann*, in: Dauses/Ludwigs (Hrsg.), E. VI. Rn. 238.

[238] BVerfG v. 9.5.2014 – 1 BvR 1408, 1415/11, BeckRS 2014, 13596; v. 17.9.2014 – 2 BvR 64/12, BeckRS 2014, 57458; dazu einordnend *Harsdorf-Gebhardt*, r + s 2016, 433 (436).

[239] BVerfG v. 9.5.2014 – 1 BvR 1408, 1415/11, BeckRS 2014, 13596 Rn. 20 ff.; v. 17.9.2014 – 2 BvR 64/12, BeckRS 2014, 57458 Rn. 52 ff.; dazu *Harsdorf-Gebhardt*, r + s 2016, 433 (436).

[240] BGH v. 3.6.2020 – IV ZB 9/19, NJW-RR 2020, 914 Rn. 14; v. 26.9.2018 – IV ZR 304/15, NJW-RR 2018, 1368 Rn. 23; v. 1.6.2016 – IV ZR 482/14, BeckRS 2016, 10971 Rn. 24; v. 27.1.2016 – IV ZR 130/15, r + s 2016, 230 Rn. 16; dazu auch BeckOGK BGB/*Kähler*, § 242 BGB Rn. 1815; MüKo-BGB/*Schubert*, § 242 BGB Rn. 509; *Mährlein*, VuR 2022, 145; Staudinger/*Looschelders/Olzen*, § 242 BGB Rn. 1248; BeckOK VVG/*Schepers*, § 5a VVG a.F. Rn. 52a.

Eine Annahme dieser Umstände sei selbst dann möglich, wenn der Versicherungsnehmer nicht oder unzutreffend belehrt worden ist.[241] Der BGH und die Instanzgerichte nutzten auf Grundlage dieser Erwägungen die Rechtsinstitute des Rechtsmissbrauchs und der Verwirkung in zahlreichen Einzelfällen.[242]

1. Einzelfälle hinsichtlich des Einwands des Rechtsmissbrauchs

a) Keine Treuwidrigkeit bei Inanspruchnahme eines Policendarlehens

Ein Fall, in dem der BGH keine Treuwidrigkeit angenommen hatte, betraf einen Versicherungsnehmer bei Inanspruchnahme eines Policendarlehens.[243] Dabei sei die Ausübung seines Widerspruchsrechts nicht ausnahmsweise treuwidrig, da das Policendarlehen vorliegend die Vorauszahlung auf die zukünftige Versicherungsleistung darstellte, welche der Versicherer mit Auskehrung des Rückkaufswerts nach Kündigung bereits verrechnet habe. Daher habe der Versicherungsnehmer auf Grundlage dieses Umstands kein Vertrauen geschaffen, dass er von seinem Recht keinen Gebrauch machen werde.[244]

b) Keine Treuwidrigkeit bei mehrfachem Wechsel des Versicherungsmaklers

Zudem hat der BGH angenommen, dass die Ausübung nicht allein deswegen treuwidrig sei, wenn der Versicherungsnehmer den Versicherungsmakler während der Laufzeit der Versicherung gewechselt hat und dieser jeweils Ansprüche auf die Bestandscourtage angemeldet hat, während sie von dem Widerspruchsrecht wussten. Dies begründete er damit, dass der Versicherer auf dieser Basis nicht annehmen dürfe, der Versicherungsnehmer würde seinen Vertrag unbedingt fortsetzen wollen und nicht von seinem Widerspruchsrecht

---

[241] BGH v. 27.1.2016 – IV ZR 130/15, r + s 2016, 230 Rn. 16; dies bestätigend, v. 8.9.2021 – IV ZR 133/20, BeckRS 2021, 30581 Rn. 17; v. 1.6.2016 – IV ZR 482/14, BeckRS 2016, 10971 Rn. 24; v. 3.6.2020 – IV ZB 9/19, NJW-RR 2020, 914 Rn. 14; v. 26.9.2018 – IV ZR 304/15, NJW-RR 2018, 1368 Rn. 23; dies einordnend BeckOGK BGB/*Kähler*, § 242 BGB Rn. 1815; Prölss/Martin/*Armbrüster*, 1. B. III. 3. Rn. 36a; BeckOK VVG/*Schepers*, § 5a VVG a.F. Rn. 52.

[242] Dazu nachfolgend. Zu einer Übersicht der Einzelfallentscheidungen der Judikatur, siehe *Knops*, RabelsZ 85 (2021), 505 (510 ff.).

[243] BGH v. 27.4.2016 – IV ZR 200/14, BeckRS 2016, 9341.

[244] BGH v. 27.4.2016 – IV ZR 200/14, BeckRS 2016, 9341 Rn. 15; *Harsdorf-Gebhardt*, r + s 2018, 625 (630).

Gebrauch machen. Dies gelte auch bei einer angenommenen Zurechnung der Kenntnis des Versicherungsmaklers nach § 166 Abs. 1 BGB.[245]

c) Rechtsmissbrauch wegen Abtretung zur Darlehenssicherung

Ein Rechtsmissbrauch könne ferner noch nicht allein aufgrund einer Abtretung der Ansprüche aus dem Versicherungsvertrag zur Sicherung eines Darlehens angenommen werden.[246] Es sei nicht allein daraus zu folgern, dass der Versicherungsnehmer im Falle der Kenntnis seines Widerspruchsrechts dieses auch ausgeübt hätte.[247] Somit lasse sich das für die Erfüllung der Verwirkung erforderliche Umstandsmoment nicht annehmen.[248]

Anders könnte dies aus Sicht des BGH jedoch in dem Fall sein, wenn ein enger zeitlicher Zusammenhang zwischen dem Abschluss des Versicherungsvertrags und der Sicherung des Darlehens liegt oder eine mehrfache Abtretung erfolgt. Dies sei jedoch wiederum der tatrichterlichen Beurteilung überlassen.[249] In einem aktuellen Urteil bestätigte er dies und lehnte einen Anspruch eines Versicherungsnehmers ab. Erst aufgrund des engen zeitlichen Zusammenhangs greife der Grundsatz von Treu und Glauben. Die Abtretung allein reiche dafür nicht aus.[250]

d) Rechtsmissbrauch wegen Abtretung zur Darlehensfinanzierung der Einmalprämie

Der Einwand greife nach dem IV. Zivilsenat bei einer nicht ordnungsgemäß erfolgten Belehrung dann, wenn der Versicherungsnehmer im unmittelbaren

---

[245] BGH v. 21.12.2016 – IV ZR 399/15, r + s 2017, 128 Rn. 14; *Harsdorf-Gebhardt*, r + s 2018, 625 (630).

[246] BGH v. 1.6.2016 – IV ZR 482/14, BeckRS 2016, 10971 Rn. 24; v. 11.5.2016 – IV ZR 334/15, r + s 2016, 339; PHdB-VersProz/*Kipar/Schnepp*, § 10 Rn. 102.

[247] BGH v. 1.6.2016 – IV ZR 482/14, BeckRS 2016, 10971 Rn. 24.

[248] BGH v. 11.5.2016 – IV ZR 334/15, r + s 2016, 339 Rn. 15 f.; v. 1.6.2016 – IV ZR 482/14, BeckRS 2016, 10971 Rn. 24.

[249] BGH v. 1.6.2016 – IV ZR 482/14, BeckRS 2016, 10971 Rn. 24; v. 15.3.2023 – IV ZR 40/21, NJW 2023, 1664 Rn. 22; kritisch dazu *Knops/Fromm*, WM 2021, 2169 (2178); dazu auch MüKo-BGB/*Schubert*, § 252 BGB Rn. 510; BeckOK VVG/*Schepers*, § 5a VVG a.F. Rn. 60.

[250] BGH v. 19.7.2023 – IV ZR 268/21, NJW 2023, 3086 Rn. 11. So entschied das OLG Hamm in einem anderen Fall, dass auch die Sicherungsabtretung vor dem Abschluss des Vertrags zu einer Ablehnung aufgrund von Verwirkung führe, da ebenso ein enger zeitlicher Zusammenhang anzunehmen sei, OLG Hamm v. 9.10.2020 – 20 U 148/20, BeckRS 2020, 48074.

Zusammenhang mit Abschluss des Vertrags sämtliche Rechte und Ansprüche aus dem Vertrag für den Todes- und Erlebensfall zur Sicherung eines Darlehens, mit dem die Zahlung der Einmalprämie finanziert wird, abgetreten hat.[251] Dass durch dieses Vorgehen der Vertrag erst zustande gekommen ist, ändere nichts an dieser Auffassung.[252] Wiederum ordnete das Gericht hier den von ihm angenommenen Zweck der Kreditsicherung, den engen zeitlichen Zusammenhang sowie das Bestehen des Zwecks während des gesamten Vertrags als Handlungen ein, die ein schutzwürdiges Vertrauen in den Bestand des Vertrags begründen würden.[253]

e) Weitere von der deutschen Judikatur entschiedene Einzelfälle

Die deutschen Instanzgerichte machten von ihrem Spielraum im Rahmen der tatrichterlichen Würdigung extensiv Gebrauch. So gab es zahlreiche Einzelfälle, bei denen ein Rechtsmissbrauch bejaht wurde, wobei das Verhalten des Versicherungsnehmers dies nicht immer angezeigt hat.[254]

So nahm zum Beispiel das OLG Saarbrücken den Einwand der Treuwidrigkeit in einem Fall an, bei dem der Versicherungsnehmer im Nachgang an eine von ihm beantragte Beitragsfreistellung zunächst einen Antrag auf Wiederinkraftsetzung des Vertrags unterzeichnete. Da dieser mangels Einreichung eines Gesundheitsfragebogens abgelehnt wurde, reichte er sodann einen weiteren, vollständigen, zur Annahme führenden Antrag ein. Diese Umstände haben nach Ansicht des OLG für den Versicherer Vertrauen in den Fortbestand des Vertrags geschaffen.[255]

2. Einzelfälle hinsichtlich des Einwands der Verwirkung

a) Einwand der Verwirkung bei Belehrungsfehlern

Verschiedene Instanzgerichte ziehen den Einwand der Verwirkung heran, um einen auf einem Belehrungsfehler gestützten Bereicherungsanspruch zu

---

[251] BGH v. 27.9.2023 – IV ZR 464/21, NJW-RR 2023, 1521; die Entscheidung einordnend BeckOGK BGB/*Kähler*, § 242 BGB Rn. 1820.

[252] Das BVerfG hatte in diesem Rahmen zwei Verfassungsbeschwerden nicht angenommen, BVerfG v. 11.5.2023 – 2 BvR 1550/22 sowie BVerfG v. 11.5.2023 – 2 BvR 1577/22 (beide unveröffentlicht), zitiert nach BGH v. 27.9.2023 – IV ZR 464/21, NJW-RR 2023, 1521 Rn. 11.

[253] BGH v. 27.9.2023 – IV ZR 464/21, NJW-RR 2023, 1521 Rn. 12; dazu auch BeckOGK BGB/*Kähler*, § 242 BGB Rn. 1827.

[254] So auch *Schwintowski*, VuR 2022, 83 (86 ff.).

[255] OLG Saarbrücken v. 23.12.2020 – 5 U 55/20, NJOZ 2021, 1522 Rn. 19 f.

versagen.[256] So nahm das OLG Hamm an, dass der fehlende Hinweis auf die Schriftform im Lichte der *Rust-Hackner*-Entscheidung einen geringfügigen Fehler darstelle und das Widerspruchsrecht daher in dem Fall verwirkt sei.[257] Hieran wird zunächst eine Abkehr des OLG Hamm von der früheren Linie des BGH deutlich, nach der bei dieser Art des inhaltlichen Fehlers keine Verwirkung aufgrund der fehlenden Geringfügigkeit des Mangels eingreifen könne.[258] Ferner interpretierte das OLG Hamm die *Rust-Hackner*-Entscheidung des EuGH abweichend gegenüber der später folgenden BGH-Entscheidung vom 15.3.2023. So ist zu erkennen, dass einzelne Gerichte extensiver mit dem Einwand der Verwirkung umgehen und in den jeweiligen Einzelfallentscheidungen versuchen, Klagen abzuwehren. Dennoch sind gerade im Bereich der inhaltlichen Fehler Linien durch den BGH aufgestellt worden, welche durch Instanzgerichte teils anders bewertet werden. Dies trägt zur Rechtsunsicherheit bei.

Ähnlich entschied das OLG Bremen in einer Entscheidung hinsichtlich der Wesentlichkeit eines inhaltlichen Belehrungsfehlers, indem es den Hinweis, eine rechtzeitige Absendung des Widerspruchs genüge den gesetzlichen Anforderungen zur Wahrung der Frist, als geringfügigen Mangel einordnete und das Verhalten des Versicherungsnehmers infolgedessen als treuwidrig wertete.[259] Dagegen hatte der BGH zu einem ähnlich gelagerten Fall noch

---

[256] Die Vielzahl an Fallgruppen sei groß, so *Grote/Finkel*, NJW 2020, 2311 (2315). So beispielsweise KG v. 21.5.2021 – 6 U 16/21, NJW-RR 2021, 967, welches zunächst eine Unwesentlichkeit des Belehrungsfehlers annimmt und sodann ungeachtet dieses Fehlers aufgrund der langen Vertragsdurchführung und einiger Vertragsanpassungen einen Verstoß gegen Treu und Glauben bejaht. Der Fehler lag in der Nennung der Schriftform, auch wenn lediglich gesetzlich die Textform erforderlich war. Das KG stützte seine Entscheidung auf den Wesentlichkeits- und Kausalitätsgedanken und steht somit wohl im Einklang mit der BGH-Rechtsprechung vom 15.2.2023. Dies hatte *Schwintowski* kritisiert, da es nicht darum gehen könne, ob der Versicherungsnehmer auch möglicherweise bei unzutreffender Belehrung den Vertrag geschlossen hätte, sondern vielmehr darum, dass der Versicherungsnehmer zutreffend belehrt wird und somit seine Entscheidung ordnungsgemäß ausüben kann. Ferner stelle die abweichende Nennung der Schriftform einen gravierenden Fehler dar und könne somit nicht als geringfügig gesehen werden, siehe *Schwintowski*, VuR 2022, 83 (84 f.).

[257] OLG Hamm v. 14.1.2021 – 20 U 212/20, BeckRS 2021, 14664.

[258] *Schwintowski*, VuR 2022, 83 (85 f.).

[259] OLG Bremen v. 27.1.2021 – 3 U 23/20, NJOZ 2022, 180; dazu *Schwintowski*, VuR 2022, 83 (86).

entschieden, dass dieser Fehler wesentlich sei und der Verwirkungseinwand daher nicht greifen könne.[260] Es wird eine differenzierte und widersprüchliche Auslegung des Verwirkungseinwands durch Teile der deutschen Judikatur deutlich.

b) *Einwand der Verwirkung trotz fehlender besonders gravierender Umstände*

Hinzu kommen Entscheidungen der deutschen Judikatur, welche Ansprüche aufgrund einer Verwirkung ablehnten, obwohl nicht immer besonders gravierende Umstände gegeben waren.[261] Grundsätzlich sollten Handlungen, bei denen der Versicherungsnehmer lediglich von aus dem Vertrag ergebenden Rechten Gebrauch macht, nicht eine Verwirkung begründen können,[262] da der Versicherungsnehmer – zumindest bei gravierenden Fehlern – keine Kenntnis vom Widerspruchsrecht hat. Daher kommuniziert der Versicherungsnehmer mit dem Versicherer unter der Annahme eines wirksam geschlossenen Versicherungsvertrags.[263] Das OLG Frankfurt nahm jedoch bereits bei einem Widerspruch zur Erhöhung der Versicherungssumme durch den Versicherungsnehmer an, dass dieser den Vertrag unbedingt fortsetzen wolle.[264] Nach *Schwintowskis* zutreffender Auffassung geht eine solche Entscheidung zu weit, da nicht bloß anhand solcher Handlungen, die dem Vertrag immanent sind, das Widerspruchsrecht versagt werden könne.[265] Auch weitere OLG nahmen eine Verwirkung an, auch wenn lediglich der Vertrag durchgeführt wurde und der Versicherungsnehmer beispielweise bloß durch eine Bezugsänderung – ohne jedoch das Widerspruchsrecht zu kennen – aktiv auf den Vertrag eingewirkt hat.[266]

---

260 BGH v. 24.2.2016 – IV ZR 225/14, BeckRS 2016, 4886.

261 So auch *Gal*, JZ 79 (2024), 199 (201); *Schwintowski*, VuR 2022, 83 (86 f.). Hinsichtlich des Zeitmoments divergiere die deutsche Judikatur, so *Brand*, VersR 2014, 269 (275).

262 OLG Dresden v. 20.8.2018 – 4 U 644/18, NJW-RR 2019, 290; OLG Köln v. 3.2.2012 – 20 U 140/11, BeckRS 2012, 5821; OLG Frankfurt a. M. v. 22.10.2019 – 14 U 19/19 (unveröffentlicht); zitiert nach *Schwintowski*, VuR 2022, 83 (86).

263 Ebenso dieser Auffassung *Schwintowski*, VuR 2022, 83 (86).

264 OLG Frankfurt a. M. v. 28.10.2020 – 3 U 85/20 (unveröffentlicht); zitiert nach *Schwintowski*, VuR 2022, 83 (86).

265 *Schwintowski*, VuR 2022, 83 (86).

266 So OLG Zweibrücken v. 23.12.2020 – 1 U 102/19; OLG Brandenburg v. 11.9.2019 – 11 U 198/18; OLG Nürnberg v. 12.6.2017 – 8 U 1575/16 (alle unveröffentlicht); zitiert nach *Schwintowski*, VuR 2022, 83 (87).

Einige LG wendeten bereits bei bloßem Zeitablauf den Einwand der Verwirkung an.[267] Dagegen sahen wiederum andere OLG in ähnlich gelagerten Fällen den Einwand aufgrund von Vertragsänderungen nicht für anwendbar.[268]

3. EuGH v. 9.9.2021 – C-33/20, C-155/20, C-187/20 (Volkswagen-Bank)

Für potentielle Auswirkungen in der Anwendung des Grundsatzes von Treu und Glauben im Bereich des Versicherungsvertragsrechts sorgte ein Urteil des EuGH vom 9.9.2021, welches seinen Schwerpunkt im Widerruf von Verbraucherkreditverträgen hatte.[269] Insbesondere stellte sich in diesem Rahmen die Frage für den BGH, ob seine diesbezüglichen Leitlinien anzupassen wären.

a) Zum Verbraucherkreditrecht und seinem unionsrechtlichen Hintergrund

Zunächst gebietet sich ein kurzer Vergleich zu den Entwicklungen im Verbraucherkreditrecht und seinen europarechtlichen Vorgaben. Das deutsche Verbraucherkreditrecht war insbesondere durch die aus dem Jahr 2008 stammende Richtlinie 2008/48/EG geprägt.[270] Sie wurde durch die Richtlinie (EU) 2023/2225[271] zum 20.11.2026 aufgehoben, gilt jedoch noch bis zu diesem Datum. Sie sieht unter anderem ein 14-tägiges Widerrufsrecht,

---

[267] LG Hamburg v. 26.2.2021 – 332 O 315/19; LG Düsseldorf v. 18.11.2020 – 9 O 17/20; LG Berlin v. 22.10.2020 – 24 O 26/20 (alle unveröffentlicht); zitiert nach *Schwintowski*, VuR 2022, 83 (87); siehe auch *Brand*, VersR 2014, 269 (275).

[268] OLG Köln v. 20.12.2019 – I-20 U 209/19, WM 2020, 784; OLG Köln v. 28.2.2016 – I-2 o U 30/16; andere Ansicht OLG Hamm v. 18.11.2020 – 20 U 175/20 (alle unveröffentlicht); zitiert nach *Schwintowski*, VuR 2022, 83 (87).

[269] EuGH v. 9.9.2021 – C-33/20, C-155/20, C-187/20 *(UK ua/Volkswagen Bank GmbH ua)*, NJW 2022, 40; dazu auch *Knops/Fromm*, WM 2021, 2169.

[270] Richtlinie 2008/48/EG des Europäischen Parlaments und des Rates v. 23.4.2008 über Verbraucherkreditverträge und zur Aufhebung der Richtlinie 87/102/EWG des Rates, ABl. L 133, S. 66 (nachfolgend: Verbraucherkreditrichtlinie 2008).

[271] Richtlinie (EU) 2023/2225 des Europäischen Parlaments und des Rates v. 18.10.2023 über Verbraucherkreditverträge und zur Aufhebung der Richtlinie 2008/48/EG, ABl. L, 2023/2225 (nachfolgend: Verbraucherkreditrichtlinie 2023).

Art. 14 Abs. 1,[272] sowie verschiedene Angaben, welche zwingend in einem Kreditvertrag enthalten sein müssen, Art. 10 Abs. 2,[273] vor. Die Verbraucherkreditrichtlinie 2008 ist im Gegensatz zur Dritten Richtlinie Leben vollharmonisierend und enthält keine Jahresfrist im Fall des unzureichend belehrten Verbrauchers.[274] Der Gesetzgeber konnte deshalb nichts davon Abweichendes regeln[275] – eine dem § 5a Abs. 2 S. 4 VVG a.F. vergleichbare Vorschrift gab es folglich nicht. Unzureichende Informationen im Vertrag oder in der Belehrung konnten daher ein ewiges Widerrufsrecht des Verbrauchers auslösen.[276]

b) Sachverhalt

Die Entscheidung des EuGH befasste sich mit der Auslegung von Art. 10 Abs. 2 sowie Art. 14 Abs. 1 Verbraucherkreditrichtlinie 2008.[277] Im Mittelpunkt stand die Wirksamkeit eines Widerrufs von Verbrauchern gegenüber den jeweiligen kreditgebenden Banken.[278] Das LG Ravensburg hat in den

---

[272] Art. 14 Abs. 1 der Verbraucherkreditrichtlinie 2008 regelt das Widerrufsrecht des Verbrauchers und bestimmt den Beginn und Lauf der Frist seines Widerrufsrechts. Der Beginn dieser Frist ist entweder der Tag des Abschlusses des Kreditvertrags, Art. 14 Abs. 1 *lit.* a Verbraucherkreditrichtlinie 2008, oder der Tag, an dem der Verbraucher die Vertragsbedingungen und die Informationen gemäß Art. 10 Verbraucherkreditrichtlinie 2008 erhält, Art. 14 Abs. 1 *lit.* b Verbraucherkreditrichtlinie 2008. Dazu näher *Knops*, WM 2020, 2249 (2250); *Knops/Fromm*, WM 2021, 2169.

[273] Art. 10 Abs. 2 Verbraucherkreditrichtlinie 2008 betrifft die Angaben, die zwingend in einem Kreditvertrag im Sinne der Richtlinie anzugeben sind. Umfasst sind *inter alia* die Art und Laufzeit des Kredits, der Betrag des Kredits sowie bestimmte Zinssätze; dies einordnend *Knops*, WM 2020, 2249.

[274] *Knops*, WM 2020, 2249 (2252).

[275] Dazu EuGH v. 9.9.2021 – C-33/20, C-155/20, C-187/20 *(UK ua/Volkswagen Bank GmbH ua)*, NJW 2022, 40 Rn. 116; *Knops*, WM 2020, 2249 (2252).

[276] Dazu *D. Kramer*, Der Widerruf von Verbraucherdarlehen zwischen Rechtsdurchsetzung und Rechtsmissbrauch, S. 105 f. Die Bundesregierung könnte das ewige Widerrufsrecht wohl im Zuge der Umsetzung der Verbraucherkreditrichtlinie 2023 abschaffen, indem es eine Ausschlussfrist von einem Jahr und 14 Tagen einführen möchte. Siehe dazu und zum ewigen Widerrufsrecht *Freitag*, BKR 2025, 10; *Jungmann*, NJW 2024, 1542.

[277] EuGH v. 9.9.2021 – C-33/20, C-155/20, C-187/20 *(UK ua/Volkswagen Bank GmbH ua)*, NJW 2022, 40 (41); dazu instruktiv *Hölldampf*, BB 2021, 2569 (2571 f.).

[278] EuGH v. 9.9.2021 – C-33/20, C-155/20, C-187/20 *(UK ua/Volkswagen Bank GmbH ua)*, NJW 2022, 40 (41).

Rechtssachen die Verfahren ausgesetzt und dem EuGH in Hinblick auf die Wirksamkeit des Widerrufs vorgelegt.[279]

c) Entscheidung

aa) Zur Verwirkung

Das LG Ravensburg fragte den EuGH, ob ein Kreditgeber den Einwand der Verwirkung gegenüber einem Widerruf nach Art. 14 der Verbraucherkreditrichtlinie 2008 geltend machen kann, auch wenn eine zwingende Angabe nach Art. 10 Abs. 2 Verbraucherkreditrichtlinie 2008 fehlt und der Verbraucher diese Information nicht erhalten hat und dieser – ohne eigenes Vertretenmüssen – von dem ewigen Widerrufsrecht nichts wusste.[280] Da der Mitgliedstaat im Lichte der vollharmonisierenden Verbraucherkreditrichtlinie 2008 keine von dem Inhalt dieser Richtlinie abweichenden Regelungen treffen kann,[281] dürfe der Kreditgeber in diesem Fall dem widerrufenden Verbraucher nicht den Einwand der Verwirkung entgegenhalten. Dies gelte sogar unabhängig davon, ob der Verbraucher sein Recht kannte, ohne eigenes Vertretenmüssen bezüglich dieser Unkenntnis.[282]

bb) Zum Rechtsmissbrauch

Zu klären war ebenso, ob der Kreditgeber bei denselben Bedingungen wie im bereits genannten Fall keinen Rechtsmissbrauch durch den Verbraucher annehmen darf.[283] Da die Verbraucherkreditrichtlinie 2008 auch diesbezüglich keine eigenen Regelungen traf, sah sich der EuGH dazu veranlasst, eine mögliche Grenze des Widerrufs des Verbrauchers nach dem allgemeinen Grundsatz zu bewerten, nach dem es dem einzelnen Verbraucher verwehrt ist, sich „in

---

[279] EuGH v. 9.9.2021 – C-33/20, C-155/20, C-187/20 *(UK ua/Volkswagen Bank GmbH ua)*, NJW 2022, 40 (41 ff.); dazu instruktiv *Feldhusen*, IWRZ 2022, 51.

[280] EuGH v. 9.9.2021 – C-33/20, C-155/20, C-187/20 *(UK ua/Volkswagen Bank GmbH ua)*, NJW 2022, 40 Rn. 113; dies zusammenfassend *Knops/Fromm*, WM 2021, 2169 (2175 f.).

[281] EuGH v. 9.9.2021 – C-33/20, C-155/20, C-187/20 *(UK ua/Volkswagen Bank GmbH ua)*, NJW 2022, 40 Rn. 115; dazu auch *Feldhusen*, IWRZ 2022, 105 (107).

[282] EuGH v. 9.9.2021 – C-33/20, C-155/20, C-187/20 *(UK ua/Volkswagen Bank GmbH ua)*, NJW 2022, 40 Rn. 118. Zum europarechtlichen Hintergrund der Verwirkung siehe *Knops*, WM 2020, 2249 (2255); die Entscheidung einordnend BeckOGK BGB/*Kähler*, § 242 BGB Rn. 1815; zustimmend *Feldhusen*, VuR 2023, 361; BeckOK BGB/*Sutschet*, § 242 BGB Rn. 178; dazu auch BeckOK VVG/*Schepers*, § 5a VVG a.F. Rn. 43.

[283] EuGH v. 9.9.2021 – C-33/20, C-155/20, C-187/20 *(UK ua/Volkswagen Bank GmbH ua)*, NJW 2022, 40 Rn. 119.

betrügerischer oder missbräuchlicher Weise auf die Vorschriften dieses Rechts [zu] berufen"[284]. Um einen solchen Missbrauch annehmen zu können, bedarf es nach der Rechtsprechung des Gerichtshofs zum einen eine Gesamtbetrachtung der objektiven Umstände, die zeigen, dass trotz der formalen Erfüllung unionsrechtlicher Anforderungen das mit der Regelung verfolgte Ziel nicht verwirklicht wurde. Zum anderen sei ein subjektives Element erforderlich, welches die Absicht darstellt, durch die gezielte und willkürliche Schaffung der Voraussetzungen einen unionsrechtlich vorgesehenen Vorteil zu erhalten.[285] Der EuGH begründete dies mit der bereits in der *Rust-Hackner*-Entscheidung definierten Zielrichtung, dass Art. 14 der Verbraucherkreditrichtlinie 2008 dem Schutz der Wahlfreiheit des Verbrauchers diene.[286] Darüber hinaus sollte diese Vorschrift den Erhalt sämtlicher erforderlicher Informationen sicherstellen sowie den Kreditgeber im Falle einer unvollständigen Informationsübergabe sanktionieren.[287] Die Sanktionierungsabsicht betonte der EuGH in seiner Entscheidung – trotz jahrelanger Vertragsausführung.[288] Daher sei in dem Verhalten des Verbrauchers in dem vorliegenden Fall kein Rechtsmissbrauch zu sehen.[289]

d) Übertragung auf das Versicherungsvertragsrecht

Fraglich war, ob die Erwägungen des EuGH auch auf das Versicherungsvertragsrecht zu übertragen sind.[290] Dies hätte wohl eine deutliche Einschränkung der Anwendungsmöglichkeit der Einwände des Rechtsmissbrauchs und

---

[284] EuGH v. 9.9.2021 – C-33/20, C-155/20, C-187/20 *(UK ua/Volkswagen Bank GmbH ua)*, NJW 2022, 40 Rn. 120 f.; dazu *Gal*, JZ 79 (2024), 199 (202).

[285] EuGH v. 9.9.2021 – C-33/20, C-155/20, C-187/20 *(UK ua/Volkswagen Bank GmbH ua)*, NJW 2022, 40 Rn. 122; dem zustimmend *Knops/Fromm*, WM 2021, 2169 (2179); dies einordnend *Weißhaupt*, WuB 2024, 202 (203); der EuGH bestätigte dies nach erneuter Vorlage in einer neuen Entscheidung, siehe EuGH v. 21.12.2023 – C-38/21, C-47/21, C-232/21 *(VK/BMW Bank GmbH)*, NJW 2024, 809 Rn. 281 ff.

[286] EuGH v. 9.9.2021 – C-33/20, C-155/20, C-187/20 *(UK ua/Volkswagen Bank GmbH ua)*, NJW 2022, 40 Rn. 123.

[287] EuGH v. 9.9.2021 – C-33/20, C-155/20, C-187/20 *(UK ua/Volkswagen Bank GmbH ua)*, NJW 2022, 40 Rn. 124; dies für das Versicherungsvertragsrecht einordnend *Mährlein*, VuR 2022, 145 (146).

[288] EuGH v. 9.9.2021 – C-33/20, C-155/20, C-187/20 *(UK ua/Volkswagen Bank GmbH ua)*, NJW 2022, 40 Rn. 125 f.; kritisch dazu *Gsell*, ZfPW 2022, 130 (151).

[289] EuGH v. 9.9.2021 – C-33/20, C-155/20, C-187/20 *(UK ua/Volkswagen Bank GmbH ua)*, NJW 2022, 40 Rn. 127.

[290] Dies ist bis heute umstritten, Staudinger/*Looschelders/Olzen*, § 242 BGB Rn. 1251; BeckOK VVG/*Schepers*, § 5a VVG a.F. Rn. 43.

der Verwirkung zur Folge. Denn die nationale Rechtsprechung begrenzte die Rechtsprechung bis dahin lediglich auf das objektive Gesamtbild.[291] Nachfolgend werden daher weitere wesentliche Entscheidungen der deutschen Judikatur sowie Anmerkungen seitens des Schrifttums zum Einwand von Treu und Glauben dargestellt, welche im Rahmen ihrer Erwägungen auch zu dieser Frage Stellung nahmen.

4. OLG-Rechtsprechung hinsichtlich einer Übertragbarkeit

So beschäftigten sich zahlreiche OLG mit der Frage der Übertragbarkeit der *Volkswagen-Bank*-Entscheidung.[292] So hielt das OLG Rostock diese für übertragbar[293] und lehnte die Anwendung des Einwands des Rechtsmissbrauchs durch den Versicherer ab, wenn eine zwingend dem Versicherungsnehmer zu erteilende Verbraucherinformation weder beim Vertragsabschluss selbst noch nachträglich übergeben wurde, unabhängig von einer Kenntnis des Widerspruchsrechts.[294] Da der EuGH die entsprechenden Richtlinien generell auf den Verbraucherschutz bezog, sei eine Ablehnung eines subjektiven Elements daher überholt.[295] Vielmehr bedürfe es der Feststellung von Anhaltspunkten, welche aufzeigen, dass die entsprechenden Voraussetzungen willkürlich geschaffen worden seien, um sich einen Vorteil ungerechtfertigt zu verschaffen.[296] Der vom Gesetzgeber verfolgte Zweck, dass der Versicherungsnehmer seine Entscheidung überdenken können muss, könne nicht bloß vom Zeitpunkt des Widerspruchs abhängig sein.[297]

Dagegen haben andere OLG eine Übertragung abgelehnt.[298] So war das OLG Bamberg der Ansicht, dass die Entscheidung des EuGH lediglich zu Verbraucherkreditverträgen erfolgte und nicht zu Lebensversicherungsverträgen.[299]

---

[291] *Knops*, RabelsZ 85 (2021), 505 (510).
[292] Siehe dazu Rüffer/Halbach/Schimikowski/*Brömmelmeyer*, VVG § 1 Rn. 59, Fn. 187; *Armbrüster*, EuZW 2023, 877 (878 f.).
[293] OLG Rostock v. 8.3.2022 – 4 U 51/21, BeckRS 2022, 3725; *Ebers*, VuR 2022, 203 (205); *Schwintowski*, VuR 2022, 83 (89 f.); *Mährlein*, VuR 2022, 145 (145 f.).
[294] OLG Rostock v. 8.3.2022 – 4 U 51/21, BeckRS 2022, 3725 Rn. 68.
[295] OLG Rostock v. 8.3.2022 – 4 U 51/21, BeckRS 2022, 3725 Rn. 56 f.
[296] OLG Rostock v. 9.11.2021 – 4 U 51/21, VuR 2022, 144 Rn. 6 ff.
[297] OLG Rostock v. 9.11.2021 – 4 U 51/21, VuR 2022, 144 Rn. 10.
[298] Dazu *Ebers*, VuR 2022, 203 (205).
[299] OLG Bamberg v. 22.12.2021 – 1 U 201/21 (unveröffentlicht).

Das OLG Karlsruhe führte aus, dass der EuGH den Grundsatz von Treu und Glauben den nationalen Gerichten übertragen habe und das Urteil sich bloß auf den Einwand des reinen Zeitablaufs beziehe und nicht auf den Einwand des Rechtsmissbrauchs allgemein.[300] Zudem seien die Verbraucherkreditrichtlinien im Gegensatz zu den Lebensversicherungsrichtlinien vollharmonisierend. Bei Ersteren dürfe eine zeitliche Begrenzung ohnehin nicht durch den nationalen Gesetzgeber erfolgen, da bei Letzteren allein das Gebot der praktischen Wirksamkeit zu beachten sei.[301]

5. VerfGH RhPf v. 22.7.2022 – VGH B 70/21

Dass eine abschließende Aufklärung dieses Themas jedoch lediglich durch den EuGH selbst erfolgen kann, wird von Teilen der Literatur vertreten.[302] Zur Notwendigkeit der Vorlage an den EuGH erging ein Beschluss des Verfassungsgerichtshofs[303] Rheinland-Pfalz im Jahr 2022, welcher einer Verfassungsbeschwerde stattgab.[304]

a) Verfahrensgang

Der Verfassungsbeschwerde vorausgegangen war zunächst eine Abweisung des LG Trier[305], welches entschied, dass der Widerspruch des Beschwerdeführers aufgrund des Einwands des Rechtsmissbrauchs wegen Verstoßes gegen Treu und Glauben unwirksam sei.[306] Die Berufung des Beschwerdeführers wies das OLG Koblenz in Form eines Beschlusses als unbegründet zurück.[307] Es begründete dies damit, dass der Einwand des Rechtsmissbrauchs auch ohne europarechtliche Vorgaben wie das Feststellen eines

---

300 Diese folge aus der englischen Fassung der *Volkswagen-Bank*-Entscheidung, OLG Karlsruhe v. 9.2.2022 – 12 U 80/21, BeckRS 2022, 2094 Rn. 10.

301 OLG Karlsruhe v. 9.2.2022 – 12 U 80/21, BeckRS 2022, 2094 Rn. 13; dazu auch *Ebers*, VuR 2022, 203 (205); zustimmend MüKo-BGB/*Schubert*, § 242 BGB Rn. 507.

302 Staudinger/*Looschelders/Olzen*, § 242 BGB Rn. 1251; so bereits damals kurz nach den Grundsatzurteilen des BGH aus dem Jahr 2014 *Reiff*, r + s 2015, 105 (107)

303 Nachfolgend: VerfGH.

304 VerfGH RhPf v. 22.7.2022 – VGH B 70/21, BeckRS 2022, 19380; dies einordnend Prölss/Martin/*Armbrüster*, 1. B. III. 3. Rn. 36a; *Weißhaupt*, WuB 2024, 202 (202 f.); BeckOK VVG/*Schepers*, § 5a VVG a.F. Rn. 44.

305 LG Trier v. 26.1.2021 – 6 O 502/19 (unveröffentlicht).

306 VerfGH RhPf v. 22.7.2022 – VGH B 70/21, BeckRS 2022, 19380 Rn. 3.

307 OLG Koblenz v. 2.11.2021 – 10 U 246/21 (unveröffentlicht).

subjektiven Elements vorliegen könne. Ein solcher Einwand laufe hier der erfolgreichen Ausübung des Rechts zuwider. Das OLG erkannte zwar an, dass die Voraussetzungen sowie die Ziele des Unionrechts bei nationalen Einwänden, die europarechtlich begründete Rechte beschränken könnten, eingehalten werden müssten.[308] Wenn jedoch keine europarechtlichen Vorgaben zum Rechtsmissbrauch ergangen sind, wie dies in der Dritten Richtlinie Leben der Fall sei, dürften die deutschen Gerichte einen solchen Einwand nach nationalem Recht prüfen. Eine Übertragung der *Volkswagen-Bank*-Entscheidung lehnte das OLG ab und erklärte, dass der Zweck der Zweiten und Dritten Richtlinie Leben auch bei Anwendung des Einwands des Rechtsmissbrauchs eingehalten werde, vor allem durch die erfolgte Belehrung durch den Versicherer.[309]

Dagegen erhob der Beschwerdeführer Verfassungsbeschwerde und machte eine Verletzung seines Anspruchs auf einen gesetzlichen Richter, Art. 6 Abs. 1 Verfassung für Rheinland-Pfalz[310], sowie seines Rechts auf effektiven Rechtsschutz, Art. 124 LV, geltend, da das OLG „willkürlich gegen seine Vorlagepflicht an den [EuGH] verstoßen und durch die Berufungszurückweisung im Beschlusswege zugleich die Möglichkeit einer Revisionszulassung versperrt habe“[311]. Der Beschwerdeführer rügte insbesondere, dass das Gericht ein Vorabentscheidungsverfahren nach Art. 267 Abs. 3 AEUV durchführen musste, da das Widerspruchsrecht im vorliegenden Fall ein durch europarechtliche Vorgaben begründetes Recht ist, welches nicht bloß nach nationalem Recht beurteilt werden könne.[312]

b) Entscheidung

Die Verfassungsbeschwerde hatte Erfolg. Der VerfGH Rheinland-Pfalz entschied, dass der Beschluss den Beschwerdeführer in seinem Recht auf den

---

308 VerfGH RhPf v. 22.7.2022 – VGH B 70/21, BeckRS 2022, 19380 Rn. 5.

309 VerfGH RhPf v. 22.7.2022 – VGH B 70/21, BeckRS 2022, 19380 Rn. 5.

310 Nachfolgend: LV.

311 Dabei machte der Beschwerdeführer keinen Verstoß hinsichtlich des materiellen Rechts und der Annahme des Rechtsmissbrauchs geltend, VerfGH RhPf v. 22.7.2022 – VGH B 70/21, BeckRS 2022, 19380 Rn. 7.

312 Zu dem weiteren Vorbringen des Beschwerdeführers, VerfGH RhPf v. 22.7.2022 – VGH B 70/21, BeckRS 2022, 19380 Rn. 9 ff.; einordnend *Looschelders*, r + s 2022, 622.

gesetzlichen Richter verletze.[313] Das OLG hätte ein Vorabentscheidungsverfahren im Hinblick auf das Entgegenhalten des Einwands des Rechtsmissbrauchs bei der Ausübung des Lösungsrechts im Fall der nicht ordnungsgemäßen Belehrung durchführen müssen. Es hatte die Frage zu stellen, ob diesem unionsrechtlich begründeten Recht überhaupt der Einwand des Rechtsmissbrauchs entgegengehalten werden kann. Ferner sei zu beurteilen gewesen, ob dieser lediglich nach nationalem Recht beurteilt werden kann, oder ob nach unionsrechtlicher Auslegung zusätzlich zum objektiven Tatbestandsmerkmal ein subjektives Element verlangt werden muss.[314] Der VerfGH hielt keine Ausnahme für einschlägig und ging vertieft darauf ein, dass kein Fall der bereits erschöpfenden Klärung der Rechtslage durch den EuGH vorliege.[315] Dies gelte für die *Endress-*, die *Rust-Hackner-* sowie die *Volkswagen-Bank*-Entscheidung. Eine Beantwortung der hier aufgeworfenen Fragen ergebe sich gerade nicht durch letzteres Urteil. Zwar sei im Unionsrecht der Einwand des Rechtsmissbrauchs an sich zulässig. Eine vollumfängliche Klärung sei allerdings nicht gegeben, da unklar sei, ob stets ein subjektives Element gegeben sein muss.[316] Das *Volkswagen-Bank*-Urteil bestimme die Notwendigkeit eines subjektiven Elements zum ersten Mal nicht lediglich im Hinblick auf Wirtschaftsteilnehmer als Vertragsparteien, sondern auf Verbraucher.[317] Eine Übertragung dieser Rechtsprechung auch auf den Bereich des Versicherungsrechts schloss der VerfGH Rheinland-Pfalz zumindest nicht aus, da diese Erwägungen allgemein das Unionsrecht und den Grundsatz des Rechtsmissbrauchs betreffen würden.[318] Eine Klärung im

---

313 VerfGH RhPf v. 22.7.2022 – VGH B 70/21, BeckRS 2022, 19380 Rn. 23 ff.; dazu auch *Looschelders*, r + s 2022, 622 (623)

314 VerfGH RhPf v. 22.7.2022 – VGH B 70/21, BeckRS 2022, 19380 Rn. 34; dazu *Gal*, JZ 79 (2024), 199 (202).

315 Insbesondere die in der *Rust-Hackner*-Entscheidung getroffenen Ausführungen – wie das Absehen von einer möglichen Renditeerzielungsabsicht des Versicherungsnehmers bei verspätetem Rücktritt – könne man vorliegend nicht auf den Einwand des Rechtsmissbrauchs beziehen, VerfGH RhPf v. 22.7.2022 – VGH B 70/21, BeckRS 2022, 19380 Rn. 40 ff.

316 VerfGH RhPf v. 22.7.2022 – VGH B 70/21, BeckRS 2022, 19380 Rn. 55 ff.; *Looschelders*, r + s 2022, 622 (623); *Schwintowski*, VuR 2022, 391 (391 f.).

317 VerfGH RhPf v. 22.7.2022 – VGH B 70/21, BeckRS 2022, 19380 Rn. 60 f.

318 VerfGH RhPf v. 22.7.2022 – VGH B 70/21, BeckRS 2022, 19380 Rn. 62 f.

Bereich des Versicherungsrechts sei ebenso nicht anzunehmen, da der Fall des nicht (ordnungsgemäß) belehrten Versicherungsnehmers nicht beurteilt wurde – das *Volkswagen-Bank*-Urteil beschäftige sich allein mit der Situation einer zwingend fehlenden Angabe im Kreditvertrag.[319] Die Übertragung des Grundsatzes, den Einwand des Rechtsmissbrauchs bei nicht ordnungsgemäßer Belehrung nicht zuzulassen, sei nicht abwegig.[320] Dafür spreche, dass das *Volkswagen-Bank*-Urteil im Rahmen eines Vergleichs der Ziele der jeweils zugrundeliegenden Richtlinien sogar auf die *Rust-Hackner*-Entscheidung verweise.[321] In Anbetracht dessen habe das OLG seine Nicht-Vorlage nicht ausreichend begründet – auch der Verweis auf den aus dem Jahr 2015 stammenden Kammerbeschluss des BVerfG[322] bilde keine Grundlage für eine vertretbare Begründung, da sich die dort aufgestellten Erwägungen vor dem Hintergrund des *Volkswagen-Bank*-Urteils verschoben haben könnten.[323] Auch der bloße Verweis, dass die EuGH-Entscheidung zur Verbraucherkreditrichtlinie 2008 ergangen ist, genügte dem VerfGH Rheinland-Pfalz nicht.[324] Hervorzuheben ist allerdings, dass der VerfGH ausdrücklich offen ließ, ob eine Argumentation mit dem unterschiedlichen Harmonisierungsgrad der Richtlinien gegen eine Übertragung der Rechtsprechung und eine Vorlage erfolgreich gewesen wäre.[325]

c) Bewertung

Die Entscheidung weckte schnell Interesse im Versicherungsrecht – sowohl in der Rechtsprechung[326] als auch im Schrifttum[327]. Sie fand im Schrifttum

---

319 VerfGH RhPf v. 22.7.2022 – VGH B 70/21, BeckRS 2022, 19380 Rn. 63.

320 VerfGH RhPf v. 22.7.2022 – VGH B 70/21, BeckRS 2022, 19380 Rn. 64; einordnend *Looschelders*, r + s 2022, 622 (623).

321 VerfGH RhPf v. 22.7.2022 – VGH B 70/21, BeckRS 2022, 19380 Rn. 66.

322 Dazu unter Kap. 3 B. II. 2.

323 VerfGH RhPf v. 22.7.2022 – VGH B 70/21, BeckRS 2022, 19380 Rn. 69 ff.

324 Insbesondere ist das OLG auch nicht auf die Erwägungen der *Rust-Hackner*-Entscheidung eingegangen, VerfGH RhPf v. 22.7.2022 – VGH B 70/21, BeckRS 2022, 19380 Rn. 77 ff.

325 Das OLG nahm darauf nicht zu Bezug, siehe VerfGH RhPf v. 22.7.2022 – VGH B 70/21, BeckRS 2022, 19380 Rn. 80; *Looschelders*, r + s 2022, 622 (623).

326 Statt vieler BGH v. 15.2.2023 – IV ZR 353/21, NJW 2023, 1659; v. 19.7.2023 – IV ZR 268/21, NJW 2023, 3086. Dazu nachfolgend näher.

327 *Landinger/Haferkorn*, VersR 2022, 1209; *Looschelders*, r + s 2022, 622 (623); *Schwintowski*, VuR 2022, 391 (392)

einige Zustimmung,[328] jedoch gab es vereinzelt auch Stimmen, die der Entscheidung den Wind aus den Segeln nehmen wollten.[329] Aus letzterer Sicht sei der Entscheidung kein großer Stellenwert beizumessen. Begründet wird dies damit, dass diese lediglich wenige Fälle betreffe und das VerfGH Rheinland-Pfalz keine umfangreiche Prüfungskompetenz innehabe.[330]

Zutreffend ist zunächst die Ansicht des VerfGH Rheinland-Pfalz, dass nur in gewissen Fällen eine unterlassene Vorlage an den EuGH auch zu einer Verletzung des Art. 6 Abs. 1 S. 1 LV führt.[331] Auch die weiteren Ausführungen hinsichtlich einer unionsrechtlichen Vorlagepflicht und ihrer Ausnahmefälle ergingen zu Recht.[332] Die Frage einer Vorlage war im vorliegenden Fall wohl erforderlich, auch wenn die Erwägungen des OLG Koblenz nicht gänzlich unhaltbar sind.[333] *Schwintowski* nimmt an, dass nationale Gerichte infolge dieser Entscheidung in der Pflicht ständen, den Einwand der Verwirkung zur Vorabentscheidung vorzulegen.[334]

Dagegen wird das Argument vorgebracht, dass der VerfGH nur die Verletzung spezifischen Verfassungsrechts prüfen dürfe, weshalb diese Entscheidung keine Bindung für andere Verfahren erzeuge.[335] Er könne nicht allgemein darüber entscheiden, dass eine Vorlage generell erfolgen muss. Der Entscheidung sei eine geringe praktische Relevanz zuzusprechen.[336] An sich ist der rechtlichen Wertung bis hierhin zwar zuzustimmen, jedoch überzeugt die Folgerung, dass damit die praktische Relevanz begrenzt sei, nicht. Auch wenn andere Gerichte nicht an diese Entscheidung gebunden sind, ist der große Aufklärungsbedarf ersichtlich, der durch diesen Beschluss erforderlich wurde. Der BGH setzte sich in mehreren

---

328 *Schwintowski*, VuR 2022, 391 (392); *Looschelders*, r + s 2022, 622 (622 ff.).

329 In diesem Sinne bereits die Betitelung der Entscheidung als „Scheinriese", siehe *Landinger/Haferkorn*, VersR 2022, 1209.

330 Dabei werden auch die Titel der Aufsätze der Befürworter der Entscheidung als „pauschalisierend" bezeichnet, *Landinger/Haferkorn*, VersR 2022, 1209.

331 *Looschelders*, r + s 2022, 622 (623).

332 *Looschelders*, r + s 2022, 622 (623).

333 *Looschelders*, r + s 2022, 622 (623).

334 *Schwintowski*, VuR 2022, 391 (392).

335 *Landinger/Haferkorn*, VersR 2022, 1209.

336 *Landinger/Haferkorn*, VersR 2022, 1209.

Entscheidungen intensiv mit der Entscheidung und den getroffenen Erwägungen auseinander.[337]

Weiterhin wurde vorgebracht, dass eine Ausübung des Widerspruchsrecht meistens ohnehin aus anderen Gründen scheitern und das subjektive Element regelmäßig erfüllt sein würde.[338] Außerdem sei eine Vorlage nicht notwendig, da beim Vorliegen erheblicher objektiver Umstände das Gericht den Schluss auf ein subjektives Element ziehen könne und es somit an einer Entscheidungserheblichkeit fehlen würde.[339] Dagegen spricht allerdings, dass gerade eine Vorlage klären würde, ob und in welcher Form das subjektive Element vorliegen soll. Außerdem bezweckte der EuGH in seiner *Volkswagen-Bank*-Entscheidung wohl auch nicht, dass jedes Gericht im Bereich des Kreditvertragsrecht lediglich von objektiven Umständen auf das subjektive Merkmal schließt. Es reduziert gerade die Anwendungsfälle des Einwands des Rechtsmissbrauchs, wobei das subjektive Element durch die Gerichte aktiv zu prüfen sein wird. Die Gerichte müssen eine gewissenhafte und unvoreingenommene Prüfung vornehmen, ob eine Vorlage erforderlich ist.[340]

Auffällig ist, dass der VerfGH ausdrücklich statuiert, dass er bei einer Argumentation mit dem unterschiedlichen Harmonisierungsgrad der Richtlinien einen Ausgang seiner Entscheidung möglicherweise anders bewertet und keinen Verstoß gegen das Recht auf den gesetzlichen Richter angenommen hätte.[341] Daraus resultiert, dass er diese Entscheidung allein auf den vorliegenden Beschluss des OLG – dies ist rechtlich nicht zu beanstanden – bezieht und möglicherweise eine Vorlage *per se* in dieser Sache nicht unterstützen würde. Für eine solche Schlussfolgerung wäre jedoch eine Vertiefung an dieser Stelle notwendig gewesen.[342] Dennoch wäre möglicherweise auch im Falle einer

---

337 BGH v. 15.2.2023 – IV ZR 353/21, NJW 2023, 1659; v. 15.3.2023 – IV ZR 40/21, NJW 2023, 1664; v. 19.7.2023 – IV ZR 268/21, NJW 2023, 3086. Diese Entscheidungen des BGH lagen jedoch noch nicht vor, als der Aufsatz von *Landinger/Haferkorn* veröffentlicht wurde.

338 *Landinger/Haferkorn*, VersR 2022, 1209 (1210).

339 *Landinger/Haferkorn*, VersR 2022, 1209 (1211).

340 Dies wird zutreffend festgestellt, siehe *Landinger/Haferkorn*, VersR 2022, 1209 (1212).

341 *Looschelders* differenziert zwischen den beiden Richtlinien und schränkt eine Übertragbarkeit der Rechtsprechung auf das Widerspruchsrecht des § 5a VVG a.F. ein, *Looschelders*, r + s 2022, 622 (623); dazu auch *Landinger/Haferkorn*, VersR 2022, 1209 (1209 f.).

342 *Looschelders*, r + s 2022, 622 (623).

solchen Argumentation eine unzureichende Begründung der Nicht-Vorlage angenommen worden. Denn das OLG hatte, insbesondere nach Anhörung, substantielle Argumente vorgebracht und seinen Standpunkt erläutert.[343]

In der Besprechung der Entscheidung war sich *Schwintowski* sicher, dass es durch diesen Beschluss zu der nach seiner Sicht erforderlichen Klarheit in diesem Thema kommen wird, indem der EuGH zu entscheiden habe, ob ein Verstoß gegen den Grundsatz von Treu und Glauben nur unter dem Hinzutreten eines subjektiven Elements anzunehmen ist.[344] Zu einer Entscheidung und einer weiteren Erörterung vor dem EuGH ist es jedoch noch nicht gekommen.[345]

6. LG Erfurt v. 30.12.2021 – 8 O 1519/20; LG Erfurt v. 14.10.2022 – 8 O 1462/20; LG Erfurt v. 8.12.2022 – 8 O 1463/20

Zu einer Klärung durch den EuGH ist es auch nicht durch die ehemals anhängigen Verfahren des LG Erfurt gekommen. Dieses hatte drei Verfahren ausgesetzt und dem EuGH Fragen zur Auslegung des Unionsrechts vorgelegt. Zwei dieser drei Verfahren bezogen sich auf das Widerspruchsrecht nach § 5a VVG a.F.,[346] eins davon auf das Widerrufsrecht nach § 8 VVG.[347]

a) Erledigung der Ausgangsverfahren durch Anerkenntnisse der Versicherer

Jedoch konnte der EuGH in keinem dieser Verfahren über die Vorlagen entscheiden, da die jeweils beklagten Versicherer in sämtlichen Ausgangsverfahren Anerkenntnisse erklärt und sich die Verfahren auf diese Weise erledigt haben.[348] Dadurch blieb auch hier eine Klärung durch den EuGH aus.[349] Gleiches geschah bereits Jahre zuvor nach einer Vorlage des Amtsgerichts Aue, welche nach einem Vergleich zurückgezogen wurde.[350]

---

343 *Looschelders*, r + s 2022, 622 (623).

344 *Schwintowski*, VuR 2022, 391 (392).

345 *Schwintowski*, VuR 2024, 83.

346 LG Erfurt v. 14.10.2022 – 8 O 1462/20, BeckRS 2022, 30869; v. 30.12.2021 – 8 O 1519/20, BeckRS 2021, 41768.

347 LG Erfurt v. 13.1.2022 – 8 O 1463/20, BeckRS 2022, 383.

348 *A. Maier*, VuR 2023, 163 (Fn. 31); *Schwintowski*, VuR 2024, 83 (86).

349 *Schwintowski*, VuR 2024, 83 (86); *Gal*, JZ 79 (2024), 199 (202).

350 EuGH v. 30.3.2017 – C-11/17 *(Hübner/LVM Lebensversicherungs AG)*, BeckRS 2017, 110622; dazu auch *Armbrüster*, EuZW 2017, 709 (711).

Das LG Erfurt stellte dem EuGH im Verfahren vom 30.12.2021 drei Vorlagefragen. Erstens, ob das Policenmodell an sich gegen Unionsrecht verstößt und ob bei einer Bejahung dieser Frage der Verbraucher bereits hieraus ein Recht zur Rückabwicklung hat.[351] Zweitens, ob sich ein Versicherer bei fehlender oder nicht ordnungsgemäßer Belehrung auf Einwände der Verwirkung, des Rechtsmissbrauchs oder des Zeitablaufs berufen darf.[352] Drittens, ob sich der Versicherer bei fehlender oder unzureichender Verbraucherinformation auf diese Einwände berufen darf.[353] Daneben stellte das LG Erfurt die Hypothese auf, dass sich die Praxis der deutschen Judikatur, den Widerspruch mit diesen Einwänden zu stoppen, in anderen Mitgliedstaaten so nicht zeige. Eine Übertragung der Rechtsprechung der *Volkswagen-Bank*-Entscheidung auf das Versicherungsvertragsrecht hielt es für überzeugend.[354] Eine Klärung durch den EuGH erübrigte sich jedoch durch ein nachfolgendes Anerkenntnisurteil.[355]

Gleiches galt für den zweiten Verfahrensgang des LG Erfurt.[356] Der vorliegende Sachverhalt unterschied sich darin, dass der Versicherungsnehmer ein Widerrufsrecht nach § 8 VVG hatte, da der Vertrag im Jahr 2008 geschlossen wurde.[357] Im Rahmen der ersten Vorlagefrage ging es um eine mögliche Beweislast des Versicherungsnehmers bei der Rückabwicklung des

---

351 LG Erfurt v. 30.12.2021 – 8 O 1519/20, BeckRS 2021, 41768 Rn. 15 ff.; einordnend *Weißhaupt*, WuB 2024, 202 (202 f.); *Mährlein*, VuR 2022, 145 (146); MüKo-BGB/*Schubert*, § 242 BGB Rn. 507.

352 LG Erfurt v. 30.12.2021 – 8 O 1519/20, BeckRS 2021, 41768 Rn. 29 ff.

353 LG Erfurt v. 30.12.2021 – 8 O 1519/20, BeckRS 2021, 41768 Rn. 29 ff.

354 LG Erfurt v. 30.12.2021 – 8 O 1519/20, BeckRS 2021, 41768 Rn. 30 ff.

355 Zunächst legte der Versicherer sofortige Beschwerde gegen die Vorlage ein und erkannte die Klageansprüche vollumfänglich an, LG Erfurt, v. 27.4.2022 – 8 O 1519/20 (unveröffentlicht). Es erging ein Anerkenntnisurteil, LG Erfurt v. 22.3.2022 – 8 O 1519/20 (unveröffentlicht). Danach erklärte der Versicherer die sofortige Beschwerde unter nachfolgender Zustimmung des Versicherungsnehmers für erledigt. Da lediglich eine Erledigungserklärung erfolgt ist, stand die sofortige Beschwerde weiterhin zur Entscheidung an. Das LG entschied, dass der Beschwerde nicht abzuhelfen war, da diese im Lichte der unionsrechtlichen Rechtsprechung nicht statthaft sei, LG Erfurt v. 27.4.2022 – 8 O 1519/20. Anschließend hat der EuGH die Rechtssache auf Antrag des LG Erfurt zur Rücknahme des Vorabentscheidungsersuchen im Register gestrichen, EuGH v. 27.4.2022 – C-2/22 (*Allianz-Lebensversicherung*), BeckRS 2022, 10606.

356 LG Erfurt v. 13.1.2022 – 8 O 1463/20, BeckRS 2022, 383.

357 LG Erfurt v. 13.1.2022 – 8 O 1463/20, BeckRS 2022, 383 Rn. 2 f.

Versicherungsvertrags.[358] Der EuGH nahm die Vorlage auch hier nach einem Anerkenntnis[359] des Versicherers zurück.[360]

Besonders im dritten Verfahren war, dass der Versicherer bereits zu Beginn eingewendet hat, dass die Vorlage aufgrund eines außergerichtlichen Vergleichs entbehrlich sei und das Vorabentscheidungsersuchen sich somit erledigt habe.[361] Dagegen bestimmte das LG Erfurt allerdings, dass das vorlegende Gericht in seinem Vorabentscheidungsersuchen keinesfalls weder durch Parteien noch durch nationales Recht begrenzt werden dürfe.[362] Daneben sei der Prozess auch nicht durch einen wirksamen Vergleich beendet worden.[363] Neben einer sofortigen Beschwerde gegen den Vorlagebeschluss seitens des beklagten Versicherers[364] erhob in dieser Rechtssache auch der Kläger selbst sofortige Beschwerde. Diese war gegen den Beschluss des LG Erfurt gerichtet, das Vorabentscheidungsersuchen an den EuGH zurückzunehmen, da das Vorgehen der Beklagten rechtsmissbräuchlich sei.[365] Jedoch wurde auch letztere verworfen, da sie unstatthaft sei.[366] Hier kam es aufgrund einer Rücknahme der Vorlage ebenfalls zu keiner Klärung auf europarechtlicher Ebene.[367]

b) Bewertung

Es ist zu vermuten, dass die Versicherer alles in ihrer Macht tätigen, um eine Vorlage an den EuGH und damit eine potentielle Entscheidung, nicht nur

---

[358] LG Erfurt v. 13.1.2022 – 8 O 1463/20, BeckRS 2022, 383 Rn. 10 ff.

[359] LG Erfurt v. 16.5.2022 – 8 O 1463/20 (unveröffentlicht).

[360] LG Erfurt v. 8.12.2022 – 8 O 1463/20 (unveröffentlicht). Zur Streichung der Rechtssache im Register, EuGH v. 21.12.2022 – C-41/22 (*Helvetia schweizerische Lebensversicherungs-AG*), BeckRS 2022, 40690.

[361] LG Erfurt v. 14.10.2022 – 8 O 1462/20, BeckRS 2022, 30869 Rn. 39; diesen Vorlagebeschluss einordnend Prölss/Martin/*Armbrüster*, 1. B. III. 3. Rn. 36a.

[362] Das gelte für die Parteien des Verfahrens, für nationales sowie europäisches Recht, übergeordnete Instanzen und Verfassungsgerichte. Das vorlegende Gericht soll folglich unabhängig in seiner Entscheidung bleiben, LG Erfurt v. 14.10.2022 – 8 O 1462/20, BeckRS 2022, 30869 Rn. 40.

[363] LG Erfurt v. 14.10.2022 – 8 O 1462/20, BeckRS 2022, 30869 Rn. 39.

[364] Dieser sofortigen Beschwerde vom 7.11.2022 wurde mittels Beschlusses vom 1.6.2023 nicht abgeholfen, LG Erfurt v. 1.6.2023 – 8 O 1462/20, BeckRS 2023, 12912.

[365] LG Erfurt v. 5.9.2023 – 8 O 1462/20 (unveröffentlicht).

[366] LG Erfurt v. 5.9.2023 – 8 O 1462/20. So auch OLG Jena v. 26.7.2024 – 4 W 296/23 (unveröffentlicht).

[367] Zur Streichung der Rechtssache im Register, EuGH v. 21.7.2023 – C-718/22 (*Debeka Lebensversicherungsverein a. G.*), BeckRS 2023, 18919.

über den Aspekt des Rechtsmissbrauchs und der Verwirkung, sondern auch über eine etwaige Richtlinienwidrigkeit des Policenmodells im Allgemeinen, zu vermeiden. Sie scheinen um eine Beschränkung auf das einzelne Verfahren bemüht zu sein, auch wenn dies bedeutet, im Einzelfall Anerkenntnisse zu erklären und mehr als lediglich den Rückkaufswert auszukehren.[368] *Schwintowski* bestätigte diese Einschätzung mit dem Hinweis, dass bislang weder im Schrifttum noch in der Rechtsprechung die Frage erörtert worden sei, ob ein Anerkenntnis, das der Vermeidung einer Vorlage an den EuGH dient, rechtmäßig ist oder gegen das unionsrechtliche Rechtsmissbrauchsverbot verstößt.[369] Grundsätzlich solle aus seiner Sicht in den Situationen, in denen ein Versicherer strategisch einer Vorlage aus dem Weg geht, der EuGH angerufen werden.[370]

Eine Klärung durch den EuGH wäre hier erstrebenswert gewesen – jedoch können wohl die Anwälte der Versicherer durch aktives Eingreifen grundsätzlich in jedem Fall, wenn ein Instanzgericht ein Verfahren aussetzt, eine Vorlage an den EuGH und damit ein Durchführen eines Vorabentscheidungsverfahrens verhindern. Geklärt war dabei für das LG Erfurt die Unstatthaftigkeit von Instrumenten wie der sofortigen Beschwerde. Eine direkte Einflussnahme auf die Beschlüsse des Instanzgerichts war damit ausgeschlossen. Dem Versicherungsnehmer scheint aufgrund der Möglichkeit des Anerkenntnisses des Versicherers faktisch jede Möglichkeit genommen, die Durchführung eines Vorabentscheidungsersuchens durchzusetzen. Denn allein das Anerkenntnis bewirkt die Rücknahme eines Vorlagegesuchs und führt somit zu einer Befriedigung auf Seiten der Versicherer, die sich nicht mehr um eine Klärung der Vorlagefragen sorgen müssen.

7. BGH v. 15.2.2023 – IV ZR 353/21; BGH v. 15.3.2023 – IV ZR 40/21

Auch der BGH nahm in Folge der *Volkswagen-Bank*-Entscheidung explizit im Rahmen der Bewertung der Geringfügigkeit von Belehrungsfehlern[371] zu einem potentiellen Verstoß gegen den Grundsatz von Treu und Glauben Stellung.[372]

---

368 Vgl. *Schwintowski*, VuR 2024, 83 (Fn. 27).
369 *Schwintowski*, VuR 2024, 83 (Fn. 27).
370 *Schwintowski*, VuR 2024, 83 (Fn. 27).
371 Dazu unter Kap. 3 A. III. 1.
372 *Grote*, NJW 2023, 1667.

a) *Keine Notwendigkeit einer Vorlage an den EuGH bei einem geringfügigen Belehrungsfehler*

Der BGH sah in dem Einwand der rechtsmissbräuchlichen Ausübung des Widerspruchsrechts keinen Verstoß gegen die Rechtsprechung des EuGH.[373] Durch das *Volkswagen-Bank*-Urteil des EuGH sei keine Veränderung in der Herangehensweise und Beurteilung veranlasst, da sich der EuGH in diesem Urteil lediglich mit dem Widerruf von Verbraucherkreditverträgen beschäftige.[374] Weiterhin sei auch im Lichte des Beschlusses des VerfGH Rheinland-Pfalz kein Vorabentscheidungsverfahren an den EuGH erforderlich. Die Entscheidung des VerfGH befasse sich weder mit einem ordnungsgemäß belehrten Versicherungsnehmer noch mit einem Versicherungsnehmer, der einen geringfügigen Belehrungsfehler erlitten habe und somit wie ein ordnungsgemäß Belehrter als gleichwertig anzusehen ist.[375] Ebenso sei die Frage einer potentiellen Richtlinienwidrigkeit des Policenmodells nicht entscheidungserheblich, da auch bei einer solchen Annahme dem Versicherungsnehmer im vorliegenden Fall aufgrund der Geringfügigkeit des Belehrungsfehlers ein Anspruch wegen widersprüchlicher Rechtsausübung versagt würde.[376] Eine Vorlage an den EuGH hinsichtlich des Grundsatzes von Treu und Glauben sei entbehrlich, da dieser Grundsatz von ihm hinreichend geklärt sei.[377] Daran ändere auch nichts der Beschluss des LG Erfurt, welcher eine Vorabentscheidung beim EuGH erstrebte.[378] Verbraucherschützende Widerspruchsrechte dürften durch den Grundsatz von Treu und Glauben durch nationale Gerichte eingeschränkt werden.[379] Der EuGH habe entschieden, dass der einzelne Mitgliedstaat die Regelungen rund

---

[373] BGH v. 15.2.2023 – IV ZR 353/21, NJW 2023, 1659 Rn. 23; dazu auch *Weißhaupt*, WuB 2024, 202 (203); Staudinger/*Looschelders/Olzen*, § 242 BGB Rn. 1251; *Niebling*, EWiR 2023, 267.

[374] BGH v. 15.2.2023 – IV ZR 353/21, NJW 2023, 1659 Rn. 25; dazu auch *Karczewski*, r + s 2024, 193 (194); *Fischer*, WM 2023, 1491 (1492).

[375] BGH v. 15.2.2023 – IV ZR 353/21, NJW 2023, 1659 Rn. 26; dazu auch Prölss/Martin/*Armbrüster*, § 8 VVG Rn. 35a; Rüffer/Halbach/Schimikowski/*Brambach*, § 152 VVG Rn. 109.

[376] BGH v. 15.2.2023 – IV ZR 353/21, NJW 2023, 1659 Rn. 27.

[377] BGH v. 15.2.2023 – IV ZR 353/21, NJW 2023, 1659 Rn. 28; dazu Staudinger/*Looschelders/Olzen*, § 242 BGB Rn. 1251.

[378] BGH v. 15.2.2023 – IV ZR 353/21, NJW 2023, 1659 Rn. 28; einordnend *Weißhaupt*, WuB 2024, 202 (203).

[379] BGH v. 15.2.2023 – IV ZR 353/21, NJW 2023, 1659 Rn. 30.

um das Rücktrittsrecht des Versicherungsnehmers selbst regeln dürfte und auch Grenzen dieses Rechts darin umfasst seien. Die Mitgliedstaaten müssten dabei die praktische Wirksamkeit der Ziele der EU-Vorgaben einhalten.[380] Solange die nationalen Gerichte folglich die praktische Wirksamkeit der Richtlinien einhalten würden, findet der allgemeine Grundsatz des Unionsrechts zum Rechtsmissbrauch keine Anwendung.[381] Die Zwecke der Zweiten und Dritten Richtlinie Leben werden durch die Anwendung der Grundsätze von Treu und Glauben laut dem Gericht nicht berührt. Dieser Einwand greife nicht immer im Falle eines ordnungsgemäß belehrten Versicherungsnehmers, sondern lediglich bei jahrelanger Durchführung des Versicherungsvertrags. Der Versicherungsnehmer wurde entweder ordnungsgemäß belehrt oder leide nur unter einem geringfügigen Fehler, jedoch habe er in beiden Fällen alle erforderlichen Informationen erhalten.[382] Hier haben die Versicherungsnehmer den Vertrag lange Zeit durchgeführt, trotz der Möglichkeit, ein Zustandekommen des Vertrags zu verhindern. Auf den geringfügigen Fehler könnten sie sich nicht berufen.[383] Zudem haben die Versicherungsnehmer zunächst gekündigt statt widersprochen und sich zunächst den Rückkaufswert auszahlen lassen. Dadurch hätten die Versicherungsnehmer ein schutzwürdiges Vertrauen bei dem Versicherer kreiert. Dies sei auch für den einzelnen Versicherungsnehmer erkennbar gewesen.[384]

Im Gegensatz zur *Volkswagen-Bank*-Entscheidung forderte der BGH keine Umstände wie eine unredliche Absicht oder ein Verschulden des Versicherungsnehmers und lehnte die Notwendigkeit eines subjektiven Elements im Rahmen des Einwands des Rechtsmissbrauchs ab.[385] Das EuGH-Urteil betreffe lediglich den unionsrechtlichen Grundsatz des Rechtsmissbrauchs, welcher auf Verhalten beschränkt ist, das sich konkret gegen Umgehungen von europäischem Gemeinschaftsrecht richtet.[386]

---

380 BGH v. 15.2.2023 – IV ZR 353/21, NJW 2023, 1659 Rn. 31.
381 BGH v. 15.2.2023 – IV ZR 353/21, NJW 2023, 1659 Rn. 33.
382 BGH v. 15.2.2023 – IV ZR 353/21, NJW 2023, 1659 Rn. 36 f.
383 BGH v. 15.2.2023 – IV ZR 353/21, NJW 2023, 1659 Rn. 38.
384 BGH v. 15.2.2023 – IV ZR 353/21, NJW 2023, 1659 Rn. 38.
385 BGH v. 15.2.2023 – IV ZR 353/21, NJW 2023, 1659 Rn. 39; siehe dazu Staudinger/*Looschelders/Olzen*, § 242 BGB Rn. 1251.
386 BGH v. 15.2.2023 – IV ZR 353/21, NJW 2023, 1659 Rn. 40; vgl. *Fromm*, BKR 2023, 543 (544).

b) *Kein Verstoß gegen Treu und Glauben bei einem schwerwiegenden Belehrungsfehler an sich*

Dagegen schied der Anspruch des Versicherungsnehmers bei der Annahme des nicht geringfügigen Belehrungsfehlers nicht nach § 242 BGB wegen rechtsmissbräuchlicher Ausübung des Widerspruchsrechts aus.[387] Die Einordnung als nicht geringfügig lässt folglich nicht den Verstoß gegen den Grundsatz von Treu und Glauben an sich direkt zu. Diskutiert wurde ein Verstoß allerdings hier auf der Grundlage dessen, dass der Kläger die Rechte aus dem Versicherungsvertrag einmal als Darlehenssicherheit für einen gewissen Zeitraum eingesetzt hat.[388] Fraglich war in diesem Lichte, ob dieses Verhalten ausnahmsweise einen Verstoß gegen den Grundsatz von Treu und Glauben darstellen könnte, da in dem Einsatz der Lebensversicherung als Kreditsicherungsmittel ein besonders gravierender Umstand des Einzelfalls vorliege.[389] Der BGH lehnte es dabei erneut ab, den einmaligen Einsatz als Kreditsicherungsmittel grundsätzlich als einen besonders gravierenden Umstand einzuordnen. Denn aus dem Einsatz als Darlehenssicherung für die Rechte eines Dritten könne man nicht folgern, dass der Versicherungsnehmer sein Widerspruchsrecht kannte und es dennoch nicht ausgeübt hat. Dies wäre nur zu bejahen, wenn ein Versicherungsnehmer dies in einem engen zeitlichen Zusammenhang nach dem Abschluss seines Versicherungsvertrags durchführt oder die Rechte mehrfach abtritt – was beides nach den tatrichterlichen Erkenntnissen und Feststellungen des Berufungsgerichts nicht geschehen sei.[390]

c) *Zulässigkeit einer Nachbelehrung durch den Versicherer*

Ausdrücklich hat sich der BGH hier auch mit einer möglichen Nachbelehrung seitens des Versicherers beschäftigt.[391] Bisher nahm diese Thematik in

---

387 BGH v. 15.3.2023 – IV ZR 40/21, NJW 2023, 1664 Rn. 19.

388 BGH v. 15.3.2023 – IV ZR 40/21, NJW 2023, 1664 Rn. 20; dazu *Fromm*, BKR 2023, 543 (544).

389 BGH v. 15.3.2023 – IV ZR 40/21, NJW 2023, 1664 Rn. 21; zustimmend BeckOGK BGB/*Kähler*, § 242 BGB Rn. 1836.2.

390 BGH v. 15.3.2023 – IV ZR 40/21, NJW 2023, 1664 Rn. 22; einordnend BeckOGK BGB/*Kähler*, § 242 BGB Rn. 1827; *Gal*, JZ 79 (2024), 199 (202).

391 Brand sah die Nachbelehrung als Möglichkeit für den Versicherer, das Problem der jahrelangen Rechtsunsicherheit zu beseitigen, siehe *Brand*, VersR 2014, 269 (275 f.); auch im Bankenrecht fand eine Belehrung selten statt, da die Banken den Verbrauchern nicht nahebringen wollten, ihren Vertrag zu widerrufen, *D. Kramer*, Der Widerruf von Verbraucherdarlehen zwischen Rechtsdurchsetzung und Rechtsmissbrauch, S. 126.

den Fällen keine große Bedeutung ein.[392] Die OLG nehmen überwiegend an, dass eine solche grundsätzlich zulässig sei.[393]

Zwar ließ der BGH es vorliegend dahinstehen, ob eine Nachbelehrung, welche erst nach jahrelanger Vertragsdurchführung erfolgt ist, die Widerspruchsfrist nach § 5a Abs. 2 S. 1 VVG a.F. in Gang setzen kann.[394] Entscheidend ist jedoch, dass der BGH in einer Nachbelehrung, die den Anforderungen der ursprünglich zu erfolgenden Belehrung entspricht, potentiell einen besonders gravierenden Umstand sieht und die Geltendmachung des Bereicherungsanspruchs des Versicherungsnehmers wegen rechtsmissbräuchlicher Ausübung im Sinne des § 242 BGB damit versagt werden kann. Die Nachbelehrung müsse dabei einen hinreichend deutlichen Bezug zu dem damals geschlossenen Versicherungsvertrag aufzeigen.[395] Damit schaffte der BGH für die Tatrichter eine weitere Fallgruppe zur Annahme von Treu und Glauben.[396] *Mauch* hält diesbezüglich eine Vorlage an den EuGH für geboten, da nicht geklärt sei, welche gemeinschaftsrechtlichen Voraussetzungen vom Versicherer zu erfüllen sind – insbesondere im Hinblick auf die Frage der Notwendigkeit der Übersendung aktueller Versicherungsunterlagen und Verbraucherinformation.[397]

8. BGH v. 19.7.2023 – IV ZR 268/21

Ein insbesondere für den Aspekt des Rechtsmissbrauchs und der Verwirkung im Lichte der europäischen Rechtsprechung bedeutendes Urteil erging ferner am

---

392 *Mauch*, VuR 2025, 163 (164).

393 Statt vieler OLG Schleswig v. 20.3.2023 – 16 U 165/22, NJW-RR 2023, 1149 Rn. 108; OLG Jena v. 24.5.2019 – 4 U 562/18, BeckRS 2019, 25618 Rn. 35 ff. Dies einordnend *Mauch*, VuR 2025, 163 (164). Dies auch als zulässig erachtend *Armbrüster*, VersR 2012, 513.

394 BGH v. 15.3.2023 – IV ZR 40/21, NJW 2023, 1664 Rn. 24; unter Verweis auf eine Entscheidung aus dem Bankrecht, siehe v. 15.2.2011 – XI ZR 148/10, NJOZ 2011, 1615 Rn. 14 ff. Damit hat der IV. Zivilsenat im Gegensatz zum im Bankrecht zuständigen XI. Zivilsenat die Möglichkeit einer Belehrung nicht grundsätzlich bejaht. Dazu näher *Mauch*, VuR 2025, 163 (165).

395 BGH v. 15.3.2023 – IV ZR 40/21, NJW 2023, 1664 Rn. 24; näher zu den Voraussetzungen einer wirksamen Nachbelehrung, siehe *Mauch*, VuR 2025, 163 (165 ff.); ebenso dazu BeckOGK BGB/*Kähler*, § 242 BGB Rn. 1839; *Zegowitz/Haferkorn*, VersR 2020, 1005 (1006).

396 *Mauch*, VuR 2025, 163 (165).

397 *Mauch*, VuR 2025, 163 (171).

19.7.2023.[398] Ein Versicherungsnehmer trat alle Ansprüche aus einem im Policenmodell abgeschlossenen Versicherungsvertrag zur Sicherung eines Baudarlehens in Form einer Abtretungserklärung ab.[399] Der BGH lehnte einen Anspruch auf Rückzahlung der Beiträge wegen rechtsmissbräuchlichen Verhaltens ab.[400]

Der BGH bestätigte zwar auch hier, dass der Versicherer selbst die Situation aufgrund seiner nicht ordnungsgemäßen Belehrung herbeigeführt hat und daher sich grundsätzlich nicht auf ein schutzwürdiges Vertrauen berufen kann. Allerdings könne er im Falle besonders gravierender – vom Tatrichter festzustellender[401] – Umstände dem Widerspruchsrecht den Grundsatz von Treu und Glauben entgegenhalten.[402] Laut dem Gericht stelle zwar die Abtretung zur Sicherung des Darlehens an sich noch keinen gravierenden Umstand dar, jedoch entstünde beim Versicherer ein schutzwürdiges Vertrauen durch den unmittelbaren zeitlichen Zusammenhang zwischen Abtretung und Vertragsschluss.[403] Durch die getätigten Investitionen seitens des Versicherers von den gezahlten Prämien habe dieser hinsichtlich der Wirksamkeit des Versicherungsvertrags Vertrauen aufgebaut.[404]

Die Vorlage an den EuGH hinsichtlich des Einwands von Treu und Glauben lehnte der BGH auch hier ausdrücklich ab.[405] Denn neben dem

---

398 BGH v. 19.7.2023 – IV ZR 268/21, NJW 2023, 3086; *Karczewski*, r + s 2024, 193 (197 f.); *Grams*, LMK 2024, 802299.

399 BGH v. 19.7.2023 – IV ZR 268/21, NJW 2023, 3086; dazu *R. Thode*, jurisPR-BGHZivilR, Anm. 5; *Gal*, JZ 79 (2024), 199 (199 f.).

400 BGH v. 19.7.2023 – IV ZR 268/21, NJW 2023, 3086 Rn. 7. Damit bleibt der BGH seiner Linie treu, Rüffer/Halbach/Schimikowski/*Brömmelmeyer*, VVG § 1 Rn. 59.

401 Dabei stellt der BGH wiederholt keine allgemein gültigen Grundsätze auf, sondern verweist auf die tatrichterliche Würdigung des Einzelfalls. Das Revisionsgericht könne im Lichte dessen auch lediglich darüber urteilen, ob die Einordnung des Tatrichters sich auf einer tragfähigen Tatsachengrundlage stütze, sämtliche relevante Elemente beachte sowie keine Denkgesetze oder Wertungsmaßstäbe verletze, BGH v. 19.7.2023 – IV ZR 268/21, NJW 2023, 3086 Rn. 10; dazu auch Rüffer/Halbach/Schimikowski/*Brambach*, § 152 VVG Rn. 109; BeckOK VVG/*Schepers*, § 5a VVG a.F. Rn. 52a.

402 BGH v. 19.7.2023 – IV ZR 268/21, NJW 2023, 3086 Rn. 9.

403 Vorliegend enthielt die Abtretung auch die Todesfallleistung. Dies könne nur bei einem wirksamen Vertrag geschehen, BGH v. 19.7.2023 – IV ZR 268/21, NJW 2023, 3086 Rn. 11 f.; *Grams*, LMK 2024, 802299; BeckOK VVG/*Schepers*, § 5a VVG a.F. Rn. 59.

404 BGH v. 19.7.2023 – IV ZR 268/21, NJW 2023, 3086 Rn. 12.

405 BGH v. 19.7.2023 – IV ZR 268/21, NJW 2023, 3086 Rn. 13 f.; zustimmend *Grams*, LMK 2024, 802299; kritisch *Gal*, JZ 79 (2024), 199 (202 f.).

ordnungsgemäß oder nur geringfügig fehlerhaft belehrten Versicherungsnehmer, bei dem auch bei angenommener Unionswidrigkeit des Policenmodells keine Vorlage notwendig sei, seien auch im Falle eines nicht nur geringfügig fehlerhaft belehrten Versicherungsnehmers der Einwand von Treu und Glauben hinreichend geklärt – daran ändere auch nichts die Vorlage des LG Erfurt.[406] Der Einwand des Rechtsmissbrauchs beruhe auf nationalem Zivilrecht und dies sei auch durch europäische Rechtsprechung so zulässig.[407] Eine abweichende Beurteilung erfolge auch nicht durch die *Volkswagen-Bank*-Entscheidung.[408] Der BGH statuierte, dass – im Gegensatz zur Ansicht des VerfGH Rheinland-Pfalz – in Sachverhalten wie dem vorliegenden sich die Vorlagenfragen nicht stellen würden, da es keine unklare Rechtslage im Falle der Verwehrung der Geltendmachung des Anspruchs im Falle eines nicht ordnungsgemäß belehrten Versicherungsnehmers durch den Einwand gebe.[409] Er begründete dies zunächst damit, dass sowohl die Zweite Richtlinie Leben als auch die Dritte Richtlinie Leben vorschreiben, dass die Modalitäten des Rücktritts durch das nationale Recht selbst bestimmt werden.[410] Weiterhin seien die den Richtlinien immanenten Ziele hinreichend durch Entscheidungen des EuGH geklärt, weshalb die praktische Wirksamkeit des Gemeinschaftsrechts und die Ziele der Richtlinien nicht berührt würden.[411] Die Übertragung des Sanktionszwecks von der *Volkswagen-Bank*-Entscheidung lehnte das Gericht mit dem Argument ab, dass der Versicherer bereits ausreichend durch die Gefahr der Widerspruchsmöglichkeit des Versicherungsnehmers auch nach Ablauf der Widerspruchsfrist zur wirksamen Belehrung angehalten sei – der

---

[406] BGH v. 19.7.2023 – IV ZR 268/21, NJW 2023, 3086 Rn. 13.

[407] BGH v. 19.7.2023 – IV ZR 268/21, NJW 2023, 3086 Rn. 14.

[408] BGH v. 19.7.2023 – IV ZR 268/21, NJW 2023, 3086 Rn. 15 ff.

[409] BGH v. 19.7.2023 – IV ZR 268/21, NJW 2023, 3086 Rn. 17 f.; dazu instruktiv BeckOK VVG/*Schepers*, § 5a VVG a.F. Rn. 53.

[410] BGH v. 19.7.2023 – IV ZR 268/21, NJW 2023, 3086 Rn. 18.

[411] Entscheidungserheblich sei vorliegend im Übrigen nicht, ob eine ordnungsgemäße Belehrung erfolgt ist, sondern vielmehr, dass die Klägerin das Bild vermittelt habe, den Versicherungsvertrag unbedingt fortsetzen zu wollen. Dieser Eindruck spreche auch gegen eine weitere Übertragung der *Volkswagen-Bank*-Entscheidung auf den vorliegenden Fall; die Berufung auf den Missbrauch sei dem Versicherer auch im Falle einer nicht ordnungsgemäßen Belehrung nicht verwehrt, BGH v. 19.7.2023 – IV ZR 268/21, NJW 2023, 3086 Rn. 20 ff.; so auch BeckOK VVG/*Schepers*, § 5a VVG a.F. Rn. 53a.

Einwand von Treu und Glauben habe nur im Einzelfall Erfolg.[412] Dabei hob der BGH – nachdem der VerfGH Rheinland-Pfalz den Einfluss dieses Aspekts auf eine mögliche Begründung offen gelassen hatte – den unterschiedlichen Harmonisierungsgrad der Richtlinien hervor. Da die Verbraucherkreditrichtlinie 2008 vollharmonisierend ist und gleichzeitig keine Angaben zu der zeitlichen Komponente des Lösungsrechts nennt, könne eine solche Beschränkung wie im Versicherungsrecht auch nicht erfolgen. Dagegen regelt der Mitgliedstaat im Bereich des Versicherungsrechts die Modalitäten des Lösungsrechts selbst, wodurch eine Beeinträchtigung durch nationale Einwände zulässig sei.[413] Das im Verbraucherkreditrecht durch die *Volkswagen-Bank*-Entscheidung geforderte subjektive Element betreffe lediglich den unionsrechtlichen Grundsatz und nicht den vorliegend einschlägigen, nationalen Grundsatz des Rechtsmissbrauchs.[414]

9. OLG München v. 16.11.2023 – 14 U 3996/23 e

Weiterhin stand der Einwand des Rechtsmissbrauchs im Lichte des nationalen Grundsatzes von Treu und Glauben bei der Entscheidung des OLG München hinsichtlich der Monatsfrist[415] entgegen – auch bei angenommener Richtlinienwidrigkeit des Policenmodells.[416] Selbst bei Hinzutreten eines subjektiven Elements sei der Grundsatz des Rechtsmissbrauchs im Lichte unionsrechtlicher Voraussetzungen erfüllt.[417] Das OLG argumentierte vorliegend zunächst mit der Frist selbst, ohne ein ewiges Widerspruchsrecht anzunehmen. Abweichend vom BGH prüfte das OLG allerdings das subjektive Element des unionsrechtlichen Grundsatzes des Rechtsmissbrauchs und bejahte dies vorliegend. Es setzte dieses jedoch nicht zwingend voraus,

---

412 BGH v. 19.7.2023 – IV ZR 268/21, NJW 2023, 3086 Rn. 24.

413 BGH v. 19.7.2023 – IV ZR 268/21, NJW 2023, 3086 Rn. 28 f.

414 BGH v. 19.7.2023 – IV ZR 268/21, NJW 2023, 3086 Rn. 30; so auch der BGH in einer ähnlichen Entscheidung, v. 29.11.2023 – IV ZR 61/23, NJOZ 2024, 315 Rn. 8; dazu *Grams*, FD-VersR 2024, 808050; zustimmend BeckOK VVG/*Schepers*, § 5a VVG a.F. Rn. 53a.

415 Dazu unter Kap. 3 A. III. h).

416 OLG München v. 16.11.2023 – 14 U 3996/23 e, BeckRS 2023, 35203 Rn. 36 ff.

417 Das OLG lehnt gleichzeitig eine Übertragung der *Volkswagen-Bank*-Rechtsprechung sowie eine Vorlage an den EuGH ab, OLG München v. 16.11.2023 – 14 U 3996/23 e, BeckRS 2023, 35203 Rn. 36 ff.

sondern prüfte dessen Voraussetzungen, „wenn man auf Seiten des Klägers – anders als der BGH – [dieses Element] fordern wollte“[418]. Dagegen lehnt der BGH eine Prüfung und Notwendigkeit dieser Komponente ab. Dabei zeigt sich gerade in einem solchen Fall, dass ein Hinzutreten des Elements nicht unbedingt eine negative Wirkung mit sich bringt. Im vorliegenden Fall wird insbesondere in Anbetracht des zuvor Dargelegten deutlich, dass sich der Versicherungsnehmer hier nicht mehr im Sinne des ursprünglichen Ziels eines verbraucherschützenden Widerspruchsrechts verhält und mit dem subjektiven Element gerade diese Fälle eingeschränkt werden können.

10. VerfGH NRW v. 5.11.2024 – VerfGH 22/23.VB-3

Es folgte auch keine weitergehende Klärung infolge eines aktuellen Beschlusses des VerfGH Nordrhein-Westfalen. Diesen beschäftigte ein ähnliches Verfahren wie die Verfassungsbeschwerde beim VerfGH Rheinland-Pfalz. Auch hier ging es um die Verpflichtung zur Durchführung eines Vorabentscheidungsverfahrens vor dem EuGH sowie die Nichtzulassung der Revision.[419] Die Beschwerdeführerin stützte vorliegend ihr Begehren auf eine Verletzung ihres Rechts auf einen gesetzlichen Richter und brachte vor, dass das zuständige OLG zur Klärung vorzulegen habe, ob und wie ein Rechtsmissbrauch bei dem unionsrechtlich begründeten Widerspruchsrecht greife.[420]

Die Verfassungsbeschwerde wurde jedoch mangels ordnungsgemäßer Begründung als unzulässig zurückgewiesen.[421] Die Rüge, dass sich das hier zuständige OLG sich nicht mit der Entscheidung des VerfGH Rheinland-Pfalz beschäftigt habe, habe sie zu pauschal ohne vertretbare Begründung dargelegt. Außerdem wurde – falls dies einen Begründungsmangel darstellt – dies nachträglich durch Anhörungsrügebeschluss geheilt.[422] Daneben habe sich die Beschwerdeführerin nicht in ausreichendem Maße mit der aktuellen Rechtsprechung des BGH befasst, welcher eine mögliche Vorlage ablehnt und nicht als erforderlich sieht.[423]

---

418 OLG München v. 16.11.2023 – 14 U 3996/23 e, BeckRS 2023, 35203 Rn. 45.

419 VerfGH NRW v. 5.11.2024 – VerfGH 22/23.VB-3, BeckRS 2024, 34240 Rn. 1.

420 VerfGH NRW v. 5.11.2024 – VerfGH 22/23.VB-3, BeckRS 2024, 34240 Rn. 3.

421 VerfGH NRW v. 5.11.2024 – VerfGH 22/23.VB-3, BeckRS 2024, 34240 Rn. 4; dies einordnend BeckOK Verfassung NRW/*Dauner-Lieb*, Art. 75 NRWVerf Rn. 35.

422 VerfGH NRW v. 5.11.2024 – VerfGH 22/23.VB-3, BeckRS 2024, 34240 Rn. 13 ff.

423 VerfGH NRW v. 5.11.2024 – VerfGH 22/23.VB-3, BeckRS 2024, 34240 Rn. 14.

Es wäre durchaus interessant gewesen, zu sehen, wie ein VerfGH in Anbetracht der Rechtsprechung, die seit dem Jahr 2022 nach der Verfassungsbeschwerde beim VerfGH Rheinland-Pfalz ergangen ist, entschieden hätte. Auch hier hat das OLG sich gegen eine Übertragbarkeit gewendet und diesmal mit der unterschiedlichen Harmonisierung der Richtlinien argumentiert.[424] Insbesondere vor diesem Hintergrund wäre eine dieses mit einbeziehende Argumentation eines VerfGH wünschenswert gewesen. Je nach Bewertung hätte es für eine Ausrichtung der deutschen Judikatur in dem auf dem Grundsatz von Treu und Glauben gestützten Einwand sorgen können. Im Falle einer erfolgreichen Verfassungsbeschwerde wäre eine ausreichende Begründung gegen eine Vorlage schwieriger geworden. Im Falle einer erfolglosen Verfassungsbeschwerde hätte dies ein klares Signal sein können, dass selbst bei Auswertung sämtlicher Argumente, weitere potentielle Verfassungsbeschwerden keine Aussicht auf Erfolg haben. Jedoch muss auch hier betont werden, dass selbst im Falle einer erfolgreichen Verfassungsbeschwerde eine Klärung auf Ebene des EuGH sehr unwahrscheinlich gewesen wäre. Dies wird an den bereits vergeblichen Versuchen der Versicherungsnehmer selbst sowie die der nationalen Gerichte deutlich.

IV. Einordnung

1. Einordnung einer potentiellen Übertragung der Volkswagen-Bank-Rechtsprechung

Auch im Schrifttum wurde eine Übertragung der *Volkswagen-Bank*-Rechtsprechung besprochen, insbesondere im Zusammenhang mit der Verfassungsbeschwerde beim VerfGH Rheinland-Pfalz.[425]

Ebers hält die Rechtsprechung für übertragbar und daher die bisherige Linie der deutschen Judikatur für richtlinienwidrig.[426] Entgegen der obergerichtlichen Rechtsprechung sei lediglich die deutsche Fassung als Verfahrenssprache maßgeblich und die Entscheidung des EuGH somit nicht nur auf das Element

---

424 VerfGH NRW v. 5.11.2024 – VerfGH 22/23.VB-3, BeckRS 2024, 34240 Rn. 14.

425 *Ebers*, VuR 2022, 203; *Schwintowski*, VuR 2022, 83 (89 f.); *Looschelders*, r + s 2022, 622 (623); *Wahlers* erörterte nach der BGH-Entscheidung vom 7.5.2014 eine Übertragung dieser versicherungsrechtlichen Judikatur auf das Verbraucherkreditrecht und lehnte dies ab, siehe *Wahlers*, WM 2015, 1043 (1047 f.); gegen eine Übertragung *Gal*, JZ 79 (2024), 199 (202 f.).

426 *Ebers*, VuR 2022, 203; ebenso *Mährlein*, VuR 2022, 145 (145 f.); so auch bejahend *Schwintowski*, da die durch die Zweite und Dritte Richtlinie Leben eingeführten Widerspruchsrechte ebenso zum Bereich des Verbraucherschutzes gehören, *Schwintowski*, VuR 2022, 83 (89).

der Zeit beschränkt, sondern umfasst ebenso die Verwirkung an sich.[427] Er begründet dies mit drei Argumenten: Zunächst sei das Rechtsmissbrauchsverbot ein allgemeiner Grundsatz des Gemeinschaftsrechts, welches richtlinienübergreifend und unabhängig vom Sekundärrechtsakt gelte – daher sei dieser auch im Versicherungsvertragsrecht zu beachten.[428] Zudem seien die Widerrufsrechte im Verbraucherkreditrecht und im Versicherungsrecht aufgrund ihres gleichen Schutzzwecks vergleichbar. Der Schutzzweck liege bei beiden in der Freiheit der Entscheidung aufgrund der schwächeren Position des Verbrauchers beziehungsweise des Versicherungsnehmers.[429] Ferner könne bei beiden Bereichen gleichermaßen der Einwand der Verwirkung verwehrt werden, da die jeweils einschlägigen Richtlinien keine Ausschlussfrist vorschreiben.[430] Daneben sei der abweichende Harmonisierungsgrad der Richtlinien nicht entscheidend, da die Grundsätze der jeweiligen Richtlinien als Mindestanforderungen zu sehen seien, welche nicht durch die deutsche Judikatur missachtet werden dürfen.[431] Die deutsche Judikatur handle im Falle der Annahme des Rechtsmissbrauchs ohne das Prüfen des subjektiven Elements europarechtswidrig.[432]

2. Bewertung der Anwendung der Rechtsinstitute durch die deutsche Judikatur

Essentiell für die Einordnung und Analyse des Umgangs mit den Rechtsfiguren des Rechtsmissbrauchs und der Verwirkung seitens der deutschen Judikatur ist das Bewusstsein, dass es keinesfalls zu einem extensiven Rückgriff kommen darf, der einer Regelmäßigkeit und Normalität gleiche. Gerade die Verwirkung ist lediglich als Ausnahme und folglich als eine Art „Notventil“ einzusetzen.[433] Dieses Rechtsinstitut ist restriktiv zu

---

427 *Ebers,* VuR 2022, 203 (205).

428 *Ebers,* VuR 2022, 203 (205 f.); vgl. *Mährlein,* VuR 2022, 145 (146).

429 *Ebers,* VuR 2022, 203 (206).

430 *Ebers,* VuR 2022, 203 (207).

431 *Ebers,* VuR 2022, 203 (207); ebenso *Mährlein,* VuR 2022, 145 (146).

432 *Ebers,* VuR 2022, 203 (208); so auch *Schwintowski,* VuR 2022, 83 (90).

433 Vgl. BVerfG v. 19.12.2016 – 2 BvR 1490/16, BeckRS 2016, 112212 Rn. 15; *Armbrüster,* VersR 2012, 513 (517 f.); *A. Staudinger,* NJW 2005, 3521 (3524); *Knops,* NJW 2018, 425; *Lechner,* WM 2015, 2165 (2171 f.); *D. Wendt,* Zum Widerruf im Versicherungsvertragsrecht, S. 111; *Mährlein,* VuR 2022, 145; *Schürnbrand,* JZ 2009, 133 (138); gleiches gilt für den Rechtsmissbrauch Staudinger/*Looschelders/Olzen,* § 242 BGB Rn. 1249; *Habersack/Schürnbrand,* ZIP 2014, 749 (751).

handhaben.[434] Auch *Armbrüster* ging nach der *Endress*-Entscheidung, noch bevor der BGH entschieden hat, davon aus, dass zwar die Grenze der Verwirkung nach § 242 BGB eingeführt werde, in den meisten Fällen dieses Rechtsinstitut aufgrund seiner strengen Voraussetzungen jedoch keine Anwendung finden wird.[435] *Rudy* verlangte bereits zu Beginn der Klagenflut zurecht eine Einschränkung der Anwendung der Verwirkung – hinzutreten müsse jeweils ein Verhalten des Versicherungsnehmers, welches für diesen erkennbar ein schutzwürdiges Vertrauen beim Versicherer schafft.[436] Eine ordnungsgemäße Belehrung allein werde daher nicht ausreichen.[437] Es bedürfe aus seiner Sicht einer wesentlichen Vertragsdurchführung, wobei Elemente wie Änderungsanträge und Beanspruchen von Leistungen ein Vertrauen in den Bestand des Vertrags seitens des Versicherungsnehmers aufzeigen können.[438] *Wendt* betrachtete dabei den Grundsatz von Treu und Glauben als taugliches Mittel, welches der BGH den Tatrichtern in die Hand gegeben habe, um den Zustrom der Klagen zu verringern, ohne dabei den BGH einzubinden.[439]

a) Zur Verwirkung

Der Einwand der Verwirkung wurde dennoch äußerst extensiv eingesetzt – sei es regelmäßig durch verschiedene OLG oder in Einzelfällen durch den BGH.[440] Bereits das Vorliegen des erforderlichen Zeitmoments ist allerdings fraglich. Denn grundsätzlich kann ein Versicherer insbesondere bei einer fehlerhaften Belehrung nicht davon ausgehen, dass der Versicherungsnehmer sein Recht nicht mehr geltend machen wird. Denn der Versicherungsnehmer

---

434 *Ferber/Rosowski*, VuR 2018, 89 (100); im Einzelfall solle es die Möglichkeit des Einwands der Verwirkung geben, so *Looschelders*, VersR 2013, 653 (657); *Armbrüster*, VersR 2012, 513 (517 f.); *Mährlein*, VuR 2022, 145; teilweise verwechseln die Gerichte die Rechtsfiguren auch, siehe *Knops*, RabelsZ 85 (2021), 505 (513 f.).

435 *Armbrüster*, NJW 2014, 497 (498).

436 *Rudy*, r + s 2015, 115 (118).

437 *Rudy*, r + s 2015, 115 (118).

438 *Rudy*, r + s 2015, 115 (118).

439 *R. Wendt*, r + s 2014, 585 (588).

440 *Mährlein*, VuR 2022, 145. So sei der häufige Griff zu diesem Rechtsinstrument nicht immer methodisch sauber und führe zur Rechtsunsicherheit. Die Rechtsprechung solle dies über eine gespaltene, richtlinienkonforme Auslegung lösen, so *Zegowitz/Haferkorn*, VersR 2020, 1005 (1013).

hat keine Kenntnis von seinem Recht.[441] Er muss erst hinreichend belehrt werden, damit dieser Einwand in Betracht kommt. Der Versicherer kann bei einer fehlerhaften Belehrung auch nicht davon ausgehen, dass der Versicherungsnehmer sein Widerspruchsrecht kennt. Ein Vertrauen kann nicht geschaffen werden. Eine hinreichende Belehrung im Lichte der *Rust-Hackner*-Rechtsprechung ist erst dann anzunehmen, wenn nur ein geringfügiger Fehler vorliegt. Davor kann es zu keinem Beginn des Zeitmoments kommen. Dem Versicherungsnehmer kann dann der Einwand der illoyal verspäteten Geltendmachung dieses Rechts richtigerweise nicht entgegengehalten werden.[442] Zudem fehlt es im Regelfall ohnehin an der Bejahung des Umstandsmoments.[443] Ein schutzwürdiges Vertrauen, auf dem der Versicherer das Umstandsmoment stützen kann, ist zurecht nicht gegeben, da der Versicherer den fehlerhaften Zustand selbst herbeigeführt hat.[444] Der Versicherer durfte auch nicht die Handlungen des Versicherungsnehmers abweichend bewerten. Das Vertrauen des Versicherers darf bei einer nicht (ordnungsgemäß) erfolgten Belehrung, welche einen schwerwiegenden Fehler aufweist, nicht geschützt werden.[445] Dies gilt auch bei Änderungen am Vertrag seitens des Versicherungsnehmers. Ohne die Kenntnis des Rechts kann er kein Vertrauen beim

---

[441] So auch *Beckmann*, in: Dauses/Ludwigs (Hrsg.), E. VI. Rn. 243; *Heyers*, NJW 2014, 2619 (2621); *Rudy*, r + s 2015, 115 (118); *Trittmacher/Gaußmann*, VuR 2014, 155 (158); BeckOGK BGB/*Knops*, § 495 Rn. 248; *Gansel/Huth/Knorr*, BKR 2014, 353 (357). Ebenso *Teilnehmer 2* – telefonisches Interview vom 19.11.2024. Nach *Knops* ist es sowohl in der Rechtsprechung des Internationalen Gerichtshofs als auch im völkerrechtlichen Schrifttum einhellig anerkannt, dass der Berechtigte Kenntnis vom Recht haben müsse, siehe *Knops*, WM 2020, 2249 (2255).

[442] Dies sei auch im Lichte vergangener Rechtsprechung des EuGH so zu sehen, so *Knops*, WM 2020, 2249 (2255); BeckOGK BGB/*ders.*, § 495 Rn. 248; gegen eine Verwirkung spricht, dass dem Verbraucher das Recht nicht bekannt war, jedoch könne der Unternehmer nach Auffassung *Kählers* dennoch schutzwürdiges Vertrauen aufbauen, so BeckOGK BGB/*Kähler*, § 242 BGB Rn. 1843; nach Auffassung *Schuberts* kann im Falle des nicht (ordnungsgemäß) belehrten Versicherungsnehmer dagegen das Widerspruchsrecht verwirken, ohne dass die europarechtlichen Grundsätze dem entgegenstehen, siehe MüKo-BGB/*Schubert*, § 242 BGB Rn. 507.

[443] So auch *Ferber/Rosowski*, VuR 2018, 89 (96); Staudinger/*Looschelders/Olzen*, § 242 BGB Rn. 1248; vgl. dazu im Bereich des Kreditsrecht *Gansel/Huth/Knorr*, BKR 2014, 353 (360).

[444] Bereits der BGH in seinem Grundsatzurteil vom 7.5.2014, BGH v. 7.5.2014 – IV ZR 76/11, NJW 2014, 2646.

[445] Im Ergebnis auch *Heyers*, NJW 2014, 2619 (2621).

Versicherer schaffen, er mache sein Recht nicht mehr geltend. Auch nach *Schwintowski* könne dieser nicht allein aufgrund einer Vertragsdurchführung angenommen werden – hinzukommen muss vielmehr das Verschaffen eines ungerechtfertigten Vorteils.[446] Ein Eintreten des Umstandsmoments ist damit richtigerweise im Regelfall ausgeschlossen.[447] Ferner könnte gegen den Einwand der Verwirkung sprechen, dass bestimmte unionsrechtlich begründete Verbraucherrechte gar nicht verwirkt werden können.[448] Denn diese einer Auffassung nach sollen eine schwächere Rechtsposition schützen.[449] So seien Verbraucherrechte zwingend ausgestaltet und könnten daher keiner Verwirkung unterliegen.[450]

Insgesamt ist daher anzunehmen, dass der Einwand der Verwirkung bei einem nicht (ordnungsgemäß) belehrten Versicherungsnehmer nicht greifen kann. Der BGH gab allerdings mit seiner Übertragung der Überprüfung der Treuwidrigkeit und der Verwirkung auf die Instanzgerichte im Rahmen der tatrichterlichen Würdigung weiteren Spielraum, die diesen nutzten, um die Klagenflut in den Griff zu bekommen.

b) Zum Rechtsmissbrauch

Auch die Rechtsfigur des Rechtsmissbrauchs wurde durch die deutsche Judikatur häufig genutzt. So sahen *Brand* und *Armbrüster* zu Beginn der Klagenflut kaum die Möglichkeit, dass in der Praxis der Nachweis eines solchen Verhaltens erfolgreich sein würde.[451]

Grundsätzlich haben dabei selbst unrühmliche Motive seitens des Verbrauchers nicht zur Folge, dass ein Rechtsmissbrauch erhoben werden darf.[452]

---

[446] *Schwintowski*, VuR 2022, 83 (90).

[447] Zustimmend *Teilnehmer 2* – telefonisches Interview vom 19.11.2024. Ein Grund, die Verwirkung nicht grundsätzlich auszuschließen, sei das Prinzip der Gefahrengemeinschaft, so *Armbrüster*, VersR 2012, 513 (519). Zu diesem Prinzip ausführlich *Scherpe*, Das Prinzip der Gefahrengemeinschaft im Privatversicherungsrecht, S. 175 f.

[448] Allgemein dazu *Knops*, WM 2020, 2249 (2251).

[449] *Knops*, WM 2020, 2249 (2251).

[450] *Ebers*, VuR 2017, 47 (49 f.); so *Knops* im Rahmen der Beurteilung der Verwirkung im Verbraucherkreditrecht, *Knops*, WM 2020, 2249 (2251); nach *Armbrüster* können grundsätzlich auch Gestaltungsrechte der Verwirkung unterliegen, *Armbrüster*, VersR 2012, 513 (517); im Ergebnis dagegen im Bereich des Verbraucherdarlehensrechts *Habersack/Schürnbrand*, ZIP 2014, 749 (751).

[451] *Brand*, VersR 2014, 269 (276); *Armbrüster*, VersR 2012, 513 (519 f.).

[452] *Gansel/Huth/Knorr*, BKR 2014, 353 (356).

An sich kann keinem Versicherungsnehmer vorgeworfen werden, einen wirtschaftlichen Vorteil auszunutzen.[453] Auch wenn der Widerspruch keiner Angabe eines Grundes bedarf,[454] ist es nicht angemessen, dass ein solcher spekulativ und manipulativ zum Schaden der Versicherer und der Rechtssicherheit ausgeübt werden darf.[455] Nach *Heyers* liefe in der Konstellation eines marginalen Fehlers das *Telos* des Widerspruchsrechts, sich von einem ungewollten Vertrag aufgrund nachteiliger Bedingungen lösen zu können, leer und ginge in rechtsmissbräuchlicher Art und Weise in ein Reuerecht über.[456] Obgleich die Motivlage des Versicherungsnehmers in einigen Fällen nicht mit dem Zweck des Widerspruchsrechts übereinstimmt, erscheint es daher zur Einschränkung der extensiven Anwendung des Einwands des Rechtsmissbrauchs allerdings sinnvoll, neben dem objektiven Element auch ein subjektives Element im Sinne des Unionsrechts zu fordern.[457] Gerade die Erfüllung des letzteren Elements zeigt die Fälle auf, die wirklich schädlich und rechtsmissbräuchlich ausgeübt worden sind.[458] Jedenfalls ist es wünschenswert, dass die Frage der Anwendung dieser Rechtsfigur auf europarechtlicher Ebene geklärt wird.

3. Vermeiden einer Vorlage an den EuGH

Allerdings vermeidet der BGH genau diese Klärung durch den EuGH.[459] Seine Auffassung, eine Vorlage hinsichtlich des Grundsatzes von Treu und

---

[453] Die Grenzen dafür sind eng zu setzen, *Mankowski*, JZ 71 (2016), 787 (790); *Rieländer*, AcP 216 (2016), 763 (795 f.)

[454] *Mankowski*, JZ 71 (2016), 787 (789); *Mährlein*, VuR 2022, 145 (146); BeckOGK BGB/*Kähler*, § 242 BGB Rn. 1834; *Knops*, RabelsZ 85 (2021), 505 (537).

[455] *Armbrüster*, VersR 2012, 513 (517 f.); der Grund für die Erklärung des Lösungsrechts kann allein der finanzielle Vorteil sein, so *D. Kramer*, Der Widerruf von Verbraucherdarlehen zwischen Rechtsdurchsetzung und Rechtsmissbrauch, S. 153.

[456] *Heyers*, NJW 2014, 2619 (2621); ähnlich *Armbrüster*, VersR 2012, 513 (519 f.); so auch für den Bereich des Verbraucherkreditrechts *Wallner*, BKR 2016, 177 (184).

[457] *Schwintowski*, VuR 2014, 473 (473 f.); *Mährlein*, VuR 2022, 145 (146); *Knops*, ZRP 2022, 145 (147); *ders.*, RabelsZ 85 (2021), 505 (520 f., 538).

[458] Vgl. *Knops*, RabelsZ 85 (2021), 505 (538 f.).

[459] BeckOK BGB/*Sutschet*, § 242 BGB Rn. 178b. Inwieweit die Anwendung der nationalen Rechtsfiguren vor dem Hintergrund des Schutzzweckes und des Harmonisierungsgrads einer Richtlinie zulässig ist, könne nur der EuGH klären, so Staudinger/*Looschelders/Olzen*, § 242 BGB Rn. 1246; dabei sei nicht auszuschließen, dass der EuGH abweichend vom BGH entscheidet, so *R. Thode*, jurisPR-BGHZivilR, Anm. 5.

Glauben sei nicht geboten, stieß im Schrifttum auf einige Kritik.[460] So wird das Vorgehen des BGH zurecht deshalb hinterfragt, da die nationalen Rechtsgrundsätze im Lichte der unionsrechtlichen Vorgaben des Äquivalenz- sowie Effektivitätsgrundsatzes ausgelegt werden müssen.[461] Zwar sind die Modalitäten des Vertragsschlusses durch die Mitgliedstaaten zu regeln, dennoch sei dabei die praktische Wirksamkeit der Ziele der Zweiten und Dritten Richtlinie Leben zu achten.[462] Dies gelte richtigerweise insbesondere beim nicht (ordnungsgemäß) belehrten Versicherungsnehmer. Es sei mit Blick auf die Rechtssicherheit daher „kaum hinnehmbar, dass die deutsche Rechtsprechung die Klärung dieser europarechtlichen Frage auf Dauer verhindert"[463]. Weiter sei das Verbot des widersprüchlichen Verhaltens nicht eindeutig vom EuGH geklärt.[464] Zwar ist die Anwendung dieses unionsrechtlich geprägten Einwands den nationalen Gerichten erlaubt, dennoch seien dabei die europarechtlichen Grenzen zu beachten.[465] So habe der EuGH nach *Ebers* in der Vergangenheit teils für eine Zulässigkeit des Bejahens des Rechtsmissbrauchs,[466] teils gegen eine solche[467] entschieden.[468] Über eine korrekte Anwendung könne lediglich der EuGH durch seine Kontrolle entscheiden – vor allem im Hinblick auf ein unionsrechtlich begründetes Recht.[469] *Schwintowski* attestiert dem BGH, sich an die Stelle des EuGH zu

---

460 *Ferber/Rosowski*, VuR 2018, 89 (91 f.); *Schwintowski*, VuR 2024, 83; *Ebers*, VuR 2017, 47; *Gal*, JZ 79 (2024), 199 (203).

461 *Ferber/Rosowski*, VuR 2018, 89 (91); *D. Kramer*, Der Widerruf von Verbraucherdarlehen zwischen Rechtsdurchsetzung und Rechtsmissbrauch, S. 134; *Knops*, RabelsZ 85 (2021), 505 (523 f.).

462 *Schwintowski*, VuR 2022, 83 (87).

463 So *Ferber/Rosowski*, VuR 2018, 89 (91).

464 *Brömmelmeyer*, VuR 2014, 447 (451 f.).

465 *Ferber/Rosowski*, VuR 2018, 89 (91); so auch *Ebers*, der gerade vor dem Hintergrund des unionsrechtlichen Anwendungsvorrangs eine Vorlage fordert, siehe *Ebers*, VuR 2017, 47 (48).

466 EuGH v. 23.3.2000 – C-373/97 *(Diamantis)*, NZG 2000, 534 Rn. 34; v. 3.3.2005 – C-32/03 *(I/S Fini H/Skatteministeriet)*, DStRE 2005, 596 Rn. 34.

467 EuGH v. 9.3.1999 – C-212/97 *(Centros)*, NJW 1999, 2027 Rn. 27 ff.; v. 12.3.1996 – C-441/93 *(Pafitis/Ellados)*, BeckRS 2004, 77279 Rn. 67 ff.

468 *Ebers*, VuR 2017, 47 (48 f.).

469 *Schwintowski*, VuR 2024, 83 (85 f.); *D. Kramer*, Der Widerruf von Verbraucherdarlehen zwischen Rechtsdurchsetzung und Rechtsmissbrauch, S. 135 f.; *Rieländer*, AcP 216 (2016), 763 (777).

begeben und über diesen hinweg zu entscheiden.[470] Der BGH könne keine Kenntnis davon haben, ob der EuGH zunächst zwischen einem unionsrechtlichen und nationalen Rechtsmissbrauch überhaupt unterscheide und wenn ja, welchen dieser wähle.[471] Gegen einen Rückgriff auf den nationalen Ausfluss des Rechtsmissbrauchstatbestands könnte ferner sprechen, dass der Versicherer die Lage selbst durch die fehlerhafte Belehrung geschaffen hat. Es bestehe ein Wertungswiderspruch zur Norm, da der einzelne Verbraucher nicht auf seine Rechte verzichten kann. Somit dürfte er diese auch nicht durch ein tatsächliches Handeln verlieren.[472] Dem ist zuzustimmen. Es ist erforderlich, dass zur Klärung der Anwendung der Einwände eine Vorlage beim EuGH erfolgt.

Aus Sicht von *Schwintowski* könne ferner im Falle der unterstellten Annahme des EuGH, dass ein Zugang der Informationen bereits vor Antrag erforderlich ist, der Versicherungsnehmer niemals einen Willen im Sinne eines wirksamen Antrags gebildet haben.[473] Daher würde mangels wirksamer Willenserklärung nie ein Vertrag wirksam zustande gekommen sein, sodass sämtliche im Policenmodell geschlossenen Verträge unwirksam wären.[474] In dem Fall könne überdies nicht der Einwand von Treu und Glauben oder die Verwirkung entgegengehalten werden.[475] Eine Anwendung der Verwirkung und der Treuwidrigkeit sei nur

---

470 *Schwintowski*, VuR 2024, 83 (85).

471 Ungeklärt sei in diesem Rahmen auch, ob der EuGH dieselbe Argumentation wie die des BGH hinsichtlich des Harmonierungsgrads anwenden würde, *Schwintowski*, VuR 2024, 83 (85).

472 *Ferber/Rosowski*, VuR 2018, 89 (91); *Ebers*, VuR 2017, 47 (49).

473 *Schwintowski*, VuR 2024, 83 (85); ähnlich Staudinger/*Looschelders/Olzen*, § 242 BGB Rn. 1253.

474 *Schwintowski*, VuR 2024, 83 (85); nach *Ebers* haben in diesem Fall sämtliche Versicherungsnehmer einen Bereicherungsanspruch, eingeschlossen Fälle mit ordnungsgemäßer Belehrung, *Ebers*, VuR 2017, 47. Anders entschied das OLG Brandenburg, welches in einem Fall bei unterstellter Europarechtswidrigkeit des Policenmodells statuierte, dass der Anspruch wegen § 242 BGB abgelehnt werden könne, OLG Brandenburg v. 15.3.2019 – 11 U 27/17, BeckRS 2019, 4951 Rn. 7; dagegen auch *Looschelders*, der für diese Annahme keine Rechtsgrundlage erkennt, *Looschelders*, VersR 2016, 7 (12).

475 *Schwintowski*, VuR 2024, 83 (85); dazu auch *Weißhaupt*, WuB 2024, 202. So auch *Teilnehmer 1* – persönliches Interview vom 13.11.2024; vgl. *Beckmann*, in: Dauses/Ludwigs (Hrsg.), E. VI. Rn. 234. Dagegen der BGH im Fall der ordnungsgemäß erfolgten Belehrung des Versicherungsnehmers, siehe BGH v. 26.4.2023 – IV ZR 300/22, NJW 2023, 2274 Rn. 30.

im Falle einer abzulehnenden Aushöhlung der Wirksamkeit der Umsetzung der Richtlinie zuzulassen. Lediglich für präzise, vom EuGH festgelegte Fälle sei dies folglich möglich.[476] Es sei dabei nicht ersichtlich, gerade vor dem Hintergrund des damals eingeleiteten Vertragsverletzungsverfahrens, den Entscheidungen des BVerfG, der Abschaffung der Vorschrift, sowie der bis heute nicht geklärten, potentiellen Richtlinienwidrigkeit des Policenmodells, wie Instanzgerichte von einer Vorlage an den EuGH absehen können. Diese seien in der Pflicht, ein Vorabentscheidungsverfahren zu ersuchen.[477]

Vorstellbar ist, dass die deutsche Judikatur eine weitere, potentielle Klagenwelle vermeiden möchte und sich nicht sicher ist, was der EuGH bei einer etwaigen Entscheidung annehmen würde.[478] Fraglich ist in diesem Falle, ob die Versicherer in der Lage wären, sämtliche Kosten zu tragen.[479] Vielleicht kann ein einzelner Versicherer noch fähig sein, die Prämien an sich zurückzuzahlen – zu erstatten wären bei dieser Annahme jedoch auch etwaige andere Vermögenswerte wie beispielsweise beim Vertragsschluss angefallene Kosten.[480] Die Rückzahlung aller Vermögenswerte würde sich allerdings als problematisch darstellen, da Teile derer dem Versicherungsvermittler gezahlt wurden und somit der Versicherer einen eigenen, selbstständigen Anspruch gegen diese auf Rückzahlung dieser Kosten durchsetzen müsste. Dabei ergeben sich aber zahlreiche Probleme wie die Möglichkeit der Entreicherung oder der Verjährung des Anspruchs.[481] Somit könnte die Beeinträchtigung der Funktionsfähigkeit einzelner Versicherer auch die Funktionsfähigkeit des Finanzsektors sowie der restlichen Gesamtwirtschaft einschränken.[482]

Auf der anderen Seite sind auch nicht die Risiken für die Versicherungsnehmer zu missachten. Denn viele der Lebensversicherungen wurden als

---

[476] *Schwintowski*, VuR 2024, 83 (86).

[477] *Schwintowski*, VuR 2024, 83 (87 f.).

[478] *Teilnehmer 1* – persönliches Interview vom 13.11.2024, welcher einen großen Respekt bei den BGH-Richtern vor einer erneuten Vorlage vor dem Hintergrund der *Endress*-Entscheidung und ihrer Auswirkungen vermutet.

[479] Dies stark bezweifelnd, *Teilnehmer 6* – online-Interview vom 2.12.2024; *Teilnehmer 7* – online-Interview vom 3.12.2024.

[480] *Teilnehmer 6* – online-Interview vom 2.12.2024.

[481] Teilweise waren die Vermittler als juristische Organisation organisiert. Diese sind oft nicht mehr existent, so *Teilnehmer 6* – online-Interview vom 2.12.2024.

[482] Vgl. dazu *Stelzer*, Regulierung der Versicherungswirtschaft in Deutschland, S. 21.

Sicherheiten für die Finanzierung des Erwerbs von Immobilien eingesetzt.[483] Falls die Versicherungsverträge nie zustande gekommen wären, würden auch die Sicherheiten keinen Bestand mehr haben.[484] Die Aussichten einer Vorlage sind insgesamt also leider deutlich begrenzt.[485] Diese wäre jedoch wünschenswert.

C. Anforderungen an die Verbraucherinformation

Weiterhin nahm der Grundsatz von Treu und Glauben eine Bedeutung im Rahmen der Verbraucherinformation ein. Dabei kann die Vollständigkeit der Verbraucherinformation eine weitere Grenze des ewigen Widerspruchsrechts darstellen.[486] Diese ist dem Versicherungsnehmer nach § 5a Abs. 1 S. 1 VVG a.F. vollständig im Sinne des § 10a VAG a.F. zu übergeben. Auch hier gab es einige Einzelfallentscheidungen der deutschen Judikatur.[487] Die beiden wesentlichen Problemfelder bilden zum einen die fehlende Angabe über die Zugehörigkeit zu einem Sicherungsfonds und zum anderen die fehlende Angabe zur Antragsbindungsfrist.

I. Unzutreffende Angabe über die Zugehörigkeit zu einem Sicherungsfonds

In einigen Fällen erklärte der Versicherungsnehmer den Widerspruch, da der Vertrag mangels Angabe zum Nichtbestehen eines Sicherungsfonds nicht

---

483 *Teilnehmer 7* – online-Interview vom 3.12.2024; vgl. auch *Schmitz*, wonach Ansprüche aus Lebensversicherungsverträgen häufig zur Sicherung von Krediten abgetreten werden, *K.-B. Schmitz*, Aktuelle Fragen des Versicherungsvertragsrechts, S. 16.

484 *Teilnehmer 7* – online-Interview vom 3.12.2024.

485 So auch *Teilnehmer 3* – telefonisches Interview vom 19.11.2024; ähnlich *Rehberg*, EuZW 2014, 237 (238).

486 Eine unvollständige oder unzutreffende Verbraucherinformation kann folglich zu einem ewigen Widerspruchsrecht führen, dazu BGH v. 11.12.2024 – IV ZR 191/22, BeckRS 2024, 35690.

487 Statt vieler siehe eine Entscheidung des OLG Dresden, in welcher dieses eine Verbraucherinformation für zutreffend befand, auch wenn das Wort „garantiert" in einer Übersicht zu der beitragsfreien lebenslänglichen Monatsrente fehle, OLG Dresden v. 15.1.2018 – 4 U 1596/17, NJW 2018, 611 Rn. 18. Dabei würden die üblichen Rückkaufswerttabellen ausreichen und eine ausdrückliche Nennung einer Garantie nicht erforderlich sein, so auch *Grote/Finkel*, NJW 2021, 2333 (2336).

wirksam zustande gekommen sei.[488] Grundsätzlich waren alle Lebensversicherer nach § 124 Abs. 1 VAG a.F. zu einer Zugehörigkeit zu einem Sicherungsfonds verpflichtet.[489] Wenn die Verbraucherinformation keine Angabe über eine Zugehörigkeit beinhaltete, bejahte der BGH allerdings den Einwand des Rechtsmissbrauchs, da der Versicherungsnehmer eine bloß formal bestehende Rechtsposition ohne Eigeninteresse zur Ausnutzung beabsichtige.[490] In diesem Fall resultiere aus der fehlenden Angabe im Hinblick auf die Verpflichtung der Zugehörigkeit kein ewiges Widerspruchsrecht für den Versicherungsnehmer.[491] Dies gelte selbst im Falle einer in dem Bezug inhaltlich unzutreffenden und unvollständigen Verbraucherinformation.[492] Die Annahme des Rechtsmissbrauchs begründete der BGH damit, dass das Lösungsrecht kein Selbstzweck sei. Der Versicherungsnehmer berufe sich lediglich auf eine formale Rechtsposition und die hier fehlende Information sei für den Versicherungsnehmer vorteilhaft. Er hätte bei Kenntnis dieser Information nicht Abstand vom Vertrag genommen.[493] Dies gelte sowohl im Fall, wenn der Versicherer die Zugehörigkeit fälschlicherweise verneint hat,[494] als auch dann, wenn der Versicherer keine Angaben dazu gemacht hat.[495] Damit bestätigt der BGH eine bisher von den obergerichtlichen Instanzgerichten vertretene Ansicht.[496] Lange offen gelassen hatte der BGH, ob der Versicherer auch nicht seine fehlende Angehörigkeit zu einem Sicherungsfonds zwischen dem Inkrafttreten der Vorschrift des § 124 VAG a.F. und der tatsächlichen Errichtung des Fonds angeben müsse, vorliegend also einer Errichtung des

---

488 Dazu BGH v. 10.2.2021 – IV ZR 32/20, NJW-RR 2021, 485 Rn. 6.

489 BGH v. 10.2.2021 – IV ZR 32/20, NJW-RR 2021, 485 Rn. 15.

490 BGH v. 22.6.2022 – IV ZR 14/21, NJW-RR 2022, 1117 Rn. 18; v. 10.2.2021 – IV ZR 32/20, NJW-RR 2021, 485; dazu auch *Grote/Finkel*, NJW 2023, 341 (345).

491 BGH v. 10.2.2021 – IV ZR 32/20, NJW-RR 2021, 485 Rn. 15 ff.; v. 22.6.2022 – IV ZR 14/21, NJW-RR 2022, 1117 Rn. 17; dies einordnend *Kirsten*, VersR 2021, 438 (439).

492 BGH v. 10.2.2021 – IV ZR 32/20, NJW-RR 2021, 485 Rn. 16.

493 BGH v. 10.2.2021 – IV ZR 32/20, NJW-RR 2021, 485 Rn. 17 f.; v. 22.6.2022 – IV ZR 14/21, NJW-RR 2022, 1117 Rn. 18 f.; diese Begründung sei besonders bemerkenswert und wird bei allen folgenden Entscheidungen des BGH hinsichtlich der Verbraucherinformation zu beachten sein, so *Kirsten*, VersR 2021, 438 (439); andere Ansicht OLG Karlsruhe v. 28.6.2019 – 12 U 134/17, BeckRS 2019, 19886 Rn. 30 ff.

494 BGH v. 10.2.2021 – IV ZR 32/20, NJW-RR 2021, 485.

495 BGH v. 22.6.2022 – IV ZR 14/21, NJW-RR 2022, 1117.

496 *Grote/Finkel*, NJW 2021, 2333 (2336); vgl. BeckOK VVG/*Schepers*, § 5a VVG a.F. Rn. 24.

Fonds nach Vertragsschluss. Dies lehnte das Gericht mit einer aktuellen Entscheidung ab, da der Versicherer noch kein Mitglied sein könnte.[497]

II. Keine Angabe zur Antragsbindungsfrist

Ferner stellte sich des Öfteren die Frage, ob der Versicherer eine Angabe über die Antragsbindungsfrist – folglich über die Frist, zu welcher der Versicherungsnehmer an den Antrag gebunden sein soll,[498] – zu erteilen hatte. Der BGH beschäftigte sich in mehreren Entscheidungen auch mit dieser Rechtsfrage.[499] Wichtig für den Ausgang des jeweiligen Verfahrens ist dabei die Unterscheidung zwischen einem beabsichtigten Abschluss im Antrags- oder Policenmodell.

Zunächst war dabei aus Sicht des BGH bei einem beabsichtigten Abschluss nach dem Antragsmodell eindeutig, dass eine Verbraucherinformation im Sinne des Abschnitts I Nr. 1 *lit.* f der Anlage D zu § 10a Abs. 1 VAG a.F. unvollständig sei, wenn sie keine Angaben über die Antragsbindungsfrist aufführt.[500] Der Senat begründete diese Einschätzung mit der Begründung des Gesetzesentwurfs des Dritten Durchführungsgesetzes[501], mit dem die Anlage D dem VAG a.F. hinzugefügt sowie die Vorschrift des § 10a VAG a.F. eingeführt wurde.[502] Durch diese Information sei dem Versicherungsnehmer klar, wann der Versicherungsvertrag durch Annahme seiner Willenserklärung durch den Versicherer wirksam werden konnte.

---

497 BGH v. 21.2.2024 – IV ZR 32/22, BeckRS 2024, 4404; dazu auch *Grams,* FD-VersR 2024, 808053; diese Entscheidung des BGH sei für den genannten Zeitraum zu begrüßen, so *Armbrüster,* NJW 2024, 1500.

498 BGH v. 18.7.2018 – IV ZR 68/17, NJOZ 2019, 666 Rn. 17.

499 Entscheidungen des BGH bei einem beabsichtigten Abschluss im Antragsmodell: BGH v. 11.12.2024 – IV ZR 191/22, BeckRS 2024, 35690; v. 29.11.2023 – IV ZR 117/22, NJW-RR 2024, 310; v. 18.7.2018 – IV ZR 68/17, NJOZ 2019, 666; v. 23.9.2015 – IV ZR 179/14, r + s 2015, 539; zur Behandlung bei fehlender Verbraucherinformation, v. 23.9.2015 – IV ZR 179/14, r + s 2015, 539; dazu auch *Mauch,* VuR 2025, 163 (166); *Frohnecke,* r + s 2017, 337 (338).

500 Auch bei einem Abschluss im Antragsmodell war der Versicherer verpflichtet, den Versicherungsnehmer auf seine gesetzliche Annahmefrist hinzuweisen, § 147 Abs. 2 BGB, BGH v. 18.7.2018 – IV ZR 68/17, NJOZ 2019, 666 Rn. 17; *Harsdorf-Gebhardt,* r + s 2024, 771 (779 f.).

501 Dazu unter Kap. 1 A. II. 2.

502 BGH v. 18.7.2018 – IV ZR 68/17, NJOZ 2019, 666 Rn. 18 f.

Auf diesem Wege könne er nach Ablauf dieses zeitlichen Rahmens von einer fehlenden Annahme des Versicherers ausgehen und sich so anderen Lebensversicherungen widmen.[503] Daher sei es entscheidend, dass ihm diese Antragsbindungsfrist des § 147 Abs. 2 BGB mitgeteilt wird.[504] Die Pflicht zur Angabe widerspreche auch nicht der Richtlinie Leben 2002, da die Angabe zum zeitlichen Rahmen der Gebundenheit des Versicherungsnehmers ein bedeutendes Element der jeweiligen Lebensversicherung sei.[505] Da der Versicherer bei Antragstellung dem Versicherungsnehmer die notwendige Verbraucherinformation nicht mitgeteilt habe, entschied der BGH entgegen der Auffassung der in den jeweiligen Verfahren beteiligten Versicherern, dass die Versicherungsverträge jeweils im Policenmodell des § 5a VVG a.F. und nicht im beabsichtigten Antragsmodell des § 8 VVG a.F. geschlossen wurden.[506] Zwar sei der Wortlaut des § 5a VVG a.F. nicht eindeutig, jedoch mache der Wortlaut der Überschriften der Ziffern 1 und 2 des Abschnitts I der Anlage D zum VAG a.F. hinsichtlich des Erfordernisses deutlich, dass „die zu erteilende Verbraucherinformation als Gesamtheit zu verstehen ist“[507]. Somit komme es im Fall der Übermittlung von lediglich einzelnen Informationen oder Teilinformationen zum Abschluss nach dem Policenmodell – eine andere Wertung würde dem *Telos* der Richtlinien widersprechen.[508] Etwas anderes sei nur dann anzunehmen, wenn die betreffende Information nicht im Sinne eines berechtigten Informationsbedürfnisses des Versicherungsnehmers sei. Die fehlende Angabe zur Antragsbindungsfrist stelle allerdings eben keine solche

---

503 BGH v. 18.7.2018 – IV ZR 68/17, NJOZ 2019, 666 Rn. 19; v. 29.11.2023 – IV ZR 117/22, NJW-RR 2024, 310 Rn. 17.

504 BGH v. 18.7.2018 – IV ZR 68/17, NJOZ 2019, 666 Rn. 19; v. 29.11.2023 – IV ZR 117/22, NJW-RR 2024, 310 Rn. 17.

505 BGH v. 29.11.2023 – IV ZR 117/22, NJW-RR 2024, 310 Rn. 15 f.

506 BGH v. 23.9.2015 – IV ZR 179/14, r + s 2015, 539 Rn. 11; v. 18.7.2018 – IV ZR 68/17, NJOZ 2019, 666 Rn. 14; v. 29.11.2023 – IV ZR 117/22, NJW-RR 2024, 310 Rn. 14; v. 11.12.2024 – IV ZR 191/22, BeckRS 2024, 35690 Rn. 11 f.; dazu instruktiv *Mauch*, VuR 2025, 163 (166); *Frohnecke*, r + s 2017, 337 (338 f.).

507 BGH v. 23.9.2015 – IV ZR 179/14, r + s 2015, 539 Rn. 11.

508 BGH v. 23.9.2015 – IV ZR 179/14, r + s 2015, 539 Rn. 11; v. 18.7.2018 – IV ZR 68/17, NJOZ 2019, 666 Rn. 15; dazu BeckOK VVG/*Schepers*, § 5a VVG a.F. Rn. 33.

Ausnahme dar.[509] Da der Vertrag damit im Policenmodell zustande gekommen sei, hätte der Versicherer ordnungsgemäß belehren müssen. Mangels einer wirksamen Belehrung greife hier das fortbestehende Widerspruchsrecht.[510] Zudem stellte der BGH im Lichte seiner aktuellen Rechtsprechung betreffend den Einwand des Rechtsmissbrauchs in Bezug auf die geringfügigen Fehler fest, dass bei einem Fehlen der Angabe der Antragsbindungsfrist ein Informationsinteresse des Versicherungsnehmers anzunehmen und das fehlende schutzwürdige Eigeninteresse für die Bejahung des Rechtsmissbrauchs abzulehnen sei.[511] Das Gericht ordnete die fehlende Angabe als nicht nur geringfügigen Fehler ein – zum einen wegen des gesetzgeberischen Willens und zum anderen aufgrund der wesentlichen Bedeutung für den Versicherungsnehmer.[512]

Im Gegensatz dazu sei bei einem beabsichtigten Abschluss im Policenmodell die Angabe der Antragsbindungsfrist entbehrlich.[513] Denn im Falle einer rechtzeitigen Annahme durch den Versicherer habe der Versicherungsnehmer die Möglichkeit zur Erklärung des Widerspruchs. Somit sei seine Antragsbindung nicht mehr entscheidungserheblich.[514] Bei einer nicht mehr rechtzeitig erfolgten Annahme gelte die verspätete Annahme als neuer Antrag seitens des Versicherers nach § 150 Abs. 1 BGB, welchen der Versicherungsnehmer annehmen könne. Eine etwaige Antragsbindungsfrist laufe auch hier leer.[515]

---

509 Dies gelte auch dann, wenn der Versicherer den Antrag innerhalb der Frist annimmt, BGH v. 18.7.2018 – IV ZR 68/17, NJOZ 2019, 666 Rn. 16 f.; v. 29.11.2023 – IV ZR 117/22, NJW-RR 2024, 310 Rn. 17; v. 29.11.2023 – IV ZR 322/22, BeckRS 2023, 42985 Rn. 14 f.; zustimmend *Mauch*, VuR 2025, 163 (166); dazu auch BeckOK VVG/*Schepers*, § 5a VVG a.F. Rn. 27.

510 BGH v. 23.9.2015 – IV ZR 179/14, r + s 2015, 539 Rn. 12 f.; v. 18.7.2018 – IV ZR 68/17, NJOZ 2019, 666 Rn. 21; v. 29.11.2023 – IV ZR 117/22, NJW-RR 2024, 310 Rn. 25; v. 11.12.2024 – IV ZR 191/22, BeckRS 2024, 35690 Rn. 12.

511 BGH v. 29.11.2023 – IV ZR 117/22, NJW-RR 2024, 310 Rn. 21 f.

512 BGH v. 29.11.2023 – IV ZR 117/22, NJW-RR 2024, 310 Rn. 24.

513 BGH v. 11.12.2024 – IV ZR 191/22, BeckRS 2024, 35690 Rn. 25; v. 11.12.2019 – IV ZR 8/19, r + s 2020, 141 Rn. 27; das BGH-Urteil vom 21.2.2024 zusammenfassend sowie insbesondere zur Erörterung, dass eine verspätete Annahme seitens des Versicherungsnehmers einen neuen Antrag des Versicherers darstellen könne, *Armbrüster*, NJW 2024, 1500; dazu instruktiv *Weißhaupt*, WuB 2024, 202 (204).

514 BGH v. 11.12.2019 – IV ZR 8/19, r + s 2020, 141 Rn. 27.

515 BGH v. 11.12.2019 – IV ZR 8/19, r + s 2020, 141 Rn. 27.

III. Einordnung in der Praxis

Bezüglich der fehlenden Angabe zur Antragsbindungsfrist wird eine verbraucherfreundliche Judikatur des BGH deutlich, die sich seit dem Jahr 2015 nicht geändert hat.[516] Dies würde an sich wiederum großes Potential für die Versicherungsnehmer und Verbraucherkanzleien bieten, das ewige Widerspruchsrecht zu nutzen und diesen Fehler anzugreifen.[517] Dennoch bildet die Rüge einer unvollständigen Verbraucherinformation in der Praxis lediglich einen kleinen Teil bei der Anspruchserhebung und Begründung durch die Versicherungsnehmer.[518] Dies gilt insbesondere im Vergleich zur Belehrung selbst. Die größere Angriffsfläche bei erhobenen Klagen findet sich deutlich in den formalen sowie inhaltlichen Belehrungsfehlern.[519] Besonders vor dem Hintergrund der teils verbraucherfreundlichen Judikatur ist dies zunächst verwunderlich. Denn eine solch eindeutige Einordnung des BGH hinsichtlich der fehlenden Fristangabe als nicht nur geringfügigen Fehler könnte eine Klagenflut in diesem Bereich auslösen. Dass Versicherern bei der Verbraucherinformation weniger Fehler unterlaufen sind als bei den inhaltlichen Anforderungen an die Belehrung, ist nicht ersichtlich.

Entscheidend ist jedoch ein Faktor, der diesem Phänomen immanent ist. Eine Rüge wegen unzutreffender oder unvollständiger Verbraucherinformation bedarf deutlich mehr individueller Arbeit als sie bei der Beschwerde wegen Belehrungsfehlern anfallen würde, sodass die unvollständige Verbraucherinformation nicht in dem Maße gleichgelagerten Sachverhalten und Begründungen unterworfen ist.[520] Eine solche Arbeit einer Versicherungsnehmerkanzlei würde deutlich mehr Zeit in Anspruch nehmen und somit weniger wirtschaftlich attraktiv sein.[521]

---

[516] *Grote/Finkel*, NJW 2024, 2369 (2373); *Langheid/Müller-Frank*, NJW 2019, 341 (344).

[517] Siehe zu weiteren, angreifbaren Teilen der Verbraucherinformation wie der Prämienhöhe, BeckOK VVG/*Schepers*, § 5a VVG a.F. Rn. 31 ff.

[518] So befasse sich der Großteil der Rechtsprechung in den ersten Jahren nach der Geburt des ewigen Widerspruchsrechts mit der Ordnungsgemäßheit der Belehrung an sich, siehe *Kirsten*, VersR 2021, 438 (439).

[519] In diesem Sinne auch *Teilnehmer 3* – telefonisches Interview vom 19.11.2024.

[520] *Teilnehmer 3* – telefonisches Interview vom 19.11.2024.

[521] So auch *Teilnehmer 3* – telefonisches Interview vom 19.11.2024.

D. Kein Erlöschen nach beiderseits vollständiger Leistungserbringung

Als weitere Grenze kam ein Erlöschen des Widerspruchsrechts nach beiderseits vollständiger Leistungserbringung in Betracht. Dies wurde jedoch bereits zu Beginn der Klagenflut durch den BGH abgelehnt.[522] Diese Thematik stellt lediglich einen Nebenschauplatz in der deutschen Rechtsprechung im Rahmen des Policenmodells dar. Die Argumentation des BGH wurde in zahlreichen Urteilen von ihm bestätigt.[523] Solange der EuGH zu diesem Thema im Bereich des Policenmodells nicht entscheidet, ist ein zukünftiges Abweichen davon nicht ersichtlich.[524]

E. Die vor Erhebung des Widerspruchs erfolgte Kündigung

Oft ergeht vor der Ausübung des Widerspruchs des Versicherungsnehmers nach § 5a VVG a.F. eine Kündigung des Versicherungsvertrags. Dies findet sich in zahlreichen Fällen wieder, die auch den BGH beschäftigten.[525] Als Beispiel zeigt sich der Fall, welcher das OLG Brandenburg im Jahr 2019 behandelte, bei welchem das Widerspruchsrecht nach § 5a VVG a.F. erst nach rund neun Jahren nach erfolgter Kündigung und darauffolgender Auskehrung des Rückkaufswerts ausgeübt wurde.[526] Im Folgenden soll knapp beleuchtet werden,

---

522 BGH v. 7.5.2014 – IV ZR 76/11, NJW 2014, 2646 Rn. 37; dazu auch *Knops*, WM 2020, 2249 (2257); Rüffer/Halbach/Schimikowski/*Brambach*, § 152 VVG Rn. 95.

523 So beispielsweise BGH v. 8.4.2015 – IV ZR 103/15, NJW 2015, 1818 Rn. 15; v. 15.7.2015 – IV ZR 386/13, BeckRS 2015, 13132 Rn. 14 ff.; v. 14.10.2015 – IV ZR 341/12, BeckRS 2015, 17675 Rn. 16; dazu auch instruktiv, *Ferber/Rosowski*, VuR 2018, 89 (96).

524 Dies gilt auch dann, wenn ein Erlöschen des Lösungsrechts nach beiderseits vollständiger Leistungserbringung im Verbraucherkreditrecht sich auch national durchsetzen sollte. Denn der BGH überträgt die Rechtsprechung dazu nicht auf das Versicherungsvertragsrecht. Eine Änderung dessen für diesen Bereich scheint nicht ersichtlich. Allenfalls bei einer Vorlage an den EuGH könnte eine Rechtsprechungsänderung erfolgen.

525 *Pars pro toto*, BGH v. 7.5.2014 – IV ZR 76/11, NJW 2014, 2646.

526 In diesem Urteil versagte das Gericht dem Versicherungsnehmer den Bereicherungsanspruch nach Treu und Glauben wegen widersprüchlicher Rechtsausübung. Der Versicherungsnehmer habe mit seiner jahrelangen Vertragsausübung, dem Verstreichen der eigentlichen Widerspruchsfrist, der Abtretung ihrer Ansprüche zur Absicherung einer Darlehensforderung sowie der Kündigung neun Jahre vor seiner Widerspruchserklärung schutzwürdiges Vertrauen beim Versicherer geschaffen, OLG Brandenburg v. 15.3.2019 – 11 U 27/17, BeckRS 2019, 4951.

welche Differenzierung zwischen den Gestaltungsrechten Kündigung und Widerspruch besteht, und ob eine vom Versicherungsnehmer ausgesprochene Kündigung einem späteren Widerspruch entgegensteht.

I. Das Rechtsinstitut der Kündigung

Das Kündigungsrecht stand dem Versicherungsnehmer nach § 8 VVG a.F. zu.[527] Die Rechtsfolgen einer Kündigung umfassen jedoch nicht die Rückerstattung der gezahlten Prämien, da der Versicherungsvertrag bis zum Zeitpunkt der Kündigung wirksam war.[528] Daher hat der Versicherungsnehmer lediglich einen Anspruch auf Auszahlung des Rückkaufswerts.[529] Dabei dürfen die Abschlusskosten bei der Berechnung des Rückkaufswerts abgezogen werden.[530]

II. Ein Vergleich zum Widerspruch

Sowohl die Kündigung als auch der Widerspruch sind Gestaltungsrechte. Beides sind einseitige Rechtsgeschäfte, durch welche eine Partei durch Abgabe einer Willenserklärung auf ein bestehendes Rechtsverhältnis unmittelbar einwirken und dieses dadurch verändern kann.[531]

Somit kann der Versicherungsnehmer durch die Ausübung von einem der beiden Gestaltungsrechte eine Veränderung des Versicherungsvertrags herbeiführen. Die Kündigung gestaltet insoweit das vorliegende Schuldverhältnis um.[532] Sie beendet dieses mit Wirkung für die Zukunft, sodass bereits geleistete Versicherungsbeiträge nicht zurückzugewähren sind.[533] Diese wirtschaftlichen Folgen sind infolge einer erfolgreichen Ausübung der jeweiligen Erklärung zu betrachten und für den Versicherungsnehmer von erheblicher Bedeutung. Bei der Kündigung erhält der Versicherungsnehmer also lediglich den Rückkaufswert.[534] Beim Widerspruch kann der Versicherungsnehmer grundsätzlich auch

527 Zu den Einzelheiten des Kündigungsrechts, der Form und Frist, siehe Prölss/Martin/*J. Prölss*, 27. Aufl. 2004, § 8 VVG Rn. 5 ff.

528 MüKo-VVG/*Mönnich*, § 169 VVG Rn. 133 ff.

529 Der Rückkaufswert ist der Wert der Police zum Zeitpunkt der Kündigung. Dazu und zum Anspruch des Versicherungsnehmers, siehe *Werber*, VersR 2003, 148 (150).

530 *Burtscher*, EuZW 2020, 317 (323); MüKo-VVG/*Mönnich*, § 169 VVG Rn. 133 ff.

531 Zum Widerspruch *A. Peters*, DZWIR 1997, 188 (194).

532 *Fuchs*, AcP 196 (1996), 313 (323).

533 Zur Wirkung der Kündigung, siehe *Fuchs*, AcP 196 (1996), 313 (323).

534 Vgl. *Jembrek*, MDR 2014, 1242 (1244).

noch weitere neben dem Rückkaufswert bestehende Posten verlangen.[535] Der Widerspruch bewirkt also weitergehende Rechtsfolgen.[536]

Viele Verbraucherkanzleien sowie Legal-Tech-Unternehmen bieten neben der Erhebung und Geltendmachung dieser Gestaltungsrechte eine vorgelagerte Prüfung an, um die Ausübung des passenden Gestaltungsrechts für den Einzelfall auszuwählen. Dabei steht insbesondere die wirtschaftliche Folge im Vordergrund und damit die Frage, welches Gestaltungsrecht nach erfolgreicher Ausübung dem Versicherungsnehmer mehr Gewinn bringen könnte.[537]

III. Anwendung durch die Rechtsprechung

Bereits in seinem Grundsatzurteil aus dem Jahr 2014[538] entschied der BGH knapp und eindeutig, dass eine Kündigung eines Versicherungsvertrags nicht die spätere Ausübung eines Widerspruchs verwehrt, da der Versicherungsnehmer sein Wahlrecht zwischen den beiden Gestaltungsrechten nicht sachgerecht ausüben könne.[539] Diese Linie änderte der BGH im Grundsatz nie und bestätigte dies in zahlreichen, nachfolgenden Urteilen.[540]

Auch der EuGH schließt sich dieser Ansicht in seiner *Rust-Hackner*-Entscheidung an und bestärkte somit die deutsche Judikatur in ihrer Linie. Der EuGH stellt klar, dass ein Versicherungsnehmer auch nach Kündigung sein Recht zur Lösung vom Vertrag ausüben könne.[541] Dies gelte jedoch nur, sofern der nationale Gesetzgeber nichts Abweichendes davon geregelt hat.[542] Er begründete dies zunächst damit, dass der europäische Gesetzgeber nicht normiere, welche

---

535 *Werber*, VersR 2003, 148 (150). Im Detail dazu unter Kap. 3 G.

536 *Seiffert*, r + s 2010, 177 (179).

537 Dazu näher Kap. 4 A. I.

538 BGH v. 7.5.2014 – IV ZR 76/11, NJW 2014, 2646.

539 BGH v. 7.5.2014 – IV ZR 76/11, NJW 2014, 2646 Rn. 36; *Jembrek*, MDR 2014, 1242 (1244); *Pohlmann*, in: FS Yamauchi 2017, S. 377, 385.

540 BGH v. 7.9.2016 – IV ZR 306/14, r + s 2016, 607 Rn. 14; v. 27.4.2016 – IV ZR 200/14, BeckRS 2016, 9341 Rn. 14; v. 14.10.2015 – IV ZR 341/12, BeckRS 2015, 17675 Rn. 16; v. 15.7.2015 – IV ZR 386/13, BeckRS 2015, 13132 Rn. 14 ff.; dazu auch *Mauch*, VuR 2025, 163.

541 EuGH v. 19.12.2019 – C-355/18, C-356/18, C-357/18, C-479/18 *(Rust-Hackner ua/Nürnberger Versicherung Aktiengesellschaft Österreich sowie weitere)*, NJW 2020, 667 Rn. 91 ff.; etwas kritisch *Schauer*, in: FS Schnyder 2018, S. 893, 898 f.

542 EuGH v. 19.12.2019 – C-355/18, C-356/18, C-357/18, C-479/18 *(Rust-Hackner ua/Nürnberger Versicherung Aktiengesellschaft Österreich sowie weitere)*, NJW 2020, 667 Rn. 98.

Folgen und Auswirkungen eine Kündigung auf das Rücktrittsrecht hat. Auch stehe der Mitgliedstaat nicht in der Pflicht, die Regelung des Rücktrittsrechts nach der Entwicklung des Vertrags und dessen Stand zu richten.[543] Der Gerichtshof erklärte explizit, dass auch die aus dem Jahr 2008 stammende *Hamilton*-Entscheidung nichts daran ändere, da hier ein anderer Sachverhalt vorliege und der nationale Gesetzgeber keine ähnliche Regelung vorsehe.[544]

IV. Einordnung

Im Ergebnis wird diese Haltung der höchstrichterlichen Rechtsprechung sowie des EuGH im Schrifttum auch bestätigt.[545] Nach *Burtscher* überzeuge allerdings nur die Argumentation des BGH, da das österreichische Recht eine nicht erfolgte Belehrung nicht sanktioniert habe und die Argumentation des EuGH daher nicht zutreffe.[546] Dagegen sei – im Einklang mit dem BGH – wiederum der Informationszweck und das damit verbundene Wahlrecht des Versicherungsnehmers maßgeblich. Ist dem Versicherungsnehmer sein Widerspruchsrecht nicht bekannt, kann er es nicht ausüben und die Kündigung kann nichts an dem Zustand ändern.[547] Allein die Kündigung des Versicherungsnehmers nach jahrelanger Durchführung des Vertrags bedeutet nicht, dass er positive Kenntnis von seinem Widerspruchsrecht hat.

Freilich eröffnete der BGH hier weitere Klagepotentiale. Dadurch kann der Versicherungsnehmer trotz bereits ausgekehrtem Rückkaufswert überlegen, in der Vergangenheit geleistete Zahlungen zurückzufordern.

F. Anderweitige Kenntniserlangung des Widerspruchsrechts als durch Mitteilung durch den Versicherer selbst

Neben der Judikatur beschäftigte das Massenphänomen freilich nicht nur die Versicherungspraxis, sondern auch den einzelnen Versicherungsnehmer.

---

[543] EuGH v. 19.12.2019 – C-355/18, C-356/18, C-357/18, C-479/18 *(Rust-Hackner ua/Nürnberger Versicherung Aktiengesellschaft Österreich sowie weitere)*, NJW 2020, 667 Rn. 94 ff.

[544] EuGH v. 19.12.2019 – C-355/18, C-356/18, C-357/18, C-479/18 *(Rust-Hackner ua/Nürnberger Versicherung Aktiengesellschaft Österreich sowie weitere)*, NJW 2020, 667 Rn. 97.

[545] So *Ferber/Rosowski*, VuR 2018, 89 (96); *Burtscher*, EuZW 2020, 317 (322).

[546] *Burtscher*, EuZW 2020, 317 (321).

[547] *Burtscher*, EuZW 2020, 317 (321).

Durch die zahlreichen Berichte, welche nicht nur in juristischen (Fach-)Zeitschriften ergangen sind, sondern auch in den Medien,[548] haben wohl einige derer, die eine Lebensversicherung im Wege des Policenmodells abgeschlossen haben, auch vom ewigen Widerspruchsrecht gehört. Daneben haben auch Versicherungsvermittler selbst Verträge abgeschlossen oder Policenaufkäufer haben die Lebensversicherungen den Versicherungsnehmern abgekauft.[549]

I. Abgrenzung der anderweitigen Kenntniserlangung von der Kenntniserlangung durch Mitteilung des Versicherers

Grundsätzlich hat der Versicherer dem Versicherungsnehmer sämtliche notwendigen Unterlagen zu übergeben und die Belehrung durchzuführen, § 5a Abs. 1 S. 1, Abs. 2 S. 1, 2 VVG a.F. Dennoch ist es vorstellbar, dass der Versicherungsnehmer von seinem Widerspruchsrecht anderweitig erfährt und im weitesten Sinne ebenso positive Kenntnis von diesem Widerspruchsrecht hat.[550] Daher stellt sich die Frage, ob eine Belehrung durch den Versicherer in jedem Fall notwendig ist oder eine anderweitige Kenntniserlangung, zum Beispiel von einem Dritten, ausreichen könnte, um die Widerspruchsfrist in Gang zu setzen.[551]

II. Anwendung durch die Rechtsprechung

Der BGH beschäftigte sich bis zum *Rust-Hackner*-Urteil des EuGH auch mit dieser Frage. Dabei fuhr er eine klare Linie. In einem aus dem Jahr 2016 stammenden Urteil entschied er, dass es keine Bedeutung habe, ob der Versicherungsnehmer im Einzelfall trotz nicht (ordnungsgemäß) erfolgter Belehrung auf anderem Wege zutreffend von seinem Lösungsrecht wusste, da die Wirksamkeit der Belehrung abstrakt zu bewerten sei.[552] Dies bestätigte das Gericht mit einem nachfolgenden Urteil aus demselben Jahr. Auch in diesem Fall sei es irrelevant, ob der Versicherungsnehmer im Einzelfall trotz nicht ordnungsgemäßer Belehrung anders von dem Recht Kenntnis hat.[553]

548 Siehe dazu Einl. Fn. 1, 2.
549 Dazu nachfolgend Kap. 4 A. I. 10.
550 *Burtscher*, EuZW 2020, 317 (320 f.).
551 *Burtscher*, EuZW 2020, 317 (320).
552 BGH v. 27.1.2016 – IV ZR 130/15, r + s 2016, 230 Rn. 15.
553 BGH v. 1.6.2016 – IV ZR 343/15, BeckRS 2016, 10970 Rn. 19; dazu auch BeckOK VVG/*Schepers*, § 5a VVG a.F. Rn. 3.

Der EuGH nahm in seiner *Rust-Hackner*-Entscheidung darauf Bezug. Die Frist des Rücktritts beginne laut EuGH in dieser Sache nicht zu laufen, wenn der Versicherer nicht selbst die Informationen übergeben hat. Eine anderweitige Kenntniserlangung befreie den Versicherer insofern nicht[554] – auch wenn die einschlägigen Richtlinien dies nicht ausdrücklich vorsehen.[555] Diese Frist beginnt dann nicht, wenn der Versicherungsnehmer entweder überhaupt keine erforderlichen Unterlagen erhalten hat oder die Belehrung in einem solchen Maße fehlerhaft ist, dass der Versicherungsnehmer sein Recht nicht unter im Wesentlichen denselben Bedingungen wie bei ordnungsgemäßer Belehrung ausüben kann.[556] Begründet wird dies einerseits mit potentiellen Beweisproblemen, die insbesondere in Hinblick auf den Zeitpunkt einer potentiell anderweitigen Kenntniserlangung sowie der damit zusammenhängenden Fristberechnung entstehen könnten,[557] und andererseits mit der fehlenden Motivation eines Versicherers bei der Bestätigung einer schuldbefreienden Wirkung im Falle einer anderweitigen Kenntnisnahme, weiterhin ordnungsgemäße Belehrungen abzugeben.[558]

III. Einordnung und Folgen für die deutsche Rechtsprechung

Grundsätzlich nimmt der EuGH im Ergebnis dieselbe Haltung wie der BGH ein – eine Änderung der deutschen Judikatur war durch die Entscheidung des EuGH nicht angelegt.[559] Kritisch wurde von *Burtscher* angemerkt, dass der EuGH die Geringfügigkeit der Belehrungsfehler anhand des Informationszwecks bestimmt hat. Der Gerichtshof solle dies auch im Bereich der anderweitigen Kenntniserlangung anwenden, sodass in diesem Fall der Versicherungsnehmer sein Widerspruchsrecht verliert.[560] Denn klar sei, dass

---

[554] EuGH v. 19.12.2019 – C-355/18, C-356/18, C-357/18, C-479/18 *(Rust-Hackner ua/Nürnberger Versicherung Aktiengesellschaft Österreich sowie weitere)*, NJW 2020, 667 Rn. 86.

[555] EuGH v. 19.12.2019 – C-355/18, C-356/18, C-357/18, C-479/18 *(Rust-Hackner ua/Nürnberger Versicherung Aktiengesellschaft Österreich sowie weitere)*, NJW 2020, 667 Rn. 84.

[556] EuGH v. 19.12.2019 – C-355/18, C-356/18, C-357/18, C-479/18 *(Rust-Hackner ua/Nürnberger Versicherung Aktiengesellschaft Österreich sowie weitere)*, NJW 2020, 667 Rn. 83.

[557] EuGH v. 19.12.2019 – C-355/18, C-356/18, C-357/18, C-479/18 *(Rust-Hackner ua/Nürnberger Versicherung Aktiengesellschaft Österreich sowie weitere)*, NJW 2020, 667 Rn. 88.

[558] EuGH v. 19.12.2019 – C-355/18, C-356/18, C-357/18, C-479/18 *(Rust-Hackner ua/Nürnberger Versicherung Aktiengesellschaft Österreich sowie weitere)*, NJW 2020, 667 Rn. 86 ff.

[559] *Burtscher*, EuZW 2020, 317 (320).

[560] *Burtscher*, EuZW 2020, 317 (320).

der Versicherer zur Belehrung in der Pflicht ist – fraglich sei dennoch, ob das fortbestehende Widerspruchsrecht trotz Information von anderweitiger Stelle greift. Das vom EuGH eingeführte Argument der Belehrungsschwierigkeiten überzeuge nicht, da der Versicherer in jedem Fall den Nachweis der Kenntnis des Rechts seitens des Versicherungsnehmers erbringen müsse.[561] Daher würde auch kein Versicherer auf eine Belehrung verzichten und darauf setzen, dass ein Versicherungsnehmer auf anderem Weg Kenntnis erlangt.[562] Ein ewiges Widerspruchsrecht sei daher bei positiver Kenntnis abzulehnen und im Einzelfall geboten, den Einwand der Verwirkung oder des Rechtsmissbrauchs zuzulassen.[563]

Klar ist allerdings auch, dass die nationale Rechtsprechung ihre Vorgehensweise in diesem Bereich nicht aufgrund einer potentiell zweifelhaften Argumentation des EuGH ändern wird. Denn im Ergebnis stimmen die deutsche sowie die europäische Judikatur in diesem Punkt überein. Gerade die Kenntniserlangung auf anderem Wege erlaubt es erst den zahlreichen Versicherungsnehmern, ihr Recht durchzusetzen. Bei nicht ordnungsgemäß erfolgter Belehrung können diese von ihrer Möglichkeit sonst oft nichts wissen. Damit stellte die anderweitige Kenntniserlangung keine Grenze einer Ausübung des Widerspruchs dar.

G. Rechtsfolgen und Verjährung

I. Rechtsfolgen

Bei Vorliegen eines wirksamen Widerspruchs nach § 5a VVG a.F. hat der Versicherungsnehmer einen Bereicherungsanspruch nach § 812 Abs. 1 S. 1 Alt. 1 BGB auf Herausgabe der gezahlten Prämien.[564] Ohne das Eintreten

---

561 *Burtscher*, EuZW 2020, 317 (320).

562 *Burtscher*, EuZW 2020, 317 (321).

563 Dies sei auch im Einklang mit dem unionsrechtlichen Gebot des Rechtsmissbrauchs, *Burtscher*, EuZW 2020, 317 (321).

564 Statt aller BGH v. 7.5.2014 – IV ZR 76/11, NJW 2014, 2646 Rn. 45; *Brambach*, r + s 2017, 1; *Looschelders*, VersR 2013, 653 (657); *Werber*, VersR 2003, 148 (150); nach dem LG München I erfolge die Rückabwicklung stattdessen nach dem heutigen § 152 Abs. 2 VVG, siehe LG München I v. 21.4.2020 – 12 O 13797/19, BeckRS 2020, 13304 Rn. 38 f.; siehe dazu MüKo-BGB/*Schwab*, § 812 BGB Rn. 25; Rüffer/Halbach/Schimikowski/*Brambach*, § 152 VVG Rn. 31 ff.; BeckOK VVG/*Schepers*, § 5a VVG a.F. Rn. 67.

weiterer Umstände hat der Versicherungsnehmer grundsätzlich keinen Schadensersatzanspruch.[565]

1. Grundsatz – ex tunc oder ex nunc?

Der BGH beantwortete mit seiner Entscheidung aus dem Jahr 2014 zum nicht ordnungsgemäß belehrten Versicherungsnehmer zugleich den Einwand von Versichererseite, ob die bereicherungsrechtlichen Rechtsfolgen auf eine Wirkung *ex nunc*, folglich ab Zugang des Widerspruchs, zu begrenzen sind.[566] Dies lehnte er ab und stellte klar, dass die Wirkung *ex tunc* dem unionsrechtlichen Effektivitätsgebot entspreche und bei einer Wirkung *ex nunc* die Sanktion des Versicherers bei fehlerhafter Belehrung leerliefe.[567]

Dies bestätigte der EuGH in seiner *Rust-Hackner*-Entscheidung. So regeln die Mitgliedstaaten nach eigenem Recht die Rechtsfolgen eines Rücktritts, solange sie die praktische Wirksamkeit der Ziele der Richtlinien und das vorgesehene Wahlrecht des Versicherungsnehmers einhalten.[568] Durch die Lösung vom Vertrag auf diesem Wege befreie sich der Versicherungsnehmer von sämtlichen aus dem Versicherungsvertrag ergebenden Verpflichtungen.[569] Eine nationale Bestimmung, welche bei einem unionsrechtlich normierten Rücktritt lediglich die Erstattung des Rückkaufswerts vorsieht, laufe laut EuGH der durch die Richtlinien bestimmten Wahlfreiheit des Versicherungsnehmers und damit der praktischen Wirksamkeit entgegen, da ein Rücktritt im Gegensatz zu der Kündigung auch von allen übrigen rechtlichen Wirkungen befreien solle.[570] Dies sei auch im Einklang mit der *E. Friz*-Entscheidung des EuGH. In diesem Urteil entschied der Gerichtshof, dass bei einem verspäteten Rücktritt die ausübende Partei einen Teil der Nachteile zu

---

565 BGH v. 7.5.2014 – IV ZR 76/11, NJW 2014, 2646 Rn. 11; PHdB-VersProz/*Kipar/Schnepp*, § 10 Rn. 103.

566 BGH v. 7.5.2014 – IV ZR 76/11, NJW 2014, 2646 Rn. 41.

567 BGH v. 7.5.2014 – IV ZR 76/11, NJW 2014, 2646 Rn. 41; *Rudy*, r + s 2015, 115 (118).

568 EuGH v. 19.12.2019 – C-355/18, C-356/18, C-357/18, C-479/18 *(Rust-Hackner ua/Nürnberger Versicherung Aktiengesellschaft Österreich sowie weitere)*, NJW 2020, 667 Rn. 100.

569 EuGH v. 19.12.2019 – C-355/18, C-356/18, C-357/18, C-479/18 *(Rust-Hackner ua/Nürnberger Versicherung Aktiengesellschaft Österreich sowie weitere)*, NJW 2020, 667 Rn. 102.

570 EuGH v. 19.12.2019 – C-355/18, C-356/18, C-357/18, C-479/18 *(Rust-Hackner ua/Nürnberger Versicherung Aktiengesellschaft Österreich sowie weitere)*, NJW 2020, 667 Rn. 104 ff.

tragen habe.[571] Eine Übertragung dieser Rechtsprechung komme hier aber nicht in Betracht, da der Versicherer bei unzutreffender Belehrung selbst den Zustand geschaffen und die Versichertengemeinschaft das Risiko finanzieller Verluste zu tragen habe.[572] Daher dürfe nicht nur der Rückkaufswert erstattet werden.[573] Am Rande erwähnte der EuGH, dass der Versicherungsnehmer damit Anspruch auf Rückzahlung der gezahlten Beträge habe.[574]

2. Umfang des Anspruchs des Versicherungsnehmers

Grundsätzlich hat der Versicherungsnehmer einen Anspruch auf Herausgabe der gezahlten Prämien, § 812 Abs. 1 S. 1 Alt. 1, Abs. 2 BGB. Unklar war jedoch, in welchem Umfang der Versicherer dem Versicherungsnehmer das Erlangte herauszugeben hat. Denn Lebensversicherungsprämien enthalten unter anderem Betriebskosten, also Abschluss- und Verwaltungskosten, sowie einen Risikoanteil.[575] Zusätzlich kann die Versicherungssteuer dazukommen.[576] Für jeden der Posten muss daher geprüft werden, ob der Versicherer als erlangtes Etwas nach § 812 Abs. 1 S. 1 Alt. 1 BGB oder als gezogene Nutzung nach § 818 Abs. 1 Alt. 1 BGB den Wert nach § 818 Abs. 2 BGB herauszugeben hat, oder er sich nach § 818 Abs. 3 auf Entreicherung berufen kann und der Posten damit abzugsfähig ist.[577]

---

571 EuGH v. 15.4.2010 – C-215/08 *(E.Friz GmbH/Carsten von der Heyden)*, NJW 2010, 1511; zusammenfassend *D. Wendt*, Zum Widerruf im Versicherungsvertragsrecht, S. 184 ff.

572 Die aus dem Jahr 2010 stammende Entscheidung sei lediglich auf den Beitritt eines Verbrauchers zu einem geschlossenen Immobilienfonds anwendbar. Hier geht es um keine Personengesellschaft, sondern um allgemein aleatorische Verträge, EuGH v. 19.12.2019 – C-355/18, C-356/18, C-357/18, C-479/18 *(Rust-Hackner ua/Nürnberger Versicherung Aktiengesellschaft Österreich sowie weitere)*, NJW 2020, 667 Rn. 108 ff.

573 EuGH v. 19.12.2019 – C-355/18, C-356/18, C-357/18, C-479/18 *(Rust-Hackner ua/Nürnberger Versicherung Aktiengesellschaft Österreich sowie weitere)*, NJW 2020, 667 Rn. 111.

574 EuGH v. 19.12.2019 – C-355/18, C-356/18, C-357/18, C-479/18 *(Rust-Hackner ua/Nürnberger Versicherung Aktiengesellschaft Österreich sowie weitere)*, NJW 2020, 667 Rn. 108. Dieser Nebensatz führte zu einer gewissen Skepsis im Schrifttum, da die deutsche Judikatur die Berechnung der Höhe des Anspruchs differenziert sieht und nicht alle Kosten zurückerstattet, dazu *Burtscher*, EuZW 2020, 317 (322 f.).

575 *Heyers*, NJW 2016, 1357.

576 *Heyers*, NJW 2016, 1357.

577 Vgl. *Reiff*, r + s 2015, 105 (107).

Der BGH entschied zunächst grundsätzlich, dass der Versicherungsnehmer nicht sämtliche Prämien zurückerhalte.[578] Denn es müsse im Lichte der unionsrechtlichen, rechtsfortbildenden Auslegung eine passende Risikoallokation erfolgen.[579] Es müsse insbesondere beachtet werden, dass nicht alle Kosten, die während der Vertragsdurchführung angefallen sind, dem Versicherungsnehmer abgezogen werden dürften.[580] Vielmehr bedürfe es jeweils der Betrachtung, dass der Versicherer durch die nicht (ordnungsgemäß) erfolgte Belehrung selbst einen großen Anteil daran hat, dass der Vertrag nicht wirksam wurde.[581]

a) *Tatsächlich gezogene Nutzungen*

Neben der Herausgabe der geleisteten Beiträge war zu prüfen, in welchem Umfang der Versicherer Nutzungen im Sinne des § 818 Abs. 1 Alt. 1, Abs. 2 BGB zu erstatten hat. Der Versicherer habe dem Versicherungsnehmer laut dem BGH lediglich die tatsächlich gezogenen Nutzungen zu gewähren,[582] wobei letzterer die Darlegungs- und Beweislast trage.[583] Diese stehen dem Versicherungsnehmer als Bereicherungsgläubiger allein ihm zu.[584]

In der Praxis ist dieser Bereich von herausragender Bedeutung, da teilweise sogar allein die Höhe der Nutzungen den Schwerpunkt der

---

578 BGH v. 7.5.2014 – IV ZR 76/11, NJW 2014, 2646 Rn. 45; v. 29.7.2015 – IV ZR 448/14, r + s 2015, 438 Rn. 33; Rüffer/Halbach/Schimikowski/*Brambach*, § 152 VVG Rn. 76.

579 BGH v. 7.5.2014 – IV ZR 76/11, NJW 2014, 2646 Rn. 45.

580 OLG Köln v. 15.8.2014 – 20 U 39/14, NJW-RR 2015, 598 Rn. 24.

581 OLG Köln v. 15.8.2014 – 20 U 39/14, NJW-RR 2015, 598 Rn. 24.

582 BeckOK VVG/*Schepers*, § 5a VVG a.F. Rn. 73; Rüffer/Halbach/Schimikowski/*Brambach*, § 152 VVG Rn. 88. Daher könne bei der Bestimmung der Höhe der Nutzungsherausgabe nach § 818 Abs. 1 BGB nicht der Verzugszins, sondern der Nettozins maßgeblich sein, *R. Koch*, NJW 2015, 1819; *Reiff*, r + s 2015, 105 (112).

583 Dabei hat er seinen Tatsachenvortrag mit Bezug zur Ertragslage des Versicherers auf eine tatsächliche Vermutung einer Gewinnerzielung in gewisser Höhe zu stützen, BGH v. 29.7.2015 – IV ZR 448/14, r + s 2015, 438 Rn. 51; v. 11.11.2015 – IV ZR 513/14, NJW 2016, 1388 Rn. 48; v. 1.6.2016 – IV ZR 343/15, BeckRS 2016, 10970 Rn. 29; v. 21.6.2017 – IV ZR 176/15, NJW 2017, 2406 Rn. 26; dazu auch *Armbrüster*, NJW 2015, 3065 (3066 f.).

584 So der BGH in einem aktuellen Urteil, in welchem er zu einer positiven Entwicklung des Fondsguthabens nach Ausübung des Widerspruchsrechts entschied, BGH v. 11.12.2024 – IV ZR 191/22, BeckRS 2024, 35690 Rn. 16.

Verfahren bildet.[585] Dies resultiert aus den teils äußerst hohen Klageforderungen seitens der Versicherungsnehmerkanzleien, welche die Eigenkapitalrenditen von teilweise über 40 Prozent pro Jahr in die Forderungen miteinbeziehen.[586] Da noch nicht alle wesentlichen Fragestellungen im Bereich der herauszugebenden Nutzungen geklärt sind, sind mangels Rechtssicherheit und Klarheit weiterhin Verfahren in diesem Bereich zu erwarten.[587]

b) Genossener Versicherungsschutz

Zunächst sei laut dem BGH bei der Beurteilung des Rückgewähranspruchs zu beachten, dass der Versicherungsnehmer während der Vertragsdurchführung bis zur Kündigung oder bis zum Widerspruch Versicherungsschutz genossen hat.[588] So sei der Wert des genossenen Versicherungsschutzes dem Versicherungsnehmer als Vermögensvorteil im Sinne der §§ 812 Abs. 1 S. 1, 818 Abs. 2 BGB anzurechnen. Dieser solle in Hinblick auf die Prämienkalkulation berechnet werden.[589] Der genossene Versicherungsschutz sei somit ein Vermögensvorteil im Sinne des Bereicherungsrechts.[590]

---

585 *Grote/Schaaf*, VersR 2020, 521.

586 Nach *Grote/Schaaf* werden dadurch etwaige Nutzungen „aufgebauscht“, *Grote/Schaaf*, VersR 2020, 521.

587 Zu möglichen passenden Bezugsgrößen für die Höhe der Herausgabe sowie zu einem Umgang mit negativen Renditen, siehe *Grote/Schaaf*, VersR 2020, 521.

588 BGH v. 7.5.2014 – IV ZR 76/11, NJW 2014, 2646 Rn. 45; v. 8.4.2015 – IV ZR 103/15, NJW 2015, 1818 Rn. 26; v. 29.7.2015 – IV ZR 448/14, r + s 2015, 438 Rn. 33; v. 29.7.2015 – IV ZR 384/14, r + s 2015, 435 Rn. 15; dazu auch *Reiff*, r + s 2015, 105 (107 f.).

589 BGH v. 29.7.2015 – IV ZR 448/14, r + s 2015, 438 Rn. 33; v. 1.6.2016 – IV ZR 343/15, BeckRS 2016, 10970 Rn. 23; so auch *Harsdorf-Gebhardt*, r + s 2018, 625 (625 f.); Rüffer/Halbach/Schimikowski/*Brambach*, § 152 VVG Rn. 77; zum Meinungsstand und potentiellen Möglichkeiten hinsichtlich der Berechnung, siehe MüKo-BGB/*Schwab*, § 818 Rn. 105.

590 Zu der Beurteilung, warum trotz Vorliegens eines *ex tunc* nichtigen Vertrags sowohl die Geldleistungs- als auch die Gefahrtragungstheorie unerheblich sind, siehe *Armbrüster*, NJW 2015, 3065; einordnend dazu *Reiff*, r + s 2015, 105 (108); der BGH vermeide dabei eine Stellungnahme zu diesem Theorienstreit, so MüKo-VVG/*Looschelders*, VVG § 1 Rn. 46; dem BGH zustimmend *Heyers*, NJW 2016, 1357 (1357 f.).

c) Risikoanteil der gezahlten Prämie

Fraglich war zudem der Umgang mit dem auf die gezahlten Prämien entfallenden Risikoanteil.[591] Nach Ansicht des BGH komme bei der Berechnung der Höhe des Anspruchs dem Risikoanteil bei Lebensversicherungen ausdrücklich Bedeutung zu.[592] Auch hier entschied die deutsche Judikatur, dass sich der Versicherungsnehmer diesen Posten anrechnen lassen müsse.[593] Daneben seien etwaige Zusatzversicherungen in Abzug zu bringen.[594]

d) Abschluss- und Verwaltungskosten

Dagegen komme eine Anrechnung des Prämienanteils, welcher auf die Abschluss- und Verwaltungskosten entfällt, nicht in Betracht.[595] Diese Kosten

---

591 Der Risikoanteil ist ein Teil der vom Versicherungsnehmer zu übernehmenden Prämie bei der Lebensversicherung, welcher vorzeitig eintretende Versicherungsfälle decken soll, *Heyers*, NJW 2016, 1357.

592 BGH v. 7.5.2014 – IV ZR 76/11, NJW 2014, 2646 Rn. 46; v. 8.4.2015 – IV ZR 103/15, NJW 2015, 1818 Rn. 26; v. 29.7.2015 – IV ZR 448/14, r + s 2015, 438 Rn. 33; v. 1.6.2016 – IV ZR 343/15, BeckRS 2016, 10970 Rn. 23; v. 14.10.2015 – IV ZR 341/12, BeckRS 2015, 17675 Rn. 19; kritisch dazu *Jembrek*, MDR 2014, 1242 (1246).

593 OLG Köln v. 15.8.2014 – 20 U 39/14, NJW-RR 2015, 598 Rn. 23; v. 5.9.2014 – 20 U 88/14, NJOZ 2015, 468 Rn. 22; BGH v. 29.7.2015 – IV ZR 448/14, r + s 2015, 438 Rn. 35; dies dürfte auch mit den in der *Rust-Hackner*-Entscheidung aufgestellten Grundsätzen im Einklang stehen, so *Burtscher*, EuZW 2020, 317 (322 f.).

594 OLG Köln v. 5.9.2014 – 20 U 88/14, NJOZ 2015, 468 Rn. 22.

595 Dies gilt auch vor dem Hintergrund der in der Literatur für Verwirrung sorgenden Entscheidung des BGH vom 1.6.2016, BGH v. 1.6.2016 – IV ZR 482/14, BeckRS 2016, 10971, in welcher das von dem Versicherer erzielte Fondsguthaben über den Abschluss- und Verwaltungskosten lag. Der BGH zog hier den Risikoanteil sowie das ausgezahlte Guthaben von den Prämien ab. In Folge verneinte er den Rückzahlungsanspruch des Versicherungsnehmers. Siehe dazu *Armbrüster*, NJW 2017, 2408. Dies führte in der Literatur zu einem Streit, wie mit den Abschluss- und Verwaltungskosten umzugehen sei. Teilweise wurde aus der Entscheidung gefolgert, dass diese Kosten mit den vom Versicherer zu gewährenden Nutzungen saldiert werden, so *Brambach*, r + s 2017, 1 (3); *Schmitz-Elvenich*, VersR 2017, 266 (270). Die Frage sei daher, ob die Aufwendung dieser Kosten die Ziehung der Nutzungen erst verursacht habe, *ders.*, VersR 2017, 266 (268). Teilweise wurde gefordert, dass in dem Falle die Kosten dem Versicherungsnehmer erstattet werden müssten, da sie sonst doppelt abgezogen werden würden, so *Jacob*, r + s 2015, 498 (499); *Rübben*, VuR 2017, 21 (25). Zu diesem Meinungsstand instruktiv *Armbrüster*, NJW 2017, 2408. Nach *Armbrüster* klärte sich diese Verwirrung durch das Urteil des BGH vom 21.6.2017, BGH v. 21.6.2017 – IV ZR 176/15, NJW 2017, 2406, auf. Hier stellte der BGH final fest, dass der Anspruch nicht um die Kosten gekürzt werden könne. Zu der Begründung des Gerichts zusammenfassend *Armbrüster*, NJW 2017, 2408. Dazu instruktiv *Harsdorf-Gebhardt*, r + s 2018, 625 (629 f.).

könne man dem Versicherungsnehmer nicht anrechnen.[596] Dabei greife auch nicht der von den Versicherern vorgebrachte Einwand der Entreicherung nach § 818 Abs. 3 BGB.[597] Begründet wird dies damit, dass das Entreicherungsrisiko bezüglich der Abschlusskosten aufgrund des unionsrechtlichen Effektivitätsgebots vom Versicherer zu übernehmen sei.[598] Eine Anrechnung der Verwaltungskosten sei abzulehnen, da der Versicherer dadurch sonstige Kosten und Investitionen vermieden habe und da kein direkter, ursächlicher Zusammenhang zwischen Prämienzahlung und Verwaltungskosten bestehe.[599] Der Versicherer hätte auch bei ordnungsgemäßer Belehrung diese Kosten nicht verlangen können.[600]

e) Ratenzahlungszuschläge

Ebenso seien Ratenzahlungszuschläge, die im Rahmen des Versicherungsvertrags durch den Versicherer erhoben werden, nicht dem Versicherungsnehmer anzurechnen.[601] Denn die Argumentation, der Versicherer spare sich durch die Verwaltungskosten andere Ausgaben, lasse sich auch auf die

---

596 OLG Köln v. 15.8.2014 – 20 U 39/14, NJW-RR 2015, 598 Rn. 24; v. 5.9.2014 – 20 U 88/14, NJOZ 2015, 468 Rn. 23; BGH v. 29.7.2015 – IV ZR 448/14, r + s 2015, 438 Rn. 37; v. 21.6.2017 – IV ZR 176/15, NJW 2017, 2406; v. 13.11.2019 – IV ZR 324/16, r + s 2020, 140 Rn. 20 ff.; nach anderer Ansicht OLG Stuttgart v. 23.10.2014 – 7 U 54/14, NJOZ 2015, 646 Rn. 57 ff., wonach im Lichte der Saldotheorie eine Saldierung nach § 818 Abs. 3 BGB zulässig sei. Eine gegen das Urteil des BGH vom 29.7.2015 geführte Verfassungsbeschwerde wurde zurückgewiesen, siehe BVerfG v. 23.5.2016 – 1 BvR 2230/15, 1 BvR 2231/15, NJW-RR 2016, 1366; dazu BeckRA-Hdb/*Schäffer*, § 35 Rn. 146; Rüffer/Halbach/Schimikowski/*Brambach*, § 152 VVG Rn. 42.

597 BGH v. 1.6.2016 – IV ZR 343/15, BeckRS 2016, 10970 Rn. 26; *R. Koch*, NJW 2015, 1819 (1820).

598 BGH v. 13.11.2019 – IV ZR 324/16, r + s 2020, 140 Rn. 21; *R. Koch*, NJW 2015, 1819 (1820); Rüffer/Halbach/Schimikowski/*Brambach*, § 152 VVG Rn. 84 ff.

599 BGH v. 13.11.2019 – IV ZR 324/16, r + s 2020, 140 Rn. 21.

600 *R. Koch*, NJW 2015, 1819 (1820); Nach Auffassung von *Reiff* komme es allerdings darauf an, dass der Versicherer einen werthaltigen Anspruch gegen den Vermittler auf Provision hat, *Reiff*, r + s 2015, 105 (109). Nach *Rudy* dürfte eine Anrechnung der Abschlusskosten nur zulässig sein, wenn der Versicherer die Zahlung vom Versicherungsvermittler zurückverlangen kann. Falls diese abzulehnen ist, spreche nichts gegen den Einwand der Entreicherung, *Rudy*, r + s 2015, 115 (119 f.).

601 BGH v. 29.7.2015 – IV ZR 448/14, r + s 2015, 438 Rn. 49; OLG Köln v. 5.9.2014 – 20 U 88/14, NJOZ 2015, 468 Rn. 24; bestätigend MAH VersR/*Leithoff*, § 25 Rn. 363.

Ratenzahlungszuschläge übertragen. Der Wegfall der Bereicherung beim Versicherer sei daher abzulehnen.[602]

f) Steuern

Zu differenzieren ist allerdings im Bereich der Steuern. Die Steuervorteile, die der Versicherungsnehmer während der Vertragsdurchführung genossen hat,[603] seien ihm nicht anzurechnen.[604] Denn diese können lediglich im Rahmen der Vorteilsanrechnung bei Schadensersatzansprüchen verrechnet werden, nicht jedoch im Bereicherungsrecht.[605] Zudem begründe § 818 Abs. 3 BGB keine eigene Anspruchsgrundlage für den Versicherer, um durch Anrechnung die Vorteile des Versicherungsnehmers zu schmälern.[606]

Im Gegensatz zu den nicht abzugsfähigen Steuervorteilen dürfe der Versicherer allerdings die von ihm abgeführte Kapitalertragsteuer abziehen. Denn der Versicherungsnehmer wurde im Zuge der Auskehrung des Rückkaufswerts nach Kündigung von einer Steuerschuld befreit.[607]

g) Bereits erhaltener Rückkaufswert

In den meisten Fällen kündigte der Versicherungsnehmer die Lebensversicherung vor einem Widerspruch nach § 5a VVG a.F. Eine Auskehrung des Rückkaufswerts erfolgte daher bereits. In diesem Falle müsse sich der Versicherungsnehmer diesen Wert als Vermögensvorteil anrechnen lassen.[608]

---

602 BGH v. 29.7.2015 – IV ZR 448/14, r + s 2015, 438 Rn. 49; einordnend Rüffer/Halbach/Schimikowski/*Brambach*, § 152 VVG Rn. 87.

603 Dazu näher *Reiff*, r + s 2015, 105 (109 f.).

604 OLG Köln v. 15.8.2014 – 20 U 39/14, NJW-RR 2015, 598 Rn. 25; OLG Stuttgart v. 23.10.2014 – 7 U 54/14, NJOZ 2015, 646 Rn. 63; so auch Rüffer/Halbach/Schimikowski/*Brambach*, § 152 VVG Rn. 94.

605 Eine vergleichbare Situation zu dem vom BGH entschiedenen Fall im Bereich der Kapitalanlage vom 24.4.2007 (BGH v. 24.4.2007 – XI ZR 17/06, NJW 2007, 2401) sei hier nicht anzunehmen, so OLG Köln v. 15.8.2014 – 20 U 39/14, NJW-RR 2015, 598 Rn. 25.

606 OLG Stuttgart v. 23.10.2014 – 7 U 54/14, NJOZ 2015, 646 Rn. 64; kritisch Rüffer/Halbach/Schimikowski/*Brambach*, § 152 VVG Rn. 94.

607 Zum Meinungsstand in Literatur und Rechtsprechung sowie zur Begründung des BGH, diese als abzugsfähig einzuordnen, BGH v. 29.7.2015 – IV ZR 448/14, r + s 2015, 438 Rn. 38 ff.; zustimmend Rüffer/Halbach/Schimikowski/*Brambach*, § 152 VVG Rn. 94.

608 BGH v. 1.6.2016 – IV ZR 343/15, BeckRS 2016, 10970 Rn. 24; *Schmitz-Elvenich*, VersR 2017, 266 (268); *Rudy*, r + s 2015, 115 (120).

Außerdem könne der Versicherungsnehmer ohnehin einen Anspruch auf Herausgabe des Rückkaufswerts nicht mehr erfolgreich geltend machen, nachdem er den Widerspruch erklärt hat. Denn dann liegt kein wirksamer Versicherungsvertrag vor.[609]

3. Sonderfall der Rückabwicklung einer fondsgebundenen Lebensversicherung

Die Ausübung des Widerspruchsrechts soll *ex tunc* wirken und somit der rechtliche Zustand geschaffen werden, der vor Abschluss des Vertrags bestand.[610] Bei der bereicherungsrechtlichen Rückabwicklung einer fondsgebundenen Lebensversicherung wurde jedoch der Umfang der Wirkung, insbesondere im Umgang mit Fondsverlusten, in Rechtsprechung sowie Schrifttum diskutiert.[611]

Grundsätzlich sei der mit der Kapitalanlage erzielte Gewinn als tatsächlich gezogene Nutzung einzuordnen und dem Versicherungsnehmer zu erstatten.[612] Die positive Entwicklung, folglich der Wertzuwachs der Fondsanteile, sei alleine dem Versicherungsnehmer zu gewähren.[613] Bei der Berechnung der Ansprüche des Versicherungsnehmers auf Nutzungsersatz bleibt der jeweilige Prämienanteil grundsätzlich außer Betracht, da oftmals der Versicherer diesen Anteil nicht zur Gewinnerzielung und Kapitalanlage verwenden konnte.[614] Fest stand weiterhin, dass der Versicherungsnehmer die Verluste des Fonds jedenfalls in dem Fall zu tragen habe, wenn diese lediglich aus der vertraglich festgelegten Anlage nur einen geringen Teil des Sparanteils bilden.[615] Der Versicherungsnehmer müsse sich folglich geringe Verluste, die der Versicherer gemacht hat, bereicherungsmindernd

---

[609] *Brambach*, r + s 2017, 1 (2); *Schmitz-Elvenich*, VersR 2017, 266 (268).

[610] EuGH v. 19.12.2019 – C-355/18, C-356/18, C-357/18, C-479/18 *(Rust-Hackner ua/Nürnberger Versicherung Aktiengesellschaft Österreich sowie weitere)*, NJW 2020, 667 Rn. 103, 107.

[611] Zu der Rückabwicklung einer Lebensversicherung mit Beitragsdepot, BGH v. 26.9.2018 – IV ZR 304/15, VersR 2018, 1367; PHdB-VersProz/*Kipar/Schnepp*, § 10 Rn. 103.

[612] BGH v. 11.11.2015 – IV ZR 513/14, NJW 2016, 1388 Rn. 51; v. 11.12.2024 – IV ZR 191/22, BeckRS 2024, 35690 Rn. 15 f.

[613] BGH v. 11.12.2024 – IV ZR 191/22, BeckRS 2024, 35690 Rn. 17.

[614] BGH v. 1.6.2016 – IV ZR 343/15, BeckRS 2016, 10970 Rn. 30; v. 11.11.2015 – IV ZR 513/14, NJW 2016, 1388 Rn. 45 ff.

[615] BGH v. 11.11.2015 – IV ZR 513/14, NJW 2016, 1388.

anrechnen lassen.[616] Offen war jedoch, ob sich der Versicherungsnehmer bei der Rückabwicklung einer solchen Lebensversicherung auch wesentliche oder vollständige Fondsverluste zu seinem Nachteil bereicherungsmindernd anrechnen lassen oder der Versicherer das Risiko von Fondsverlusten tragen muss.[617]

a) EuGH v. 15.4.2010 – C-215/08 (E. Friz)

Das aus dem Jahr 2010 stammende EuGH-Urteil *E. Friz* legte für nachfolgende BGH-Rechtsprechung einen Grundstein im Bereich der fondsgebundenen Lebensversicherungen. Bei dem im Kern um eine Kapitalanlage im geschlossenen Immobilienfonds handelnden Urteil entschied der EuGH, dass der Verbraucher bei einem erfolgreichen Widerruf einen Anspruch auf das Guthaben habe, welcher zum Zeitpunkt des Ausscheidens berechnet werde.[618] Die hier streitige Regelung soll für eine angemessene Risikoallokation sorgen.[619] Dadurch sei es zulässig, dass der Wert des angelegten Kapitals erst zum Ausscheiden berechnet werde und dieser Wert möglicherweise geringer als die anfängliche Investition sei. Somit müsse sich der Verbraucher an den Verlusten beteiligen.[620]

b) BGH v. 21.3.2018 – IV ZR 353/16

Der BGH orientierte sich in Teilen an dieser Rechtsprechung und übertrug diese auf ein Verfahren im Bereich des Policenmodells. Er ließ Fondsverluste zum Nachteil des Versicherungsnehmers anrechnen.[621]

aa) Entscheidung

Im Mittelpunkt stand, ob das klagende Ehepaar die Rückzahlung der geleisteten Versicherungsbeiträge verlangen kann oder aufgrund des zum Zeitpunkt

---

[616] BGH v. 11.11.2015 – IV ZR 513/14, NJW 2016, 1388.

[617] Dies liegt dem BGH-Beschluss vom 21.9.2022 zugrunde, BGH v. 21.9.2022 – IV ZR 300/20, BeckRS 2022, 31731.

[618] EuGH v. 15.4.2010 – C-215/08 *(E.Friz GmbH/Carsten von der Heyden)*, NJW 2010, 1511; dazu instruktiv *D. Wendt*, Zum Widerruf im Versicherungsvertragsrecht, S. 186 f.

[619] EuGH v. 15.4.2010 – C-215/08 *(E.Friz GmbH/Carsten von der Heyden)*, NJW 2010, 1511 Rn. 48; dazu ausführlich *Heyers*, NJW 2016, 1357 (1358 f.).

[620] EuGH v. 15.4.2010 – C-215/08 *(E.Friz GmbH/Carsten von der Heyden)*, NJW 2010, 1511 Rn. 50.

[621] BGH v. 21.3.2018 – IV ZR 353/16, NJW 2018, 1817.

des Widerspruchs betragenden Depotwerts von EUR 0 das Risiko des Totalverlusts zu tragen hat.[622] Grundsätzlich hat der Versicherer im Sinne des § 818 Abs. 2 BGB den objektiven Wert des Erlangten, hier durch die Anlage der Sparanteile, herauszugeben.[623] Jedoch könne sich der Versicherer hier bei dem Totalverlust auf den Einwand der Entreicherung gemäß § 818 Abs. 3 BGB berufen. Der Versicherungsnehmer müsse sich den Verlust abziehen lassen.[624] Dies begründet das Gericht damit, dass sich der Versicherungsnehmer bewusst für das Produkt der fondsgebundenen Lebensversicherung entschieden habe, bei welchem ein schwankender Wert des Guthabens, Gewinne und Verluste zu erwarten seien.[625] Dagegen spreche auch nicht der europarechtlich begründete Schutz des Versicherungsnehmers.[626] Dabei werde auch nicht die einheitliche Anwendung der Richtlinie Leben 2002 beeinträchtigt, da die Ausübung des ewigen Widerspruchsrechts nicht durch eine Übernahme etwaiger Verluste unzumutbar werde. Dies gelte auch für erhebliche und vollständige Fondsverluste.[627] Im Zuge dessen widerspreche es vor dem Hintergrund der *E. Friz*-Entscheidung nicht, sich als Versicherer auf die nationale Regelung des § 818 Abs. 3 BGB zu berufen und das Verlustrisiko dem Versicherungsnehmer zu übertragen.[628] Eine abweichende Risikoallokation würde zu einer ungerechtfertigten Risikoverteilung innerhalb der Versichertengemeinschaft führen.[629]

bb) Einordnung

Diese Entscheidung wurde in Teilen des Schrifttums kritisch gesehen.[630] Nach *Schwintowski* werde der Versicherungsnehmer bei erheblichen

---

[622] BGH v. 21.3.2018 – IV ZR 353/16, NJW 2018, 1817.

[623] BGH v. 21.3.2018 – IV ZR 353/16, NJW 2018, 1817 Rn. 12.

[624] BGH v. 21.3.2018 – IV ZR 353/16, NJW 2018, 1817 Rn. 13 ff.; dazu auch MAH VersR/*Leithoff*, § 25 Rn. 363; *Harsdorf-Gebhardt*, r + s 2018, 625 (628); Rüffer/Halbach/Schimikowski/*Brambach*, § 152 VVG Rn. 90; BeckOK VVG/*Schepers*, § 5a VVG a.F. Rn. 75.

[625] BGH v. 21.3.2018 – IV ZR 353/16, NJW 2018, 1817 Rn. 16.

[626] BGH v. 21.3.2018 – IV ZR 353/16, NJW 2018, 1817 Rn. 17; dazu bereits v. 11.11.2015 – IV ZR 513/14, NJW 2016, 1388 Rn. 37.

[627] BGH v. 21.3.2018 – IV ZR 353/16, NJW 2018, 1817 Rn. 19 ff.; dazu *Harsdorf-Gebhardt*, r + s 2018, 625 (628).

[628] BGH v. 21.3.2018 – IV ZR 353/16, NJW 2018, 1817 Rn. 23.

[629] BGH v. 21.3.2018 – IV ZR 353/16, NJW 2018, 1817 Rn. 24.

[630] *Ebers*, VersR 2018, 911; *Schwintowski*, NJW 2018, 1819.

Fondsverlusten so gestellt, als wäre der Vertrag wirksam zustande gekommen, auch wenn der Versicherungsnehmer den Widerspruch ausgeübt hat.[631] Zwar habe der Senat zutreffend entschieden, dass das Unionsrecht nicht bezwecke, den Versicherungsnehmer vor Verlusten zu schützen.[632] Allerdings gehe es hier vielmehr um den Schutz der Wahlfreiheit des Versicherungsnehmers durch Übermittlung der erforderlichen Informationen. Da dies hier nicht gegeben sei, sind dem Versicherungsnehmer die Prämien zuzüglich Zinsen zu gewähren.[633] Hinsichtlich der Frage der Anrechnung von Fondsverlusten sei ein Vorabentscheidungsersuchen durchzuführen.[634] Das Argument des BGH hinsichtlich einer gerechten Risikoallokation schlage hier fehl, da der nicht (ordnungsgemäß) belehrte Versicherungsnehmer „kein Kollektiv mit jenen, die fehlerfrei belehrt wurden, [bilden könne], denn sonst würden sie als Folge dieser Kollektivierung ihr Widerspruchsrecht verlieren"[635]. Auch nach *Ebers* verstoße das Gericht mit seiner Entscheidung gegen das europäische Effektivitätsgebot, da eben nicht der *status quo ante* hergestellt werde, bei dem der Versicherer das Anlagerisiko trägt.[636] Zudem sei die *E. Friz*-Entscheidung nicht auf diese Situation übertragbar, da dieser Entscheidung gesellschaftsrechtliche Besonderheiten immanent waren. Letztendlich würden sich dort zwei Verbraucher als Parteien gegenüber stehen. Dagegen sind bei der Lebensversicherung ein Verbraucher und ein Unternehmer beteiligt.[637]

Dagegen vertrat *Armbrüster* bereits vor der Entscheidung des BGH die Auffassung, dass der Versicherungsnehmer den Betrag in Höhe des Fondsguthabens erhalten solle, der zum Zeitpunkt des Zugangs des Widerspruchs besteht. Dies gelte sowohl im Falle eines Gewinns als auch eines

---

631 *Schwintowski*, NJW 2018, 1819 (1820). Der Versicherungsnehmer werde quasi an seine Investition gebunden, obwohl er aufgrund fehlerhafter Belehrung die Wahlfreiheit nicht hatte, *Ebers*, VersR 2018, 911 (912).

632 *Schwintowski*, NJW 2018, 1819 (1820).

633 *Schwintowski*, NJW 2018, 1819 (1820).

634 *Schwintowski*, NJW 2018, 1819 (1820); so auch *Ebers*, VersR 2018, 911 (912).

635 Daher habe der BGH seine Vorlagepflicht missachtet, *Schwintowski*, NJW 2018, 1819 (1820). Eine gerechte Risikoverteilung lasse sich im Falle des nicht (ordnungsgemäß) belehrten Versicherungsnehmers eben nicht durch Tragen des Verlustrisikos erreichen, *Ebers*, VersR 2018, 911 (912).

636 *Ebers*, VersR 2018, 911 (912).

637 *Ebers*, VersR 2018, 911 (912).

Verlusts.[638] Die Erwägung des EuGH, die Risikoallokation bei der Investition betreffe genauso die Rückabwicklung nichtiger Verträge, sei auf die fondsgebundene Lebensversicherung zu übertragen.[639] Eine abweichende Ansicht würde einer gerechten Risikoverteilung innerhalb der Versichertengemeinschaft und somit dem von dem BGH begründeten Grundgedanken entgegenstehen.[640]

c) EuGH v. 19.12.2019 – C-355/18, C-356/18, C-357/18, C-479/18 (Rust-Hackner)

Diskutiert wurde allerdings, ob die Erwägungen des BGH auch vor dem Hintergrund der *Rust-Hackner*-Entscheidung zu halten sind oder diese einer Übertragung des Verlustrisikos auf den Versicherungsnehmer entgegenstehen. *Ebers* sah es als notwendig an, dass der BGH in Folge dieser Entscheidung seine Linie hinsichtlich der Anrechnung von Fondsverlusten anpassen müsse. Dies könne entweder durch eine Wendung in seiner inhaltlichen Linie oder durch die Einleitung eines Vorabentscheidungsverfahrens geschehen.[641] Auch *Burtscher* hinterfragte eine solche Zuweisung des Verlustrisikos vor dem Hintergrund des Effektivitätsgrundsatzes.[642] Es spreche aus seiner Sicht jedoch letztendlich einiges dafür, dass die nationale Rechtsprechung auch mit der *Rust-Hackner*-Entscheidung im Einklang stehe. Denn eine Lebensversicherung stelle ein hoch volatiles Produkt mit Risiko dar. Entgegenstehende EuGH-Entscheidungen seien daher nicht auf das Versicherungsvertragsrecht übertragbar.[643]

d) BGH v. 21.9.2022 – IV ZR 300/20

Der BGH entschied erneut zu dieser Frage – hier unter Beachtung der *Rust-Hackner*-Rechtsprechung.[644] In diesem Fall wies das Fondsguthaben zum Zeitpunkt des Widerspruchs einen bisherigen Verlust von rund 54 Prozent

---

[638] *Armbrüster*, NJW 2015, 3065 (3067); so auch vor dem im Jahr 2018 ergangenen BGH-Urteil, *Schmitz-Elvenich*, VersR 2017, 266 (268).

[639] *Armbrüster*, NJW 2015, 3065 (3067).

[640] *Armbrüster*, NJW 2015, 3065 (3067).

[641] *Ebers*, NJW 2020, 674 (675).

[642] In diesem Rahmen verweist er auf die *Messner*-Entscheidung des EuGH (EuGH v. 3.9.2009 – C-489/07 *(Pia Messner/Firma Stefan Krüger)*, NJW 2009, 3015), welche eine Wertersatzpflicht des Verbrauchers bei unterbliebener Belehrung ausschließt, *Burtscher*, EuZW 2020, 317 (323).

[643] *Burtscher*, EuZW 2020, 317 (323).

[644] BGH v. 21.9.2022 – IV ZR 300/20, BeckRS 2022, 31731.

auf.[645] Das Berufungsgericht ließ die Revision zu, da es ein Entgegenstehen unionsrechtlicher Regelungen gegen die Zulässigkeit des Wegfalls der Bereicherung nach § 818 Abs. 3 BGB potentiell sehe und eine Vorlage nach Art. 267 Abs. 3 AEUV für möglich halte.[646] Dies lehnte der BGH ab.[647] Der Versicherungsnehmer müsse sich erhebliche oder auch vollständige Fondsverluste anrechnen lassen.[648] Er zieht auch aus dem *Rust-Hackner*-Urteil keine differenzierte Schlussfolgerung. Das Effektivitätsgebot verwehre nicht den Einwand der Entreicherung. Nach Auffassung des Gerichts bedeute die Entscheidung des EuGH nicht, dass der Versicherer das Risiko der Verluste zu tragen hat. Die Verluste seien durch den Fonds selbst und nicht durch die fehlerhafte Belehrung verursacht worden. Die Entwicklung des Fonds während der Vertragsdurchführung sei nicht zu beachten.[649] Daher seien die Fondsverluste in Abzug zu bringen.[650]

e) *Bewertung dieser Entscheidungen*

Hier wird wieder einmal deutlich, wie vielseitig das Zusammenwirken von nationaler und europäischer Rechtsprechung im Bereich der Lebensversicherung ist. Der BGH entscheidet trotz einiger Kritik für den Versicherer. Der Versicherer kann sich also in diesem Rahmen auf die Entreicherung berufen.[651] Zudem interpretiert er die *Rust-Hackner*-Entscheidung anders als von Teilen des Schrifttums angenommen. Eine Vorlage lehnt er – wie schon in seiner Entscheidung vom 21.3.2018 und auch im Hinblick auf den Einwand von Treu und Glauben[652] – klar ab und versucht das Aufkommen

---

645 BGH v. 21.9.2022 – IV ZR 300/20, BeckRS 2022, 31731 Rn. 1 ff.

646 OLG Karlsruhe v. 3.11.2020 – 9 U 38/18 (unveröffentlicht).

647 BGH v. 21.9.2022 – IV ZR 300/20, BeckRS 2022, 31731 Rn. 8 ff.; *D.-C. Günther*, FD-VersR 2022, 454307.

648 BGH v. 21.9.2022 – IV ZR 300/20, BeckRS 2022, 31731 Rn. 10; unter Verweis auf seine Entscheidung aus dem Jahr 2018, v. 21.3.2018 – IV ZR 353/16, NJW 2018, 1817.

649 BGH v. 21.9.2022 – IV ZR 300/20, BeckRS 2022, 31731 Rn. 12; dies einordnend *Grote/Finkel*, NJW 2023, 341 (345).

650 BGH v. 21.9.2022 – IV ZR 300/20, BeckRS 2022, 31731 Rn. 14; dazu *Mauch*, VuR 2025, 163 (Fn. 11).

651 Nochmals bestätigt durch den BGH in einer aktuellen Entscheidung, BGH v. 11.12.2024 – IV ZR 191/22, BeckRS 2024, 35690 Rn. 18.

652 Zum Umgang der deutschen Gerichte mit einer etwaigen Vorlagepflicht als knapper Praxishinweis, *D.-C. Günther*, FD-VersR 2022, 454307.

europäischer Bedenken an den nationalen Auslegungsgrundsätzen zu verhindern.

4. Einordnung der Rechtsfolgen

Der Versicherungsnehmer sollte unter anderem aufgrund dieser Entscheidungen genau darauf achten, ob ein Widerspruch für ihn Sinn ergibt oder nicht das Risiko eines Verlustgeschäfts besteht.[653] Zum Umfang des Anspruchs gingen in der Vergangenheit immer wieder Beschwerden bei der BaFin ein, da Versicherungsnehmer rügten, dass sie beispielsweise die Kapitalertragssteuer im Zuge der Rückzahlung der Prämien nicht erhalten haben.[654] Daran wird deutlich, dass eine genaue, vorherige Berechnung eines potentiellen Anspruchs sinnvoll erscheint. Dies wird auch anhand der Rechtsprechung zur Abwicklung von fondsgebundenen Lebensversicherungen ersichtlich, wodurch der Versicherungsnehmer sogar Verluste tragen muss. So kann eine Kündigung und eine damit verbundene Auskehrung des Rückkaufswerts wirtschaftlich attraktiver sein.

II. Verjährung

Eine weitere Voraussetzung für den erfolgreichen Widerspruch eines Versicherungsnehmers war, dass die Verjährungsfrist nicht abgelaufen ist.

1. Grundsatz

Grundsätzlich schreibt § 195 BGB eine regelmäßige Verjährungsfrist von drei Jahren vor. Diese ist auch im Falle des Rückgewähranspruchs aus § 812 Abs. 1 S. 1 Alt. 1 BGB maßgeblich.[655] Nach § 199 Abs. 1 BGB beginnt diese dreijährige Verjährungsfrist, soweit nicht ein abweichender Beginn bestimmt ist, mit dem Schluss des Jahres, in dem der Anspruch entstanden ist, § 199 Abs. 1 Nr. 1 BGB, und der Gläubiger von den den Anspruch begründenden

---

[653] Zur Höhe des Anspruchs zusammenfassend, *Langheid/Müller-Frank*, NJW 2016, 371 (375).

[654] Siehe dazu eine Publikation der BaFin zum Thema des ewigen Widerspruchsrechts beim Policenmodell in der Praxis, abrufbar unter https://www.bafin.de/SharedDocs/Veroeffentlichungen/DE/Fachartikel/2016/fa_bj_1610_Lebensversicherung.html (zuletzt abgerufen am 16.6.2025).

[655] BGH v. 8.4.2015 – IV ZR 103/15, NJW 2015, 1818 Rn. 17; dazu *Harsdorf-Gebhardt*, r + s 2018, 625 (626).

Umständen und der Person des Schuldners Kenntnis erlangt oder ohne grobe Fahrlässigkeit erlangen müsste, § 199 Abs. 1 Nr. 2 BGB.

Im Rahmen der Fälle des § 5a VVG a.F. kam die Frage auf, wann der maßgebliche Verjährungsbeginn überhaupt anzusetzen ist.[656] Dafür könnte zum einen auf die Zahlung der jeweiligen Prämie[657] oder zum anderen auf die Ausübung des Widerspruchsrechts selbst[658] abgestellt werden.[659] Im Falle einer Annahme der ersten Alternative würde der Bereicherungsanspruch des Versicherungsnehmers infolge seines Widerspruchs regelmäßig verjährt sein. Denn die Zahlung der jeweiligen Prämien lag in den überwiegenden Fällen mehr als drei Jahre vor der Klagerhebung.

2. Anwendung durch die Rechtsprechung

Der BGH setzte den divergierenden Ansichten durch sein Urteil vom 8.4.2015 ein Ende.[660] Dabei entschied er, dass der Anspruch erst mit der Ausübung des Widerspruchsrechts durch den Versicherungsnehmer entstehe und somit der Zeitpunkt der Widerspruchserklärung für die Entstehung des Anspruchs maßgeblich sei.[661] Dies begründete der Senat damit, dass ein Anspruch erst entstanden sei, wenn er im Wege der Klage geltend gemacht werden kann. Dies setzt wiederum Fälligkeit voraus. Letztere sei erst mit Erklärung des

---

656 Dazu BGH v. 8.4.2015 – IV ZR 103/15, NJW 2015, 1818; Rüffer/Halbach/Schimikowski/*Brambach*, § 152 VVG Rn. 98.

657 Für die Entstehung des Anspruchs bereits mit der einzelnen Prämienzahlung: LG Wiesbaden v. 23.12.2014 – 7 S 14/14; LG Heidelberg v. 25.9.2014 – 1 S 15/13, BeckRS 2014, 18840; LG Aurich v. 5.6.2014 – 2 O 1164/12; *Reiff*, LMK 2014, 363951; *Armbrüster*, NJW 2014, 497 (498); *Heyers*, NJW 2014, 2619 (2622); *Armbrüster*, VersR 2012, 513 (522); Rüffer/Halbach/Schimikowski/*Brambach*, § 152 VVG Rn. 98.

658 Für die Entstehung des Anspruchs erst mit der Ausübung des Widerspruchsrechts: OLG Stuttgart v. 23.10.2014 – 7 U 54/14, NJOZ 2015, 646; OLG Düsseldorf v. 12.9.2014 – 4 U 116/13, BeckRS 2015, 10420; OLG Köln v. 5.9.2014 – 20 U 88/14, NJOZ 2015, 468; LG Frankfurt/Oder v. 1.12.2014 – 16 S 240/12, NJOZ 2015, 1315; LG Kiel v. 7.5.2014 – 5 O 138/13; *R. Koch*, LMK 2014, 359159.

659 BGH v. 8.4.2015 – IV ZR 103/15, NJW 2015, 1818 Rn. 19 ff.

660 BGH v. 8.4.2015 – IV ZR 103/15, NJW 2015, 1818.

661 BGH v. 8.4.2015 – IV ZR 103/15, NJW 2015, 1818 Rn. 19; v. 29.7.2015 – IV ZR 448/14, r + s 2015, 438 Rn. 32; so auch *Beckmann*, in: Dauses/Ludwigs (Hrsg.), E. VI. Rn. 247; MüKo-VVG/*Reiff*, 1. Teil, 2. Kap. Rn. 66; BeckOK VVG/*Schepers*, § 5a VVG a.F. Rn. 81.

Widerspruchs gegeben, da dieser final die Wirksamkeit des bis dahin schwebend unwirksamen Vertrags verhindere.[662]

Zur Hemmung der Verjährungsfrist ist entweder die Klageerhebung oder die Einleitung eines Beschwerdeverfahrens bei der anerkannten Verbraucherschlichtstelle Versicherungsombudsmann notwendig.[663] Denn Kenntnis im Sinne des § 199 Abs. 1 Nr. 2 BGB habe der Versicherungsnehmer in dem Moment, in dem er den Widerspruch erklärt.[664] Spiegelbildlich dafür ist ein durch das OLG Karlsruhe entschiedener Fall, bei dem ein Versicherungsnehmer im Jahr 2011 Widerspruch erhob und die Verjährungsfrist damit zum 31.12.2014 ablief, der Versicherungsnehmer jedoch erst ein Jahr später Klage erhob.[665] Der Anspruch war daher verjährt. Das OLG ließ dabei auch nicht den Einwand gelten, dass der Beginn der Verjährungsfrist aufgrund einer unklaren Rechtslage bis zum Urteil vom 7.5.2014 des BGH aufgeschoben sein müsse.[666]

3. Einordnung

Bis heute ist eine Abkehr von dieser Argumentation des IV. Zivilsenats nicht ersichtlich.[667] Dabei argumentiert der BGH vorliegend zutreffend, dass zwar während des bis zum wirksamen Widerspruch bestehenden schwebend unwirksamen Vertragszustands kein Rechtsgrund für die Prämienzahlung

---

662 BGH v. 8.4.2015 – IV ZR 103/15, NJW 2015, 1818 Rn. 22; dazu auch *R. Koch*, NJW 2015, 1819; *Harsdorf-Gebhardt*, r + s 2018, 625 (626).

663 Eine Einleitung eines Beschwerdeverfahrens beim Versicherungsombudsmann hemmt die Verjährung nach §§ 204 Abs. 1 Nr. 4, Abs. 2 S. 1, 209 BGB, wobei die Hemmungswirkung mit Entscheidung des Ombudsmanns beendet ist, *Grote/Finkel*, NJW 2022, 367 (371); zur Einführung und Historie des Versicherungsombudsmanns *E. Lorenz*, VersR 2004, 541; *Römer*, NJW 2005, 1251; zur Hemmung der Verjährungsfrist durch Klageerhebung vgl. OLG Karlsruhe v. 15.12.2017 – 12 U 127/17, r + s 2018, 124 Rn. 30; näher zur Ombudsmannbeschwerde im Allgemeinen, siehe *Mittendorf*, Besonderheiten der Prozessführung im Versicherungsrecht und Recht der Versicherungsaufsicht, S. 18 ff.

664 BGH v. 8.4.2015 – IV ZR 103/15, NJW 2015, 1818 Rn. 25; v. 14.10.2015 – IV ZR 341/12, BeckRS 2015, 17675 Rn. 18.

665 OLG Karlsruhe v. 15.12.2017 – 12 U 127/17, r + s 2018, 124 Rn. 30.

666 Dies gelte insbesondere auch aufgrund der anwaltlichen Vertretung des Versicherungsnehmers, OLG Karlsruhe v. 15.12.2017 – 12 U 127/17, r + s 2018, 124 Rn. 30; PHdB-VersProz/*Kipar/Schnepp*, § 10 Rn. 103; dies bestätigend BGH v. 21.2.2018 – IV ZR 385/16, r + s 2018, 187 Rn. 16 ff.; BeckOK VVG/*Schepers*, § 5a VVG a.F. Rn. 82.

667 PHdB-VersProz/*Kipar/Schnepp*, § 10 Rn. 103; *R. Koch*, NJW 2015, 1819.

vorlag, allerdings dieser Zustand erst durch den Widerspruch beendet und Transparenz und Rechtssicherheit geschaffen sei.[668]

Der BGH öffnete auch hier durch seine Argumentation in bereits jungen Jahren der Klagenflut weiter die Tür für die Versicherungsnehmer und die Anwälte, um das ewige Widerspruchsrecht für sich zu nutzen. Dabei gab es wohl ausreichend abweichende Stimmen in Literatur und Rechtsprechung, die in jeder Zahlung einer einzelnen Prämie den Beginn der Verjährungsfrist angelegt haben.[669] Hier setzte sich jedoch wiederum die verbraucherfreundliche Linie durch, welche insbesondere Verbraucherkanzleien nutzen konnten.

H. Zwischenergebnis und Bewertung

Die deutsche Rechtsprechung griff in das Massengeschäft ein und stärkte teils die von den Versicherern vorgebrachten Einwände. Es gab insgesamt über 200 Entscheidungen des BGH seit dem Jahr 2014, die das Policenmodell und die Vorschrift des § 5a VVG a.F. behandelten.[670] Laut *Brambach* werde der BGH „schier erdrückt unter der Last [der] bei ihm auflaufenden Verfahren“[671], obwohl nicht einmal bei einem Prozent der im Policenmodell geschlossenen Verträge Widerspruch erhoben werde. Die Rechtsprechung verhalf mit ihren Urteilen und ihrer Linie regelrecht zu einer Klagenflut seitens der Versicherungsnehmer,[672] zumeist vertreten durch auf das Versicherungsrecht und sodann die Lösung von einem nach dem Policenmodell abgeschlossenen Vertrag spezialisierte Kanzleien.[673]

I. Fehlen einer abschließenden Lösung

Die Vielzahl der Entscheidungen kann und konnte keinesfalls im Sinne der Legislative bei Einführung dieser Vorschrift sein. Auch im Jahre 2024 ergingen erneut Urteile des BGH, welche das Thema wiederum nicht beenden konnten, sondern immer noch Angriffsflächen für Klagen seitens

668 So auch *R. Koch*, NJW 2015, 1819.
669 Dazu Fn. 657.
670 Auswertung anhand einer Rechtsprechungsübersicht (abrufbar unter https://dejure.org/dienste/lex/0VVG311207/5a/1.html?filter=3; zuletzt abgerufen am 14.6.2025).
671 *Brambach*, r + s 2017, 1.
672 *W.-H. Roth*, VersR 2015, 1 (10).
673 Siehe nachfolgend unter Kap. 4 A. I. 9.

der Versicherungsnehmer bieten. Fraglich ist, wie der BGH zukünftig mit dem Thema umgeht. Ein Ende ist jedoch nicht in Sicht.[674] Auch die zuletzt ergangenen Urteile geben nicht immer einen Aufschluss über die Marschroute des Gerichts. Eindeutige Transparenz und Haltung zu den Grenzen des ewigen Widerspruchsrechts sind oft nicht erkennbar.

II. Ablehnung einer Vorlage an den EuGH

Im Zuge der Urteile des BGH mehren sich seit einigen Jahren kritische Stimmen, – beispielsweise von *Ebers*[675] oder *Schwintowski*[676] – welche die Rechtsprechung zurecht dafür kritisieren, dass kein Vorabentscheidungsverfahren beim EuGH angestrebt wird. Insbesondere wird dieses bei den Einwänden im Bereich von Treu und Glauben gefordert, auf welche der BGH und die restliche deutsche Judikatur extensiv zurückgegriffen hat. Eine Klärung der nationalen Anwendung der Rechtsinstitute im Lichte des Gemeinschaftsrechts ist richtigerweise erforderlich.

III. Betroffenheit und Verunsicherung bei den Versicherungsnehmern

Es wird ersichtlich, dass dadurch keine Übersichtlichkeit in diesem Themenfeld geschaffen wird. Denn es sollte jedem bewusst sein, wen das Thema letztendlich betrifft: dies ist im Regelfall ein Bürger, der die weitreichende Entscheidung trifft, eine Lebensversicherung abzuschließen. Dieser, zumeist als juristischer Laie, strebt nach Transparenz und Einfachheit in einem so schon gerade zu komplexen Prozess mit überladenen Produkten.[677] Schädlich ist eine unübersichtliche Rechtsprechung, welche nach mehr als 15 Jahren nach der Abschaffung des Policenmodells das Thema immer noch nicht für alle klären kann.[678]

---

674 *Schwintowski,* VuR 2024, 83 (83 ff.); *Felsch,* r + s 2021, 609 (617).

675 *Ebers,* VuR 2017, 47.

676 *Schwintowski,* VuR 2024, 83.

677 Vgl. dazu *Knops* zum Verbraucherkreditrecht, nach dem die Uneinigkeit der Gerichte dazu führe, dass es vom Zufall abhängt, mit welchem Ausgang der Gläubiger rechnen kann. Dadurch werde dies auch ein wirtschaftliches Risiko für den Verbraucher, *Knops,* NJW 2018, 425.

678 *Zegowitz/Haferkorn,* VersR 2020, 1005 (1013); allgemein dazu, dass eine uneinheitliche Rechtsprechung bei vergleichbaren Sachverhalten zu einer Verunsicherung der Verbraucher führt, siehe *Heiß,* NJW 2025, 1625 (1629).

IV. Frage des Umgangs mit den Versicherungen auf Seiten des Versicherers

Auch für die andere Partei des Versicherungsvertrags, den Versicherer, ist eine solche Vielzahl an unterschiedlichen Entscheidungen eher schädlich. Denn dieser hat als zumeist international agierendes, teilweise öffentlich gelistetes Unternehmen in seiner Bilanz Rückstellungen anhand eines prognostizierten Prozessrisikos zu machen.[679] Jedoch ist dieses im Rahmen einer solchen Zahl an Urteilen nicht einfach einzuschätzen. Dies gilt insbesondere dann, wenn nicht klar ist, wann eine Beendigung der Problematik eintreten könnte.[680] Einleuchtend ist, dass eine solche Anzahl an Verfahren und einzelfallabhängigen Ausgängen keinesfalls zu einer geregelten Annahme der Höhe und Bildung der Rückstellungen führen kann. Ein klares Bild, ob eine Verpflichtung auch am Bilanzstichtag besteht, ist dadurch nahezu unmöglich zu beurteilen.[681] Zudem ergibt sich dadurch die Problematik, dass Konzerne immer mehr versucht haben und versuchen werden, sich gegen die Forderungen der Versicherungsnehmer zu wehren, um zum einen nicht die geltend gemachten Bereicherungsansprüche erfüllen zu müssen, und zum anderen hohe Rückstellungen als Passivposten in der Bilanz zu vermeiden.[682]

---

679 Im Detail dazu *Osterloh-Konrad*, DStR 2003, 1631; *dies.*, DStR 2003, 1675; vgl. auch *Zegowitz/Haferkorn*, VersR 2020, 1005 (1013).

680 *Osterloh-Konrad*, DStR 2003, 1631; *dies.*, DStR 2003, 1675.

681 MüKo-Bilanzrecht/*Hennrichs*, § 249 HGB Rn. 49.

682 *Osterloh-Konrad*, DStR 2003, 1631 (1631 ff.).

Entstehung des Massengeschäfts

A. Entwicklung zu einem Massengeschäft für die Anwaltschaft

I. Massengeschäft für Anwälte der Versicherungsnehmer

1. Zeitraum und Höhepunkte des Massengeschäfts

Der Start der Klagenflut ist in den Jahren 2010 und 2011 zu verorten.[1] Zu dieser Zeit wurde die Geltendmachung der Ansprüche meistens noch von einzelnen Versicherungsnehmern oder von vom Verbraucherschutz unterstützten Kanzleien durchgesetzt, noch ohne Einbindung von den heute etablierten, spezialisierten Kanzleien, welche zu einer Kommerzialisierung des Ganzen führten.[2] Nach der Abschaffung der Vorschrift sahen wohl einige Versicherungsnehmer verstärkt die Annahme einer Europarechtswidrigkeit der Ausschlussfrist und des Policenmodells insgesamt als möglich an und pochten auf ein unbegrenztes Widerspruchsrecht.[3] Auch versuchte ein Unternehmen aus der Schweiz über das Internet verschiedene Vorgänge einzusammeln und anschließend über die Abtretung und Einbindung von Kanzleien eine Vielzahl von Verfahren zu bewältigen.[4] Das eigentliche

---

[1] So *Teilnehmer 3* – telefonisches Interview vom 19.11.2024; *Teilnehmer 7* – online-Interview vom 3.12.2024.

[2] So *Teilnehmer 6* – online-Interview vom 2.12.2024; *Teilnehmer 7* – online-Interview vom 3.12.2024.

[3] Siehe dazu beispielsweise den Verfahrensgang der *Endress*-Entscheidung unter Kap. 2 B. II.

[4] Dazu *Teilnehmer 7* – online-Interview vom 3.12.2024.

Massenphänomen[5] sowie seine kommerzielle Ausprägung fanden allerdings ihren Ursprung in der *Endress*-Entscheidung.[6] Zwar folgte noch nicht im Jahr 2014 selbst die größte Klagenwelle. Diese entstand vermehrt in den Folgejahren.[7] Sogar ausländische Anwälte aus Großbritannien und der USA sahen in diesem Gebiet eine Möglichkeit zur Profiterzielung und überlegten ihre Involvierung in dieser Klagenflut.[8] Auch in den vergangenen Jahren gab es immer noch einen hohen Eingang an Klagen.[9] So könnte dabei ein Faktor auch die *Rust-Hackner*-Entscheidung aus dem Jahr 2019 gewesen sein, die eine erneute Aufmerksamkeit auf das Thema lenkte und durch die Bestätigung gewisser vom BGH vertretenen Linien die Aktivität der Versicherungsnehmer und der Klägerkanzleien förderte.[10] Zu den Höhepunkten der Klagenwelle behandelten Gerichte Widersprüche, welche schon zwei Jahre zuvor erhoben wurden.[11] Allerdings merken einige Experten an, dass viele Fälle und Konstellationen entschieden sind und somit

---

5 Im Schrifttum teils als „Massenfälle" bezeichnet, siehe BeckRA-Hdb/*Scholl*, § 56 Rn. 91.

6 So *Teilnehmer 1* – persönliches Interview vom 13.11.2024; *Teilnehmer 2* – telefonisches Interview vom 19.11.2024; *Teilnehmer 3* – telefonisches Interview vom 19.11.2024; *Teilnehmer 6* – online-Interview vom 2.12.2024. Auch das Bundesministerium der Justiz hielt in seinem Abschlussbericht zum Forschungsvorhaben „Erforschung der Ursachen des Rückgangs der Eingangszahlen bei den Zivilgerichten" eine Steigerung der Klageeingangszahlen durch das darauffolgende BGH-Urteil für möglich, S. 71, abrufbar unter https://www.bmj.de/SharedDocs/Publikationen/DE/Fachpublikationen/2023_Rueckgang_Eingangszahlen_Zivilgerichte.pdf?__blob=publicationFile&v=1 (zuletzt abgerufen am 5.6.2025); dies ebenso bestätigend der Ombudsmann für Versicherungen, Jahresbericht 2014, S. 18 f., abrufbar unter https://www.versicherungsombudsmann.de/wp-content/uploads/2017/01/Jahresbericht-2014.pdf (zuletzt abgerufen am 5.6.2025).

7 *Teilnehmer 1* – persönliches Interview vom 13.11.2024; *Teilnehmer 3* – telefonisches Interview vom 19.11.2024. Dies entspricht dem typischen Verlauf eines Massenverfahrens, siehe *Heiß*, NJW 2025, 1625 (1628).

8 So ergingen dazu bei der deutschen Anwaltschaft Anfragen aus dem Ausland. Eine Kanzlei überlegte sogar ein Vorgehen gegen die gesamte deutsche Versicherungswirtschaft, sah jedoch aus standesrechtlichen Gründen davon ab. So *Teilnehmer 6* – online-Interview vom 2.12.2024.

9 Dabei ragte bei einigen Experten das Jahr 2021 heraus, welches einen äußerst hohen Eingang an Klagen verzeichnete, dazu *Teilnehmer 1* – persönliches Interview vom 13.11.2024; dagegen stellten bei anderen die Jahre 2015 bis 2018 die Höhepunkte des Massengeschäfts dar, so *Teilnehmer 2* – telefonisches Interview vom 19.11.2024; *Teilnehmer 5* – online-Interview vom 27.11.2024.

10 Dies vermutete *Teilnehmer 1* – persönliches Interview vom 13.11.2024.

11 *Teilnehmer 7* – online-Interview vom 3.12.2024.

eine gewisse Ruhe eintritt.[12] Zudem sind zahlreiche Verträge ausgelaufen oder wurden nach Kündigung oder Widerspruch bereits abgewickelt. Auch sind einige Versicherungsnehmer verstorben.[13] Dieser Rückgang war in der Anwaltschaft teils bereits in den Jahren 2020 und 2021 spürbar,[14] bei einem überwiegenden Teil aber in den Jahren 2023 und 2024.[15] Inzwischen sehen Versicherer interne Leitfaden für ihre Sachbearbeiter zum Zwecke einer ordnungsgemäßen Belehrung vor.[16] Allerdings nehmen Klägeranwälte und Versicherungsnehmer das Widerspruchsrecht und Klageverfahren inzwischen auch bei geringen Streitwerten in Angriff. Daher laufen vermehrt Verfahren vor dem Amtsgericht in erster Instanz.[17]

Dabei wurden seitens der Klägeranwälte sämtliche Verfahren jeweils individuell als Einzelverfahren geführt.[18] Kollektive Rechtsdurchsetzungsinstrumente wie Verbandsklagen im Sinne des VDuG[19] oder Kapitalanlegermusterverfahren im Sinne des KapMuG[20] kamen nicht zur

---

12 *Teilnehmer 1* – persönliches Interview vom 13.11.2024; *Teilnehmer 2* – telefonisches Interview vom 19.11.2024; *Teilnehmer 4* – telefonisches Interview vom 22.11.2024; *Teilnehmer 5* – online-Interview vom 27.11.2024. So auch *Harsdorf-Gebhardt*, r + s 2024, 771 (772).

13 So *Teilnehmer 5* – online-Interview vom 27.11.2024.

14 *Teilnehmer 2* – telefonisches Interview vom 19.11.2024.

15 *Teilnehmer 1* – persönliches Interview vom 13.11.2024; *Teilnehmer 4* – telefonisches Interview vom 22.11.2024; *Teilnehmer 7* – online-Interview vom 3.12.2024.

16 *Teilnehmer 6* – online-Interview vom 2.12.2024.

17 So *Teilnehmer 7* – online-Interview vom 3.12.2024.

18 Vgl. dazu *Teilnehmer 1* – persönliches Interview vom 13.11.2024; *Teilnehmer 3* – telefonisches Interview vom 19.11.2024; *Teilnehmer 7* – online-Interview vom 3.12.2024.

19 Das Verbraucherrechtedurchsetzungsgesetz wurde im Jahr 2023 eingeführt und regelt zwei Verbandsklagearten: die Musterfeststellungsklage sowie die Abhilfeklage, Gesetz zur Umsetzung der Richtlinie (EU) 2020/1828 über Verbandsklagen zum Schutz der Kollektivinteressen der Verbraucher und zur Aufhebung der Richtlinie 2009/22/EG sowie zur Änderung des Kapitalanleger-Musterverfahrensgesetzes v. 8.10.2023, BGBl. 2023 I Nr. 272. Zu den wesentlichen, damals umzusetzenden Elementen der Verbandsklagen-Richtlinie, siehe *Gsell*, BKR 2021, 521; *Gsell/Meller-Hannich*, JZ 77 (2022), 421 (422 ff.).

20 Das Kapitalanleger-Musterverfahrensgesetz wurde im Jahr 2005 eingeführt, um gleichgerichtete Schadensersatzansprüche geschädigter Kapitalanleger zu bündeln, Gesetz zur Einführung von Kapitalanleger-Musterverfahren v. 16.8.2005, BGBl. I 2005 S. 2437. Dazu instruktiv KapAnlR-HdB/*Assmann/Buck-Heeb*, § 1 Rn. 46, 46a. Die letzte Neufassung erging am 19.7.2024 durch das Zweite Gesetz zur Reform des Kapitalanleger-Musterverfahrensgesetzes, BGBl. 2024 I Nr. 240. Zu den damit einhergehenden Änderungen und dem Ziel der Verfahrensbeschleunigung, siehe *Melhardt*, ZIP 2024, 920.

Anwendung.[21] Zunächst wurde von der Möglichkeit der Abhilfeklage nach § 14 VDuG oder der Musterfeststellungsklage nach § 41 VDuG[22] aus mehreren Gründen kein Gebrauch gemacht. Zum einen existierten diese Instrumente noch nicht zum Zeitpunkt des Beginns der Klagenwelle in den Jahren ab 2010.[23] Zum anderen erscheinen die streitigen Fälle für eine Verbandsklage nicht geeignet. Denn es handelt sich im Regelfall um individuelle, vielschichtige Sachverhalte und Tatsachenfragen, deren Bewertung gerade dem Tatrichter überlassen ist.[24] Schließlich bestand auf Seiten der Verbraucheranwälte kein Interesse an der kollektiven Rechtsdurchsetzung, da die Mehrheit der Versicherungsnehmer eine Rechtsschutzversicherung hatte[25] und eine individuelle Geltendmachung der Ansprüche sich als wirtschaftlich attraktiver darstellte.[26] Weiter erscheint es äußerst fraglich, ob der Anwendungsbereich der Kapitalanlegermusterverfahren überhaupt den Versicherungsnehmer umfasst, der sein Widerspruchsrecht nach § 5a VVG ausübt. Denn Ziel dieser Verfahren ist

---

[21] Zu den Zielen des kollektiven Rechtsschutzes und seiner Vorteile, insbesondere in Form einer Abnahme von Prozessrisiko und -mühen für den einzelnen Verbraucher sowie einer effizienteren Justiz, siehe instruktiv *Gsell*, BKR 2021, 521 (522 f.); *dies.*, NJW-Sonderbeil. 2025, 38.

[22] Die Musterfeststellungsklage wurde im Jahr 2018 in das deutsche Recht eingeführt, Gesetz zur Einführung einer zivilprozessualen Musterfeststellungsklage v. 12.7.2018, BGBl. I 2018, S. 1151. Die zuvor bestehenden Regelungen in der ZPO wurden der ZPO entnommen und in das VDuG eingefügt. Dazu und zur Einführung der Musterfeststellungsklage näher BeckOK ZPO/*Thönissen*, § 41 VDuG Rn. 1 ff.; *Gsell*, NJW-Sonderbeil. 2025, 38.

[23] Siehe dazu Fn. 19, 22.

[24] Dazu im Lichte der eingeführten Leitentscheidungsverfahren *Klimke*, r + s 2025, 289 (291 f.); siehe zum Erfordernis der Gleichartigkeit des Prozessstoffs bei der Abhilfeklage *Gsell*, GRUR 2024, 979 (983 f.); *dies.*, NJW-Sonderbeil. 2025, 38 (39 f.); *Mayrhofer/T. Koller*, ZIP 2023, 1065; zur Notwendigkeit der Verallgemeinerungsfähigkeit bei Tatsachenfragen im Rahmen der Musterfeststellungsklage, siehe BeckOK ZPO/*Thönissen*, § 41 VDuG Rn. 24 ff.

[25] Dazu nachfolgend Kap. 4 A. I. 4.

[26] Dazu nachfolgend Kap. 4 A. I. 9. Zudem ist die Musterfeststellungsklage noch nicht durchgängig effektiv und zieht teils langwierige Verfahren nach sich. Rechtsschutzversicherte entscheiden sich auch daher für Individualklagen, siehe dazu *Gsell*, NJW-Sonderbeil. 2025, 38 (39).

grundsätzlich lediglich die Durchsetzung von Schadensersatzansprüchen geschädigter Anleger in kapitalmarktrechtlichen Streitigkeiten bei falschen oder irreführenden Kapitalmarktinformationen, § 1 Abs. 1, Abs. 2 KapMuG.[27]

2. Gebrauchmachen vom ewigen Widerspruchsrecht seitens der Versicherungsnehmer

In seinem Aufsatz aus dem Jahr 2017 schätzte *Brambach* die Erfolgsquote der Widersprüche auf 20 Prozent.[28] Aus seiner Sicht liegt die geringe Quote daran, dass in den restlichen Fällen die Belehrung wirksam war.[29] Die dennoch hohe Arbeitslast der Gerichte beruhe auf zwei Gründen: zum einen sei die Erwartung der Versicherungsnehmer an einen finanziellen Gewinn nach Widerspruch unrealistisch hoch. Die Kostenquote betrage selbst nach Erfolg im Verfahren über 50 Prozent für den Kläger. Zum anderen seien die Rechtsschutzversicherer – auch ohne vertiefte Beurteilung des wirklichen Prozessrisikos – weiterhin bereit (gewesen), diese Verfahren zu finanzieren.[30]

3. Lebensversicherung als beliebtes Produkt

Ein weiterer Faktor, der zum Massengeschäft beigetragen hat, war die Beliebtheit des Produkts der Lebensversicherung.[31] Denn die Mentalität der Anleger, die sich zunächst für Aktien interessierten, änderte sich teilweise in Folge der „Dotcom-Blase", welche die Anleger zu – zumindest vermeintlich – sichereren Anlageprodukten wie der Lebensversicherung

---

27 Dies allgemein darstellend MüKo-ZPO/*Gottwald*, § 325a ZPO Rn. 5 f. Der sachliche Anwendungsbereich der Kapitalanlegermusterverfahren ist im Gegensatz zu der Musterfeststellungsklage begrenzt, § 1 Abs. 2, 3 KapMuG. Dazu BeckOK ZPO/*Thönissen*, § 41 VDuG Rn. 16.

28 *Brambach*, r + s 2017, 1; dabei wurde bei nicht einmal einem Prozent der Verträge der Widerspruch ausgeübt.

29 *Brambach*, r + s 2017, 1.

30 *Brambach*, r + s 2017, 1.

31 Dies bekräftigend, *Teilnehmer 1* – persönliches Interview vom 13.11.2024. Zur historischen Entwicklung und der zeitlichen Einordnung des Aufschwungs des Versicherungswesens, *Reichert-Facilides*, in: FS Drobnig 1998, S. 119, 120 f. Vgl. zu Kennzahlen allgemein zur Beliebtheit und großen Anzahl an Versicherungen, *Durstin*, Die VersicherungsPraxis 2019, 19.

führte.[32] Zudem hat sich das Produkt der Lebensversicherung im privaten Lebensbereich schnell verbreitet, was zu einer Vielzahl von Abschlüssen geführt hat. Im Falle der Möglichkeit einer gewinnbringenden Lösung von einer solchen Lebensversicherung, ist ersichtlich, dass sich dies ebenso verbreitet und sich viele mit dieser Möglichkeit beschäftigen werden.[33] Die Vielzahl an im Policenmodell abgeschlossenen Lebensversicherungen führte folglich maßgeblich zu dem Massengeschäft.[34] Betrachtet man dies vor dem Hintergrund dessen, dass sich zusätzlich das Policenmodell als das gegenüber dem Antragsmodell beliebtere Abschlussmodell etablierte, ergibt sich ein Zusammenspiel, das die Basis einer Entstehung der Klagenflut bildet. Ferner wird dadurch deutlich, dass viele Anleger ihr Vermögen als bewusste Entscheidung in die Lebensversicherung investierten und sich somit eine finanziell lohnende Investition erwarteten. Falls dies nicht eintritt, und es eine Möglichkeit gibt, sich von dieser Entscheidung wirtschaftlich attraktiv zu lösen, ist bei der Masse an abgeschlossenen Policen klar, dass dies eine Klagenwelle auslösen kann.

4. Herausragende Dichte an Rechtsschutzversicherungen

Ein Faktor, welcher im Schrifttum im Bereich des Policenmodells kaum beleuchtet wird, ist der der Finanzierung und Kosten der Prozesse.[35] Denn alle Interviewpartner waren sich einig, dass ohne die unglaublich hohe Dichte an Deckung durch Rechtsschutzversicherungen[36] es niemals zu einem solchen

---

32 Ein Interviewpartner sah die Änderung in der Strategie von Anlegern als einen der zwei großen Faktoren für die Entstehung des Massenphänomens, *Teilnehmer 1* – persönliches Interview vom 13.11.2024; zum Beginn der Beliebtheit der Lebensversicherung aufgrund seiner Sparkomponente bereits vor der Jahrtausendwende, *Reichert-Facilides*, in: FS Drobnig 1998, S. 119, 121; durch die Kapitalmarktkrise befanden sich die Lebensversicherer jedoch auch unter einem bisher so nicht gekannten Druck, dazu näher *Surminski*, Die Kapitalmarktkrise und ihre Auswirkungen auf die deutsche Versicherungswirtschaft, S. 9.

33 *Teilnehmer 5* – online-Interview vom 27.11.2024.

34 So *Teilnehmer 5* – online-Interview vom 27.11.2024.

35 Siehe nur *Brambach*, r + s 2017, 1.

36 In einem Interview wurde die Zahl der rechtsschutzversicherten Versicherungsnehmer in den Verfahren auf rund 90 bis 95 Prozent geschätzt, *Teilnehmer 3* – telefonisches Interview vom 19.11.2024; durch die Rechtsschutzversicherung sind freilich auch immer die Gebühren für die Klägeranwälte abgedeckt; diese nehmen daher auch teilweise lediglich Fälle an, die von der Rechtsschutzversicherung gedeckt sind, *Teilnehmer 7* – online-Interview vom 3.12.2024.

Ausmaß der Kommerzialisierung des Policenmodells gekommen wäre.[37] Der Eintritt eines Rechtsschutzfalles ist im Falle eines Widerspruchs im Policenmodell gemäß § 4 Abs. 1 *lit.* c) ARB 2010 im Schrifttum anerkannt.[38] Der Verstoß im Sinne dieser Vorschrift liegt in der Weigerung des Versicherers, einen erklärten Widerspruch anzuerkennen.[39]

Als Folge dessen können sich die Versicherungsnehmer, welche das Kostenrisiko aufgrund der Deckung durch die Rechtsschutzversicherung nicht fürchten (müssen), ohne ein wirkliches Risiko für die Erklärung des Widerspruchs entscheiden. Ein mögliches, finanzielles Risiko könnte lediglich in der Übernahme der Selbstbeteiligung oder der Gefahr der Kündigung der Rechtsschutzversicherung liegen – andere Risiken sind nicht ersichtlich.[40] So mag dies für den Versicherungsnehmer erscheinen, dass er durch die Geltendmachung seines Rechts bloß Gewinn machen und von seiner Klage profitieren kann. Dies ist allerdings aufgrund der jeweiligen Einzelheiten des Falls und der auch finanziell zu befürchtenden Nachteile zu kurz gedacht.[41] So hat der Versicherungsnehmer darauf zu achten, dass teilweise – insbesondere bei Verträgen mit Risikozusatzversicherungen – der Ertragswert höher als der Widerspruchswert ist und von einem Widerspruch in diesen Fällen abzuraten wäre.[42] Dennoch mag ein Widerspruch auf den einzelnen Versicherungsnehmer im ersten Moment lediglich vorteilhaft wirken. Dies befördert das Massenphänomen. Außerdem resultiert dieser Zustand in der

---

[37] Statt aller, *Teilnehmer 1* – persönliches Interview vom 13.11.2024. So generell für Massenverfahren *Heiß*, NJW 2025, 1625 (1628).

[38] BeckRA-Hdb/*Scholl*, § 56 Rn. 91.

[39] Der Verstoß ist damit nicht die fehlerhafte Belehrung oder unvollständige Verbraucherinformation, siehe BGH v. 24.4.2013 – IV ZR 23/12, NJW 2013, 2285; siehe auch BeckRA-Hdb/*Scholl*, § 56 Rn. 91.

[40] *Teilnehmer 3* – telefonisches Interview vom 19.11.2024.

[41] Zustimmend MAH VersR/*Leithoff*, § 25 Rn. 362.

[42] Gerade dies kann in der Praxis auch zu Beratungsfehlern auf Seiten der Anwälte führen. Zu den Beratungspflichten eines Rechtsanwalts allgemein, siehe BeckOK BGB/*Fischer*, § 675 BGB Rn. 19 ff. So könnte ein Versicherer in Fällen von Risikozusatzversicherungen und Berufsunfähigkeitsversicherungen den Widerspruch anerkennen, da er weniger an den Versicherungsnehmer auszahlen muss als die reguläre, auszuschüttende Vertragsleistung betragen hätte. In diesem Fall hätte der Versicherungsnehmer auch keine Berufsunfähigkeitsversicherung mehr, so *Teilnehmer 3* – telefonisches Interview vom 19.11.2024.

Art und Weise der vorgetragenen Klagen: Denn grundsätzlich würde wohl ein vernünftiger Versicherungsnehmer – unabhängig von einer bestehenden Rechtsschutzversicherung – zunächst den Versicherungsvertrag kündigen, um das Kostenrisiko so gering wie möglich zu halten und erst im Nachgang den Widerspruch nach § 5a VVG a.F. erheben. Jedoch gibt es zahlreiche Fälle, in denen der Versicherungsnehmer direkt Widerspruch erhebt.[43]

5. Bedeutende Höhe der Streitwerte

Ferner wird das Massengeschäft durch die Höhe der Streitwerte gefördert.[44] In den meisten Verfahren liegt der Streitwert bei mindestens EUR 10.000,00.[45] Dies hat zur Folge, dass für viele Versicherungsnehmer die streitige Summe nicht nur eine nebensächliche Angelegenheit darstellt, sondern vielmehr eine bedeutende Investition, für welche sie sich entschieden haben. Diese Summen spielen auch für die Seite der Versicherer eine wichtige Rolle. Denn für diese stellt grundsätzlich jeder geltend gemachte Anspruch zunächst ein Risiko dar. Insbesondere im Falle einer Rückgewährung geleisteter Beiträge, welche nicht nur die Auskehrung des Rückkaufswerts umfasst, wird der Versicherer sein finanzielles Risiko im Blick haben müssen. Denn der Versicherungsnehmer kann grundsätzlich deutlich mehr im Wege seines Bereicherungsanspruchs als bei einer Kündigung des Vertrags verlangen. Daher liegt beim Widerspruch regelmäßig auch ein höherer Streitwert als bei der Kündigung zugrunde.[46] In Anbetracht der streitigen Verträge und ihrer Volumina geht es für den Versicherer oftmals um eine erhebliche Summe.

Auch hat ein Versicherer regelmäßig dieselbe Belehrung in gewissen Zeiträumen verwendet.[47] Im Falle eines wirksamen Widerspruchs eines

---

[43] Es sind viele der angegriffenen Verträge noch ungekündigt, *Teilnehmer 1* – persönliches Interview vom 13.11.2024.

[44] *Teilnehmer 1* – persönliches Interview vom 13.11.2024; zur Berechnung des Streitwerts im Rahmen des Nutzungsersatzes nach Widerspruch im Policenmodell, BGH v. 19.12.2018 – IV ZB 10/18, r + s 2019, 137; PHdB-VersProz/*Schnepp*, § 10 Rn. 81.

[45] Bei den Verfahren im Rahmen von Verträgen, die nach dem neuen VVG abgeschlossen wurden, liegen die Streitwerte in der Regel aufgrund der kürzeren Laufzeiten niedriger. Daher bleibt eine Vielzahl von Verfahren nach dem neuen VVG aus, so *Teilnehmer 7* – online-Interview vom 3.12.2024.

[46] Ausführlich zur Berechnung des Streitwerts, siehe BeckOK VVG/*Schepers*, § 5a VVG a.F. Rn. 83 f.

[47] *Teilnehmer 6* – online-Interview vom 2.12.2024.

Belehrungsfehlers könnten folglich viele Versicherungsnehmer auf dieser Basis diesen Fehler angreifen. Daher werden auch hier Versicherer Kosten und Mühen nicht scheuen, ihren Standpunkt vertreten zu lassen. Dies gilt vor allem für das finanzielle Risiko, das mit einer Vorlage an den EuGH und einer potentiell angenommenen Unionswidrigkeit des Policenmodells mit einhergeht. So könnten sämtliche Verträge nie zustande gekommen sein. In dem Falle dieser Rückabwicklung ist fraglich, ob ein Versicherer überhaupt diese Summen aufbringen könnte, um dies abzudecken und die Gläubiger zu befriedigen.[48] Somit besteht ein nicht zu unterschätzendes Risiko für die gesamte Versicherungswirtschaft. Vor dem Hintergrund dessen ist ersichtlich, dass auch die Versicherer den Klagen der Versicherungsnehmer entgegentreten und somit ihren Teil zum Massengeschäft beitragen.

6. Gleichgelagerte Sachverhalte und Verwendung von Textbausteinen

Ein weiterer Treiber für das Massengeschäft ist der Fakt, dass die zugrunde liegenden Sachverhalte – trotz ihrer tatsächlichen Differenzen – in rechtlicher Hinsicht überwiegend gleichgelagert sind.[49] Dies zeigt sich auch in anderen verbraucherrechtlichen Verfahren, wie etwa in den Diesel-Verfahren oder im Verbraucherkreditrecht.[50] Diese Standardisierbarkeit führt dazu, dass Kanzleien Textbausteine einsetzen können, um eine hohe Anzahl von Verfahren effizient zu bearbeiten.[51]

Zunächst bietet dieses Phänomen Vorteile und ist durchaus positiv einzuschätzen. Für die Versicherungsnehmer ergibt sich die Möglichkeit, ihr Widerspruchsrecht kostengünstig auszuüben.[52] Gerade im Lichte des Verbraucherschutzes ist dies sinnvoll: Der Versicherungsnehmer kann durch

---

48 Siehe dazu Kap. 3 B. IV. 3.

49 *Teilnehmer 1* – persönliches Interview vom 13.11.2024.

50 Am Beispiel der Diesel-Verfahren die Last der unbegrenzten, nicht auf das Wesentliche konzentrierenden Vorträge darstellend *Gutdeutsch/Maaß*, NJW 2022, 1567; siehe dazu allgemein näher *Domej*, NJW-Beil 2024, 37 (40).

51 Dahinter steht wohl meistens eine Software und dafür geschultes Personal, was eine datengetriebene und standardisierte Klageerhebung ermöglicht, so allgemein *Heiß*, NJW 2025, 1625 (1628).

52 Allgemein zu diesen Vorteilen bei dem Einsatz von Legal-Tech *Heiß*, NJW 2025, 1625 (1627 f.).

diese anwaltliche Vertretung effektiv seine Rechte gegenüber den Versicherern durchsetzen, ohne dabei große Risiken zu fürchten. Der Zugang zum Recht wird gefördert,[53] was dem *Telos* des Verbraucherschutzes entspricht.

Allerdings birgt es auch Risiken. Bei der Verwendung von Textbausteinen kann die erforderliche Individualität fehlen.[54] Dies resultiert gegebenenfalls in negativen Folgen sowohl für die Versicherungsnehmer als auch für das Rechtssystem insgesamt. So besteht das Risiko, dass die Gegebenheiten eines Einzelfalls nicht immer hinreichend berücksichtigt werden. Gerade im Falle fehlerhafter Belehrungen kommt es auf präzise, zutreffende Vorträge der Klägerseite an. Wenn dies jedoch nicht der Fall ist, kann dies nicht nur die Erfolgsaussichten der Klagen mindern, sondern auch das Vertrauen der Versicherungsnehmer in die Klägerkanzleien begrenzen.

Die Interviewpartner der Richterschaft sowie der Beklagtenseite berichten, dass in der Praxis bei einer Vielzahl von Klagen ein hohes Maß an Standardisierung festzustellen ist.[55] Es wirkt so, dass die Klageschriften teilweise nur minimal auf den jeweiligen Sachverhalt angepasst werden.[56] Die Verwendung der Textbausteine ermöglicht es daher, diese Massenfälle mit vergleichsweise geringem Aufwand zu führen. Dies ist freilich mit entsprechenden Skalierungseffekten verbunden.[57] Nur auf diesem Wege kann überhaupt die

---

53 Instruktiv zum Zugang zum Recht, siehe *Klama*, Die Prozesskostenhilfe im grenzüberschreitenden Rechtsverkehr, S. 27 ff.

54 Siehe dazu das OLG Köln, das eine Berufung als unzulässig verworfen hat, da sie den gesetzlichen Anforderungen nicht genüge, OLG Köln v. 18.8.2020 – 15 U 171/19, BeckRS 2020, 20925. In diesem Sinne auch im Bereich datenschutzrechtlicher Massenverfahren das OLG Celle, siehe OLG Celle v. 4.4.2024 – 5 U 77/23, BeckRS 2024, 6436. Dazu und allgemein zur Anwaltshaftung beim Einsatz von Legal-Tech, *Remmertz*, LTZ 2025, 99. In Massenverfahren sind die Schriftsätze von erheblichem Umfang und häufig von einer Vermischung von Sachverhaltsdarstellung und Würdigung geprägt, so *Gutdeutsch/Maaß*, NJW 2022, 1567.

55 Dies allgemein für Massenverfahren bestätigend, Initiativstellungnahme des Deutschen Richterbundes zur besseren Bewältigung von Massenverfahren in der Justiz, Nr. 1/22 S. 4 f.

56 *Teilnehmer 1* – persönliches Interview vom 13.11.2024. Auf Qualitätsunterschiede zwischen den Verbraucherkanzleien hinweisend, *Teilnehmer 3* – telefonisches Interview vom 19.11.2024.

57 Ein Versicherer hat oftmals dieselbe Belehrung verwendet. Ein Klägeranwalt konnte somit eine Klageschrift in verschiedenen Verfahren ähnlich verwenden, so *Teilnehmer 2* – telefonisches Interview vom 19.11.2024.

Masse an Versicherungsnehmern vertreten werden. So lassen sich für einzelne Versicherer wiederkehrende Textbausteine und Argumentationsmuster entwerfen, die immer verwendet werden können.[58] Diese Praxis hat eine ambivalente Wirkung. Sie bietet für den einzelnen Versicherungsnehmer zum einen die Möglichkeit zur effektiven Rechtsdurchsetzung im Sinne des Verbraucherschutzes, führt zum anderen jedoch auch zu einer Kommerzialisierung, bei der eine individuelle Prüfung des jeweiligen Falls nicht immer im Vordergrund steht.[59]

7. Unsicherheit über den Verfahrensausgang

Hinzu kommt, dass sich eine Partei nie des Ausgangs eines Verfahrens sicher sein kann. Hier wird beim Massengeschäft im Bereich des Policenmodells aufgrund der doch widersprüchlichen, einzelfallbasierten Rechtsprechung[60] klar, dass nur in seltenen Fällen ein Verfahrensausgang vorhergesagt werden kann. Denn fraglich ist, wie das einzelne Instanzgericht über etwaige Belehrungsfehler oder über aktives Eingreifen in den Vertrag durch den Versicherungsnehmer urteilt.[61] Besonders vor dem Hintergrund der tatrichterlichen Würdigung lässt sich selten ein Verfahrensausgang vorhersagen. Ersichtlich ist, dass der BGH immer mehr Fälle durch seine Rechtsprechung entschieden und somit maßgebliche Linien geprägt hat – sei es die Geringfügigkeit von Belehrungsfehlern oder die Annahme der Treuwidrigkeit bei der Sicherungsabtretung. Jedoch ist selbst in diesen Fällen eine klare Entscheidung nicht zu prognostizieren.[62] Zudem bilden diese Fälle immer noch Einzelfälle und der BGH hat insbesondere hinsichtlich der Wesentlichkeit der inhaltlichen Anforderungen an die Belehrung erst im Jahr 2023 eine Entscheidung getroffen. Davor waren unterschiedliche Linien

---

[58] Insbesondere gilt dies vor dem Hintergrund der verschiedenen Fassungen des § 5a VVG a.F. und den damit für den jeweiligen Zeitraum ihrer Gültigkeit verwendeten Belehrungen, *Teilnehmer 1* – persönliches Interview vom 13.11.2024.

[59] So auch *Teilnehmer 1* – persönliches Interview vom 13.11.2024.

[60] Zustimmend, dass die Rechtsprechung unübersichtlich und teils widersprüchlich ist, siehe MAH VersR/*Leithoff*, § 25 Rn. 362; Rüffer/Halbach/Schimikowski/*Brambach*, § 152 VVG Rn. 47; *Zegowitz/Haferkorn*, VersR 2020, 1005 (1013).

[61] So auch *Teilnehmer 1* – persönliches Interview vom 13.11.2024.

[62] *Zegowitz/Haferkorn*, VersR 2020, 1005 (1013). So auch *Teilnehmer 1* – persönliches Interview vom 13.11.2024.

erkennbar, welche der Senat teilweise kippte und änderte. Im Lichte dessen können Anwälte beider Seiten freilich profitieren und in vielen Fällen die für sich nützliche Rechtsprechung zitieren.[63] Darüber hinaus lässt sich also bei keiner Seite mit hundert prozentiger Sicherheit ein Erfolg garantieren, wie es jedoch manchmal auf den Webseiten der einschlägigen Verbraucherkanzleien scheint.

8. Verhalten der Klägeranwälte

Die Klägeranwälte erkannten in der Entscheidung zum ewigen Widerspruchsrecht eine Chance, viele Verfahren führen zu können.[64] Gerade zu Beginn der Klagenwelle machten die Klägeranwälte im Rahmen ihrer Argumentation eine Unionswidrigkeit des Policenmodells insgesamt sowie der Ausschlussfrist geltend.[65] Das Argument einer etwaigen Unionswidrigkeit des Policenmodells wurde durch die Klägeranwälte speziell bei ordnungsgemäßen Belehrungen vorgebracht. Dies nahm in Folge des aus dem Jahr 2014 stammenden Urteils des BGH zum ordnungsgemäß belehrten Versicherungsnehmer allerdings ab.[66] Diese Einwände werden zwar immer noch vorgebracht, jedoch hauptsächlich die Belehrung an sich angegriffen.[67] Dabei spielt als inhaltlicher Belehrungsfehler die Falschangabe der Frist eine maßgebliche Rolle. Denn im Zuge der Änderung der Vorschrift hinsichtlich der Widerspruchsfrist von 14 auf 30 Tagen bei Lebensversicherungen entstanden für die Versicherer einige Probleme. Die zeitnahe Umsetzung gelang oftmals nicht, wodurch der Versicherer auf eine 14-tägige Widerspruchsfrist statt auf die gesetzlich vorgeschriebene Frist von 30 Tagen hingewiesen hat.[68] Dies konnten Klägeranwälte gut nutzen. Die Kanzleien konnten damit ihre Textbausteine auf diesen Fall anpassen und einschlägige, vorangegangene Rechtsprechung zitieren und somit die Verbraucherrechte durchsetzen. Dies ist als ein positives Beispiel zu werten, wie Verbraucherschutz zutreffend umgesetzt werden

---

[63] *Teilnehmer 1* – persönliches Interview vom 13.11.2024.

[64] So *Teilnehmer 2* – telefonisches Interview vom 19.11.2024.

[65] *Teilnehmer 6* – online-Interview vom 2.12.2024.

[66] *Teilnehmer 3* – telefonisches Interview vom 19.11.2024.

[67] *Teilnehmer 5* – online-Interview vom 27.11.2024.

[68] So *Teilnehmer 5* – online-Interview vom 27.11.2024; dies stellte den Versicherer oft vor praktische Schwierigkeiten; eine rechtzeitige interne Umstellung der Belehrung auf die 30 Tage gelang nicht immer, so *Teilnehmer 7* – online-Interview vom 3.12.2024.

kann. Zudem wird als wesentlicher Angriffspunkt die Unvollständigkeit der Unterlagen vorgetragen, sodass bei Annahme dessen die Frist noch nicht in Gang gesetzt wurde.[69]

Dabei orientieren sich sowohl Klägeranwälte als auch Vertreter der Beklagten im prozessualen Bereich insbesondere an der jeweiligen OLG-Rechtsprechung.[70] Die BGH-Rechtsprechung hängt fast wie ein *Damoklesschwert* über allem und kann die Rechtsprechung der Instanzgerichte beeinflussen und so mittelbar auch die Schriftsätze der Parteien. Freilich bestimmt der BGH die Grundlinien und somit auch die Linien der Instanzgerichte. Dies gilt insbesondere im Hinblick auf die Entscheidungen bezüglich der Geringfügigkeit eines Fehlers, an die sich auch die OLG orientieren. Jedoch ist in erster Linie in der täglichen Arbeit der Anwälte die vorangegangene Instanzenrechtsprechung des zuständigen Gerichts von größter Relevanz.[71]

9. Legal-Tech-Unternehmen

a) Legal-Tech und Prozessfinanzierer als Vertreter der Versicherungsnehmer

Flankiert werden die ersten Klagen, welche noch teilweise von Einzelanwälten oder kleineren Verbraucherkanzleien geführt wurden, von dem Vorgehen von Legal-Tech-Unternehmen.[72] Denn diese stehen, insbesondere nach der *Endress*-Entscheidung, in den meisten Fällen hinter den Klagen der Versicherungsnehmer.[73]

---

69 *Teilnehmer 6* – online-Interview vom 2.12.2024.

70 So *Teilnehmer 1* – persönliches Interview vom 13.11.2024.

71 Dies liegt auch daran, dass der BGH noch nicht zu sämtlichen von den Versicherern verwendeten Belehrungen entschieden hat und dies wohl bei der herausragenden Anzahl auch nicht tun wird. Eine Revisionszulassung wird daher und aufgrund der bereits an Vielzahl entschiedenen Fällen von vielen OLG auch nicht als sinnvoll betrachtet, so *Teilnehmer 1* – persönliches Interview vom 13.11.2024.

72 Allgemein zum Zugang zum Recht durch Legal-Tech, siehe *Rott*, in: Blocher/Heckmann/Zech (Hrsg.), Legal Tech aus Verbraucherperspektive, S. 111, 113 ff.; *Rollberg*, Algorithmen in der Justiz, S. 24 ff.; zur Zunahme der Digitalisierung und ihrer Rechtsdurchsetzung, siehe *Hendricks*, Rechtsdurchsetzung mittels Legal Tech-Plattformen, S. 34 ff.; *D. Kramer*, Der Widerruf von Verbraucherdarlehen zwischen Rechtsdurchsetzung und Rechtsmissbrauch, S. 182 ff.

73 Dabei stehen lediglich einige wenige Kanzleien bei den Klagen in den letzten Jahren hinter den Versicherungsnehmern, *Teilnehmer 4* – telefonisches Interview vom 22.11.2024.

Im Markt spezialisieren sich einige Legal-Tech-Unternehmen *inter alia* auf den Widerspruch von Lebensversicherungsverträgen, insbesondere auf die Rückabwicklung von Verträgen, welche nach dem Policenmodell geschlossen wurden.[74] Auf der Webseite wird oftmals darauf hingewiesen, dass dank eines BGH-Urteils Millionen Lebensversicherungen fehlerhaft seien und der Versicherungsnehmer seine eingezahlten Beträge zuzüglich Zinsen zurückerhalten kann.[75] Laut eines Interviews mit einem der Gründer seien 82 Prozent der über 10.000 geprüften Verträge fehlerhaft.[76]

Nicht von der Hand zu weisen ist, dass auch eine solche Art von Werbung zu einer deutlichen Steigerung der Rechtsstreitigkeiten führt.[77] Dies ist neben der Aktivität von Einzelanwälten und größeren Kanzleien mit Spezialisierung auf dieses Thema ein nicht zu unterschätzender Ursprung der Erhöhung der rechtlichen Aktivitäten in diesem Bereich.[78] Andererseits könnte dagegen eingewendet werden, dass durch die Gründung eines solchen Services die Anzahl an gerichtlichen Verfahren abnimmt.[79] Laut des Co-Gründers ergibt sich durch diese Vielzahl an Verfahren der Vorteil, dass die Versicherer, die die Forderungen erreichen, das Legal-Tech-Unternehmen bereits kennen und anders, als sie es möglicherweise mit dem einzelnen Versicherungsnehmer als

---

[74] Dies wird zum Beispiel in einem Interview vom 6.8.2019 zwischen *capital.de* und einem der Gründer des betreffenden Legal-Tech-Unternehmens thematisiert, https://www.capital.de/geld-versicherungen/helpcheck-wir-wollen-das-check24-bei-rechtsproblemen-werden (zuletzt abgerufen am 29.5.2025).

[75] So beispielsweise unter https://www.helpcheck.de/lebensversicherung (zuletzt abgerufen am 29.5.2025). Zum Bewerben des Widerrufsjokers im Verbraucherkreditrecht, siehe *D. Kramer*, Der Widerruf von Verbraucherdarlehen zwischen Rechtsdurchsetzung und Rechtsmissbrauch, S. 153.

[76] Siehe zu dieser Aussage im Interview vom 6.8.2019 unter https://www.capital.de/geld-versicherungen/helpcheck-wir-wollen-das-check24-bei-rechtsproblemen-werden (zuletzt abgerufen am 29.5.2025).

[77] So auch *Teilnehmer 1* – persönliches Interview vom 13.11.2024; *Teilnehmer 5* – online-Interview vom 27.11.2024. Vgl. zur leichteren Ansprache von Betroffenen *Gsell/Meller-Hannich*, JZ 77 (2022), 421.

[78] In diese Richtung *Teilnehmer 1* – persönliches Interview vom 13.11.2024; *Teilnehmer 5* – online-Interview vom 27.11.2024.

[79] Zum Potential der Digitalisierung für das Privatrecht und die Gerichte, siehe *Fries*, NJW 2016, 2860 (2863 f.); *Frese*, NJW 2015, 2090; *Hähnchen/Schrader/Weiler/Wischmeyer*, JuS 2020, 625; *Specht*, MMR 2019, 153; *Domej*, NJW-Beil 2024, 37.

Privatperson tun würden, die Forderungen nicht direkt abweisen. Vielmehr könnten dadurch wohl 20 Prozent der Fälle außergerichtlich gelöst werden.[80]

Typischerweise wirbt ein Legal-Tech-Unternehmen zudem mit für sie günstigen Urteilen und Rezensionen auf ihrer Webseite.[81] Insbesondere das Schalten von Werbung auf Webseiten oder Plattformen wie LinkedIn ist auffällig[82] und verleitet zu einer Erhebung des Widerspruchs.[83] Alleine das Suchen in einer Internet-Suchmaschine nach den Begriffen „Policenmodell" oder „Widerspruch der Lebensversicherung" reicht aus, um auf die Webseiten der einschlägigen Klägerkanzleien zu kommen.[84] Das aktive Marketing und Bewerben dieser Möglichkeit erregte gerade zu Anfang viel Aufmerksamkeit.[85] Legal-Tech-Unternehmen können, unter anderem auf diesem Wege, potentielle Gewinnmöglichkeiten für den Einzelnen aufzeigen.[86] Besonders durch diesen digitalen Vorsprung und den Überblick über neue Rechtsprechung können Verbraucherkanzleien schnell etwaige Fehler in jeglichen Bereichen angreifen und dies bewerben. Teilweise mag hinterfragt werden, ob dies noch dem originären *Telos* eines Lösungsrechts entspricht. Die Motivation der Unternehmen sowie der Versicherungsnehmer ist nicht zuletzt wegen der hohen Streitwerte gleichbleibend hoch über viele Jahre.[87]

---

[80] Siehe zu dieser Aussage im Interview vom 6.8.2019 unter https://www.capital.de/geld-versicherungen/helpcheck-wir-wollen-das-check24-bei-rechtsproblemen-werden (zuletzt abgerufen am 29.5.2025).

[81] So beispielsweise unter https://www.helpcheck.de/lebensversicherung (zuletzt abgerufen am 29.5.2025). Auffällig ist jedoch, dass regelmäßig keine Urteile genannt werden, die das Widerspruchsrecht durch den Grundsatz von Treu und Glauben eingeschränkt haben. Kritisch im Hinblick solcher Modelle auf das Rechtsdienstleistungsrecht, siehe *Kilian*, NJW 2019, 1401; *Prütting*, ZIP 2020, 1434; *T. Günther*, GRUR-Prax 2020, 96; dazu instruktiv *Hendricks*, Rechtsdurchsetzung mittels Legal Tech-Plattformen, S. 379 ff.

[82] Siehe dazu auch einen Beitrag auf *LTO*. Danach sprechen Prozessfinanzierer und ihre Anwälte Verbraucher mittels Werbung direkt an, siehe den Beitrag vom 6.5.2025 (abrufbar unter https://www.lto.de/recht/kanzleien-unternehmen/k/diesel-gluecksspiel-dsgvo-prozessfinanzierer-rolle-massenverfahren, zuletzt abgerufen am 6.6.2025).

[83] *Teilnehmer 1* – persönliches Interview vom 13.11.2024; *Teilnehmer 5* – online-Interview vom 27.11.2024.

[84] *Teilnehmer 1* – persönliches Interview vom 13.11.2024.

[85] *Teilnehmer 5* – online-Interview vom 27.11.2024.

[86] So ebenso *Teilnehmer 3* – telefonisches Interview vom 19.11.2024.

[87] Dies bestätigend *Teilnehmer 3* – telefonisches Interview vom 19.11.2024.

Klar wird dadurch, dass solche Faktoren das Massenphänomen fördern und eine erhöhte Zahl an Widersprüchen hervorrufen.

Ersichtlich ist allerdings auch, dass der einzelne Versicherungsnehmer als Laie diesen Service, der möglichst effizient und kostengünstig für den Kunden ausgelegt ist[88], sicherlich gerne in Anspruch nehmen wird. Häufig wird lediglich ein Abschlag oder eine vorher vereinbarte Beteiligung im Erfolgsfall an das Legal-Tech-Unternehmen gezahlt.[89]

Im Rahmen dessen sollte ein Versicherungsnehmer jedoch vor einer möglichen Inanspruchnahme des Versicherers prüfen und durchrechnen, ob sich ein Widerspruch wirklich lohnt.[90] Problematisch in diesem Rahmen ist die regelmäßige Zusicherung der Klägerkanzleien, einen hohen Betrag durch die Rückabwicklung der Lebensversicherung holen zu können. Ein Hinweis auf eine Abwägung erfolgt kaum.[91] Freilich ist dies aus der Sicht des Unternehmens verständlich, um auf diese Weise mehr Kunden und Provisionen für sich zu gewinnen. Ersichtlich ist aber auch – besonders vor dem Hintergrund der Anzahl der abgeschlossenen Verträge nach dem Policenmodell –, dass eine Vielzahl von Verträgen durch Laien ohne angemessene Beratung abgeschlossen wurde. Dieser kann sich wiederum einfacher ohne intensive Abwägung zu einer Durchsetzung seiner potentiellen Ansprüche verleiten lassen.

---

88 Das Legal-Tech-Unternehmen zieht eine Provision nur vom erzielten Mehrwert ab. Dazu näher *Heiß*, NJW 2025, 1625 (1627 f.).

89 Siehe dazu den vor kurzem veröffentlichten Artikel vom 4.6.2025 durch das *Handelsblatt*, welcher aufgrund steigender Gerichts- und Anwaltskosten auf die Möglichkeit der Prozessfinanzierer hinweist, https://www.handelsblatt.com/finanzen/steuern-recht/recht/geld-so-wappnen-sie-sich-gegen-steigende-gerichts-und-anwaltskosten/100131218.html (zuletzt abgerufen am 5.6.2025).

90 So warnten die Marktwächterexperten der Verbraucherzentrale Hamburg mehrmals vor den Rückabwicklern, da diese keine Prüfung der Sinnhaftigkeit des Widerspruchs vornehmen, siehe die Pressemitteilungen vom 6.2.2018 (abgerufen am 30.6.2025 unter https://www.vzbv.de/pressemitteilungen/marktwaechterwarnung-vorsicht-vor-rueckabwicklern-von-lebensversicherungen) sowie vom 7.6.2016 (abgerufen am 7.6.2016 unter https://www.vzhh.de/presse/marktwaechterwarnung-vor-rueckabwicklern-von-versicherungen).

91 Dabei ist eine etwaige Anwaltshaftung zu beachten. Allgemein zur Anwaltshaftung im Rahmen von Legal-Tech, siehe *Rott*, in: Blocher/Heckmann/Zech (Hrsg.), Legal Tech aus Verbraucherperspektive, S. 111, 121 ff.; *Thole/Rolff*, AnwBl 2025, 13; *Fries*, NJW 2016, 2860 (2863).

Zusammenfassend ist festzuhalten, dass grundsätzlich das Handeln und die Teilnahme von Legal-Tech-Unternehmen die generelle Aktivität bezüglich der Rückabwicklung von Versicherungen fördern. Schwierig zu bewerten ist, ob damit verbunden wirklich eine Steigerung der außergerichtlichen Einigungen und damit ein Rückgang von gerichtlichen Entscheidungen einhergeht. Vielmehr ist wohl anzunehmen, dass neben dem Verhalten von Anwälten und Kanzleien, die ebenso mit dem Gesichtspunkt des Verbraucherschutzes und der Einfachheit der Durchsetzung dieser Ansprüche werben, zu einer Steigerung der Verfahren führt. Dies stellt daher auch einen bedeutenden Teil des Massengeschäfts dar.

b) Potentielle Gewinnerzielungsabsicht

Grundsätzlich ist Verbraucherschutz zu fördern und durchzusetzen. Dieser effektive Zugang zum Recht ist für den einzelnen Verbraucher essentiell. Im Rahmen dessen wird die Prozesskostenfinanzierung[92] und eine potentielle Gewinnerzielungsabsicht von Legal-Tech-Unternehmen intensiv medial diskutiert.[93] Positiv zu bewerten ist eindeutig der kostengünstige, schnelle Zugang zum Recht.[94] Dies gilt auch für die Möglichkeit, potentielle Fehler gegen Großkonzerne geltend machen zu können. Gerade im Vergleich zu höheren Honoraren für traditionelle Rechtsdienstleistungen ergibt sich so eine Chance für fast jeden Verbraucher. Insbesondere die hohen Kosten für Gerichts- und Anwaltskosten, welche ab dem 1.6.2025 zusätzlich ansteigen

---

92 Siehe dazu allgemein näher *Riehm*, NJW 2024, 2713 (2714 ff.).

93 Siehe dazu Beiträge auf *LTO*, einer aus der Sicht der Beklagtenpartei vom 6.5.2025 (abrufbar unter https://www.lto.de/recht/kanzleien-unternehmen/k/diesel-gluecksspiel-dsgvo-prozessfinanzierer-rolle-massenverfahren) und ein anderer aus der Sicht eines Prozessfinanzierers vom 13.5.2025 (abrufbar unter https://www.lto.de/recht/kanzleien-unternehmen/k/replik-gastbeitrag-prozessfinanzierer-massenverfahren-hilfe-oder-stoerer),beide zuletzt abgerufen am 6.6.2025. Zudem gab es einen Beitrag vom 28.2.2025 auf *LTO*, dass der Legal-Tech-Markt zu kämpfen habe (abrufbar unter https://www.lto.de/recht/hintergruende/h/right-now-insolvenz-legal-tech-markt-analyse), zuletzt abgerufen am 16.6.2025.

94 Siehe dazu auch den Artikel vom 4.6.2025 durch das *Handelsblatt*, welcher auf die Möglichkeit der Prozessfinanzierer hinweist, https://www.handelsblatt.com/finanzen/steuern-recht/recht/geld-so-wappnen-sie-sich-gegen-steigende-gerichts-und-anwaltskosten/100131218.html (zuletzt abgerufen am 5.6.2025).

werden,[95] halten regelmäßig Verbraucher von einer Klage ab.[96] Nach einer Studie des Bundesministeriums der Justiz aus dem Jahr 2023 entscheiden sich knapp 60 Prozent aufgrund der zu hohen Kosten gegen eine Klage.[97]

Im Bereich des Policenmodells ist zudem rechtsdogmatisch die extensive Verwendung von Treuwidrigkeit und Verwirkung abzulehnen. Die Klagen der Versicherungsnehmer sollen nicht willkürlich gestoppt werden. Auch eine etwaige Belastung der Gerichte darf daran nichts ändern. Gerade vor dem Schutz des Versicherungsnehmers und der Förderung des Verbraucherschutzes steht der rechtsdogmatischen Betrachtung der Rechtsinstitute oftmals eine abweichende Praxis in den Verfahren gegenüber. Entscheidend muss vielmehr sein, dass hinsichtlich der Durchsetzung der Verbraucherrechte ein gesundes Maß gehalten wird, wohl wissend, dass das Widerspruchsrecht keine Motivationskontrolle enthält.

Allerdings müssen die Verfahren ordnungsgemäß und im Lichte des Ziels des Verbraucherschutzes geführt werden. Gerade dies mag im Hinblick auf die im Policenmodell ergehenden Verfahren hinterfragt werden. Zum einen gibt es auf der Seite der Klägeranwälte solche, die sich intensiv mit dem vorliegenden Fall auseinandersetzen und auch die Vollständigkeit der Verbraucherinformation begutachten, was ein hohes Maß an Zeit und Aufwand fordert.[98] Dies darf keinesfalls vernachlässigt werden. Gerade zu Anfangszeiten und der noch

95 Zum 1.6.2025 ist eine Anpassung der RVG in Kraft getreten, durch das Gesetz zur Neuregelung der Vormünder- und Betreuervergütung und zur Entlastung von Betreuungsgerichten und Betreuern sowie zur Änderung des Rechtsanwaltsvergütungsgesetzes und des Justizkostenrechts (Kosten- und Betreuervergütungsrechtsänderungsgesetz 2025 – KostBRÄG 2025), Gesetz v. 7.4.2025 – BGBl- I 2025, Nr. 109 v. 10.4.2025.

96 Siehe dazu den Artikel vom 4.6.2025 durch das *Handelsblatt*, welcher das Risiko der Kosten für das Durchlaufen aller Instanzen bei einem Streitwert von EUR 10.000 auf fast EUR 17.000 beziffert, https://www.handelsblatt.com/finanzen/steuern-recht/recht/geld-so-wappnen-sie-sich-gegen-steigende-gerichts-und-anwaltskosten/100131218.html (zuletzt abgerufen am 5.6.2025).

97 Siehe dazu den Abschlussbericht zum Forschungsvorhaben „Erforschung der Ursachen des Rückgangs der Eingangszahlen bei den Zivilgerichten", S. 13 f., 107 f., abrufbar unter https://www.bmj.de/SharedDocs/Publikationen/DE/Fachpublikationen/2023_Rueckgang_Eingangszahlen_Zivilgerichte.pdf?__blob=publicationFile&v=1 (zuletzt abgerufen am 5.6.2025).

98 *Teilnehmer 3* – telefonisches Interview vom 19.11.2024; *Teilnehmer 7* – online-Interview vom 3.12.2024.

fehlenden Kommerzialisierung des Massengeschäfts traten einige Versicherungsnehmer an Einzelanwälte oder einzelne Anwälte von größeren Kanzleien heran, die sich individuell mit dem Sachverhalt und den Erfolgsaussichten des jeweiligen Anspruchs beschäftigten.[99] Auch einige der Legal-Tech-Kanzleien schaffen es, den jeweiligen Sachverhalt und die Erfolgsaussichten eines Verfahrens angemessen zu prüfen.

Klar ist zum anderen aber auch, dass die Verbraucherkanzleien, insbesondere mit der Klagenwelle einhergehend, Gewinne durch diese Prozesse erzielen wollen. Es muss dabei aber die Ordnung einer rechtmäßigen und guten Prozessführung eingehalten werden. Dabei gab es in der Vergangenheit zahlreiche Verfahren, bei denen die Versicherungsnehmer zurecht ihren Anspruch durchsetzen konnten, da die Versicherer deutliche Fehler in der Belehrung gemacht haben.[100] Diese sollten sicherlich auch angegriffen und von den Verbraucherkanzleien überprüft werden. Denn bei Kenntnis des Widerspruchsrechts hätte der Versicherungsnehmer potentiell den Vertrag so nicht abgeschlossen – der Versicherungsnehmer erhebt somit berechtigt Klage.[101] Oftmals werden jedoch auch Verfahren seitens der Vertreter der Versicherungsnehmer geführt, bei denen eine ordnungsgemäße Rechtsberatung und Prozessführung zu hinterfragen ist.[102] So muss kritisch beäugt werden, ob es den Verbraucherkanzleien um das schlichte Abarbeiten der Fälle geht und damit das Verdienen der Gebühren nach RVG um jeden Preis im Vordergrund steht oder wirklich der Verbraucherschutz gefördert werden soll und eine rechtmäßige Vertretung der im Hinblick auf die Informationsasymmetrie unterlegenen Versicherungsnehmer sichergestellt wird.[103] Problematisch im

99 Ein einziger Interviewpartner erlebte eine Vielzahl von individualisierten Vorträgen der Aktivseite und selten ein standardisiertes Vorbringen ohne Einzelfallbezug, *Teilnehmer 5* – online-Interview vom 27.11.2024.

100 So auch *Teilnehmer 6* – online-Interview vom 2.12.2024.

101 Dies vertritt auch ein Interviewpartner, der diese Fälle jedoch als Einzelfälle sieht, *Teilnehmer 7* – online-Interview vom 3.12.2024.

102 Teilweise gehen die Rechtsschutzversicherer seit einiger Zeit wohl gegen die Verbraucherkanzleien in Regress, da diese unzutreffend über das Prozessrisiko aufgeklärt hätten, *Teilnehmer 7* – online-Interview vom 3.12.2024. Siehe zum Beispiel im Bereich der Diesel-Verfahren BGH v. 16.9.2021 – IX ZR 165/19, NJW 2021, 3324.

103 Zu diesem Spannungsverhältnis allgemein aus Verbraucherperspektive, siehe *Rott*, in: Blocher/Heckmann/Zech (Hrsg.), Legal Tech aus Verbraucherperspektive, S. 111, 113 f.; aus historischer Perspektive *Henssler*, AnwBl 2001, 525 (526).

Lichte einer ordnungsgemäßen Rechtsberatung könnte im Einzelfall der oftmals erklärte Widerspruch bei noch nicht erfolgter Kündigung gewertet werden, welcher eine erhöhte Gebührenabrechnung aufgrund höherer Streitwerte zur Folge hat. Teilweise würde dabei ausdrücklich keine Kündigung, sondern lediglich der Widerspruch erklärt werden, um den Streitwert zu maximieren.[104] Zudem erfolgen regelmäßig noch Klageerhebungen in Bereichen, bei denen eine Vielzahl an einheitlicher Rechtsprechung ergangen ist und diese aufzeigt, dass der Versicherungsnehmer keinen Erfolg haben wird. Dies geschieht zum Beispiel dann, wenn die betreffende Belehrung deutschlandweit durch die Judikatur bereits als ordnungsgemäß eingestuft wurde.[105] Dabei ist es für die Gebührenabrechnung der Klägeranwälte ideal, dass die Versicherungsnehmer jeweils einzeln den Anspruch gegen den Versicherer geltend machen. So kann die Verbraucherkanzlei den Versicherungsnehmer auf diesem Wege in zahlreichen, einzelnen Verfahren vertreten.[106] Im Rahmen dessen ist aus Sicht des Klägeranwalts zunächst zu prüfen, ob sich ein Widerspruch finanziell lohnt und ein potentielles Verfahren überhaupt Aussicht auf Erfolg hat.[107] Teilweise artet diese Vielzahl an Verfahren und die standardmäßige Abarbeitung der Fälle durch die Klägerkanzleien aber in einer schwachen Rechtsberatung aus.[108] So gibt es Klageschriften, die nicht auf den jeweiligen Fall passen und Belehrungsfehler angreifen, welche so nicht in Frage stehen oder nicht auf die im Fall vorliegende Belehrung passen.[109] Oftmals werden auch sämtliche, bisher in der Rechtsprechung diskutierte

---

104 So *Teilnehmer 1* – persönliches Interview vom 13.11.2024.

105 *Teilnehmer 3* – telefonisches Interview vom 19.11.2024.

106 So *Teilnehmer 2* – telefonisches Interview vom 19.11.2024; dazu kommt, dass grundsätzlich sämtliche Verfahren von der Rechtsschutzversicherung gedeckt sind und die Klägeranwälte auf diese Weise ihre Gebühren sicher erhalten, *Teilnehmer 7* – online-Interview vom 3.12.2024.

107 *Teilnehmer 2* – telefonisches Interview vom 19.11.2024. Allgemein dazu BeckOK BGB/*Fischer*, § 675 Rn. 19 ff.

108 Vgl. dazu am Beispiel der Diesel-Verfahren *Gutdeutsch/Maaß*, NJW 2022, 1567; siehe dazu allgemein näher *Domej*, NJW-Beil 2024, 37 (40).

109 So *Teilnehmer 2* – telefonisches Interview vom 19.11.2024, *Teilnehmer 3* – telefonisches Interview vom 19.11.2024. So können Gerichte die Klagen ohne zutreffenden Individualbezug schnell abweisen. Dazu schaffen es wohl die Klägeranwälte teilweise nicht, die richtige Norm passend zum betreffenden Abschlussmodell zu nennen und anzuwenden, *Teilnehmer 4* – telefonisches Interview vom 22.11.2024.

Belehrungsfehler angegriffen – unabhängig davon, ob diese wirklich vorlagen oder nicht.[110] So reicht jedenfalls ein einziger schwerwiegender, vom Gericht angenommener Belehrungsfehler aus, um einen Anspruch zu bejahen.[111] Teilweise wird immer wieder gegen denselben Belehrungsfehler mit demselben Argument geklagt, obwohl dies bereits in zahlreichen Entscheidungen hinreichend anders entschieden wurde.[112] Es werden grundsätzlich die von der Rechtsprechung neu angenommenen Fehler in der Belehrung dem Schriftsatz als Textbaustein hinzugefügt.[113] Teilweise werden selbst Verträge in Bezug auf das Widerspruchsrecht nach § 5a VVG a.F. angegriffen, die überhaupt nicht in dem der Vorschrift gültigen Zeitraum in den Jahren 1994 bis 2007 abgeschlossen wurden.[114]

Im Vordergrund steht teilweise die Abrechnung von Gebühren – unabhängig von etwaigen Erfolgsaussichten einer Klage.[115] Genau dies ist einem Massengeschäft wie dem Policenmodell immanent.[116] Ferner versuchen Teile der Klägeranwälte, die nächste Instanz zu erreichen, um somit mehr Gebühren abrechnen zu können.[117] Jedoch wird oftmals seitens der Klägeranwälte bei der Berufung kein passender und ausreichender Vortrag vorgebracht, welcher das Berufungsbegehren stützen könnte und für ein erfolgreiches Verfahren notwendig wäre.[118] Das Zusammenspiel aus teils unbeachtlichem Vorbringen durch die Klägeranwälte und der Aussichtslosigkeit aufgrund vergangener

---

110 *Teilnehmer 2* – telefonisches Interview vom 19.11.2024; *Teilnehmer 3* – telefonisches Interview vom 19.11.2024.

111 *Teilnehmer 2* – telefonisches Interview vom 19.11.2024.

112 *Teilnehmer 7* – online-Interview vom 3.12.2024.

113 Dies geschieht jedoch grundsätzlich auch ohne Einzelfallbezug, *Teilnehmer 4* – telefonisches Interview vom 22.11.2024.

114 *Teilnehmer 3* – telefonisches Interview vom 19.11.2024. Teilweise wird dabei versucht, den eigentlich zu einer anderen Zeit oder nach einem anderen Modell abgeschlossenen Versicherungsvertrag als einen im Policenmodell einzustufen, um somit vom ewigen Widerspruchsrecht profitieren zu können, *Teilnehmer 7* – online-Interview vom 3.12.2024.

115 *Teilnehmer 3* – telefonisches Interview vom 19.11.2024.

116 So *Teilnehmer 4* – telefonisches Interview vom 22.11.2024.

117 *Teilnehmer 4* – telefonisches Interview vom 22.11.2024; teilweise gibt es allerdings auch durchaus Bereitschaft zu einem Vergleich und einer Beendigung des Verfahrens in erster Instanz, *Teilnehmer 7* – online-Interview vom 3.12.2024.

118 *Teilnehmer 4* – telefonisches Interview vom 22.11.2024.

Entscheidungen führen häufig zur Rücknahme der Berufung.[119] Mangels substantiierten Vortrags seitens der Klägerseite können die Gerichte daher schnell zu einer Abweisung kommen.[120] Auf Seiten der Anwaltschaft ist es im Bereich des Policenmodells damit zu einer reinen Klageindustrie geworden.[121]

10. Policenaufkäufer

Eine Thematik, welche auch zu dem Massengeschäft und dem Ausnutzen des Widerspruchsrechts beigetragen hat, ist das Vorgehen von Policenaufkäufern.[122] Grundsätzlich können Versicherungsnehmer ihre Lebensversicherung verkaufen, womit diese in Folge vom Policenaufkäufer weitergeführt wird. In der Vergangenheit wurde die Konstellation des fortbestehenden Widerspruchsrechts und der Möglichkeit, einen finanziellen Gewinn durch die Ausübung des Widerspruchs zu erzielen, von einigen Policenaufkäufern genutzt.[123] In diesem Rahmen konnte der Policenaufkäufer – teilweise

---

119 Dabei versuchen Gerichte teilweise etwaige Einwirkungshandlungen und jedes Verhalten im Zusammenspiel als Umstandsmomente im Rahmen der Verwirkung zu werten und die Klage damit abzuweisen. Die wenigsten Klagen haben Erfolg. Die OLG können damit die erstinstanzlichen Urteile in vielen Fällen halten. So kommt es – meist nach Hinweis des OLG – oft zur Rücknahme der Berufung, so *Teilnehmer 4* – telefonisches Interview vom 22.11.2024.

120 *Teilnehmer 4* – telefonisches Interview vom 22.11.2024.

121 So *Teilnehmer 7* – online-Interview vom 3.12.2024.

122 Diese Thematik soll in dieser Arbeit nicht im Detail behandelt werden. Zum Geschäftsmodell siehe https://www.bafin.de/SharedDocs/FAQs/DE/Verbraucher/Versicherung/Produkte/Kapital/09_zweitmarkt.html (zuletzt abgerufen am 18.1.2025). Dieses Geschäftsmodell wurde eher in den Anfangsjahren betrieben, so *Teilnehmer 3* – telefonisches Interview vom 19.11.2024. Zwei Interviewpartner verneinten grundsätzlich ein direktes Auftreten von Policenaufkäufern, wobei es wirtschaftlich im Hintergrund teilweise Vereinbarungen gegeben haben könnte. Hinter den Klagen selbst stünden formal fast ausschließlich die einzelnen Versicherungsnehmer, auch aufgrund der Tatsache, dass sie selbst die Rechtsschutzversicherungsnehmer sind, *Teilnehmer 4* – telefonisches Interview vom 22.11.2024; *Teilnehmer 7* – online-Interview vom 3.12.2024.

123 Dabei wird die Police mit Abschlag verkauft. Einige Versicherungsnehmer vermeiden die mit der Erklärung des Widerspruchs verbundene Mühe und Einholung von Rechtsrat und entscheiden sich für den Verkauf der Lebensversicherung, so *Teilnehmer 2* – telefonisches Interview vom 19.11.2024. Versicherungsnehmer erhoffen sich dadurch auch eine schnelle Kapitalisierung ihrer Versicherung, dazu im Detail *Zöll*, VersR 2023, 1065.

gewinnbringend – den Widerspruch nach Ankauf erklären.[124] Dabei nahmen die Geschäftsmodelle weite Ausmaße wie eine Weiterzession an, um möglichst gewinnbringend von der Rückabwicklung in Form von Kündigung und Widerspruch der Lebensversicherung zu profitieren.[125] Hieran erkennt man wiederum die Kommerzialisierung des eigentlich verbraucherschützenden Widerspruchsrechts, welches oft zu einer Gewinnerzielungsabsicht hier in Form des Policenaufkaufs genutzt wird.[126]

11. Unzureichende Rentabilität der Lebensversicherungen

Weiter tragen das Ausbleiben der hohen Renditen und der Überschüsse zu der Klagenflut bei.[127] In den Jahren ab 2014 konnten sich die erhofften Überschüsse für Versicherer nicht realisieren, wodurch weniger Rendite beim Versicherungsnehmer abfiel.[128] Denn die nach dem Policenmodell abgeschlossenen Versicherungsverträge sicherten regelmäßig hohe Verzinsungen zu, welche in einem Niedrigzins-Umfeld wie in den Jahren bis 2022 regelmäßig nicht zu erreichen waren.[129] Dies lag unter anderem auch an den sinkenden Überschussbeteiligungen.[130] Ferner sind die Renditen der Versicherungsnehmer durch hohe Kosten und Provisionen nicht wie gehofft eingetreten. Der Wertzuwachs fiel schwächer aus als gedacht.[131] Dies förderte das Verlangen nach einer Auflösung des Versicherungsvertrags vor dem regulären Vertragsende.[132] Viele Versicherungsnehmer sahen die negativen Effekte und

---

[124] Strittig war in diesem Zusammenhang oft ein potentieller Verstoß gegen das Rechtsdienstleistungsgesetz (RDG), so *Teilnehmer 2* – telefonisches Interview vom 19.11.2024. So könnte sich ein Verstoß insbesondere hinsichtlich der Aktivlegitimation des Policenaufkäufers und damit gegen §§ 2 Abs. 1, 10 Abs. 1 S. 1 Nr. 1 RDG ergeben, *Zöll*, VersR 2023, 1065 (1070 f.).

[125] Dazu instruktiv, *Zöll*, VersR 2023, 1065.

[126] Dabei standen Policenaufkäufer und Klägeranwälte oft in einem Lager, *Teilnehmer 2* – telefonisches Interview vom 19.11.2024.

[127] *Teilnehmer 5* – online-Interview vom 27.11.2024; *Ferber/Rosowski*, VuR 2018, 89; *Zegowitz/Haferkorn*, VersR 2020, 1005.

[128] *Ferber/Rosowski*, VuR 2018, 89; *Zegowitz/Haferkorn*, VersR 2020, 1005.

[129] *Jembrek*, MDR 2014, 1242; dies stelle einen Anreiz zur Geltendmachung des Lösungsrechts dar, so MüKo-BGB/*Schubert*, § 242 BGB Rn. 507a.

[130] *Jembrek*, MDR 2014, 1242.

[131] *Teilnehmer 5* – online-Interview vom 27.11.2024; *Ferber/Rosowski*, VuR 2018, 89.

[132] *Ferber/Rosowski*, VuR 2018, 89.

Schwächen jedoch oft erst Jahre nach Abschluss des Vertrags.[133] Eine Lösung vom Vertrag war dann für den Versicherungsnehmer ohne das ewige Widerspruchsrecht wirtschaftlich unattraktiv. Eine Kündigung des Vertrags war oft mit deutlichen Verlusten verbunden.[134] Der Widerspruch eröffnete somit wirtschaftlich attraktivere Wege.

12. Mediale Aufmerksamkeit und Berichterstattung

Ferner darf keinesfalls außer Acht gelassen werden, dass auch die Medien einen Teil zur Stärkung des Verbraucherschutzes, der Beförderung der Klagenflut und der Entstehung dieses Massengeschäfts beigetragen haben. So gibt es zahlreiche Artikel der Medien[135], welche sich mit dem Policenmodell und seiner Abwicklung beschäftigen. Auch die BaFin berichtete über das fortbestehende Widerspruchsrecht in der Praxis.[136] Dies steigert die Aufmerksamkeit dieses Themas und befördert eine Beschäftigung des einzelnen Versicherungsnehmers hiermit. Außerdem sprach sich gerade zur Anfangszeit der Klagenflut die Widerspruchsmöglichkeit unter Versicherungsnehmern herum.[137] Dabei ist ersichtlich, dass die Lebensversicherung ein finanziell aufwendiges, komplexes und mit Anlagerisiko verbundenes Produkt[138] ist. Falls eine gewinnbringende Chance besteht – wie sie teilweise bestand – spricht sich dies naturgemäß schnell herum.[139]

---

[133] *Jembrek*, MDR 2014, 1242.

[134] *Jembrek*, MDR 2014, 1242.

[135] Siehe dazu Einl. Fn. 1, 2. Erst vor kurzem erschien ein Bericht von *t-online* am 17.5.2025 darüber, wie ein Versicherungsnehmer sein Geld bei zwischen den Jahren 1994 und 2007 abgeschlossenen Lebensversicherungen zurückholen könne, siehe unter https://www.t-online.de/finanzen/ratgeber/versicherungen/lebensversicherung/id_100699794/ewiges-widerspruchsrecht-bei-der-lebensversicherung-so-nutzen-sie-es.html (zuletzt abgerufen am 28.5.2025).

[136] Siehe dazu die Publikation der BaFin unter https://www.bafin.de/SharedDocs/Veroeffentlichungen/DE/Fachartikel/2016/fa_bj_1610_Lebensversicherung.html (zuletzt abgerufen am 28.5.2025).

[137] *Teilnehmer 5* – online-Interview vom 27.11.2024.

[138] Dies bestätigend für das Produkt des Versicherungsschutzes allgemein, siehe *Hübner*, EuZW 1995, 1.

[139] Gerade in Anfangszeiten, bei denen verschiedene Personengruppen von einem Versicherungsmakler beraten wurden oder sich für ein Produkt entschieden.

13. Vorgehen der Versicherungsvermittler

Teilweise hat auch das Verhalten und Vorgehen der Versicherungsvermittler zu fehlerhaften Belehrungen und somit mittelbar zum Massengeschäft beigetragen. Diesen wurde gerade vor dem Hintergrund der Deregulierung des Versicherungsmarkts eine bedeutendere Rolle attestiert, um Kunden im Lichte mangelnder Markttransparenz seriös zu beraten.[140] Etwa 80 Prozent der Verträge wurden unter Hinzuziehung von firmengebundenen Vermittlern und nur etwa 10 Prozent von unabhängigen Maklern geschlossen.[141] So gab es Fälle, in denen der Versicherer den Vertrieb an Vertriebsorganisationen überlassen hat, welche teilweise gar nicht oder fehlerhaft belehrt haben, obwohl der Versicherer auf eine ordnungsgemäße Belehrung vertraut hat.[142] Dies könnte teilweise durch die gesetzlich vorgesehene Ausschlussfrist nach § 5a Abs. 2 S. 4 VVG a.F. begünstigt sein – denn dem Versicherungsvermittler war zum damaligen Zeitpunkt bewusst, dass das Widerspruchsrecht auch bei etwaigen Belehrungsfehlern grundsätzlich nach einem Jahr erlöscht. Somit würden mögliche, von ihm als Vermittler verursachte Fehler nicht mehr berücksichtigt werden. Ein firmengebundener Vermittler steht zudem schon logischerweise auf der Seite des Versicherers und wird selten Konkurrenzprodukte empfehlen.[143] Dabei ist klarzustellen, dass dies allenfalls auf einen Teil der Versicherungsvermittler zutrifft – zahlreiche Vermittler haben wohl gewissenhaft gehandelt und die gesetzlichen sowie vom Versicherer vorgeschriebenen Anforderungen erfüllt.[144]

---

140 *Hübner*, in: Hamburger Gesellschaft zur Förderung des Versicherungswesens mbH (Hrsg.), Notwendigkeit der Berufsregelung für Versicherungsvermittler in Deutschland, S. 3, 8; *Jung*, in: FS Büchner 1991, S. 681, 683.

141 *Hübner*, EuZW 1995, 1; *Schreiber*, in: FS Büchner 1991, S. 701, 701 f.

142 So *Teilnehmer 6* – online-Interview vom 2.12.2024.

143 *Hübner*, EuZW 1995, 1; so wurden zahlreiche Verträge von unqualifizierten, nebenberuflichen Vertretern angeboten, so *Rehberg*, EuZW 2014, 237 (238).

144 Bereits vor Annahme der Dritten Richtlinie darstellend, dass es sowohl gute, seriöse Versicherungsvermittler als auch schlechte Vermittler gibt, *Müller*, Verbraucherschutz im Versicherungswesen durch Information der Versicherten, S. 29 f.; *Hamburger Gesellschaft zur Förderung des Versicherungswesens mbH* (Hrsg.): Berufsregelung für Versicherungsvermittler in Deutschland 1997, S. 1 f.

II. Massengeschäft für Anwälte der Versicherer

Auch die Anwälte der Versicherer konnten von den gleichgelagerten Sachverhalten und dem Massengeschäft profitieren.[145] Gerade diese können von der extensiven Anwendung einschränkender Rechtsinstitute, insbesondere durch die obergerichtliche Judikatur, Nutzen ziehen. Sie verwenden die für sie günstige Rechtsprechung als Vorlage und verweisen in ihren Begründungen auf die bereits ergangenen Entscheidungen, oft des jeweils betreffenden OLG-Bezirks,[146] um eine Klage abzuwehren. Auch sie nutzen Textbausteine und Vorlagen, um ihre Schriftsätze zu formulieren und die Argumente vorzutragen.[147] Dies gilt insbesondere im Hinblick auf die divergierende Rechtsprechung der deutschen Judikatur im Bereich der Verwirkung,[148] die auch durch den Grundsatz der tatrichterlichen Würdigung beeinflusst wurde. So stellen sich die Vertreter beider Seiten auf die jeweilige Rechtsprechung des OLG-Bezirks ein und passen ihre Schriftsätze darauf an.[149] Jedoch macht es eine solch divergierende Rechtsprechung nicht einfach, seine Strategie auf die jeweilige Forderung des Versicherungsnehmers anzupassen.[150] Die Vertreter

---

[145] Beispielsweise durch das Verwenden von Textbausteinen, so *Teilnehmer 1* – persönliches Interview vom 13.11.2024.

[146] *Weißhaupt*, WuB 2021, 263 (264). *Teilnehmer 1* – persönliches Interview vom 13.11.2024. Die Gerichte orientieren sich dabei sowohl an OLG- als auch BGH-Rechtsprechung. Erwägungen des EuGH werden auch miteinbezogen, so *Teilnehmer 4* – telefonisches Interview vom 22.11.2024.

[147] *Teilnehmer 1* – persönliches Interview vom 13.11.2024; *Teilnehmer 7* – online-Interview vom 3.12.2024.

[148] Bis zu der BGH-Entscheidung aus dem Jahr 2014 setzten sich die Anwälte beider Lager noch intensiv mit einer potentiellen Europarechtswidrigkeit in den Schriftsätzen auseinander. Diese Ausführlichkeit machte der BGH jedoch mit seiner Entscheidung und der Einführung der Verwirkung obsolet, *Teilnehmer 7* – online-Interview vom 3.12.2024.

[149] So sind wohl einige OLG-Bezirke beiden Seiten bekannt, bei denen ein Versicherungsnehmer mehr Erfolg habe, da das einschlägige Gericht nicht in einem extensiven Maße die Verwirkung anwendet, *Teilnehmer 1* – persönliches Interview vom 13.11.2024; *Teilnehmer 2* – telefonisches Interview vom 19.11.2024. Für die Instanzgerichte ist die Linie des BGH jedoch auch nicht immer einfach, da dieser viel der tatrichterlichen Würdigung überlässt und selten Fallgruppen definiert, *Teilnehmer 3* – telefonisches Interview vom 19.11.2024.

[150] So *Teilnehmer 3* – telefonisches Interview vom 19.11.2024. Grundsätzlich klagt der Versicherungsnehmer an seinem Wohnsitz, § 215 Abs. 1 VVG – dies auch aus dem Grund, um eine mögliche Anhörung einfacher durchführen zu können. Die Argumentation beider Parteien wird auch vom Gerichtsstand und der bisher dort ergangenen Rechtsprechung abhängig gemacht, *Teilnehmer 1* – persönliches Interview vom 13.11.2024.

der Beklagten können daher grundsätzlich nie sicher davon ausgehen, dass in gewissen Fällen der Einwand der Verwirkung greifen würde.[151] Rechtsprechungsänderungen wie nach der *Rust-Hackner*-Entscheidung werden auch hier mit einbezogen.[152]

Aus Sicht der Versicherer wird der Umgang der Rechtsprechung mit dem Thema des Verbraucherschutzes teils kritisch gesehen. So bemängelte ein Interviewpartner, dass der Verbraucherschutz zum Zeitpunkt der Einführung des § 5a VVG a.F. noch kein beherrschendes Thema in Deutschland war. Die Gerichte würden jedoch vom heutigen Stand des Verbraucherschutzes ausgehen und zu strenge Anforderungen an eine Belehrung stellen, welche vor mindestens 20 Jahren formuliert wurde. Daher sei an die Belehrung ein falscher Maßstab gesetzt.[153] Klar ist jedoch auch, dass jede für den Versicherer günstige Entscheidung genutzt wird. Betrachtet man beispielsweise die *Rust-Hackner*-Entscheidung aus dem Jahr 2019, konnte eine Verhinderung der Klagen insbesondere mit Hinblick auf den Wesentlichkeitsgedanken gelingen. So argumentieren die Vertreter der Versicherer nun oft, dass die Belehrungsfehler in die Kategorie der Geringfügigkeit einzuordnen sind.[154] Ebenso dürfte das Beharren des BGH auf ein Vermeiden einer Vorlage an den EuGH auch nach der *Volkswagen-Bank*-Entscheidung die Versicherer und ihre Vertreter erfreuen. Die Argumentation der Anwälte der Versicherer ist dabei immer auch abhängig von dem Versicherer, den sie vertreten. Denn einige Versicherer belehrten fast ausschließlich zutreffend, wohingegen andere Belehrungsfehler einbauten.[155]

Zusammenfassend ergibt sich, dass die Anwälte der Beklagtenseite jegliche, für sich positive Rechtsprechung vortragen und jede, auch nur noch so geringe, Handlung des Versicherungsnehmers im Einzelfall als Umstandsmoment im Sinne der Verwirkung annehmen. Dadurch wurde es auch den Gerichten oft leicht gemacht, die Klagen abzuweisen.[156] Die Vertreter der Versicherer orientieren sich dabei an den bereits entschiedenen Einzelfällen und versuchten, die Handlung des Versicherungsnehmers in diese Fälle

---

151 *Teilnehmer 5* – online-Interview vom 27.11.2024.
152 *Teilnehmer 1* – persönliches Interview vom 13.11.2024.
153 So *Teilnehmer 3* – telefonisches Interview vom 19.11.2024.
154 *Teilnehmer 7* – online-Interview vom 3.12.2024.
155 *Teilnehmer 7* – online-Interview vom 3.12.2024.
156 *Teilnehmer 4* – telefonisches Interview vom 22.11.2024.

einzuordnen.[157] Dabei beabsichtigten die Anwälte, sich Entscheidungen anderer OLG zunutze zu machen und damit das entscheidende Gericht von dieser Ansicht zu überzeugen.[158] Schlussendlich standen sich regelmäßig standardisierte Textbausteine ohne Individualbezug und ein intensiv vorbereiteter Vortrag gegenüber.

B. Ursachen für die Entstehung des Massenphänomens

I. Versäumnisse beim Gesetzgebungsverfahren

Ein Großteil der Ursache für die Entstehung des Massenphänomens liegt unstreitig beim Gesetzgeber und dem Verlauf des Gesetzgebungsverfahrens bei der Einführung der Vorschrift. Der Gesetzgeber führte mit dem Policenmodell eine Regelung ein, welche von Anfang an unionsrechtliche Bedenken hervorrief und im Rahmen der notwendigen Informationsübergabe vor Abschluss des Versicherungsvertrags diesen Vertragsschluss durch eine rechtsdogmatische Finesse deutlich herauszögerte, und letztlich einen legislativen Fehlgriff darstellte.[159] Er versuchte sowohl die Dritte Richtlinie Leben umzusetzen als auch eine Einbeziehung der AVB nach altem Recht aufrechtzuerhalten. Damit kreierte er jedoch mehr offene Fragen und Probleme als Lösungen.[160]

Die Klagenflut, bei der bereits im Jahr 2015 im Schrifttum beträchtliche Risiken für die Versicherungswirtschaft prognostiziert wurden,[161] offenbarte den legislativen Fehlgriff gänzlich. Der Gesetzgeber ignorierte das Risiko einer europarechtswidrigen Umsetzung eines Abschlussmodells und einer Ausschlussfrist, was jedoch von Anfang an erkennbar war.[162] So wurde die Richtlinienkonformität von einigen[163] bereits zu Anfang angezweifelt.

---

[157] *Teilnehmer 7* – online-Interview vom 3.12.2024.

[158] *Teilnehmer 7* – online-Interview vom 3.12.2024.

[159] So auch *Teilnehmer 6* – online-Interview vom 2.12.2024. Bereits zum Zeitpunkt der Einführung der Vorschrift prognostizierte *Renger*, dass Lehre und Rechtsprechung die durch die im Gesetzgebungsverfahren unterlassene dogmatische Auseinandersetzung zu meistern haben, *Renger*, VersR 1994, 753 (756).

[160] *Fricke*, VersR 1999, 521; *Döhmer*, ZfSch 1997, 281 (282).

[161] Dazu *W.-H. Roth*, VersR 2015, 1 (10).

[162] *W.-H. Roth*, VersR 2015, 1 (10).

[163] Siehe Kap. 1 B. II. 2.

Nicht verständlich ist daher, die Norm in dieser Form dennoch einzuführen. Mit dem neuen VVG im Jahr 2008 wurde sicherlich eine Regelung geschaffen, welche die Versicherer als Abschlussmodell nutzen konnten – ohne dass jene europarechtlichen Bedenken ausgesetzt ist.[164] Gerade vor dem Hintergrund der Bedeutung der Versicherungsbranche im Rahmen der deutschen Wirtschaft sollte der Gesetzgeber bedacht sein, nicht angriffsfähige sowie dauerhaft funktionsfähige Vorschriften einzuführen.[165] Im Schrifttum wurde bereits kurz nach der Einführung der Vorschrift erkannt, dass § 5a VVG einen „Tummelplatz für streitlustige Anwälte und Verbraucherschutzverbände“[166] darstellt. Die Einführung der Norm geschah überhaupt in letzter Minute im Jahr 1994, was zusätzlich für Turbulenzen sorgte.[167]

Den Fehler jedoch nur beim Gesetzgeber zu sehen, würde zu kurz greifen. Denn freilich sind viele nationale Vorschriften immer wieder kritischen Stimmen des Schrifttums ausgesetzt.[168] Zudem wurde eine potentielle Richtlinienwidrigkeit der Ausschlussfrist in der gesamten Begründung des Finanzausschusses nie angesprochen. Dieser beschloss die Neuregelung einstimmig.[169] Dennoch ragten diese kritischen Anmerkungen bei dem Gesetzgebungsverfahren um die Einführung des Policenmodells heraus – insbesondere im Hinblick auf unionsrechtliche Zweifel.[170] Gerade vor dem Hintergrund, dass die Vorschrift nicht im Regierungsentwurf enthalten war, konnten viele Zweifel gar nicht geäußert werden. Auch die Kautelarpraxis und insbesondere die Versicherungswirtschaft hatten somit ihren Anteil am Fehlgriff. Wie beleuchtet,[171] entsprang die Idee der Einführung des Policenmodells aus der Versicherungswirtschaft. Im ursprünglichen Entwurf war

---

164 So auch *Teilnehmer 6* – online-Interview vom 2.12.2024.

165 Vgl. *Stelzer*, Regulierung der Versicherungswirtschaft in Deutschland, S. 21.

166 *Schimikowski*, r + s 1996, 1 (6).

167 Die genauen Gegebenheiten sind bis heute nicht bekannt, so auch *Rehberg*, EuZW 2014, 237 (238).

168 So *Bürkle*, VersR 2015, 398 (399).

169 *Bürkle*, VersR 2015, 398 (401).

170 Nach *Bürkle* habe auch das damalige Bundesamt für das Versicherungswesen mit dem Rundschreiben, dass es keine unionsrechtlichen Zweifel an der Ausschlussfrist hat, das Vertrauen der Versicherer in die Vorschrift gestärkt, siehe *Bürkle*, VersR 2015, 398 (402).

171 So auch *Teilnehmer 6* – online-Interview vom 2.12.2024.

diese Vorschrift nicht enthalten.[172] Dieses Abschlussmodell ist als Wunsch der Branche entstanden.[173] Sie hat es schlussendlich geschafft, das präferierte Abschlussmodell – durch ein Maß an Lobbyarbeit – in dieser Form kurz vor Verkündung des Gesetzes aufzunehmen.[174] Klar war infolgedessen auch, dass dieses Abschlussmodell bis zur Abschaffung des VVG a.F. im Jahr 2008 das von den Versicherern hauptsächlich genutzte Abschlussmodell war.[175] Jedoch begann die Klagenflut nicht direkt nach Einführung der Vorschrift,[176] sondern vielmehr erst nach ihrer Abschaffung – zu Beginn war sie gewissermaßen noch eine weitestgehend unbeachtete Panne. Zwar hat die Versicherungsbranche einen maßgeblichen Teil zur Entstehung des Ganzen beigetragen, allerdings hat der Gesetzgeber auch keine Änderungen vorgenommen und eine Einschränkung dieses Abschlussmodells versäumt. Dass das Policenmodell das beliebtere Abschlussmodell gegenüber dem Antragsmodell war, lag eben auch an dem künstlichen Griff, dass der Versicherungsnehmer die notwendigen Informationen nicht vor seinem Antrag erhält. Als Folge gab es viele im Policenmodell abgeschlossene Lebensversicherungen. So waren die Massenfälle fast schon angelegt.[177]

Bezweifelt werden darf allerdings, ob zum damaligen Zeitpunkt aufgrund dieses legislativen Fehlers ein solches Massenphänomen prognostiziert werden konnte. Dies gilt auch für die Versicherungsbranche, deren Fokus wohl auf der Einführung eines besseren Abschlussmodells und nicht der Auslegung und der rechtlichen Einstufung des § 5a VVG a.F. lag.[178] Zu hinterfragen ist dies insbesondere im Hinblick auf die *Endress*-Entscheidung, welche den § 5a Abs. 2 S. 4 VVG a.F. als richtlinienwidrig einstufte und dieser somit – nach Ansicht einiger[179] – *contra legem* angewendet wurde.

---

172 Der Entwurf, welchen die Praxis erfolgreich durch den Gesamtverband der Deutschen Versicherungswirtschaft (GDV) einbringen konnte, gelang mehr oder weniger ohne Anpassungen in das Gesetz im Jahr 1994, *Teilnehmer 6* – online-Interview vom 2.12.2024.

173 Dies bestätigend *Teilnehmer 1* – persönliches Interview vom 13.11.2024.

174 In diesem Sinne *Teilnehmer 6* – online-Interview vom 2.12.2024.

175 So *Teilnehmer 3* – telefonisches Interview vom 19.11.2024. Die Versicherungswirtschaft war vor dem Hintergrund der vereinfachten Vertriebsmöglichkeit über die Regelung äußerst erfreut, *Teilnehmer 6* – online-Interview vom 2.12.2024.

176 *Teilnehmer 7* – online-Interview vom 3.12.2024.

177 *Teilnehmer 5* – online-Interview vom 27.11.2024.

178 So *Hofmann*, VersR 1997, 1257.

179 So auch *Teilnehmer 1* – persönliches Interview vom 13.11.2024.

Diese rechtsdogmatische Auslegung konnte zu dem damaligen Zeitpunkt sicher nicht so erwartet werden.

II. Entstehung des Massenphänomens trotz oder auch aufgrund des Eingreifens der Rechtsprechung

Eine alleinige Verortung der Ursachen in gesetzgeberischen Versäumnissen und der Kautelarpraxis würde dem komplexen Phänomen allerdings nicht gerecht werden. Auch die Rechtsprechung hat einen erheblichen Anteil an der Entstehung und Fortentwicklung dessen, da sie durch ihre Entscheidungen maßgebliche Weichen gestellt hat. Die Rechtsprechung des BGH hat mit der Entscheidung aus dem Jahr 2014 und der Annahme des ewigen Widerspruchsrechts eine entscheidende Grundlage für die Massenfälle geschaffen.[180] Es erscheint nicht abwegig, dass dem IV. Zivilsenat die Tragweite seiner Entscheidung durchaus bewusst war. Jedenfalls hätte sie ihm bewusst sein müssen.[181] Die *Endress*-Entscheidung des EuGH enthielt konkrete Angaben zur Anzahl und zum Volumen der betroffenen Versicherungsverträge, sodass die potentiellen Auswirkungen auf die Versicherungswirtschaft absehbar waren. Dem BGH müsste daher klar gewesen sein, dass eine solche Entscheidung ein großes Aufsehen erregen und spezialisierte Klägerkanzleien fordern würde.[182]

Diese Entscheidung führte in der Folge zu einer weitreichenden Eröffnung von Klagepotentialen, an dem zahlreiche Versicherungsnehmer und deren anwaltliche Vertreter anknüpfen konnten. Gleiches gilt für die versicherungsnehmerfreundlichen Entscheidungen betreffend die Anforderungen an die Widerspruchsbelehrung. Aufgrund der strengen Voraussetzungen bedeutete bereits eine kleinere Abweichung eine fehlerhafte Belehrung im Sinne der Rechtsprechung und war damit bereits Auslöser für das unbegrenzte Widerspruchsrecht. Die Rechtsprechung bot den Kanzleien damit eine große Angriffsfläche. Zwar hat der BGH nachfolgend immer wieder versucht, eine Minderung der Verfahren zu erzielen, insbesondere durch die Einführung der Rechtsinstitute der Verwirkung und der Treuwidrigkeit. Doch die Wirkung dieser einschränkenden Maßnahmen greift nur selten. Insbesondere die Praxis der spezialisierten Verbraucherkanzleien, die trotz

---

[180] *Teilnehmer 5* – online-Interview vom 27.11.2024.

[181] Dies unterstützend *Teilnehmer 2* – telefonisches Interview vom 19.11.2024.

[182] Dazu auch *Teilnehmer 2* – telefonisches Interview vom 19.11.2024.

dieser Einschränkungen nahezu alle möglichen Fälle im gerichtlichen Verfahren verfolgen, hat das Massenphänomen fortentwickelt. Diese Kanzleien profitieren daher nicht nur von den ökonomischen Aussichten, die mit der Führung von diesen Prozessen verbunden sind, sondern vor allem auch von der rechtlichen Unsicherheit, die sich durch die fortbestehende Divergenz in der Rechtsprechung zwischen den OLG-Bezirken ergibt. Die teils unterschiedlichen Auslegungen der Linien des BGH bei den OLG ergaben Verfahren, die in anderen Bezirken als aussichtslos betrachtet würden. Daher hält das Massengeschäft trotz Eingreifens der Rechtsprechung an. Dies zeigt auf, dass die Rechtsinstitute, die zur Eindämmung eingeführt wurden, tatsächlich kaum geeignet sind, das Massenphänomen Policenmodell zu begrenzen. Auch wenn die Judikatur bemüht ist, diesem Massengeschäft gegenzusteuern, wird deutlich, dass sie gegen die tieferliegenden Treiber des Massengeschäfts – wie die hohe Dichte an Rechtsschutzversicherungen, die weite Verbreitung von Lebensversicherungen oder die Renditeerwartungen der an den Verträgen Beteiligten – kaum Wirkung entfalten kann.

Zusammenfassung der Ergebnisse

Das Ziel der Arbeit war die Untersuchung, wie aus einer Vorschrift, die lediglich den Vertragsschluss und Widerspruch von Versicherungsverträgen normierte, Jahre nach ihrer Abschaffung durch wechselhafte Rechtsprechung unter Einbeziehung der Reaktionen der Anwaltspraxis ein Massengeschäft entstehen konnte. Dabei sollten insbesondere der legislative Fehlgriff sowie die Folgen in Judikatur und Versicherungspraxis herausgearbeitet werden. Dafür wurden zunächst das Schrifttum sowie die nationale und europäische Rechtsprechung umfassend untersucht. Um die Auswirkungen in der Praxis aufzuzeigen, wurden Interviews mit Experten aus dem Anwalts- sowie Richterwesen im Versicherungsrecht geführt. Die Ergebnisse dieser Interviews trugen im Laufe der Arbeit zu einer Einordnung aus praktischer Sicht bei und bildeten den Grundstein für den Abschluss der Arbeit, welcher die Faktoren für die Entstehung des Massengeschäfts beleuchtete.

A. Kapitel 1

Zur Benennung des legislativen Fehlgriffs war zunächst die Darstellung der Entstehung der Vorschrift des § 5a VVG a.F. erforderlich. Diese entsprang der Umsetzung der Dritten Richtlinie Leben, welche das Ziel der Harmonisierung des Aufsichtsrechts hatte. In diesem Rahmen wurde die Pflicht der vorherigen Genehmigung sowie die systematische Übermittlung der AVB abgeschafft.[1] Darüber hinaus sollte eine größere Produktauswahl für den Versicherungsnehmer

1 Dazu Kap. 1 A. II. 2. b).

erreicht werden. Zum Schutze des Versicherungsnehmers vor der erheblichen Produktvielfalt wurden zahlreiche Informationspflichten eingeführt, welche der Versicherer vor und nach Abschluss des Vertrags gegenüber dem Versicherungsnehmer einzuhalten hatte.[2] In Folge der geplanten Umsetzung dieser Pflichten durch den deutschen Gesetzgeber in Form der Vorschrift des § 10a VAG a.F. legten die Versicherer ihre Bedenken mit dem bisherigen Gesetzesentwurf dar und benannten diese teils als unüberwindlich. Sie sahen durch die vorgesehene Übermittlung der vollständigen Verbraucherinformation vor Vertragsabschluss ein effizientes rechtsgeschäftliches Handeln als nicht durchführbar an. Zudem hegten sie Bedenken, dass nach dem Wegfall der aufsichtsbehördlichen Vorabgenehmigung eine Einbeziehung der AVB ohne Kenntnis des Versicherungsnehmers vor seiner Antragstellung nicht mehr möglich ist.[3] Daher wurde kurz vor Inkrafttreten des Gesetzes die Vorschrift des § 5a VVG a.F., welche nicht im Gesetzesentwurf enthalten war, auf Verlangen der Versicherungswirtschaft eingeführt. Es wurde in Form des Policenmodells ein neues Abschlussmodell geschaffen, welches die Übersendung aller erforderlichen Unterlagen nach der Antragstellung des Versicherungsnehmers zusammen mit der Police erlaubte.[4] Das Policenmodell stand damit neben dem Antragsmodell, welches eine Übermittlung der Informationen vor Antragstellung des Versicherungsnehmers vorsah.[5] § 5a VVG a.F. normierte ein Widerspruchsrecht für den Versicherungsnehmer sowie eine Ausschlussfrist, nach der das Recht zum Widerspruch ein Jahr nach Zahlung der ersten Prämie erlosch, falls der Lauf der regulären Widerspruchsfrist nicht begonnen hatte.[6]

Bereits zu Beginn der Einführung der Vorschrift stieß die Regelung auf zahlreiche Kritik im Schrifttum und wurde überwiegend als missglückt angesehen. So diskutierte das Schrifttum die rechtliche Einstufung der Antragstellung sowie den Zeitpunkt des Wirksamwerdens des Vertrags. Nach überwiegender Auffassung ist ein schwebend unwirksamer Vertrag anzunehmen, welcher rückwirkend mit Einbeziehung der AVB zum Zeitpunkt der Übersendung der Police wirksam wurde.[7] Zudem wurde die Richtlinienkonformität des

---

2 Dazu Kap. 1 A. II. 2. a).
3 Dazu Kap. 1 A. II. 2. b).
4 Dazu Kap. 1 B.
5 Dazu Kap. 1 A. II. 2. c).
6 Dazu Kap. 1 B.
7 Dazu Kap. 1 B. I. 1. c).

Policenmodells teils stark bezweifelt, da der Versicherungsnehmer die Informationen vor seiner Antragstellung erhalten müsse und der Gesetzgeber mit einer gesetzlichen Fiktion den Vertragsschluss unzulässigerweise zeitlich verschoben habe.[8] Eine Klärung durch den EuGH ist bis heute nicht erfolgt, auch wenn diese im Hinblick darauf, dass die Zielvorgaben der maßgeblichen Richtlinien nicht erreicht werden, wünschenswert wäre. Obgleich von einigen Stimmen aus dem Schrifttum vermutet wurde, dass das Policenmodell gegenüber dem Antragsmodell eine untergeordnete Rolle in der Praxis spielen würde, war es das von den Versicherern präferierte Abschlussmodell.[9] Die Vorschrift des § 5a VVG a.F. wurde sodann nach zwei Anpassungen des Wortlauts in den Jahren 2001 und 2004[10] mit der Reform des Versicherungsvertragsrechts zum Ende des Jahres 2007 abgeschafft. Damit wurde auch dem Policenmodell ein Ende gesetzt.[11]

B. Kapitel 2

Auch wenn das Schrifttum die Vorschrift kritisch sah und dem Gesetzgeber die Einführung einer missglückten Norm attestierte, beschäftigte die Vorschrift die deutsche Judikatur in den ersten Jahren nach der Einführung trotz der Erwartung einiger kaum. Die rechtlichen Unwägbarkeiten wurden eher im Schrifttum als in der Rechtsprechung behandelt.

Nur selten befasste sich der BGH zunächst mit Fällen im Bereich des Policenmodells. Bedeutend für die Entwicklung der Judikatur bis heute war insbesondere eine Entscheidung des BGH aus dem Jahr 2004 hinsichtlich eines Formfehlers in der Belehrung. Aufgrund dieses Urteils wurde ersichtlich, dass er strenge Anforderungen an die Wirksamkeit der Widerspruchsbelehrung stellte.[12] Zudem bewertete der BGH erstmals das Policenmodell rechtlich und sah, wie der Großteil des Schrifttums, den Vertrag bis zum Ablauf der Widerspruchsfrist als schwebend unwirksam an. Dabei vermied er allerdings noch eine Einschätzung zur Richtlinienkonformität des

---

8 Dazu Kap. 1 B. II. 2.
9 Dazu Kap. 1 D. III.
10 Dazu Kap. 1 E.
11 Dazu Kap. 1 F.
12 Dazu Kap. 2 A. I. 1.

Policenmodells und befand eine Vorlage an den EuGH für entbehrlich.[13] Auch in der obergerichtlichen Rechtsprechung geriet die Norm in den Anfangsjahren nach ihrer Einführung nicht in europarechtliche Zweifel.[14]

Die Klagenflut begann allerdings in den Jahren 2011 und 2012. Seit Anfang 2012 waren über 100 gleichgelagerte Fälle beim BGH anhängig geworden. Für die Anwaltschaft aus der Versicherungswirtschaft, insbesondere die der Versichererseite, nahm die Arbeit hinsichtlich des Policenmodells seit diesen Jahren deutlich zu. Die Klagenflut wandelte sich sodann ab dem Jahr 2013 in ein kommerzielles Massengeschäft. Dies resultierte nach einer Vorlage des BGH aus der *Endress*-Entscheidung des EuGH, welche eine Richtlinienwidrigkeit der Ausschlussfrist nach § 5a Abs. 2 S. 4 VVG a.F. annahm.[15] Die Schlussanträge der Generalanwältin gingen sogar noch weiter, indem sie die Richtlinienkonformität des Policenmodells insgesamt hinterfragte.[16] Aufgrund der inhaltlichen Beschränkung der Vorlagefrage nahm der EuGH jedoch lediglich zur Ausschlussfrist Stellung. In Folge dieser Entscheidung bestimmte der BGH das Fortbestehen des Widerspruchsrechts, wenn der Versicherungsnehmer nicht ordnungsgemäß über dieses Recht belehrt wurde und/oder die Verbraucherinformation nicht empfangen hatte. Dies führte somit zum sogenannten ewigen Widerspruchsrecht, welches der Versicherungsnehmer noch heute ausüben kann. Aufgrund der hohen Anzahl der abgeschlossenen Versicherungsverträge in dem Zeitraum – nach Schätzungen der *Allianz* wohl etwa 108 Millionen Verträge – war ein erhebliches Beitragsvolumen potentiell betroffen. Der BGH öffnete mit seiner Entscheidung eine Tür, die bis heute zu zahlreichen Rechtsstreitigkeiten führte, welche vielfach auch vor dem BGH verhandelt wurden.[17]

C. Kapitel 3

Dem ewigen Widerspruchsrecht wurden allerdings verschiedene Grenzen durch die deutsche Judikatur aufgezeigt. Sie versuchte die Klagenflut zu

[13] Dazu Kap. 2 A. III.
[14] Dazu Kap. 2 A. II.
[15] Dazu Kap. 2 B.
[16] Dazu Kap. 2 B. III.
[17] Dazu Kap. 2 D.

stoppen. Die Versicherer beabsichtigten dabei durch das Vorbringen verschiedener Einwände die erfolgreiche Ausübung des Widerspruchsrechts zu begrenzen.

Zentral für die Entwicklung der Rechtsprechung waren zunächst die Anforderungen an eine wirksame Widerspruchsbelehrung. Hier hatten die obergerichtliche Judikatur sowie der BGH in zahlreichen Einzelfällen zu entscheiden, wobei die jeweilige Belehrung nach Rechtsprechung des BGH abstrakt zu beurteilen war.[18] Die Rügen der Versicherungsnehmer ließen sich hauptsächlich in optische und inhaltliche Belehrungsfehler unterteilen. Hinsichtlich der inhaltlichen Belehrungsfehler legte der BGH mit seinem aus dem Jahr 2004 stammenden Urteil den Grundstein für eine strenge, versicherungsnehmerfreundliche Linie, die er zunächst beibehielt und somit das Massengeschäft förderte. Eine Änderung der nationalen Rechtsprechung ergab sich sodann durch das *Rust-Hackner*-Urteil des EuGH im Jahr 2019, nach dem nicht jede unrichtige Information über die Form als fehlerhaft einzuordnen ist, solange dem Versicherungsnehmer durch diese Belehrung nicht die Möglichkeit genommen wird, sein Widerspruchsrecht im Wesentlichen unter denselben Bedingungen wie bei zutreffender Belehrung auszuüben.[19] Infolge dieser Entscheidung nahm der BGH eine Abgrenzung verschiedener, inhaltlicher Belehrungsfehler vor und stufte gewisse Fehler als geringfügig ein. Er wich somit von seiner gänzlich strengen Linie ab. Mit dieser Judikatur konnte er für eine gewisse Abnahme der Klagenflut sorgen.[20] Es sind jedoch noch nicht alle Fragen hinsichtlich der Anforderungen an die Belehrung höchstrichterlich geklärt. Folglich bleibt ein Spielraum für die OLG-Bezirke, jeweils zu den entsprechenden Rügen zu urteilen. Es werden sich also weiterhin Angriffsflächen für die Versicherungsnehmer und die Anwaltspraxis ergeben.

Ferner versuchte die nationale Judikatur, die Klagen der Versicherungsnehmer mit einem extensiven Gebrauch der auf dem Grundsatz von Treu und Glauben gestützten Einwände des Rechtsmissbrauchs und der Verwirkung zu stoppen. Dabei ist eine Unterscheidung der Anwendung der Rechtsfiguren hinsichtlich des ordnungsgemäß und des nicht (ordnungsgemäß) belehrten

---

18 Dazu Kap. 3 A. I.
19 Dazu Kap. 3 A. III. 1. d).
20 Dazu Kap. 3 A. III. 1. g).

Versicherungsnehmers vorzunehmen. Beim ordnungsgemäß belehrten Versicherungsnehmer nahm der BGH an, dass das Widerspruchsrecht ab einer Schwelle von dreieinhalb Jahren der Vertragsdurchführung dem Grundsatz von Treu und Glauben unterliege. Damit hatte der Anspruch des Versicherungsnehmers auf Rückzahlung der geleisteten Beiträge in diesen Fällen keinen Erfolg. Durch den Einwand von Treu und Glauben ging der BGH hier einer Vorlage an den EuGH hinsichtlich der Richtlinienkonformität des Policenmodells aus dem Weg.[21] Im Hinblick auf den nicht (ordnungsgemäß) belehrten Versicherungsnehmer waren die Rechtsinstitute nach der Rechtsprechung des BGH grundsätzlich nur erfüllt, wenn besonders gravierende Umstände des Einzelfalls vorliegen. Diese waren vom Tatrichter festzustellen. Die Freiräume nutzten die Instanzgerichte, um in zahlreichen Fällen, in denen diese Umstände allerdings nicht vorlagen, die Rechtsinstitute anzuwenden und Klagen seitens der Versicherungsnehmer zu versagen. Der BGH selbst sah auch in einigen Einzelfällen die Ausübung als rechtsmissbräuchlich oder verwirkt an.[22] In sämtlichen Verfahren lehnte er zudem eine Vorlage hinsichtlich der nationalen Anwendung der Rechtsinstitute ab – auch nach der *Volkswagen-Bank*-Entscheidung des EuGH.[23] Eine Klärung der Anwendung im Lichte des Gemeinschaftsrechts ist jedoch dringend erforderlich. Denn eine Verwirkung des Widerspruchsrechts im Falle einer nicht (ordnungsgemäß) erfolgten Belehrung kann grundsätzlich nicht in Betracht kommen. Zudem sind beim Rechtsmissbrauch strengere Maßstäbe anzulegen. Bisher wurden leider sämtliche Vorabentscheidungsersuche von Instanzgerichten hinsichtlich der Anwendung der Rechtsfiguren durch Anerkenntnisse seitens der Versicherer gestoppt.[24]

Weiterhin konnte die Vollständigkeit der Verbraucherinformation eine weitere Grenze des ewigen Widerspruchsrechts darstellen. Hier nahm der BGH in Teilen eine verbraucherfreundliche Judikatur ein, die sich seit dem Jahr 2015 nicht geändert hat. Dies würde an sich ein großes Potential für die Versicherungsnehmer und ihre Vertreter bieten, das ewige Widerspruchsrecht zu nutzen. Dennoch stellte die Rüge einer unvollständigen

---

[21] Dazu Kap. 3 B. II. 4.
[22] Dazu Kap. 3 B. III.
[23] Dazu Kap. 3 B. III. 7, 8.
[24] Dazu Kap. 3 B. III. 6.

Verbraucherinformation in der Praxis lediglich einen kleinen Teil dar. Denn diese bedarf deutlich mehr individueller Arbeit als die Rüge hinsichtlich der Belehrungsfehler. Ein solches Vorbringen kostet den Anwalt aufgrund individueller Sachverhalte deutlich mehr Aufwand.[25]

Zu einer weiteren Förderung des Massengeschäfts hat die Entscheidung des BGH beigetragen, dass eine vorherige Kündigung des Versicherungsvertrags einer Geltendmachung des Widerspruchsrechts nicht entgegenstand.[26] Gleiches galt für die anderweitige Kenntnisnahme als durch den Versicherer selbst.[27] Zudem war die erfolgreiche Ausübung des Widerspruchsrechts im Regelfall für den Versicherungsnehmer wirtschaftlich attraktiver als eine Kündigung. Er konnte grundsätzlich die geleisteten Beiträge zurückverlangen, musste sich jedoch gewisse Posten abziehen lassen. Der Umfang des Bereicherungsanspruchs wurde in den vergangenen Jahren durch den BGH in Einzelfallentscheidungen überwiegend geklärt.[28] Für den Beginn der Verjährung des Anspruchs ist nach gefestigter Rechtsprechung – entgegen einigen Stimmen im Schrifttum – erst auf die Ausübung des Widerspruchsrechts abzustellen.[29]

D. Kapitel 4

Zum Zeitpunkt des Beginns der Klagenflut wurden die Klagen von einzelnen Anwälten geführt. Die Entwicklung zu dem kommerziellen Massengeschäft geschah allerdings in Folge der Genese des ewigen Widerspruchsrechts. Das ewige Lösungsrecht nutzten spezialisierte Klägerkanzleien, welche maßgeblich zur Entstehung des Massengeschäfts beigetragen haben. Es gab allerdings zusätzlich tieferliegende Faktoren, die ein solches Massenphänomen für die Anwaltschaft überhaupt erst zugelassen haben.[30]

Dazu beigetragen hat zunächst die Beliebtheit des Produkts der Lebensversicherung. So wurden viele Lebensversicherungen im relevanten Zeitraum

25 Dazu Kap. 3 C. III.
26 Dazu Kap. 3 E.
27 Dazu Kap. 3 F.
28 Dazu Kap. 3 G. I.
29 Dazu Kap. 3 G. II.
30 Dazu Kap. 4.

und zudem überwiegend im Policenmodell geschlossen. Das Produkt der Lebensversicherung war im privaten Lebensbereich schnell verbreitet, was zu einer Vielzahl von Abschlüssen geführt hat. Außerdem war der Eintritt eines Rechtsschutzfalles im Falle eines Widerspruchs im Policenmodell anerkannt. Die meisten von den Versicherungsnehmern erhobenen Klagen waren daher von der Rechtsschutzversicherung gedeckt. Dies ergab für den Versicherungsnehmer ein fast schon risikofreies Vorgehen mit erheblichem Gewinnpotential. Zudem sorgte die Höhe der Streitwerte für die Aufrechterhaltung des Massengeschäfts. Aufgrund der langen Laufzeiten und der Höhe der Beiträge ergaben sich für die Klägerkanzleien hohe Streitwerte, was wiederum in der Möglichkeit einer bedeutenden Gebührenabrechnung resultierte. Auch für den Versicherungsnehmer ergab sich dadurch die Aussicht, eine beträchtliche Summe zurückzuerhalten. Ferner waren Skalierungseffekte dem Massengeschäft immanent. Erst durch das Vorliegen gleichgelagerter Sachverhalte konnten verschiedene Verbraucherkanzleien Textbausteine und ähnliche Schriftsätze verwenden, um so die Menge an Rechtsstreitigkeiten effizient abzuarbeiten. Gerade dies nutzten Legal-Tech-Unternehmen im Hintergrund aus, um auf diesem Wege Verbraucherrechte schnell durchsetzen zu können. Dies ist zwar zum einen positiv zu werten, da der einzelne Versicherungsnehmer niedrigschwellig Zugang zum Recht erhält. Zum anderen ist jedoch darauf zu achten, dass das erforderliche Maß an Individualität und Qualität beim Prüfen der Ansprüche sowie bei der nachfolgenden Klageerhebung nicht verloren geht. Gerade zu Beginn der Klagenflut gab es außerdem ein Eingreifen von Policenaufkäufern, welche mit ihrem Geschäftsmodell das Massengeschäft förderten, indem viele Versicherungsnehmer ihre Lebensversicherung zur Gewinnerzielung an diese verkauften. Schließlich förderte die mediale Aufmerksamkeit rund um den Widerspruch einer Lebensversicherung die Anzahl der erfolgten Klageerhebungen.[31]

Zusammenfassend ist festzuhalten, dass die Einführung einer missglückten Vorschrift, welche zahlreiche, unklare Rechtslagen mit sich brachte, kurz vor Inkrafttreten des entsprechenden Gesetzes den legislativen Fehlgriff des Gesetzgebers offenbarte. Hinzu kam ein Verschulden der Versicherungspraxis, welche zu ihrem Vorteil auf einen effizienteren Abschluss einer Versicherung abzielte. Auch das Eingreifen der nationalen Judikatur, welche

[31] Dazu Kap. 4 A. I.

zunächst eine verbraucherfreundliche Rechtsprechung verfolgte, förderte das Massengeschäft. Der Versuch, dieses dann jedoch mit einem zu extensiven Gebrauch des Grundsatzes von Treu und Glauben einzuschränken, gelingt kaum. Als Folge ist eine divergierende sowie widersprüchliche Rechtsprechung in der nationalen Judikatur festzustellen, welche die Anwälte sowohl der Versicherungsnehmerseite als auch der Versichererseite in zahlreichen Fällen ausnutzten.[32]

Es ist nicht zu erwarten, dass in der Zukunft das Massenphänomen des Policenmodells aussterben wird. Dafür sind schlicht nicht alle Einzelfälle entschieden und es besteht oftmals keine klare Linie der Rechtsprechung. Zudem wird anhand der Analyse der treibenden Faktoren eines deutlich – Massengeschäfte wird es immer geben, sei es im Versicherungsvertragsrecht oder in anderen Bereichen mit der Beteiligung von Verbrauchern.

---

[32] Dazu Kap. 4 B. II.

Literaturverzeichnis

Abram, Nils: Schriftformprobleme bei versicherungsvertraglichen Belehrungen und Gestaltungsrechten im Internet, NVersZ 2000, 551–557.

ders.: Schriftformprobleme im Internet – Eine Bestandsaufnahme, NVersZ 2002, 202–203.

Adams, Michael: Die Kapitallebensversicherung als Anlegerschädigung, ZIP 1997, 1857–1869.

ders.: Revolution im Versicherungsgewerbe, ZIP 1997, 1224–1228.

Aden, Helmut: VVG-Reform – eine Rechnung mit zu vielen Unbekannten, VW 2006, 1218–1219.

Adenauer, Matthias: Anmerkung zu BGH, Urt. vom 7.5.2014 – IV ZR 76/11, EWiR 2014, 555–556.

o.V.: Aktuell – Finanzdienstleistungen – Versicherung – BdV legt Beschwerde bei der EU-Kommission ein, VuR 2005, 172.

Angerer, August: Auf dem Wege zu einem Gemeinsamen Europäischen Versicherungsmarkt, VW 1978, 1213–1224.

ders.: Das Herkunftslandprinzip für Versicherungsunternehmen in der Europäischen Wirtschaftsgemeinschaft, in: Hopp, Franz/Mehl, Georg (Hrsg.), Versicherungen in Europa – heute und morgen – Geburtstagsschrift für Georg Büchner, Karlsruhe 1991, S. 359–365 (zitiert als: *Angerer*, in: FS Büchner 1991).

Armbrüster, Christian: Zur Harmonisierung des Privatversicherungsrechts in der EG, in: Jickeli, Joachim/Kotzur, Herbert/Noack, Ulrich/Weber, Helmut (Hrsg.), Europäisches Privatrecht, Unternehmensrecht, Informationspflichten im Zivilrecht – Tübinger Tagung, 11. – 14. September 1991, Stuttgart, München [u.a.] 1992, S. 89–107 (zitiert

als: *Armbrüster*, in: Jickeli/Kotzur/Noack/Weber (Hrsg.), Europäisches Privatrecht, Unternehmensrecht, Informationspflichten im Zivilrecht).
ders.: Das allgemeine Widerrufsrecht im neuen VVG, r + s 2008, 493–504.
ders.: „Ewige" Widerrufsrechte und ihre Rechtsfolgen, VersR 2012, 513–523.
ders.: Die jüngere Entwicklung des europäischen Privatversicherungsrechts bis Mitte 2013, EuZW 2013, 686–693.
ders.: Privatversicherungsrecht, Tübingen 2013 (zitiert als: *Armbrüster*, Privatversicherungsrecht).
ders.: Bewegung im Recht der Lebensversicherung, NJW 2014, 497–503.
ders.: Bereicherungsrechtliche Rückabwicklung von Lebensversicherungen, NJW 2015, 3065–3067.
ders.: Die jüngere Entwicklung des europäischen Privatversicherungsrechts bis Mitte 2015, EuZW 2015, 614–621.
ders.: Anmerkung zu BGH, Urt. vom 21.6.2017 – IV ZR 176/15, NJW 2017, 2408.
ders.: Der Abschluss von Versicherungsverträgen über das Internet, r + s 2017, 57–65.
ders.: Die jüngere Entwicklung des europäischen Privatversicherungsrechts bis Mitte 2017, EuZW 2017, 709–717.
ders.: Die jüngere Entwicklung des europäischen Privatversicherungsrechts bis Mitte 2023 - Teil 2, EuZW 2023, 877–885.
ders.: Anmerkung zu BGH, Urt. vom 21.2.2024 – IV ZR 32/22, NJW 2024, 1500.
Bach, Peter: Vorvertragliche Informationspflichten des Versicherers nach der VAG-Novelle, in: Hübner, Ulrich/Helten, Elmar/Albrecht, Peter (Hrsg.), Recht und Ökonomie der Versicherung – Festschrift für Egon Lorenz zum 60. Geburtstag, Karlsruhe 1994, S. 45–72 (zitiert als: *Bach*, in: FS Lorenz 1994).
Badenhoop, Jörn: Binnenmarkt der Versicherungen bis 1992? – Versicherungen in der EG nach dem Urteil des EuGH, VW 1987, 622–636.
Bangemann, Martin: Binnenmarkt und Versicherungsdienstleistungen, in: Hopp, Franz/Mehl, Georg (Hrsg.), Versicherungen in Europa – heute und morgen – Geburtstagsschrift für Georg Büchner, Karlsruhe 1991, S. 27–33 (zitiert als: *Bangemann*, in: FS Büchner 1991).
Basedow, Jürgen: Transparenz als Prinzip des (Versicherungs-)Vertragsrechts, VersR 1999, 1045–1055.
Basedow, Jürgen/Heiss, Helmut/Wandt, Manfred: Principles of European Insurance Contract Law (PEICL), EuZW 2008, 68.

Baumann, Frank/Beenken, Matthias: Das neue Versicherungsvertragsgesetz – Die wichtigsten Änderungen für Versicherungsunternehmen und Vermittler in der Praxis, Freiburg, Berlin, München 2008 (zitiert als: *Baumann/Beenken*, Das neue Versicherungsvertragsgesetz).

Baumann, Frank/Sandkühler, Hans-Ludger: Das neue Versicherungsvertragsgesetz – Mit allen Änderungen ab 1.1.2008 (Neue Vorschriften, Kommentierung, Arbeitshilfen, Gesetze und Verordnungen, mit der neuen Info-Verordnung), München 2008 (zitiert als: *Baumann/Sandkühler*, Das neue Versicherungsvertragsgesetz).

Baumann, Horst: Allgemeine Versicherungsbedingungen und Deregulierung im Rahmen der EG-Dienstleistungsfreiheit, in: Hopp, Franz/Mehl, Georg (Hrsg.), Versicherungen in Europa – heute und morgen – Geburtstagsschrift für Georg Büchner, Karlsruhe 1991, S. 271–283 (zitiert als: *Baumann*, in: FS Büchner 1991).

ders.: Versicherungsrecht nach der Deregulierung, VersR 1996, 1–9.

ders.: Es gibt den dritten Weg – Ein zusätzliches Vertragsmodell für das neue VVG, VW 2007, 1955–1958.

Beck'sches Rechtsanwalts-Handbuch, hrsg. von *Hamm, Christoph*, 12. Auflage, München 2022 (zitiert als: BeckRA-Hdb/*Bearbeiter*).

Becker, Horst: Der europäische Binnenmarkt für die Lebensversicherung, in: Hopp, Franz/Mehl, Georg (Hrsg.), Versicherungen in Europa – heute und morgen – Geburtstagsschrift für Georg Büchner, Karlsruhe 1991, S. 35–41 (zitiert als: *Becker*, in: FS Büchner 1991).

Beckmann, Roland Michael: Auswirkungen des EG-Rechts auf das Versicherungsvertragsrecht, ZEuP 1999, 809–833.

ders., in: Dauses, Manfred/Ludwigs, Markus (Hrsg.), Handbuch des EU-Wirtschaftsrechts – Band 1, 61. Ergänzungslieferung, München 2024 (zitiert als: *Beckmann*, in: Dauses/Ludwigs (Hrsg.), Handbuch des EU-Wirtschaftsrechts).

Beckmann, Roland Michael/Matusche-Beckmann, Annemarie, in: Dauses, Manfred/Ludwigs, Markus (Hrsg.), Handbuch des EU-Wirtschaftsrechts – Band 1, 61. Ergänzungslieferung, München 2024 (zitiert als: *Beckmann/Matusche-Beckmann*, in: Dauses/Ludwigs (Hrsg.), Handbuch des EU-Wirtschaftsrechts).

Beck-online.GROSSKOMMENTAR – zum Zivilrecht, hrsg. von *Gsell, Beate/Krüger, Wolfgang/Lorenz, Stephan* u.a. (zitiert als: BeckOGK BGB/*Bearbeiter*).

Beck'scher Online-Kommentar, BeckOK BGB, hrsg. von *Hau, Wolfgang/Poseck, Roman*, München 2025 (zitiert als: BeckOK BGB/*Bearbeiter*).

Beck'scher Online-Kommentar, BeckOK Verfassung für das Land Nordrhein-Westfalen, hrsg. von *Ogorek, Markus/Dauner-Lieb, Barbara*, München 2025 (zitiert als: BeckOK Verfassung NRW/*Bearbeiter*).

Beck'scher Online-Kommentar, BeckOK VVG, hrsg. von *Marlow, Sven/Spuhl, Udo*, München 2025 (zitiert als: BeckOK VVG/*Bearbeiter*).

Beck'scher Online-Kommentar, BeckOK ZPO, hrsg. von *Vorwerk, Volkert/Wolf, Christian*, München 2024 (zitiert als: BeckOK ZPO/*Bearbeiter*).

Bennemann, Jürgen: Ein neues Widerrufsrecht für den Verbraucher, JR 1986, 358–364.

ders.: Schutz gegen Überrumpelung beim Vertragsabschluß – Zum Gesetz über den Widerruf von Haustürgeschäften und ähnlichen Geschäften, BB 1986, 821–832.

Berg, Daniel: Die Pflicht zur Information des Verbrauchers vor Vertragsschluß in neueren Verbraucherschutzgesetzen, VuR 1999, 335–345.

Berliner Kommentar zum Versicherungsvertragsgesetz – Kommentar zum deutschen und österreichischen VVG, hrsg. von *Honsell, Heinrich*, Berlin, Heidelberg 1999 (zitiert als: BK/*Bearbeiter*).

Berndt, Hermann: Konsumentscheidung und Informationsüberlastung – der Einfluß von Quantität und Qualität der Werbeinformation auf das Konsumentenverhalten; eine empirische Untersuchung (Zugl.: München, Univ., Diss.), München 1983 (zitiert als: *Berndt*, Konsumentscheidung und Informationsüberlastung).

Biagosch, Patrick/Scherer, Peter: Die Verbraucherinformation des § 10a VAG bei kapitalbindenden Lebensversicherungen – Teil I: Die neue Verbraucherinformation – Ein Prospekt im Sinne des Kapitalanlagerechts?, VW 1995, 370–375.

dies.: Die Verbraucherinformation des § 10a VAG bei kapitalbindenden Lebensversicherungen – Teil II: Anforderungen an die Verbraucherinformation nach § 10a VAG bei kapitalbindenden Lebensversicherungen – Praktische Gestaltungsfragen, VW 1995, 429–436.

Bick, Dieter: Wettbewerbsfaktor Internet – wie können Versicherungen profitieren?, VW 1996, 301–303.

Blanke, Michael/Bölscher, Jens/Graf v. d. Schulenburg, J.-Matthias: Manches Internet-Potenzial liegt noch brach, VW 2001, 240–245.

Blankenburg, Daniel: Verzicht auf Beratung und Informationsrechte nach dem neuen VVG, VersR 2008, 1446–1451.

Blawath, Stefan: Nutzung des Internets in Versicherungsunternehmen, VW 1997, 518–522.

Blawath, Stefan/Heimes, Klaus: Das Internet als Kommunikationsinstrument für Versicherungsunternehmen, VW 1996, 1402–1407.

Bonin, Andreas/Glos, Alexander: Die neuere Rechtsprechung der europäischen Gerichte im Bereich des Bank- und Kapitalmarktrechts, WM 2010, 1821–1829.

Brambach, Marko: Missverständnisse bei der Rückabwicklung von LebensversVerträgen nach einem Widerspruch – Anmerkung zu den Urt. des BGH v. 1.6.2016 (IV ZR 482/14 und 343/15), r + s 2017, 1–4.

Brand, Oliver: Verbraucherschutz im Versicherungsrecht, in: Lorenz, Egon (Hrsg.), Karlsruher Forum 2011: Verbraucherschutz – Entwicklungen und Grenzen – Mit Vorträgen von Herbert Roth und Oliver Brand und Dokumentation der Diskussion, Karlsruhe 2012, S. 55–94 (zitiert als: *Brand*, in: Lorenz (Hrsg.), Karlsruher Forum 2011: Verbraucherschutz – Entwicklungen und Grenzen).

ders.: Ausschluss des Ausschlusses? – Zur Europarechtswidrigkeit des § 5a Abs. 2 S. 4 VVG a.F. nach der Entscheidung des EuGH vom 19.12.2013 (VersR 2014, 255) in der Rechtssache Endress/Allianz, VersR 2014, 269–276.

Brittan, Leon: Der Europäische Binnenmarkt der Versicherungen: Was noch zu tun bleibt, VW 1990, 754–761.

Brömmelmeyer, Christoph: Die Reform des Lebensversicherungsrechts, VersR 2003, 939–945.

ders.: Vorvertragliche Informationspflichten des Versicherers - insbesondere in der Lebensversicherung, VersR 2009, 584–593.

ders.: Die Rechtsprechung zum Policenmodell: Misstraut der BGH dem Europäischen Gerichtshof?, VuR 2014, 447–452.

Brönneke, Tobias: Widerrufsrecht und Belehrungspflichten – Rechtsdogmatische Analyse und rechtspolitische Vorschläge, Baden-Baden 2009 (zitiert als: *Brönneke*, Widerrufsrecht und Belehrungspflichten).

Bruck, Ernst/Möller, Hans (Begr.): Versicherungsvertragsgesetz – Großkommentar, Erster Band, Einführung §§ 1-32, 9. Auflage, Berlin 2008 (zitiert als: Bruck/Möller/*Bearbeiter*, 9. Aufl. 2008).

dies. (Begr.): Versicherungsvertragsgesetz – Großkommentar, Erster Band, Einführung §§ 1-18, 10. Auflage, Berlin 2021 (zitiert als: Bruck/Möller/*Bearbeiter*).

Büchner, Georg: Der Referentenentwurf eines Dritten Durchführungsgesetzes/EWG zum VAG auf dem Prüfstand – Vortrag, gehalten auf dem 11. Münsterischen Versicherungstag am 27.11.1993, Karlsruhe 1993 (zitiert

als: *Büchner*, Der Referentenentwurf eines Dritten Durchführungsgesetzes/EWG zum VAG auf dem Prüfstand).
Bühnemann, Bernt: Zur Harmonisierung des Versicherungsvertragsrechts in der Europäischen Wirtschaftsgemeinschaft (Vortrag gehalten am 1968-02-05 vor den Mitgliedern der Rechtswissenschaftlichen Fakultät der Universität Hamburg), VersR 1968, 418–423.
Bultmann, Friedrich: Zum Verbraucherschutz in der Reform des VVG, in: Basedow, Jürgen/Meyer, Ulrich/Rückle, Dieter/Schwintowski, Hans-Peter (Hrsg.), Verbraucherschutz durch und im Internet bei Abschluss von privaten Versicherungsverträgen – Altersvorsorgeverträge, VVG-Reform, Beiträge zur 11. Wissenschaftstagung des Bundes der Versicherten, Baden-Baden 2003, S. 247–248 (zitiert als: *Bultmann*, in: Basedow/Meyer/Rückle/Schwintowski (Hrsg.), Verbraucherschutz durch und im Internet bei Abschluss von privaten Versicherungsverträgen).
Bürkle, Jürgen: Nationalstaatliche Produktregulierung im europäischen Binnenmarkt für Lebensversicherungen – Anmerkungen zum Referentenentwurf eines Gesetzes zur Reform des Versicherungsvertragsrechts, VersR 2006, 1042–1049.
ders.: Richtlinienkonforme teleologische Reduktion: Das Ende der Rechtssicherheit? – Zugleich Anmerkung zum Urteil des BGH vom 7.5.2014 (IV ZR 76/11), VersR 2015, 398–402.
Burtscher, Bernhard: Voraussetzungen, Grenzen und Folgen des „ewigen Widerrufsrechts“ in der Lebensversicherung nach Rust-Hackner, EuZW 2020, 317–324.
Büßer, Janko: Das Widerrufsrecht des Verbrauchers – Das verbraucherschützende Vertragslösungsrecht im europäischen Vertragsrecht, Frankfurt am Main, Berlin, [u.a.] 2001 (zitiert als: *Büßer*, Das Widerrufsrecht des Verbrauchers).
Claussen, Lorenz: Widerrufsrecht bei Versicherungsverträgen, JR 1991, 360–364.
Der Versicherungsprozess – Ansprüche und Verfahren (Praxishandbuch), hrsg. von *Veith, Jürgen/Gräfe, Jürgen/Lange, Oliver* u.a., 5. Auflage, Baden-Baden 2023 (zitiert als: PHdB-VersProz/*Bearbeiter*).
o.V.: Die meisten wollen den Berater zuhause – Aus der neuen SPIEGEL-Dokumentation Soll und Haben 4, VW 1996, 244.
Döhmer, Tronje: Die Fiktionen des § 5a VVG, ZfSch 1997, 281–286.
Domej, Tanja: Effektive Zivilrechtsdurchsetzung: Zugang zur Justiz, Prozessfinanzierung, Legal Tech – Welcher rechtliche Rahmen empfiehlt sich?, NJW-Beil 2024, 37–41.

Dörner, Heinrich: Versicherungsrechtliche Aufklärungspflichten, in: Lorenz, Egon (Hrsg.), Karlsruher Forum 2000: Aufklärungspflichten – Mit Vorträgen von Ulrich Huber und Heinrich Dörner, Karlsruhe 2001, S. 39–65 (zitiert als: *Dörner*, in: Lorenz (Hrsg.), Karlsruher Forum 2000: Aufklärungspflichten).

ders.: Rechtsfolgen einer Verletzung vorvertraglicher Aufklärungs- und Informationspflichten durch den Versicherer – Neue Aspekte, in: Wandt, Manfred/Reiff, Peter/Looschelders, Dirk (Hrsg.), Kontinuität und Wandel des Versicherungsrechts – Festschrift für Egon Lorenz zum 70. Geburtstag, Karlsruhe 2004, S. 195–210 (zitiert als: *Dörner*, in: FS Lorenz 2004).

ders.: Verbraucherrechtliche Schwachstellen der VVG-Reform – Allgemeiner Teil des VVG, in: Brömmelmeyer, Christoph/Heiss, Helmut/Meyer, Ulrich/Rückle, Dieter/Schwintowski, Hans-Peter/Wallrabenstein, Astrid (Hrsg.), Allgemeines Gleichbehandlungsgesetz, Private Krankenversicherung und Gesundheitsreform, Schwachstellen der VVG-Reform – Beiträge zur 17. Wissenschaftstagung des Bundes der Versicherten und zum 1. Workshop „Junge Versicherungswirtschaft“, Baden-Baden 2009, S. 137–154 (zitiert als: *Dörner*, in: Brömmelmeyer/Heiss/Meyer/Rückle/Schwintowski/Wallrabenstein (Hrsg.), Allgemeines Gleichbehandlungsgesetz, Private Krankenversicherung und Gesundheitsreform, Schwachstellen der VVG-Reform).

ders.: Anmerkung zu BGH, Urt. vom 17.1.2024 – IV ZR 19/23, WuB 2024, 248–250.

Dörner, Heinrich/Hoffmann, Stefan: Der Abschluß von Versicherungsverträgen nach § 5a VVG, NJW 1996, 153–160.

Dörner, Heinrich/Staudinger, Ansgar: Kritische Bemerkungen zum Referentenentwurf eines Gesetzes zur Reform des Versicherungsvertragsrechts, WM 2006, 1710–1718.

Dreher, Meinrad: Inhalt und Grenzen einer künftigen Mißstandsaufsicht des VAG – Überlegungen zu einem neuen § 81 VAG, VersR 1993, 1443–1453.

ders.: Die Mißstandsaufsicht über Versicherungsunternehmen nach dem Versicherungsaufsichtsgesetz 1994, WM 1995, 509–520.

ders.: Der Verbraucher – Das Phantom in den opera des europäischen und deutschen Rechts?, JZ 52 (1997), 167–178.

Dressel, Christian/Scheffler, Hauke: Vorschläge zur Änderung zivilrechtlicher Formvorschriften und ihre Bedeutung für den Wirtschaftszweig E-Commerce, CR 2000, 378–384.

Drexl, Josef: Die wirtschaftliche Selbstbestimmung des Verbrauchers – Eine Studie zum Privat- und Wirtschaftsrecht unter Berücksichtigung gemeinschaftsrechtlicher Bezüge, Tübingen 1998 (zitiert als: *Drexl*, Die wirtschaftliche Selbstbestimmung des Verbrauchers).

Drobnig, Ulrich: Ein Vertragsrecht in Europa, in: Baur, Jürgen/Hopt, Klaus/Mailänder, Peter (Hrsg.), Festschrift für Ernst Steindorff zum 70. Geburtstag am 13. März 1990, Berlin 1990, S. 1141–1154 (zitiert als: *Drobnig*, in: FS Steindorff 1990).

Drygala, Tim: Die Vollharmonisierung des Vertriebsrechts für Finanzdienstleistungen im Fernabsatz, in: Schneider, Uwe/Hommelhoff, Peter (Hrsg.), Festschrift für Marcus Lutter zum 70. Geburtstag – deutsches und europäisches Gesellschafts-, Konzern- und Kapitalmarktrecht, O. Schmidt 2000, S. 1563–1584 (zitiert als: *Drygala*, in: FS Lutter 2000).

Durstin, Oskar: Konfliktlösungen zwischen Versicherungsnehmer und Versicherer, Die VersicherungsPraxis 2019, 19–23.

Ebers, Martin: Der Vertragsschluss im deutschen Versicherungsrecht – Das Policenmodell in § 5a VVG und den Vorschlägen der VVG-Reformkommission auf europäischem Prüfstand, in: Micklitz, Hans-W. (Hrsg.), Verbraucherrecht in Deutschland – Stand und Perspektiven – Tagungsband der 1. Bamberger Verbraucherrechtstage 6.–8. Oktober 2004, Baden-Baden 2005, S. 253–276 (zitiert als: *Ebers*, in: Micklitz (Hrsg.), Verbraucherrecht in Deutschland – Stand und Perspektiven).

ders.: Anmerkung zu EuGH, Urt. vom 10.4.2008 – C-412/06, VuR 2008, 270–272.

ders.: Krise des Vorabentscheidungsverfahrens im Versicherungsrecht? – Zur systematischen Vorlageverweigerung deutscher Gerichte in Sachen „Policenmodell“, VuR 2017, 47–51.

ders.: Anrechnung von Fondsverlusten bei der bereicherungsrechtlichen Rückabwicklung fondsgebundener Lebensversicherungen – Zugleich Anmerkung zum Urteil des BGH vom 21.3.2018 (IV ZR 353/16) VersR 2018, 535, VersR 2018, 911–914.

ders.: Anmerkung zu EuGH, Urt. vom 19.12.2019 – C-355/18, C-356/18, C-357/18, C-479/18, NJW 2020, 674–675.

ders.: Verwirkung und Rechtsmissbrauch beim Widerspruch nach § 5a VVG aF – Das Volkswagen Bank-Urteil des EuGH und seine Auswirkungen auf das Widerspruchsrecht des Versicherungsnehmers, VuR 2022, 203–208.

Edelmann, Hervé: Anmerkung zu EuGH, Urt. vom 10.4.2008 – C-412/06, BB 2008, 969–970.

Eickhoff, Ernst: Entwicklungen des EG-Rechts und ihre Auswirkungen auf das Versicherungsaufsichts- und -vertragsrecht, ZGesVersW 72 (1983), 1–19.
Eidenmüller, Horst: Rechtsanwendung, Gesetzgebung und ökonomische Analyse, AcP 197 (1997), 80–135.
ders.: Die Rechtfertigung von Widerrufsrechten, AcP 210 (2010), 67–104.
Erman BGB – Kommentar mit Nebengesetzen (AGG, BVersTG, EGBGB, ErbbauRG, ProdHaftG, VBVG, VersAusglG, WEG – teils in Auszügen) und Internationalem Privatrecht, hrsg. von *Westermann, Harm/ Grunewald, Barbara/Maier-Reimer, Georg*, 17. Auflage, Köln 2023 (zitiert als: Erman BGB/*Bearbeiter*).
Ernst, Stefan: Wirtschaftsrecht im Internet, BB 1997, 1057–1062.
Fahr, Ulrich: Die Umsetzung der Versicherungsrichtlinien der dritten Generation in deutsches Recht, VersR 1992, 1033–1047.
Feldhusen, Claire: EuGH vs. BGH: Verschärfung der Informationspflichten und zeitliche Begrenzung des Widerrufsrechts bei Verbraucherdarlehensverträgen oder Wiederaufleben des Widerrufsjokers? (Teil I) – Zugleich Anmerkung zu EuGH, Urteil vom 9.9.2021 - C-33/20, C-155/20 und C-187/20, IWRZ 2022, 51–58.
dies.: EuGH vs. BGH: Verschärfung der Informationspflichten und zeitliche Begrenzung des Widerrufsrechts bei Verbraucherdarlehensverträgen oder Wiederaufleben des Widerrufsjokers? (Teil II) – Zugleich Anmerkung zu EuGH, Urteil vom 9.9.2021 – C-33/20, C-155/20 und C-187/20, IWRZ 2022, 105–109.
dies.: Die verlängerte Widerrufsfrist – ein Instrument des kollektiven Verbraucherschutzes, VuR 2023, 361–363.
Felke, Klaus/Jordans, Roman: Der Referentenentwurf für die Umsetzung der Fernabsatzrichtlinie für Finanzdienstleistungen, WM 2004, 166–171.
dies.: Umsetzung der Fernabsatz-Richtlinie für Finanzdienstleistungen, NJW 2005, 710–712.
Felsch, Joachim: Aktuelle Rück- und Ausblicke auf Entscheidungen des IV. Zivilsenats des BGH zum Versicherungsrecht, r + s 2021, 609–617.
Ferber, Karl-Georg/Rosowski, Oliver: Die Widerspruchsmöglichkeit bei Lebens- und Rentenversicherungsverträgen aus den Jahren 1995 bis 2007, VuR 2018, 89–101.
Fischer, Reinfrid: Missbrauch des Widerspruchsrechts des Versicherungsnehmers bei geringfügigem Belehrungsfehler – Anmerkungen zu BGH-Urteilen vom 15.2.2023 = WM 2023, 555 und vom 15.3.2023 = WM 2023, 725, WM 2023, 1491–1495.

Fleischer, Holger: Vertragsschlußbezogene Informationspflichten im Gemeinschaftsprivatrecht, ZEuP 2000, 772–798.
ders.: Der Rechtsmißbrauch zwischen Gemeineuropäischem Privatrecht und Gemeinschaftsprivatrecht, JZ 58 (2003), 865–874.
Franz, Einiko: Das Versicherungsvertragsrecht im neuen Gewand – Die Neuregelungen und ausgewählte Probleme, VersR 2008, 298–312.
ders.: Die Reform des Versicherungsvertragsrechts – ein großer Wurf?, DStR 2008, 303–309.
Franzen, Martin: „Heininger" und die Folgen: ein Lehrstück zum Gemeinschaftsprivatrecht, JZ 58 (2003), 321–332.
Freitag, Robert: Zeitwende im Verbraucherkreditrecht: Plot-Twists des EuGH, Rollbacks des BGH und das Ende des ewigen Widerrufsrechts, BKR 2025, 10–17.
Frese, Yorck: Recht im zweiten Maschinenzeitalter, NJW 2015, 2090–2092.
Fricke, Martin: Die Empfangsvollmacht des Vermittlungsagenten bei der Antragsaufnahme und die vergessene Risikoanzeige – Zugleich Anmerkung zum Urteil des BGH vom 18.12.1991 (IV ZR 299/90) BGHZ 116, 387, VersR 1993, 399–405.
ders.: Der Widerruf des Widerspruchs – Noch ein Problem des § 5a VVG, VersR 1999, 521–524.
ders.: Die teleologische Reduktion des § 48 VVG bei Streitigkeiten aus Versicherungsverträgen, die im Internet abgeschlossen wurden – Zugleich ein Überblick über die Möglichkeiten des Abschlusses von Versicherungsverträgen im Internet, VersR 2001, 925–936.
Fries, Martin: PayPal Law und Legal Tech – Was macht die Digitalisierung mit dem Privatrecht?, NJW 2016, 2860–2865.
Frohnecke, Eberhard: Unbegrenzter Widerspruch gleich unbegrenzter Rücktritt vom Lebensversicherungsvertrag?, NJW 2015, 985–988.
ders.: Zur formellen Wirksamkeit der Rücktrittsbelehrung und zu den Voraussetzungen der Überleitung vom Antrags- auf das Policenmodell bei der Lebensvers. nach § 8 Abs. 5 VVG a.F., r + s 2017, 337–340.
Fromm, Calvin: Anmerkung zu BGH, Urt. vom 15.3.2023 – IV ZR 40/21, BKR 2023, 543–544.
Fuchs, Andreas: Zur Disponibilität gesetzlicher Widerrufsrechte im Privatrecht – unter besonderer Berücksichtigung der Widerrufsrechte nach §§ 7 VerbrKrG, 168 S. 2 und 130 Abs. 1 S. 2 BGB, AcP 196 (1996), 313–394.
Funck, Jörg: Ausgewählte Fragen aus dem Allgemeinen Teil zum neuen VVG aus der Sicht einer Rechtsabteilung, VersR 2008, 163–169.

Gal, Jens: Anmerkung zu BGH, Urt. vom 19.7.2023 – IV ZR 268/21, JZ 79 (2024), 199–203.
Gansel, Timo/Huth, Marko/Knorr, Alexander: Zur Verwirkung von Verbraucherschutzrechten am Beispiel des Widerrufs von Immobiliendarlehensverträgen, BKR 2014, 353–361.
Gaul, Rudolf: Zum Abschluss des Versicherungsvertrags – Alternativen zum Antragsmodell?, VersR 2007, 21–26.
Gerding, Markus: Sicherungsscheine in der Mobiliarversicherung – Die Rechtsverhältnisse der Beteiligten einer Sachversicherung beweglicher Güter bei Ausstellung eines so genannten Sicherungsscheins bzw. einer Sicherungsbestätigung, Karlsruhe 2004 (zitiert als: *Gerding*, Sicherungsscheine in der Mobiliarversicherung).
Gernhuber, Joachim: Verbraucherschutz durch Rechte zum Widerruf von Willenserklärungen, WM 1998, 1797–1805.
Gessner, Jenny: Widerrufsrecht und Widerrufsbelehrung im deutschen und europäischen Verbraucherrecht, Frankfurt am Main 2009 (zitiert als: *Gessner*, Widerrufsrecht und Widerrufsbelehrung im deutschen und europäischen Verbraucherrecht).
Gilles, Peter: Das Gesetz über den Widerruf von Haustürgeschäften und ähnlichen Geschäften – Anmerkungen zum jüngsten Verbraucherschutzsondergesetz im Zivilrecht unter Berücksichtigung seines rechtspolitischen Gesamtkontextes, NJW 1986, 1131–1147.
Gitzel, Marcus: Die Beendigung eines Vertrags über vorläufige Deckung bei Prämienzahlungsverzug nach dem Regierungsentwurf eines Gesetzes zur Reform des Versicherungsvertragsrechts, VersR 2007, 322–326.
Golz, Joachim-Friedrich: Ausgewählte Fragen der Umsetzung der Dritten Versicherungsrichtlinien – Vortrag, gehalten in der Vortragsreihe der Forschungsstelle für Versicherungswesen im Wintersemester 1992/93 am 8. Februar 1993 in Münster, Karlsruhe 1993 (zitiert als: *Golz*, Ausgewählte Fragen der Umsetzung der Dritten Versicherungsrichtlinien).
Graf von Westphalen, Friedrich: Von der Gesetzlichkeitsfiktion abweichende Widerrufsbelehrungen – Welcher Auffassung des BGH ist zu folgen? – Zugleich Anmerkung zu BGH, 1.12.2022 – I ZR 28/22, BGH, 15.2.2023 – IV ZR 353/21 und BGH, 15.3.2023 – IV ZR 40/21, BB 2023, 1091–1095.
Grams, Holger: Anmerkung zu BGH, Urt. vom 24.10.2007 – IV ZR 94/05, FD-VersR 2007, 247446.
ders.: Anmerkung zu BGH, Urt. vom 7.5.2014 – IV ZR 76/11, FD-VersR 2014, 358482.

ders.: Anmerkung zu EuGH, Urt. vom 19.12.2013 – C-209/12, FD-VersR 2014, 353915.
ders.: Anmerkung zu BGH, Urt. vom 15.3.2023 – IV ZR 40/21, FD-VersR 2023, 456955.
ders.: Anmerkung zu BGH, Urt. vom 19.7.2023 – IV ZR 268/21, LMK 2024, 802299.
ders.: Anmerkung zu BGH, Urt. vom 21.2.2024 – IV ZR 32/22, FD-VersR 2024, 808053.
ders.: Anmerkung zu BGH, Urt. vom 29.11.2023 – IV ZR 61/23, FD-VersR 2024, 808050.
Grote, Joachim: Anmerkung zu BGH, Urt. vom 15.3.2023 – IV ZR 40/21, NJW 2023, 1667.
Grote, Joachim/Finkel, Bastian: Rechtsprechungsübersicht zum Versicherungsvertragsrecht im ersten Halbjahr 2020, NJW 2020, 2311–2316.
dies.: Rechtsprechungsübersicht zum Versicherungsvertragsrecht im zweiten Halbjahr 2019, NJW 2020, 374–378.
dies.: Rechtsprechungsübersicht zum Versicherungsvertragsrecht im ersten Halbjahr 2021, NJW 2021, 2333–2337.
dies.: Rechtsprechungsübersicht zum Versicherungsvertragsrecht im zweiten Halbjahr 2021, NJW 2022, 367–371.
dies.: Rechtsprechungsübersicht zum Versicherungsvertragsrecht im zweiten Halbjahr 2022, NJW 2023, 341–345.
dies.: Rechtsprechungsübersicht zum Versicherungsvertragsrecht im ersten Halbjahr 2024, NJW 2024, 2369–2374.
dies.: Rechtsprechungsübersicht zum Versicherungsvertragsrecht im zweiten Halbjahr 2024, NJW 2025, 335–340.
Grote, Joachim/Schaaf, Martin: Rückabwicklung von kapitalbildenden und fondsgebundenen Lebens- und Rentenversicherungen nach Widerspruch – Antworten zur Frage der Anspruchshöhe mit Blick auf den Nutzungsersatz, VersR 2020, 521–528.
Grote, Joachim/Schneider, Christian: VVG 2008: Das neue Versicherungsvertragsrecht – Auswirkungen für gewerbliche Versicherungen, BB 2007, 2689–2702.
Grottel, Bernd/Justenhoven, Petra/Kliem, Bernd/Schubert, Wolfgang (Hrsg.): Beck'scher Bilanz-Kommentar – Handels- und Steuerbilanz, §§ 238–339, 342–342r HGB, 14. Auflage, München 2024 (zitiert als: Grottel/Justenhoven/Kliem/Schubert/*Bearbeiter*).
Grüneberg, Bürgerliches Gesetzbuch mit Nebengesetzen, hrsg. von *Grüneberg, Christian*, München 2025 (zitiert als: Grüneberg/*Bearbeiter*).

Gsell, Beate: Europäische Verbandsklagen zum Schutz kollektiver Verbraucherinteressen – Königs- oder Holzweg?, BKR 2021, 521–529.
dies.: Informationspflichten im europäischen Versicherungsrecht, ZfPW 2022, 130–153.
dies.: Die Umsetzung der Verbandsklagenrichtlinie – Effektiver Rechtsschutz für Verbraucher und Entlastung der Justiz durch die neue Verbands-Abhilfeklage?, GRUR 2024, 979–991.
dies.: Verbands-Abhilfe- und Musterfeststellungsklagen – Herausforderung und Chance richterlicher Konturierung, NJW-Sonderbeil. 2025, 38–41.
Gsell, Beate/Meller-Hannich, Caroline: Die Umsetzung der Verbandsklagen-Richtlinie als Chance für eine Bewältigung von Streu- und Massenschadensereignissen, JZ 77 (2022), 421–430.
Günther, Dirk-Carsten: Anmerkung zu BGH, Beschl. vom 28.3.2012 – IV ZR 76/11, FD-VersR 2012, 332110.
ders.: Anmerkung zu EuGH, Schlussanträge vom 11.7.2013 – C-209/12, FD-VersR 2013, 348600.
ders.: Anmerkung zu BGH, Urt. vom 21.9.2022 – IV ZR 300/20, FD-VersR 2022, 454307.
Günther, Tim: Legal Tech auf dem Vormarsch an den Grenzen des Wettbewerbs- und Berufsrechts, GRUR-Prax 2020, 96–98.
Gutdeutsch, Werner/Maaß, Martin: Gerichtliche Begrenzung des Parteivortrags in Massenverfahren, NJW 2022, 1567–1570.
Habersack, Mathias/Schürnbrand, Jan: Verwirkung des Widerrufsrechts aus einem Verbraucherdarlehensvertrag bei fehlerhafter Widerrufsbelehrung, ZIP 2014, 749–757.
Hähnchen, Susanne: Das Gesetz zur Anpassung der Formvorschriften des Privatrechts und anderer Vorschriften an den modernen Rechtsverkehr, NJW 2001, 2831–2834.
Hähnchen, Susanne/Schrader, Paul/Weiler, Frank/Wischmeyer, Thomas: Legal Tech – Rechtsanwendung durch Menschen als Auslaufmodell?, JuS 2020, 625–635.
Hainthaler, Claudia: Die richtlinienkonforme Rechtsfortbildung im dreistufigen System der Richtlinienwirkungen, ZJS 2015, 13–22.
Handbuch des Kapitalanlagerechts, hrsg. von *Assmann, Heinz-Dieter/Schütze, Rolf/Buck-Heeb, Petra*, 6. Auflage, München 2024 (zitiert als: KapAnlR-HdB/*Bearbeiter*).
Handbuch Multimedia-Recht – Rechtsfragen des elektronischen Rechtsverkehrs, hrsg. von *Hoeren, Thomas/Sieber, Ulrich*, München 2001 (zitiert als: Handbuch Multimedia-Recht/*Bearbeiter*).

Harbrecht, Philipp: Effektiver Kundenschutz bei Finanzdienstleistungen – unter Berücksichtigung der VVG-Novelle und des Informationsmodells, Berlin 2019 (zitiert als: *Harbrecht*, Effektiver Kundenschutz bei Finanzdienstleistungen).

Harsdorf-Gebhardt, Marion: Die Rechtsprechung des Bundesgerichtshofs zum Versicherungsrecht – § 5 a VVG a. F., r + s 2016, 433–444.

dies.: Die Rechtsprechung des Bundesgerichtshofs zum Versicherungsrecht – §§ 5a und 8 VVG a.F., 8 VVG n.F. sowie § 215 VVG, r + s 2018, 625–639.

dies.: Die Rechtsprechung des Bundesgerichtshofs zum Versicherungsrecht – Lebensversicherung, r + s 2024, 771–788.

Härting, Niko/Schirmbacher, Martin: Finanzdienstleistungen im Fernabsatz, CR 2002, 809–817.

dies.: Fernvertrieb von Finanzdienstleistungen an Verbraucher – Umsetzung der Fernabsatzrichtlinie für Finanzdienstleistungen – Anmerkungen zum Referentenentwurf, DB 2003, 1777–1782.

Hau, Wolfgang: Verbraucherschützende Widerrufsrechte im Wohnraummietrecht, NZM 2015, 435–443.

Häublein, Martin: Erlöschen von verbraucherschützenden Widerrufsrechten nach beiderseits vollständiger Leistungserbringung? – Kritische Überlegungen zum Urteil des EuGH v. 10.4.2008 – Rs. C-412/06, ZIP 2008, 772 („Hamilton“) und zu seinen Auswirkungen auf das nationale Recht, ZIP 2008, 2005–2009.

Heinen, Norbert: Welche Änderungen kommen auf die Lebensversicherer zu?, in: Dörner, Heinrich/Ehlers, Dirk/Pohlmann, Petra/Steinmeyer, Hans-Dietrich/Schwienhorst, Martin Schulze (Hrsg.), Versicherungsrecht – Vorträge, gehalten auf dem 25. Münsterischen Versicherungstag am 17. November 2007, Karlsruhe 2008, S. 25–67 (zitiert als: *Heinen*, in: Dörner/Ehlers/Pohlmann/Steinmeyer/Schwienhorst (Hrsg.), Versicherungsrecht).

Heinig, Jens: Neuregelungen bei den Vorschriften zum Widerrufs- und Rückgaberecht im BGB, JR 2010, 461–469.

Heinrichs, Helmut: Die Entwicklung des Rechts der Allgemeinen Geschäftsbedingungen im Jahre 1996, NJW 1997, 1407–1420.

Heiss, Helmut: Stand und Perspektiven der Harmonisierung des Versicherungsvertragsrechts in der EG – Vortrag, gehalten auf Einladung der Münsterischen Forschungsstelle für Versicherungswesen am 9. Mai 2005 in Münster, Karlsruhe 2005 (zitiert als: *Heiss*, Stand und Perspektiven der Harmonisierung des Versicherungsvertragsrechts in der EG).

ders.: Optionales europäisches Versicherungsvertragsrecht, RabelsZ 76 (2012), 316–338.
Heiß, Thomas: Massenverfahren und die Zukunft des deutschen Zivilprozesses, NJW 2025, 1625–1631.
Helfferich, Cornelia: Leitfaden- und Experteninterviews, in: Baur, Nina/Blasius, Jörg (Hrsg.), Handbuch Methoden der empirischen Sozialforschung, 3., vollständig überarbeitete und erweiterte Auflage, Wiesbaden 2022, S. 875–892 (zitiert als: *Helfferich*, in: Baur/Blasius (Hrsg.), Handbuch Methoden der empirischen Sozialforschung).
Hemmer, Dirk: Die Einbeziehung von AVB in den Versicherungsvertrag nach neuem Recht, Karlsruhe 1996 (zitiert als: *Hemmer*, Die Einbeziehung von AVB in den Versicherungsvertrag nach neuem Recht).
Hendricks, Jan: Rechtsdurchsetzung mittels Legal Tech-Plattformen (Zugl.: Bochum, Ruhr-Universität, Diss., 2024), Baden-Baden 2024 (zitiert als: *Hendricks*, Rechtsdurchsetzung mittels Legal Tech-Plattformen).
Henning, Wilhelm: Die Spartentrennung auf dem Prüfstand – neue EG-Entwicklungen in der Lebensversicherung, in: Hopp, Franz/Mehl, Georg (Hrsg.), Versicherungen in Europa – heute und morgen – Geburtstagsschrift für Georg Büchner, Karlsruhe 1991, S. 49–55 (zitiert als: *Henning*, in: FS Büchner 1991).
Henssler, Martin: Die Zukunft des Rechtsberatungsgesetzes, AnwBl 2001, 525–533.
Herdegen, Matthias: Richtlinienkonforme Auslegung im Bankrecht: Schranken nach Europa- und Verfassungsrecht, WM 2005, 1921–1935.
Hering, Manfred: Das neue Versicherungsvertragsgesetz – Ein Überblick, SVR 2008, 5–11.
Herrmann, Harald: Customer Relations Center und Verbraucherschutz im Versicherungsprivatrecht, VersR 1998, 931–943.
ders.: Europäisiertes Versicherungsprivatrecht – Eine Bestandsaufnahme – Teil II, DSWR 1998, 312–316.
ders.: Auslegung europäisierten Versicherungsvertragsrechts, ZEuP 1999, 663–688.
ders.: Transparente Abschlusskosten in der Lebensversicherung und Europarecht, DZWIR 2004, 45–53.
Hesberg, Dieter/Karten, Walter: Der Gesetzesentwurf zur Reform des deutschen Versicherungsvertragsgesetzes – Die Abspaltung der Kapitalanlage und des Risikogeschäfts, NVersZ 1999, 1–9.
Heß, Rainer/Burmann, Michael: Die VVG-Reform: Beratung, Information, Widerruf und Kündigung, NJW-Spezial 2007, 111–112.

Heyers, Johannes: Unbegrenzter Widerruf von Lebensversicherungsverträgen? – Richtlinienkonforme Derogation der Ausschlussfrist für das Widerspruchsrecht, NJW 2014, 2619–2622.
ders.: Bereicherungsrechtliche Rückabwicklung fondsgebundener Lebensversicherungsverträge, NJW 2016, 1357–1360.
Hoeren, Thomas: Internet und Recht – Neue Paradigmen des Informationsrechts, NJW 1998, 2849–2854.
Hoffmann, Stefan: Verbraucherschutz im deutschen Privatversicherungsrecht nach dem Wegfall der Vorabkontrolle Allgemeiner Versicherungsbedingungen (Zugl.: Düsseldorf, Univ., Diss., 1998), Karlsruhe 1998 (zitiert als: *Hoffmann*, Verbraucherschutz im deutschen Privatversicherungsrecht nach dem Wegfall der Vorabkontrolle Allgemeiner Versicherungsbedingungen).
Hofmann, Edgar: Die neue Kfz-Versicherung – Haftpflicht, Kasko, München 1994 (zitiert als: *Hofmann*, Die neue Kfz-Versicherung).
ders.: Anmerkung zu LG Essen, Urt. vom 26.2.1997 – 2 S 139/96, VersR 1997, 1257–1258.
Hohlfeld, Knut: Zukunft des Verbraucherschutzes durch Versicherungsaufsicht, in: Hopp, Franz/Mehl, Georg (Hrsg.), Versicherungen in Europa – heute und morgen – Geburtstagsschrift für Georg Büchner, Karlsruhe 1991, S. 373–378 (zitiert als: *Hohlfeld*, in: FS Büchner 1991).
ders.: Was bleibt von der materiellen Versicherungsaufsicht nach Vollendung des Binnenmarktes? – Vortrag, gehalten auf dem 9. Münsterischen Versicherungstag am 9. November 1991, Karlsruhe 1992 (zitiert als: *Hohlfeld*, Was bleibt von der materiellen Versicherungsaufsicht nach Vollendung des Binnenmarktes?).
ders.: Die Zukunft der Versicherungsaufsicht nach Vollendung des Binnenmarktes, VersR 1993, 144–150.
Hölldampf, Tilman: Verwirkung des Widerrufsrechts bei Verbraucherdarlehensverträgen – Zugleich Besprechung des EuGH-Urteils vom 9.9.2021 – verb. Rs. C-33/20, C-155/20 und C-187/20, BB 2021, 2569–2574.
Honsel, Bernd: Vertreterdirekteingabe nach Abschaffung des Policenmodells – Fortführung des Verfahrens auch nach neuem Recht?, VW 2007, 359–364.
Hoppmann, Carsten: Der Vorschlag für eine Fernabsatzrichtlinie für Finanzdienstleistungen, VersR 1999, 673–682.
Hoppmann, Carsten/Moos, Flemming: Rechtsfragen des Internet-Vertriebs von Versicherungsdienstleistungen, NVersZ 1999, 197–204.

Huber, Ulrich: Aufklärungspflichten vor Vertragsschluss, in: Lorenz, Egon (Hrsg.), Karlsruher Forum 2000: Aufklärungspflichten – Mit Vorträgen von Ulrich Huber und Heinrich Dörner, Karlsruhe 2001, S. 5–38 (zitiert als: *Huber*, in: Lorenz (Hrsg.), Karlsruher Forum 2000: Aufklärungspflichten).

Hübner, Ulrich: Schwerpunkte einer Koordinierung des Versicherungsvertragsrechts in der Europäischen Gemeinschaft, ZGesVersW 71 (1982), 221–255.

ders.: Internationales Privatrecht des Versicherungsvertrages und EG-Recht, ZGesVersW 72 (1983), 21–40.

ders.: Das Europäische Recht und die Versicherungswirtschaft, in: Börner, Bodo/Jahrreiß, Hermann/Stern, Klaus (Hrsg.), Einigkeit und Recht und Freiheit – Festschrift für Karl Carstens, Köln 1984, S. 139–155 (zitiert als: *Hübner*, in: FS Carstens 1984).

ders.: Die Dienstleistungsfreiheit in der Europäischen Gemeinschaft und ihre Grenzen – Zum Urteil des Europäischen Gerichtshofs betreffend die Dienstleistungsfreiheit auf dem Versicherungssektor, JZ 42 (1987), 330–335.

ders.: Die rechtliche Perspektive, in: Forschungsgesellschaft für Wettbewerb und Unternehmensorganisation mbH (Hrsg.), Versicherungsmärkte im Wettbewerb, Baden-Baden 1989, S. 43–60 (zitiert als: *Hübner*, in: Forschungsgesellschaft für Wettbewerb und Unternehmensorganisation mbH (Hrsg.), Versicherungsmärkte im Wettbewerb).

ders.: Versicherung quo vadis? – Europäisierung, Deregulierung und die möglichen Folgen, in: Hopp, Franz/Mehl, Georg (Hrsg.), Versicherungen in Europa – heute und morgen – Geburtstagsschrift für Georg Büchner, Karlsruhe 1991, S. 305–309 (zitiert als: *Hübner*, in: FS Büchner 1991).

ders.: Reflexionen zur Stellung des Verbrauchers im Versicherungsbinnenmarkt, EuZW 1995, 1.

ders.: Notwendigkeit der Berufsregelung für Versicherungsvermittler in Deutschland, in: Hamburger Gesellschaft zur Förderung des Versicherungswesens mbH (Hrsg.), Berufsregelung für Versicherungsvermittler in Deutschland, Karlsruhe 1997, S. 3–46 (zitiert als: *Hübner*, in: Hamburger Gesellschaft zur Förderung des Versicherungswesens mbH (Hrsg.), Berufsregelung für Versicherungsvermittler in Deutschland).

ders.: Vom Beruf unserer Zeit zur nationalen Gesetzgebung – Notwendigkeit, Aufgaben und Ziele einer Reform des Versicherungsvertragsrechts, ZVersWiss 91 (2002), 87–102.

Hübner, Ulrich/Matusche-Beckmann, Annemarie: Auswirkungen des Gemeinschaftsrechts auf das nationale Versicherungsrecht, EuZW 1995, 263–273.

Huckele, Christian: Die vorvertraglichen Aufklärungs-, Beratungs- und Informationspflichten im Versicherungsrecht – unter Berücksichtigung der Verhaltenspflichten der Banken in der Anlageberatung und des zukünftigen Vermittlerrechts im Versicherungswesen, Tübingen 2005 (zitiert als: *Huckele*, Die vorvertraglichen Aufklärungs-, Beratungs- und Informationspflichten im Versicherungsrecht).

Huhs, Reiner: Verfassungswidrigkeit der Ausnahme für Versicherungsverträge von der Geltung des Haustürwiderrufsgesetzes (§ 6 Nr. 2 HWiG) trotz der Neufassung in § 8 des Gesetzes über den Versicherungsvertrag?, VuR 1991, 75–78.

Hüntemann, Antonius: Der Abschluss von Versicherungsverträgen und die vorvertraglichen Pflichten des Versicherers gemäß §§ 6 und 7 VVG 2009 (zitiert als: *Hüntemann*, Der Abschluss von Versicherungsverträgen und die vorvertraglichen Pflichten des Versicherers gemäß §§ 6 und 7 VVG).

Ihle, Jörg: Der Informationsschutz des Versicherungsnehmers, Hamburg 2006 (zitiert als: *Ihle*, Der Informationsschutz des Versicherungsnehmers).

Jacob, Markus: Tücken der (Versicherungs-)Mathematik: Rückabwicklung in „§ 5a-Fällen" – Zugleich Anmerkung zu den Urteilen des BGH vom 1.6.2016 (IV ZR 482/14 und 343/15), r + s 2015, 498–500.

Jauernig, Othmar (Begr.): Bürgerliches Gesetzbuch mit Rom-I-VO, Rom-II-VO, Rom-III-VO, EG-UnthVO/HUntProt und EuErbVO – Kommentar, 19. Auflage, München 2023 (zitiert als: Jauernig/*Bearbeiter*).

Jembrek, Thomas: Lebensversicherung – „Ewiges Widerspruchsrecht" nach § 5a VVG a.F., MDR 2014, 1242–1247.

Jung, Günther: Die Probleme mit der Moral – Versicherungsvertrieb zwischen sorgfältiger Vorsorge und günstigen Gelegenheiten, in: Hopp, Franz/Mehl, Georg (Hrsg.), Versicherungen in Europa – heute und morgen – Geburtstagsschrift für Georg Büchner, Karlsruhe 1991, S. 681–685 (zitiert als: *Jung*, in: FS Büchner 1991).

Jungmann, Carsten: Ende des „ewigen Widerrufsrechts" durch die Verbraucherkredit-RL 2023?, NJW 2024, 1542–1547.

Kamanabrou, Sudabeh: Die Umsetzung der Fernabsatzrichtlinie, WM 2000, 1417–1426.

Karczewski, Christoph: Die Rechtsprechung des Bundesgerichtshofes zur Kranken-, Krankentagegeld- und Berufsunfähigkeitsversicherung, r + s 2012, 270–280.

ders.: Vorvertragliche Anzeigepflichten, §§ 19 ff. VVG n.F., §§ 16 ff. VVG a.F., r + s 2012, 521–532.
ders.: Die Rechtsprechung des IV. Zivilsenats des Bundesgerichtshofs zur Lebensversicherung, r + s 2014, 373–393.
ders.: Die Rechtsprechung des Bundesgerichtshofs zum Versicherungsrecht – Lebens-, Forderungsausfall- und Reiseabbruchversicherung, r + s 2018, 397–418.
ders.: Aktuelle Rück- und Ausblicke auf Entscheidungen des IV. Zivilsenats des BGH zum Versicherungsrecht (Teil 1 – Serienverfahren), r + s 2024, 193–208.
Kas, Betül/Micklitz, Hans-W.: Rechtsprechungsübersicht zum Europäischen Vertrags- und Deliktsrecht (2014–2018) – Teil II, EWS 2018, 241–300.
Kemper, Rainer: Verbraucherschutzinstrumente (Zugl.: Münster (Westfalen), Univ., Diss., 1993), Baden-Baden 1994 (zitiert als: *Kemper*, Verbraucherschutzinstrumente).
Kieninger, Eva-Maria: Informations-, Aufklärungs- und Beratungspflichten beim Abschluß von Versicherungsverträgen: zur Gesetzesinitiative der Bundesländer vom 7.7.1997, VersR 1998, 5–12.
dies.: Informations-, Aufklärungs- und Beratungspflichten beim Abschluß von Versicherungsverträgen, AcP 199 (1999), 190–247.
Kilian, Matthias: Trojanische Pferde im Rechtsdienstleistungsrecht? – Betrachtungen zur Renaissance von Inkassodienstleistern, NJW 2019, 1401–1406.
Kinkel, Klaus: Versicherungsvertragsrecht und Verbraucherschutz, in: Hopp, Franz/Mehl, Georg (Hrsg.), Versicherungen in Europa – heute und morgen – Geburtstagsschrift für Georg Büchner, Karlsruhe 1991, S. 423–427 (zitiert als: *Kinkel*, in: FS Büchner 1991).
Kirsten, Konstantin: Anmerkung zu BGH, Urt. vom 10.2.2021 – IV ZR 32/20, VersR 2021, 438–440.
Klama, Tomasz: Die Prozesskostenhilfe im grenzüberschreitenden Rechtsverkehr – Der Zugang zum Recht für Bedürftige im deutsch-polnischen Rechtsvergleich 2023 (zitiert als: *Klama*, Die Prozesskostenhilfe im grenzüberschreitenden Rechtsverkehr).
Klimke, Dominik: Das Leitentscheidungsverfahren vor dem BGH, r + s 2025, 289–293.
Kloth, Andreas: Wie weist der Unfallversicherer zukünftig den Weg? – Ein kritischer Beitrag zur neuen Hinweispflicht des Unfallversicherers nach § 186 VVGE, r + s 2007, 397–400.

Knops, Kai-Oliver: Gläubigeranerkenntnis und Schuldnervertrauen als Verwirkungsvoraussetzungen, NJW 2018, 425–430.
ders.: Neue EuGH-Vorlage zur Verwirkung von Widerrufen bei Verbraucherkrediten, WM 2020, 2249–2262.
ders.: Die unionsrechtlichen Voraussetzungen des Rechtsmissbrauchseinwands – am Beispiel des Widerrufs von Verbraucherdarlehens- und Versicherungsverträgen, RabelsZ 85 (2021), 505–543.
ders.: Falsches Spiel mit dem „Widerrufsjoker" – Wie die Bundesregierung das Verbraucherrecht beschneiden will und was dagegenspricht, ZRP 2022, 145–148.
Knops, Kai-Oliver/Fromm, Calvin: Die EuGH-Entscheidung vom 9.9.2021 zur Verwirkung und zum Rechtsmissbrauch von Widerrufsrechten: Eine Zäsur für die deutsche Rechtspraxis!, WM 2021, 2169–2182.
Koch, Peter: Das Widerrufsrecht des Antragstellers, VersR 1991, 725–731.
ders.: Anmerkung zu BGH, Urt. vom 10.6.2015 – IV ZR 105/13, LMK 2015, 371071.
Koch, Robert: Anmerkung zu BGH, Urt. vom 7.5.2014 – IV ZR 76/11, LMK 2014, 359159.
ders.: Anmerkung zu BGH, Urt. vom 8.4.2015 – IV ZR 103/15, NJW 2015, 1819–1820.
Koehler, Philipp: Allgemeine Geschäftsbedingungen im Internet, MMR 1998, 289–294.
Kohler, Christian/Seyr, Sybelle/Puffer-Mariette, Jean-Christophe: Unionsrecht und Privatrecht – Zur Rechtsprechung des EuGH im Jahre 2013, ZEuP 2015, 335–365.
Köhler, Horst: Perspektiven der Versicherungswirtschaft in den 90er Jahren, in: Hopp, Franz/Mehl, Georg (Hrsg.), Versicherungen in Europa – heute und morgen – Geburtstagsschrift für Georg Büchner, Karlsruhe 1991, S. 75–80 (zitiert als: *Köhler*, in: FS Büchner 1991).
Köndgen, Johannes: Grund und Grenzen des Transparenzgebots im AGB-Recht – Bemerkungen zum „Hypothekenzins-" und zum „Wertstellungs-Urteil" des BGH, NJW 1989, 943–952.
Kramer, Dirk: Der Widerruf von Verbraucherdarlehen zwischen Rechtsdurchsetzung und Rechtsmissbrauch (Zugl.: Kassel, Univ., Diss., 2019), Baden-Baden 2020 (zitiert als: *Kramer*, Der Widerruf von Verbraucherdarlehen zwischen Rechtsdurchsetzung und Rechtsmissbrauch).
Kramer, Ulrich: Internationales Versicherungsvertragsrecht (Zugl.: Münster (Westfalen), Univ., Diss., 1994), Karlsruhe 1995 (zitiert als: *Kramer*, Internationales Versicherungsvertragsrecht).

Kroll, Kathrin: Vertragserfüllung als zeitliche Grenze des verbraucherschützenden Widerrufsrechts, NJW 2008, 1999–2002.

Lambsdorff, Otto Graf: Wettbewerb in der Versicherungswirtschaft – Fluch oder Segen?, in: Hopp, Franz/Mehl, Georg (Hrsg.), Versicherungen in Europa – heute und morgen – Geburtstagsschrift für Georg Büchner, Karlsruhe 1991, S. 265–269 (zitiert als: *Lambsdorff*, in: FS Büchner 1991).

Landinger, Julia/Haferkorn, Kilian: Konkretisierung der Anforderungen an die Prüfung der unionsrechtlichen Vorlagepflicht durch den VerfGH Rheinland-Pfalz – Ein „Scheinriese" – Zugleich Besprechung der Entscheidung des VerfGH Rheinland-Pfalz v. 22.7.2022 – VGH B 70/21, VersR 2022, 1209–1212.

Lange, Frank-Holger: Das Policenmodell und § 5a VVG: Schwebend unwirksamer Versicherungsvertrag oder „Rumpfvertrag"? – Zugleich Anmerkung zum Urteil des OLG Frankfurt/M. vom 10.12.2003 (7 U 15/03), VersR 2006, 313–316.

Lange, Thomas: Anmerkung zu EuGH, Urt. vom 19.12.2019 – C-355/18, C-536/18, C-357/18, C-479/18, VersR 2020, 351–353.

Langheid, Theo: Auf dem Weg zu einem neuen Versicherungsvertragsrecht, NJW 2006, 3317–3322.

ders.: Die Reform des Versicherungsvertragsgesetzes – 1. Teil: Allgemeine Vorschriften, NJW 2007, 3665–3672.

ders.: VVG-Reform und Verbraucherschutz, in: Kollhosser, Helmut/Dörner, Heinrich/Ehlers, Dirk/Pohlmann, Petra/Steinmeyer, Hans-Dietrich/Schwienhorst, Martin Schulze (Hrsg.), Versicherungsrechtsmodernisierung – Vorträge, gehalten auf dem 24. Münsterischen Versicherungstag am 25. November 2006, Karlsruhe 2007, S. 23–38 (zitiert als: *Langheid*, in: Kollhosser/Dörner/Ehlers/Pohlmann/Steinmeyer/Schwienhorst (Hrsg.), Versicherungsrechtsmodernisierung).

Langheid, Theo/Müller-Frank, Christoph: Rechtsprechungsübersicht zum Versicherungsvertragsrecht, NJW 2001, 111–121.

dies.: Rechtsprechungsübersicht zum Versicherungsvertragsrecht 2001, NJW 2002, 403–415.

dies.: Rechtsprechungsübersicht zum Versicherungsvertragsrecht 2004, NJW 2005, 340–346.

dies.: Rechtsprechungsübersicht zum Versicherungsvertragsrecht 2007, NJW 2008, 337–344.

dies.: Rechtsprechungsübersicht zum Versicherungsvertragsrecht 2011, NJW 2012, 358–363.

dies.: Rechtsprechungsübersicht zum Versicherungsvertragsrecht im ersten Halbjahr 2012, NJW 2012, 2324–2328.

dies.: Rechtsprechungsübersicht zum Versicherungsvertragsrecht im ersten Halbjahr 2013, NJW 2013, 2329–2333.

dies.: Rechtsprechungsübersicht zum Versicherungsvertragsrecht im ersten Halbjahr 2014, NJW 2014, 2323–2327.

dies.: Rechtsprechungsübersicht zum Versicherungsvertragsrecht im zweiten Halbjahr 2013, NJW 2014, 354–358.

dies.: Rechtsprechungsübersicht zum Versicherungsvertragsrecht im ersten Halbjahr 2015, NJW 2015, 2311–2314.

dies.: Rechtsprechungsübersicht zum Versicherungsvertragsrecht im zweiten Halbjahr 2015, NJW 2016, 371–375.

dies.: Rechtsprechungsübersicht zum Versicherungsvertragsrecht im zweiten Halbjahr 2018, NJW 2019, 341–345.

Langheid, Theo/Rixecker, Roland (Hrsg.): Versicherungsvertragsgesetz – mit Einführungsgesetz und VVG-Informationspflichtenverordnung, 7. Auflage, München 2022 (zitiert als: Langheid/Rixecker/*Bearbeiter*).

Lechner, Herbert: Zur Beibehaltung des ewigen Widerrufsrechts für Finanzdienstleistungen – Wille des Gesetzgebers und Konsequenzen für die Rechtsanwendung, WM 2015, 2165–2173.

Leverenz, Kent: Rechtliche Aspekte zum Versicherungsgeschäft im Internet, Karlsruhe 2000 (zitiert als: *Leverenz*, Rechtliche Aspekte zum Versicherungsgeschäft im Internet).

ders.: Auswirkungen des „Gesetzes zur Anpassung der Formvorschriften des Privatrechts und anderer Vorschriften an den modernen Rechtsgeschäftsverkehr“ auf die Versicherungswirtschaft – Eine Zwischenbilanz zu den Formhindernissen im Versicherungsrecht, VersR 2002, 1318–1331.

ders.: Auswirkungen des § 312e BGB auf das Versicherungsgeschäft im Internet, VersR 2003, 698–707.

ders.: Vertragsschluss nach der VVG-Reform, Karlsruhe 2008 (zitiert als: *Leverenz*, Vertragsschluss nach der VVG-Reform).

ders.: Wann ist die Vertragsinformation „rechtzeitig“? – Am Beispiel der Lebensversicherung, VW 2008, 392–395.

Lindacher, Walter/Pfeiffer, Thomas (Hrsg.): AGB-Recht – Kommentar, 7. Auflage, München 2020 (zitiert als: Lindacher/Pfeiffer/*Bearbeiter*).

Looschelders, Dirk: Anmerkung zu EuGH, Urt. vom 10.4.2008 – C-412/06, GPR 2008, 187–189.

ders.: Aktuelle Auswirkungen des EU-Rechts auf das deutsche Versicherungsvertragsrecht unter besonderer Berücksichtigung der geschlechtsspezifischen Tarifierung, VersR 2011, 421–429.

ders.: Europäisches Privatrecht und deutsches Versicherungsvertragsrecht – aktuelle Problemfelder, Entwicklungen und Perspektiven, VersR 2013, 653–661.

ders.: Die Vereinbarkeit des Policenmodells nach § 5a VVG a.F. mit dem Unionsrecht, VersR 2016, 7–15.

ders.: Anmerkung zu VerfGH Rheinland-Pfalz, Beschl. vom 22.7.2022 – VGH B 70/21, r + s 2022, 622–624.

Looschelders, Dirk/Michael, Lothar: Europäisches Vertragsrecht, in: Ruffert, Matthias (Hrsg.), Europäisches Sektorales Wirtschaftsrecht, 2. Aufl., Baden-Baden 2020, S. 763–900 (zitiert als: *Looschelders/Michael*, in: Ruffert (Hrsg.), Europäisches Sektorales Wirtschaftsrecht).

Looschelders, Dirk/Smarowos, Kristin: Das Internationale Versicherungsvertragsrecht nach Inkrafttreten der Rom-I-Verordnung, VersR 2010, 1–10.

Lorenz, Egon: Zu den Informationspflichten des Versicherers und zum Abschluß von Versicherungsverträgen nach neuem Recht, ZVersWiss 84 (1995), 103–128.

ders.: Zum Abschluß eines Versicherungsvertrages nach § 5a VVG, VersR 1995, 616–626.

ders.: Anmerkung zu LG Essen, Urt. vom 26.2.1997 – 2 S 139/96, VersR 1997, 994–996.

ders.: Neue Aspekte zum Abschluß eines Versicherungsvertrags nach § 5a VVG, VersR 1997, 773–782.

ders.: Eine neue Gesamtrichtlinie Leben – Richtlinie 2002/83/EG des Europäischen Parlaments und des Rates vom 5.11.2002 über Lebensversicherungen, VersR 2003, 175–176.

ders.: Der Versicherungsombudsmann – eine neue Institution im deutschen Versicherungswesen, VersR 2004, 541–549.

Lorenz, Stephan: Der Schutz vor dem unerwünschten Vertrag – Eine Untersuchung von Möglichkeiten und Grenzen der Abschlußkontrolle im geltenden Recht (Zugl.: München, Univ., Habil.-Schr., 1996/97), München 1997 (zitiert als: *Lorenz*, Der Schutz vor dem unerwünschten Vertrag).

Löwe, Walter: Endlich mehr Verbraucherschutz bei „Haustürgeschäften", ZIP 1985, 1363.

Lührs, Dieter: Lebensversicherung – Produkte, Recht und Praxis, Wiesbaden 1997 (zitiert als: *Lührs*, Lebensversicherung).

Lux, Sebastian: Die Lebensversicherung nach der VVG-Reform im Lichte der wettbewerblichen EU-Liberalisierung – Unter

Berücksichtigung der Neuerungen des LVRG und ein Vergleich mit der Rechtslage in Österreich (Zugl.: Erlangen-Nürnberg, Univ., Diss., 2015), Frankfurt am Main 2015 (zitiert als: *Lux*, Die Lebensversicherung nach der VVG-Reform im Lichte der wettbewerblichen EU-Liberalisierung).

Magoulas, Georgios/Schwartze, Andreas: Das Gesetz über den Widerruf von Haustürgeschäften und ähnlichen Geschäften – eine rechtliche und ökonomische Analyse, JA 1986, 225–235.

Mährlein, Lars: Anmerkung zu OLG Rostock, Beschl. vom 9.11.2021 – 4 U 51/21, VuR 2022, 145–146.

Maier, Arne: Anmerkung zu EuGH, Urt. vom 10.4.2008 – C-412/06, EWiR 2008, 367–368.

ders.: Bankrecht 2022, VuR 2023, 163–175.

Maier, Florian: Das Widerrufsrecht als Element des Verbraucherschutzes unter besonderer Berücksichtigung des Versicherungsrechts, in: Drees, Holger/Koch, Robert/Nell, Martin (Hrsg.), Aktuelle Probleme des Versicherungsvertrags-, Versicherungsaufsichts- und Vermittlerrechts, Karlsruhe 2013, S. 1–78 (zitiert als: *Maier*, in: Drees/Koch/Nell (Hrsg.), Aktuelle Probleme des Versicherungsvertrags-, Versicherungsaufsichts- und Vermittlerrechts).

Maier, Karl: Die vorläufige Deckung nach dem Regierungsentwurf zur VVG-Reform, r + s 2004, 485–489.

Mallmann, Heinrich: Schriftform bei Geschäften im Internet, ZRP 2000, 470–473.

Mankowski, Peter: Fernabsatzrecht: Information über das Widerrufsrecht und Widerrufsbelehrung bei Internetauftritten, CR 2001, 767–775.

ders.: Beseitigungsrechte – Anfechtung, Widerruf und verwandte Institute, Tübingen 2003 (zitiert als: *Mankowski*, Beseitigungsrechte).

ders.: Die gemeinschaftsrechtliche Kontrolle von Erlöschungstatbeständen für verbraucherschützende Widerrufsrechte – Zugleich Besprechung von EuGH, Urteil v. 10.4.2008, JZ 2008, 1141–1150.

ders.: Verbraucherschützendes Widerrufsrecht und Rechtsmissbrauch: Zugleich Besprechung von BGH, Urteil v. 16.3.2016 – VIII ZR 146/15, JZ 71 (2016), 787–792.

Marlow, Sven/Spuhl, Udo: Das Neue VVG kompakt – Ein Handbuch für die Rechtspraxis, 2. Auflage, Karlsruhe 2007 (zitiert als: *Marlow/Spuhl*, Das Neue VVG kompakt).

Masuch, Andreas: Neues Muster für Widerrufsbelehrungen, NJW 2008, 1700–1703.

Mattern, Isabel: Das Informationsmodell im VVG unter Berücksichtigung der Auswirkungen auf die AGB-Kontrolle (Zugl. Dissertation der Universität Erlangen-Nürnberg, Rechts- und Wirtschaftswissenschaftliche Fakultät – Fachbereich Rechtswissenschaft – 2010), Karlsruhe 2011 (zitiert als: *Mattern*, Das Informationsmodell im VVG unter Berücksichtigung der Auswirkungen auf die AGB-Kontrolle).

Matusche-Beckmann, Annemarie: Die Entwicklung des europäischen Privatversicherungsrechts, ERPL 1996, 201–219.

Matusche-Beckmann, Annemarie/Beckmann, Roland Michael: Einbeziehung von Allgemeinen Versicherungsbedingungen in den Versicherungsvertrag nach der VVG-Reform, in: Wittinger, Michaela/ Wendt, Rudolf/Ress, Georg (Hrsg.), Verfassung – Völkerrecht – Kulturgüterschutz – Festschrift für Wilfried Fiedler zum 70. Geburtstag, Berlin 2011, S. 915–930 (zitiert als: *Matusche-Beckmann/ Beckmann*, in: FS Fiedler 2011).

Mauch, Christian: Anforderungen an die Erteilung einer wirksamen Nachbelehrung zur Vermeidung der Rückabwicklung von Lebens- und Rentenversicherungen – Zugleich Anmerkung zu BGH Urt. v. 15.3.2023 – IV ZR 40/21, VuR 2025, 163–171.

Mayer, Christian/Schürnbrand, Jan: Einheitlich oder gespalten? – Zur Auslegung des nationalen Rechts bei überschießender Umsetzung von Richtlinien, JZ 2004, 545–552.

Mayrhofer, Ann-Kristin/Koller, Tonio: Die „Gleichartigkeit" als Nadelöhr der Abhilfeklage – Zur Bedeutung des Gleichartigkeitserfordernisses im Regierungsentwurf eines Gesetzes zur Umsetzung der Verbandsklagenrichtlinie, ZIP 2023, 1065–1073.

Melhardt, Tim: Das Kapitalanleger-Musterverfahren nach dem Entwurf zum zweiten KapMuG-Reformgesetz, ZIP 2024, 920–929.

Meyer, Hans Dieter: Verbraucherpolitische Informationen und Forderungen, in: Schwintowski, Hans-Peter/Basedow, Jürgen/Meyer, Ulrich (Hrsg.), Lebensversicherung, Internationale Versicherungsverträge und Verbraucherschutz, Versicherungsvertrieb – Beiträge der fünften Wissenschaftstagung des Bundes der Versicherten, Baden-Baden 1996, S. 157–250 (zitiert als: *Meyer*, in: Schwintowski/Basedow/Meyer (Hrsg.), Lebensversicherung, Internationale Versicherungsverträge und Verbraucherschutz, Versicherungsvertrieb).

ders.: Reform des Versicherungsvertragsgesetzes – die wichtigsten Forderungen und Vorschläge des Bundes der Versicherten, in: Basedow, Jürgen/Meyer, Ulrich/Rückle, Dieter/Schwintowski, Hans-Peter (Hrsg.),

Verbraucherschutz durch und im Internet bei Abschluss von privaten Versicherungsverträgen – Altersvorsorgeverträge, VVG-Reform, Beiträge zur 11. Wissenschaftstagung des Bundes der Versicherten, Baden-Baden 2003, S. 261–276 (zitiert als: *Meyer*, in: Basedow/Meyer/Rückle/Schwintowski (Hrsg.), Verbraucherschutz durch und im Internet bei Abschluss von privaten Versicherungsverträgen).

Meyer-Kahlen, Walter: Angleichung des Versicherungsvertragsrechts im Gemeinsamen Markt – Erläuterungen zu dem Vorschlag der Kommission der Europäischen Gemeinschaften vom 6. Juli 1979 für eine Richtlinie des Rates zur Koordinierung der Rechts- und Verwaltungsvorschriften über Versicherungsverträge – EG-Dok. KOM (79) 355 endg., München 1980 (zitiert als: *Meyer-Kahlen*, Angleichung des Versicherungsvertragsrechts im Gemeinsamen Markt).

Michael, Lothar/Payandeh, Mehrdad: Richtlinienkonforme Rechtsfortbildung zwischen Unionsrecht und Verfassungsrecht, NJW 2015, 2392–2393.

Michaels, Bernd: Deregulierung – Gedanken zu Entwicklungen und Fehlentwicklungen, in: Hopp, Franz/Mehl, Georg (Hrsg.), Versicherungen in Europa – heute und morgen – Geburtstagsschrift für Georg Büchner, Karlsruhe 1991, S. 317–325 (zitiert als: *Michaels*, in: FS Büchner 1991).

ders.: Der Versicherungsstandort Deutschland vor neuen Herausforderungen, VW 1993, 1482–1491.

Micklitz, Hans-W./Ebers, Martin: Der Abschluss von privaten Versicherungsverträgen im Internet, VersR 2002, 641–660.

dies.: Verbraucherschutz durch und im Internet bei Abschluss von privaten Versicherungsverträgen, in: Basedow, Jürgen/Meyer, Ulrich/Rückle, Dieter/Schwintowski, Hans-Peter (Hrsg.), Verbraucherschutz durch und im Internet bei Abschluss von privaten Versicherungsverträgen – Altersvorsorgeverträge, VVG-Reform, Beiträge zur 11. Wissenschaftstagung des Bundes der Versicherten, Baden-Baden 2003, S. 43–106 (zitiert als: *Micklitz/Ebers*, in: Basedow/Meyer/Rückle/Schwintowski (Hrsg.), Verbraucherschutz durch und im Internet bei Abschluss von privaten Versicherungsverträgen).

Miersch, Gerald: Versicherungsaufsicht nach den Dritten Richtlinien – Aufsichtsbefugnisse und Inländerbenachteiligungen, Karlsruhe 1996 (zitiert als: *Miersch*, Versicherungsaufsicht nach den Dritten Richtlinien).

Mittendorf, Thomas: Besonderheiten der Prozessführung im Versicherungsrecht und Recht der Versicherungsaufsicht, 4. Auflage, Hagen 2022 (zitiert als: *Mittendorf*, Besonderheiten der Prozessführung im Versicherungsrecht und Recht der Versicherungsaufsicht).

Moritz, Hans-Werner: Quo vadis elektronischer Geschäftsverkehr?, CR 2000, 61–72.

Mörsdorf, Oliver: Verpflichtung des Käufers zur Zahlung eines Nutzungsentgelts im Rahmen der Neulieferung einer mangelhaften Kaufsache, ZIP 2008, 1409–1417.

Müglich, Andreas: Neue Formvorschriften für den E-Commerce – Zur Umsetzung der EU-Signaturrichtlinie in deutsches Recht, MMR 2000, 7–13.

Müller, Helmut: Verbraucherschutz im Versicherungswesen durch Information der Versicherten – Vortrag, gehalten in der Vortragsreihe der Forschungsstelle für Versicherungswesen im Wintersemester 1991/92 am 16. Dezember 1991 in Münster, Karlsruhe 1992 (zitiert als: *Müller*, Verbraucherschutz im Versicherungswesen durch Information der Versicherten).

ders.: Überlegungen zur Vereinheitlichung der aufsichtsrechtlichen Rahmenbedingungen für Versicherungsunternehmen und Kreditinstitute – Vortrag, gehalten in der Vortragsreihe der Forschungsstelle für Versicherungswesen im Wintersemester 1994/95 am 25.1.1995 in Münster, Karlsruhe 1995 (zitiert als: *Müller*, Überlegungen zur Vereinheitlichung der aufsichtsrechtlichen Rahmenbedingungen für Versicherungsunternehmen und Kreditinstitute).

ders.: Versicherungsbinnenmarkt – die europäische Integration im Versicherungswesen, München 1995 (zitiert als: *Müller*, Versicherungsbinnenmarkt).

ders.: Finanzaufsicht im Versicherungswesen – Vortrag, gehalten auf Einladung der Münsterischen Forschungsstelle für Versicherungswesen am 12. Mai 2003 in Münster, Karlsruhe 2003 (zitiert als: *Müller*, Finanzaufsicht im Versicherungswesen).

Münchener Anwalts Handbuch Versicherungsrecht, hrsg. von *Höra, Knut/ Schubach, Arno*, 5. Auflage, München 2022 (zitiert als: MAH VersR/ *Bearbeiter*).

Münchener Kommentar zum Bilanzrecht, hrsg. von *Hennrichs, Johannes/ Kleindiek, Detlef/Watrin, Christoph* 2013 (zitiert als: MüKo-Bilanzrecht/ *Bearbeiter*).

Münchener Kommentar zum Bürgerlichen Gesetzbuch – Band 2: Schuldrecht – Allgemeiner Teil I: §§ 242–310, hrsg. von *Säcker, Franz Jürgen/Rixecker, Roland/Oetker, Hartmut* u.a., 9. Auflage, München 2022 (zitiert als: MüKo-BGB/*Bearbeiter*).

Münchener Kommentar zum Bürgerlichen Gesetzbuch – Band 7: Schuldrecht – Besonderer Teil IV §§ 705–853, Partnerschaftsgesellschaftsgesetz,

Produkthaftungsgesetz, hrsg. von *Säcker, Franz Jürgen/Rixecker, Roland/Oetker, Hartmut* u.a., 9. Auflage, München 2024 (zitiert als: MüKo-BGB/*Bearbeiter*).

Münchener Kommentar zum Versicherungsvertragsgesetz – VVG, Band 1; §§ 1–99, VVG-InfoV, hrsg. von *Langheid, Theo/Wandt, Manfred*, 3. Auflage, München 2022 (zitiert als: MüKo-VVG/*Bearbeiter*).

Münchener Kommentar zum Versicherungsvertragsgesetz – VVG, Band 2: §§ 100-216, hrsg. von *Langheid, Theo/Wandt, Manfred*, 3. Auflage, München 2024 (zitiert als: MüKo-VVG/*Bearbeiter*).

Münchener Kommentar zum Versicherungsvertragsgesetz – VVG, Band 3: Nebengesetze, Systematische Darstellungen I, hrsg. von *Langheid, Theo/Wandt, Manfred*, 3. Auflage, München 2024 (zitiert als: MüKo-VVG/*Bearbeiter*).

Münchener Kommentar zur Zivilprozessordnung mit Gerichtsverfassungsgesetz und Nebengesetzen – Band 1: §§ 1–354, hrsg. von *Rauscher, Thomas/Krüger, Wolfgang*, 7. Auflage, München 2025 (zitiert als: MüKo-ZPO/*Bearbeiter*).

Neugebauer, Harald/Nickel-Waninger, Hartmut: Chancen und Risiken einer Komplexitätsreduktion von Versicherungsprodukten, in: Mager, Hans-Christian/Schäfer, Henry/Schrüfer, Klaus (Hrsg.), Private Versicherung und Soziale Sicherung – Festschrift zum 60. Geburtstag von Roland Eisen, Marburg 2001, S. 113–128 (zitiert als: *Neugebauer/Nickel-Waninger*, in: FS Eisen 2001).

Neuhaus, Gloria: Konsolidierte Fassung des VAG, des VVG, des EGVVG und des PflVG: auf der Grundlage des Dritten Durchführungsgesetzes/EWG zum VAG und des Versicherungsbilanzrichtlinie-Gesetzes – Eine Einführung, Karlsruhe 1994 (zitiert als: *Neuhaus*, Konsolidierte Fassung des VAG, des VVG, des EGVVG und des PflVG: auf der Grundlage des Dritten Durchführungsgesetzes/EWG zum VAG und des Versicherungsbilanzrichtlinie-Gesetzes).

Neuhaus, Kai-Jochen: Die Berufsunfähigkeitsversicherung – Neues VVG, Perspektiven, Prognosen, r + s 2008, 449–460.

ders.: Aktuelle Probleme in der Personenversicherung – unter besonderer Berücksichtigung der Berufsunfähigkeitsversicherung, r + s 2009, 309–319.

ders. (Hrsg.): Berufsunfähigkeitsversicherung, 4. Auflage, München 2020 (zitiert als: Neuhaus/*Bearbeiter*).

Niebling, Jürgen: Anmerkung zu BGH, Urt. vom 15.2.2023 – IV ZR 353/21, EWiR 2023, 267–268.

Niederleithinger, Ernst: Handels- und Wirtschaftsrecht in der 13. Legislaturperiode, ZIP 1995, 597–604.
ders.: Auf dem Weg zu einer VVG-Reform – Zum Referentenentwurf eines Gesetzes zur Reform des Versicherungsvertragsrechts, VersR 2006, 437–447.
Notthoff, Martin: Der Versicherungsvertragsabschluss im Internet, r + s 2018, 523–528.
Osing, Stefan: Informationspflichten des Versicherers und Abschluß des Versicherungsvertrages (Zugl.: Köln, Univ., Diss, 1995), Karlsruhe 1996 (zitiert als: *Osing*, Informationspflichten des Versicherers und Abschluß des Versicherungsvertrages).
Osterloh-Konrad, Christine: Rückstellungen für Prozessrisiken in Handels- und Steuerbilanz – Kriterien der Risikokonkretisierung und ihre Anwendung auf die Prozesssituation (Teil I), DStR 2003, 1631–1635.
dies.: Rückstellungen für Prozessrisiken in Handels- und Steuerbilanz – Kriterien der Risikokonkretisierung und ihre Anwendung auf die Prozesssituation (Teil II), DStR 2003, 1675–1680.
Ott, Claus/Schäfer, Hans-Bernd: Die ökonomische Analyse des Rechts – Irrweg oder Chance wissenschaftlicher Rechtserkenntnis, JZ 1988, 213–223.
Pestenhofer, Hubert: Der Kunde in der Lebensversicherung, in: Hopp, Franz/Mehl, Georg (Hrsg.), Versicherungen in Europa – heute und morgen – Geburtstagsschrift für Georg Büchner, Karlsruhe 1991, S. 429–433 (zitiert als: *Pestenhofer*, in: FS Büchner 1991).
Peters, Achim: Der Abschluß von Versicherungsverträgen nach § 5a VVG, DZWIR 1997, 188–196.
Peters, Bernd: Widerrufsbelehrungen und BGB-InfoV – Rechtsfort- oder verbildung?, WM 2014, 2145–2153.
Pfeiffer, Thomas: Der Einfluss des EuGH auf die nationale Rechtsprechung, AnwBl 2009, 488–494.
Pilz, Knut: Anmerkung zu BGH, Urt. vom 7.5.2014 – IV ZR 76/11, VuR 2014, 389–391.
Pohlmann, Petra: „Ewiges" Widerrufsrecht und Treu und Glauben, in: Menkhaus, Heinrich/Narazaki, Midori (Hrsg.), Japanischer Vorkämpfer für die Rechtsordnung des 21. Jahrhunderts – Festschrift für Koresuke Yamauchi zum 70. Geburtstag, Berlin 2017, S. 377–388 (zitiert als: *Pohlmann*, in: FS Yamauchi 2017).
Popp, Harald: Versicherungsschutz – ein unsichtbares Produkt? Überlegungen zu Schwierigkeiten im Verhältnis zwischen Versicherungsnehmern und Versicherungsunternehmen, VW 1997, 982–986.

Präve, Peter: Das Widerspruchsrecht des Versicherungsnehmers, ZfV 1994, 374–383.
ders.: Die Disclosure-Regelungen des VAG, VW 1994, 556–561.
ders.: Die Informationspflichten des Versicherers gemäß § 10a VAG, VW 1995, 90–99.
ders.: Das Recht der Allgemeinen Geschäftsbedingungen und die Versicherungswirtschaft, NVersZ 1998, 49–54.
ders.: Schweigen als Zustimmung?, r + s 1998, 441–447.
ders.: Fernabsatz von Versicherungen (I), VW 1999, 1410–1414.
ders.: Fernabsatz von Versicherungen (II), VW 1999, 1511–1518.
ders.: Globalisierung und Versicherung, VW 1999, 6–14.
ders.: Die VAG-Novelle 2000/2001, VersR 2001, 133–142.
ders.: Versicherungsaufsicht im Umbruch, VW 2001, 372–377.
ders.: Auf dem Weg zu einem neuen Vertragsrecht (I) – Anmerkungen zu den VVG-Entwürfen des Bundesjustizministeriums, VW 2002, 1836–1841.
ders.: Aspekte zur Reform des Versicherungsvertragsrechts, in: Basedow, Jürgen/Meyer, Ulrich/Rückle, Dieter/Schwintowski, Hans-Peter (Hrsg.), Verbraucherschutz durch und im Internet bei Abschluss von privaten Versicherungsverträgen – Altersvorsorgeverträge, VVG-Reform, Beiträge zur 11. Wissenschaftstagung des Bundes der Versicherten, Baden-Baden 2003, S. 277–280 (zitiert als: *Präve*, in: Basedow/Meyer/Rückle/Schwintowski (Hrsg.), Verbraucherschutz durch und im Internet bei Abschluss von privaten Versicherungsverträgen).
ders.: Das neue Versicherungsvertragsgesetz, VersR 2007, 1046–1050.
ders. (Hrsg.): Lebensversicherung – Kommentar zu den Allgemeinen Bedingungen der Lebens- und Rentenversicherung, München 2016 (zitiert als: Präve/*Bearbeiter*).
Prölss, Erich: Die Angleichung des Versicherungsvertragsrechts in der EWG, in: Frey, Emil (Hrsg.), Versicherungswirtschaft im Gemeinsamen Markt – Die Niederlassungsfreiheit in der Schadensversicherung, Baden-Baden 1967, S. 49–64 (zitiert als: *Prölss*, in: Frey (Hrsg.), Versicherungswirtschaft im Gemeinsamen Markt).
Prölss, Jürgen/Martin, Anton (Hrsg.): Versicherungsvertragsgesetz – Kommentar zu VVG und EGVVG sowie Kommentierung wichtiger Versicherungsbedingungen – unter Berücksichtigung des ÖVVG und österreichischer Rechtsprechung, 27. Auflage, München 2004 (zitiert als: Prölss/Martin/*Bearbeiter*, 27. Aufl. 2004).
dies. (Hrsg.): Versicherungsvertragsgesetz – mit Nebengesetzen, europäischem Recht, Vertriebsrecht und Allgemeinen

Versicherungsbedingungen, 32. Auflage, München 2024 (zitiert als: Prölss/Martin/*Bearbeiter*).

Prütting, Hanns: Das Drama um das Legal-Tech-Inkasso, ZIP 2020, 1434–1442.

Püttgen, Frank: Europäisiertes Versicherungsvertragsschlussrecht (Zugl.: Trier, Univ., Diss., 2010), Baden-Baden 2011 (zitiert als: *Püttgen*, Europäisiertes Versicherungsvertragsschlussrecht).

Rebhahn, Robert: Der prolongierte Rücktritt in der Lebensversicherung – Eine Beurteilung aus europäischer Sicht, Wien 2017 (zitiert als: *Rebhahn*, Der prolongierte Rücktritt in der Lebensversicherung).

Rehberg, Markus: Der Versicherungsabschluss als Informationsproblem – Die Gewährleistung freier Produktwahl in der Privatversicherung (Zugl.: Berlin, Humboldt-Univ., Diss., 2002), Baden-Baden 2003 (zitiert als: *Rehberg*, Der Versicherungsabschluss als Informationsproblem).

ders.: Anmerkung zu EuGH, Urt. vom 19.12.2013 – C-209/12, EuZW 2014, 237–238.

Reich, Norbert: Von der Liberalisierung zur Deregulierung, VuR 1991, 1–7.

ders.: Dritte Richtlinie Schadensversicherung 92/49/EWG vom 18-Juni 1992 und Lebensversicherung 92/96/EWG vom 10-November 1992 und der Schutz des privaten Versicherungsnehmers/Versicherten, VuR 1993, 10–30.

ders.: Verbraucherrechte als – unverzichtbare – subjektive Rechte passiver Marktbürger, in: Grundmann, Stefan (Hrsg.), Systembildung und Systemlücken in Kerngebieten des Europäischen Privatrechts, Tübingen 2000, S. 481–510 (zitiert als: *Reich*, in: Grundmann (Hrsg.), Systembildung und Systemlücken in Kerngebieten des Europäischen Privatrechts).

Reichert-Facilides, Fritz: Versicherungsverbraucherschutz und internationales Privatrecht, in: Reichert-Facilides, Fritz/Rittner, Fritz/Sasse, Jürgen (Hrsg.), Festschrift für Reimer Schmidt, Karlsruhe 1976, S. 1023–1043 (zitiert als: *Reichert-Facilides*, in: FS Schmidt 1976).

ders.: Informations- und Beratungspflichten des Versicherers: Privat- oder aufsichtsrechtliche Zuordnung?, VW 1994, 561–562.

ders.: Europäisches Versicherungsvertragsrecht?, in: Basedow, Jürgen/Hopt, Klaus/Kötz, Hein (Hrsg.), Festschrift für Ulrich Drobnig zum siebzigsten Geburtstag, Tübingen 1998, S. 119–134 (zitiert als: *Reichert-Facilides*, in: FS Drobnig 1998).

ders.: Verbraucherschutz – Versicherungsnehmerschutz: Überlegungen im Hinblick auf das Projekt: „Restatement des Europäischen

Versicherungsvertragsrechts“, in: Eccher, Bernhard/Nemeth, Kristin/Tangl, Astrid (Hrsg.), Verbraucherschutz in Europa – Festgabe für em.o.Univ. Prof. Dr. Heinrich Mayrhofer, M.C.L., Wien 2002, S. 179–188 (zitiert als: *Reichert-Facilides*, in: FS Mayrhofer 2002).

Reichow, Jens/Michaelis, Stephan: Anmerkung zu EuGH, Urt. vom 19.12.2013 – C-209/12, ZfV 2014, 88–89.

Reif, Frederick W./Poss, Andreas M.: Brief aus New York, VW 1996, 312–314.

Reiff, Peter: Die Auswirkungen des Gemeinschaftsrechts auf das deutsche Versicherungsvertragsrecht, VersR 1997, 267–273.

ders.: Die Haftung des Versicherers für Versicherungsvermittler (Teil 1), r + s 1998, 89–96.

ders.: Die Haftung des Versicherers für Versicherungsvermittler (Teil 2), r + s 1998, 133–139.

ders.: Anmerkung zu BGH, Urt. vom 16.7.2014 – IV ZR 73/13, LMK 2014, 363951.

ders.: Die bereicherungsrechtliche Rückabwicklung des Policenmodells in der Lebensversicherung, r + s 2015, 105–115.

Reinecke, Gerhard: Hinweis-, Informations- und Beratungspflichten im Betriebsrentenrecht nach der Reform des Versicherungsvertragsrechts, RdA 2009, 13–20.

Reiner, Günter: Der verbraucherschützende Widerruf im Recht der Willenserklärungen, AcP 2003, 1–45.

Remmertz, Frank: Legal Tech-Update im anwaltlichen Berufsrecht und im RDG, LTZ 2025, 99–108.

Renger, Reinhard: Stand, Inhalt und Probleme des neuen Versicherungsrechts – Bemerkungen zum Dritten Gesetz zur Durchführung versicherungsrechtlicher Richtlinien des Rates der Europäischen Gemeinschaft, VersR 1994, 753–759.

Reusch, Peter: Schriftformerfordernisse beim Abschluß von Versicherungsverträgen über das Internet, NVersZ 1999, 110–118.

ders.: Die vorvertraglichen Anzeigepflichten im neuen VVG 2008, VersR 2007, 1313–1323.

Rieger, Walter: Dienstleistungsfreiheit in der Europäischen Gemeinschaft, VW 1975, 342–347.

Riehm, Thomas: Effektive Rechtsdurchsetzung durch finanzierte Abtretungsmodelle, NJW 2024, 2713–2718.

Rieländer, Frederick: Treu und Glauben im Verbrauchervertragsrecht: Eine Analyse der immanenten Schranken unionsrechtlich garantierter Widerrufsrechte, AcP 216 (2016), 763–804.

Riesenhuber, Karl: Fernabsatz von Finanzdienstleistungen im europäischen Schuldvertragsrecht – Zum Richtlinienvorschlag der Kommission vom 14-10-1998, WM 1999, 1441–1451.
ders. (Hrsg.): Europäische Methodenlehre, 4. Auflage, Berlin 2021 (zitiert als: Riesenhuber/*Bearbeiter*).
Rixecker, Roland: VVG 2008 – Eine Einführung, zfs 28 (2007), 556–557.
ders.: VVG 2008 – Eine Einführung, zfs 28 (2007), 495–496.
Rollberg, Christoph: Algorithmen in der Justiz – Rechtsfragen zum Einsatz von Legal Tech im Zivilprozess (Zugl.: Potsdam, Univ., Diss., 2020), Baden-Baden 2020 (zitiert als: *Rollberg*, Algorithmen in der Justiz).
Römer, Wolfgang: Die Informationspflichten der Versicherer – unter besonderer Berücksichtigung der Krankenversicherung, Karlsruhe 1998 (zitiert als: *Römer*, Die Informationspflichten der Versicherer).
ders.: Zu den Informationspflichten der Versicherer und ihrer Vermittler, VersR 1998, 1313–1322.
ders.: Die Umsetzung der EG-Richtlinien im Versicherungsrecht, in: Geiss, Karlmann/Nehm, Kay/Brandner, Hans/Hagen, Horst (Hrsg.), 50 Jahre Bundesgerichtshof – Festschrift aus Anlaß des fünfzigjährigen Bestehens von Bundesgerichtshof, Bundesanwaltschaft und Rechtsanwaltschaft beim Bundesgerichtshof, Köln 2000, S. 375–390 (zitiert als: *Römer*, in: FS 50 Jahre BGH 2000).
ders.: Reformbedarf des Versicherungsvertragsrechts aus höchstrichterlicher Sicht, VersR 2000, 661–665.
ders.: Der Ombudsmann für private Versicherungen, NJW 2005, 1251–1255.
ders.: Zu ausgewählten Problemen der VVG-Reform nach dem Referentenentwurf vom 13. März 2006 (Teil I), VersR 2006, 740–745.
ders.: Zu ausgewählten Problemen der VVG-Reform nach dem Referentenentwurf vom 13. März 2006 (Teil II), VersR 2006, 865–870.
ders.: Zu den Informationspflichten nach dem neuen VVG – Ein Vorblatt zu den AVB oder: weniger ist mehr, VersR 2007, 618–620.
ders.: Versicherungsrecht – gestern, heute und morgen, in: Dörner, Heinrich/Ehlers, Dirk/Pohlmann, Petra/Steinmeyer, Hans-Dietrich/Schwienhorst, Martin Schulze (Hrsg.), Versicherungsrecht – Vorträge, gehalten auf dem 25. Münsterischen Versicherungstag am 17. November 2007, Karlsruhe 2008, S. 1–23 (zitiert als: *Römer*, in: Dörner/Ehlers/Pohlmann/Steinmeyer/Schwienhorst (Hrsg.), Versicherungsrecht).
Römer, Wolfgang/Langheid, Theo (Hrsg.): Versicherungsvertragsgesetz VVG – mit Pflichtversicherungsgesetz (PflVG) und

Kraftfahrzeug-Pflichtversicherungsverordnung, 2. Auflage, München 2003 (zitiert als: Römer/Langheid/*Bearbeiter*, 2. Aufl. 2003).

Roßnagel, Alexander: Das neue Recht elektronischer Signaturen – Neufassung des Signaturgesetzes und Änderung des BGB und der ZPO, NJW 2001, 1817–1826.

Roth, Herbert: Verbraucherschutz – Entwicklungen und Grenzen, in: Lorenz, Egon (Hrsg.), Karlsruher Forum 2011: Verbraucherschutz – Entwicklungen und Grenzen – Mit Vorträgen von Herbert Roth und Oliver Brand und Dokumentation der Diskussion, Karlsruhe 2012, S. 5–54 (zitiert als: *Roth*, in: Lorenz (Hrsg.), Karlsruher Forum 2011: Verbraucherschutz – Entwicklungen und Grenzen).

Roth, Wulf-Henning: Das Versicherungsverhältnis im internationalen Vertragsrecht – Zugleich ein Beitrag zum Schutz der schwächeren Vertragspartei im Internationalen Vertragsrecht und zur Dienstleistungsfreiheit in der EWG, Tübingen 1985 (zitiert als: *Roth*, Das Versicherungsverhältnis im internationalen Vertragsrecht).

ders.: Grundlagen des gemeinsamen europäischen Versicherungsmarktes, RabelsZ 54 (1990), 63–138.

ders.: Die Vollendung des europäischen Binnenmarkts für Versicherungen, NJW 1993, 3028–3033.

ders.: Policenmodell und Unionsrecht – Zugleich Anmerkung zum Urteil des BGH vom 16.7.2014 (IV ZR 73/13) VersR 2014, 1065, VersR 2015, 1–10.

Rott, Peter: BB-Gesetzgebungsreport: Die Umsetzung der Richtlinie über den Fernabsatz von Finanzdienstleistungen im deutschen Recht, BB 2005, 53–64.

ders.: Legal Tech aus Verbraucherperspektive, in: Blocher, Walter/Heckmann, Dirk/Zech, Herbert (Hrsg.), DGRI Jahrbuch 2016 – Informationstechnik und Recht, Köln 2017, S. 111–132 (zitiert als: *Rott*, in: Blocher/Heckmann/Zech (Hrsg.), DGRI Jahrbuch 2016).

Rübben, Tillmann: Zu einer möglichen Verwirkung und der Rückabwicklung einer fondsgebundenen Lebensversicherung nach Widerspruch, VuR 2017, 21–25.

Rudy, Mathis: § 5a VVG a.F. und das Unionsrecht, r + s 2015, 115–120.

Rüffer, Wilfried/Halbach, Dirk/Schimikowski, Peter (Hrsg.): Versicherungsvertragsgesetz – VVG, EGVVG, VVG-InfoV, AltZertG, PflVG, KfzPflVV, Allgemeine Versicherungsbedingungen (Handkommentar), 5. Auflage, Baden-Baden 2025 (zitiert als: Rüffer/Halbach/Schimikowski/*Bearbeiter*).

Salzmann, Andreas: Die zivilrechtliche Verwirkung durch Nichtausübung, München 2015 (zitiert als: *Salzmann*, Die zivilrechtliche Verwirkung durch Nichtausübung).
Sarak, Oskar: Der Versicherungsschein – Traditionelle Funktion und zukünftige Perspektiven (Zugl.: Tübingen, Univ., Diss., 2012) 2012 (zitiert als: *Sarak*, Der Versicherungsschein).
Schaffrin, Daniel: Die Kontrolle von Allgemeinen Geschäftsbedingungen und Allgemeinen Versicherungsbedingungen – Ein Vergleich, Karlsruhe 2016 (zitiert als: *Schaffrin*, Die Kontrolle von Allgemeinen Geschäftsbedingungen und Allgemeinen Versicherungsbedingungen).
Schanz, Gerhard: Europa – mehr Wettbewerb, weniger Verbraucherschutz, in: Hopp, Franz/Mehl, Georg (Hrsg.), Versicherungen in Europa – heute und morgen – Geburtstagsschrift für Georg Büchner, Karlsruhe 1991, S. 435–441 (zitiert als: *Schanz*, in: FS Büchner 1991).
Schauer, Martin: Die Entscheidung des EuGH *Endress/Allianz* und ihre Folgen für das österreichische Recht, in: Grolimund, Pascal/Koller, Alfred/Loacker, Leander/Portmann, Wolfgang (Hrsg.), Festschrift für Anton K. Schnyder – zum 65. Geburtstag, Zürich 2018, S. 893–902 (zitiert als: *Schauer*, in: FS Schnyder 2018).
ders.: Von *Endress* zu *Rust-Hackner et alii*: die Schlussanträge der Generalanwältin, ÖJZ 2019, 993–998.
Scherer, Josef/Butt, Mark Eric: Rechtsprobleme beim Vertragsschluss via Internet, DB 2000, 1009–1016.
Scherpe, Julia Caroline: Das Prinzip der Gefahrengemeinschaft im Privatversicherungsrecht, Tübingen 2011 (zitiert als: *Scherpe*, Das Prinzip der Gefahrengemeinschaft im Privatversicherungsrecht).
Schimikowski, Peter: Die Neuregelungen zum Widerrufs- und Rücktrittsrecht des Versicherungsnehmers, r + s 1994, 441–444.
ders.: Verbraucherinformation – Einbeziehung von AVB und Abschluß des Versicherungsvertrags, r + s 1996, 1–6.
ders.: Rechtsprobleme beim papierarmen Vertrieb und neuen Formen des Abschlusses des Versicherungsvertrags, r + s 1997, 89–92.
ders.: Das rechtliche Gebot zu transparenter und inhaltlich angemessener Gestaltung von AVB, r + s 1998, 353–360.
ders.: Probleme des konventionellen Vertragsabschlusses und des Electronic Commerce in der Versicherungswirtschaft, r + s 1999, 485–489.
ders.: Überlegungen zu einer Reform des Versicherungsvertragsgesetzes, r + s 2000, 353–359.

ders.: Beratungs- und Informationspflichten des Versicherers, in: Verein der Förderer des Fachbereichs Versicherungswesen an der Fachhochschule Köln e.V. (Hrsg.), Die Vorschläge der Reformkommission für ein neues Versicherungsvertragsrecht – Ein Jahrhundertwerk am Horizont?, 9. Kölner Versicherungssymposium, Karlsruhe 2005, S. 1–32 (zitiert als: *Schimikowski*, in: Verein der Förderer des Fachbereichs Versicherungswesen an der Fachhochschule Köln e.V. (Hrsg.), Die Vorschläge der Reformkommission für ein neues Versicherungsvertragsrecht).

ders.: Abschluss des Versicherungsvertrags nach neuem Recht, r + s 2006, 441–446.

ders.: Einbeziehung von Allgemeinen Versicherungsbedingungen in den Vertrag, r + s 2007, 309–312.

ders.: Vertragsabschluss nach der Invitatio-Lösung und das neue VVG, VW 2007, 715–720.

ders.: VVG-Reform: Die vorvertraglichen Informationspflichten des Versicherers und das Rechtzeitigkeitserfordernis, r + s 2007, 133–137.

ders.: Aktuelle Fragen zum Abschluss des Versicherungsvertrags, r + s 2012, 577–583.

ders. (Hrsg.): Versicherungsvertragsrecht, 7. Auflage, München 2024 (zitiert als: Schimikowski/*Bearbeiter*).

Schimikowski, Peter/Höra, Knut: Das neue Versicherungsvertragsgesetz – Texte, Erläuterungen, Arbeitshilfen, Materialien, Köln 2008 (zitiert als: *Schimikowski/Höra*, Das neue Versicherungsvertragsgesetz).

Schinkels, Boris: Der Kommissionsentwurf einer Verbraucherrechte-Richtlinie und seine Sprengkraft für § 355 BGB, JZ 64 (2009), 774–779.

Schirmer, Helmut: Änderungen des VVG nach der Deregulierung mit den Schwerpunkten: Abschluß des Versicherungsvertrages und Einbeziehung von AVB, VersR 1996, 1045–1056.

ders.: Arglistiges Verhalten des VN im neuen VVG, r + s 2014, 533–543.

Schlecht, Otto: Wettbewerb und Deregulierung im gemeinsamen Markt – Herausforderung und Chance für die deutsche Versicherungswirtschaft, in: Hopp, Franz/Mehl, Georg (Hrsg.), Versicherungen in Europa – heute und morgen – Geburtstagsschrift für Georg Büchner, Karlsruhe 1991, S. 335–339 (zitiert als: *Schlecht*, in: FS Büchner 1991).

Schlossareck, Fred: Ansprüche des Versicherungsnehmers aus culpa in contrahendo – ein Beitrag zur culpa in contrahendo im Bereich des Individualversicherungsrechts, Karlsruhe 1995 (zitiert als: *Schlossareck*, Ansprüche des Versicherungsnehmers aus culpa in contrahendo).

Schmidhuber, Peter: Die Vollendung des europäischen Binnenmarkts im Versicherungswesen, in: Hopp, Franz/Mehl, Georg (Hrsg.), Versicherungen in Europa – heute und morgen – Geburtstagsschrift für Georg Büchner, Karlsruhe 1991, S. 115–119 (zitiert als: *Schmidhuber*, in: FS Büchner 1991).

Schmidt, Reimer: Einige Bemerkungen über Möglichkeiten und Grenzen der Angleichung des Versicherungsvertragsrechts im Bereich des Gemeinsamen Markts und der OECD, in: Caemmerer, Ernst/Nikisch, Arthur/Zweigert, Konrad (Hrsg.), Vom deutschen zum europäischen Recht – Festschrift für Hans Dölle, Tübingen 1963, S. 485–507 (zitiert als: *Schmidt*, in: FS Dölle 1963).

ders.: Die Dienstleistungsfreiheit der Versicherungsunternehmen – zur Rechtslage innerhalb der Europäischen Wirtschaftsgemeinschaft und der Organisation für die Wirtschaftliche Zusammenarbeit und Entwicklung, in: Caemmerer, Ernst/Schlochauer, Hans-Jürgen/ Steindorff, Ernst (Hrsg.), Probleme des europäischen Rechts – Festschrift für Walter Hallstein zu seinem 65. Geburtstag, Frankfurt am Main 1966, S. 453–474 (zitiert als: *Schmidt*, in: FS Hallstein 1966).

ders.: Die derzeitige Situation bei den Verhandlungen über Versicherungsfragen in der Europäischen Gemeinschaft, VW 1980, 8–13.

ders.: Gedanken zur Arbeit an einem neuen Versicherungsvertragsgesetz, ZVersWiss 87 (1998), 55–64.

Schmitz, Karl-Bernhard: Aktuelle Fragen des Versicherungsvertragsrechts – Vortrag, gehalten auf dem 15. Münsterischen Versicherungstag am 15.11.1997, Karlsruhe 1998 (zitiert als: *Schmitz*, Aktuelle Fragen des Versicherungsvertragsrechts).

Schmitz, Renate: Reform des Versicherungsvertragsrechts vor dem Abschluss – Gesetzentwurf gibt alte Prinzipien auf und setzt höchstrichterliche Urteile um, DRiZ 2006, 208–210.

Schmitz-Elvenich, Heiko: § 5 a VVG a.F. und der „Mindestwiderspruchswert" – Ein Plädoyer für eine rechtssichere, sachgerechte und praxistaugliche Rückabwicklung unwirksamer Lebensversicherungsverträge, VersR 2017, 266–271.

Schneider, Christian: E-Commerce in formalen Fesseln – Trotz Gesetzesänderung noch kein Internetabschluss von Versicherungen, VW 2001, 1499–1501.

ders.: Umsetzung der Fernabsatzrichtlinie 2002/65/EG im VVG – Anmerkungen zum Regierungsentwurf und zur VVG-Reform, VersR 2004, 696–705.

Schneider, Uwe: Europäische und internationale Harmonisierung des Bankvertragsrechts – Zugleich ein Beitrag zur Angleichung des Privatrechts in der Europäischen Gemeinschaft, NJW 1991, 1985–1993.

Schöffski, Oliver/Samusch, Timon: Das Internet – Grundlagen und Nutzungsmöglichkeiten in der Versicherungswirtschaft, ZVersWiss 1997.

Scholl, Wolfgang: Versicherungsrechtsreform – ihre Notwendigkeit und die Inhalte, in: Basedow, Jürgen/Meyer, Ulrich/Rückle, Dieter/Schwintowski, Hans-Peter (Hrsg.), Verbraucherschutz durch und im Internet bei Abschluss von privaten Versicherungsverträgen – Altersvorsorgeverträge, VVG-Reform, Beiträge zur 11. Wissenschaftstagung des Bundes der Versicherten, Baden-Baden 2003, S. 249–260 (zitiert als: *Scholl*, in: Basedow/Meyer/Rückle/Schwintowski (Hrsg.), Verbraucherschutz durch und im Internet bei Abschluss von privaten Versicherungsverträgen).

Schreiber, Hans: Vertrieb von Versicherungen in Deutschland – Fakten und Trends, in: Hopp, Franz/Mehl, Georg (Hrsg.), Versicherungen in Europa – heute und morgen – Geburtstagsschrift für Georg Büchner, Karlsruhe 1991, S. 701–705 (zitiert als: *Schreiber*, in: FS Büchner 1991).

Schubach, Arno: Die Reform des Versicherungsvertragsgesetzes, AnwBl 2007, 215–218.

ders.: Die Reform des Versicherungsvertragsgesetzes (VVG) – Verbraucherschutz, Einzelfallgerechtigkeit und offene Fragen, AnwBl 2008, 27–31.

Schultheiß, Tilman: Anmerkung zu BGH, Urt. vom 15.3.2023 – IV ZR 40/21, WuB 2023, 311–313.

Schürnbrand, Jan: Zwingender Verbraucherschutz und das Verbot unzulässiger Rechtsausübung, JZ 2009, 133–139.

Schwintowski, Hans-Peter: Der private Versicherungsvertrag zwischen Recht und Markt – zugleich eine Analyse der Konstruktionsprinzipien des privaten Versicherungsvertrages unter Berücksichtigung des Wettbewerbsrechts und des Europäischen Rechts, Baden-Baden 1987 (zitiert als: *Schwintowski*, Der private Versicherungsvertrag zwischen Recht und Markt).

ders.: Die Marktöffnung der Kfz-Versicherung – Herausforderung für Rechtsprechung und Praxis, VersR 1994, 646–652.

ders.: Informationspflichten in der Lebensversicherung, VuR 1996, 223–240.

ders.: Transparenz in der Lebensversicherung, NVersZ 2001, 337–340.

ders.: Neuerungen im Versicherungsvertragsrecht, ZRP 2006, 139–142.

ders.: Anmerkung zu BGH, Urt. vom 16.7.2014 – IV ZR 73/13, VuR 2014, 473–474.
ders.: Europarechtliche Voraussetzungen und Folgen nicht ordnungsgemäßer Belehrung über das Rücktrittsrecht für das österreichische Lebensversicherungsrecht, wbl 2017, 245–259.
ders.: Anmerkung zu BGH, Urt. vom 21.3.2018 – IV ZR 353/16, NJW 2018, 1819–1820.
ders.: Bemerkungen zur spontanen Anzeigepflicht des Versicherungsnehmers vor Vertragsschluss, VuR 2018, 220–222.
ders.: Die Voraussetzungen für den Fristbeginn nach § 5a Abs. 2, S. 1 VVG a.F., VuR 2019, 330–336.
ders.: Anmerkung zu VerfGH Rheinland-Pfalz, Beschl. vom 22.7.2022 – VGH B 70/21, VuR 2022, 391–392.
ders.: Die Aushöhlung des Widerspruchsrechts nach § 5 a VVG aF durch den Verwirkungseinwand, VuR 2022, 83–91.
ders.: Das Policenmodell in der Lebensversicherung – immer noch keine Klärung durch den EuGH, VuR 2024, 83–90.
Schwintowski, Hans-Peter/Brömmelmeyer, Christoph (Hrsg.): Praxiskommentar zum Versicherungsvertragsrecht, 2. Auflage, Münster 2010 (zitiert als: Schwintowski/Brömmelmeyer/*Bearbeiter*, 2. Aufl. 2010).
Seiffert, Karl-Heinz: Die Rechtsprechung des BGH zum Versicherungsrecht – Neuere Entscheidungen des IV. Zivilsenats des BGH zur Lebensversicherung und Anmerkungen zu „Nichtentscheidungen", r + s 2010, 177–186.
Siebert, Wolfgang: Verwirkung und Unzulässigkeit der Rechtsausübung – Ein rechtsvergleichender Beitrag zur Lehre von den Schranken der privaten Rechte und zur exceptio doli (§§ 226, 242, 826 BGB), unter besonderer Berücksichtigung des gewerblichen Rechtsschutzes (§ 1 UWG), Marburg 1934 (zitiert als: *Siebert*, Verwirkung und Unzulässigkeit der Rechtsausübung).
Specht, Florian: Chancen und Risiken einer digitalen Justiz für den Zivilprozess – Vor- und Nachteile von außergerichtlichen Konfliktlösungsmöglichkeiten, MMR 2019, 153–157.
Stadler, Martin: VVG-Reform – Aufwand bisher unterschätzt, VW 2006, 1339–1342.
Staudinger, Ansgar: Der Widerruf bei Haustürgeschäften: eine unendliche Geschichte?, NJW 2002, 653–656.
ders.: Die Zukunft der „Schrottimmobilien" nach den EuGH-Entscheidungen vom 25.10.2005, NJW 2005, 3521–3525.

ders.: Versicherungsrechtsmodernisierung – Kritikpunkte aus nationalem und europäischen Blickwinkel, in: Kollhosser, Helmut/Dörner, Heinrich/Ehlers, Dirk/Pohlmann, Petra/Steinmeyer, Hans-Dietrich/Schwienhorst, Martin Schulze (Hrsg.), Versicherungsrechtsmodernisierung – Vorträge, gehalten auf dem 24. Münsterischen Versicherungstag am 25. November 2006, Karlsruhe 2007, S. 1–22 (zitiert als: *Staudinger*, in: Kollhosser/Dörner/Ehlers/Pohlmann/Steinmeyer/Schwienhorst (Hrsg.), Versicherungsrechtsmodernisierung).

Staudinger, Ansgar/Halm, Wolfgang/Wendt, Domenik (Hrsg.): Versicherungsrecht, 3. Auflage, Baden-Baden 2023 (zitiert als: Staudinger/Halm/Wendt/*Bearbeiter*).

Staudinger, Julius von (Begr.): J. von Staudingers Kommentar zum Bürgerlichen Gesetzbuch: Staudinger BGB – Buch 2: Recht der Schuldverhältnisse: Anhang zu §§ 305–310 (AGB-Recht 2: AGB-Kontrolle wichtiger Vertragstypen), Berlin 2022 (zitiert als: Staudinger/*Bearbeiter*).

ders. (Begr.): J. von Staudingers Kommentar zum Bürgerlichen Gesetzbuch: Staudinger BGB – Buch 2: Recht der Schuldverhältnisse: §§ 241–243 (Treu und Glauben), Berlin 2024 (zitiert als: Staudinger/*Bearbeiter*).

Steindorff, Ernst: Dienstleistungsfreiheit und Versicherungswirtschaft – Zugleich ein Beitrag zur Direktwirkung des europäischen Gemeinschaftsrechts, ZHR 139 (1975), 249–261.

ders.: Rechtsangleichung in der EG und Versicherungsvertrag, ZHR 144 (1980), 447–483.

Stelzer, Kristina: Regulierung der Versicherungswirtschaft in Deutschland – Eine ökonomische Analyse (Zugl. Dissertation der Universität Leipzig, Oktober 2021), Karlsruhe 2023 (zitiert als: *Stelzer*, Regulierung der Versicherungswirtschaft in Deutschland).

Stockmeier, Hermann: Das Vertragsabschlussverfahren nach neuem VVG, VersR 2008, 717–724.

Strohmaier, Gerhard: Der Vertragsschluß im Versicherungsrecht, JA 27 (1995), 935–940.

Surminski, Marc: Die Kapitalmarktkrise und ihre Auswirkungen auf die deutsche Versicherungswirtschaft, Karlsruhe 2003 (zitiert als: *Surminski*, Die Kapitalmarktkrise und ihre Auswirkungen auf die deutsche Versicherungswirtschaft).

Teske, Wolfgang: Verbraucherschutz beim Abschluß von Versicherungsverträgen an der Haustür?, ZRP 23 (1990), 412–414.

ders.: Neue Widerrufsrechte beim Abschluß von Versicherungs- und Verbraucherkreditverträgen, NJW 1991, 2793–2804.

Thode, Bernd: Unwirksame Widerspruchsbelehrung bei Lebensversicherungen durch Ablenkung des Versicherungsnehmers, Verwirkung des Widerspruchs und Stufenklage gem. § 254 ZPO, VersR 2020, 1277–1284.

Thode, Reinhold: Anmerkung zu BGH, Urt. vom 19.7.2023 – IV ZR 268/21, jurisPR-BGHZivilR, Anm. 5.

Thole, Christoph/Rolff, Desiree: Anwaltliche Vertragspflichten und Haftung bei KI-Nutzung, AnwBl 2025, 13–15.

Tonner, Klaus/Brieske, Cornelia: Verbraucherschutz durch gesetzliche Kennzeichnungserfordernisse, BB 1996, 913–920.

Trittmacher, Jens/Gaußmann, Heiko: Anmerkung zu EuGH, Urt. vom 19.12.2013 – C-209/12, VuR 2014, 155–158.

Uhlenbrock, Inga: Die Lösungsrechte des Versicherers bei Verletzung der vorvertraglichen Anzeigepflicht durch den Versicherungsnehmer – unter besonderer Beobachtung der Berufsunfähigkeitsversicherung (Zugl.: Köln, Univ., Diss., 2004), Frankfurt am Main 2005 (zitiert als: *Uhlenbrock*, Die Lösungsrechte des Versicherers bei Verletzung der vorvertraglichen Anzeigepflicht durch den Versicherungsnehmer).

van Bühren, Hubert W. (Hrsg.): Handbuch Versicherungsrecht, Bonn 2001 (zitiert als: van Bühren/*Bearbeiter*, Hdb-Versicherungsrecht, 1. Aufl. 2001).

Vehslage, Thorsten: Das geplante Gesetz zur Anpassung der Formvorschriften des Privatrechts und anderer Vorschriften an den modernen Rechtsverkehr, DB 2000, 1801–1805.

Versicherungsrechts-Handbuch, hrsg. von *Beckmann, Roland Michael/ Matusche-Beckmann, Annemarie*, 3. Edition, Stand: 2015, München (zitiert als: Versicherungsrecht-Hdb/*Bearbeiter*, 3. Aufl. 2015).

Versicherungsrechts-Handbuch, hrsg. von *Beckmann, Roland Michael/ Matusche-Beckmann, Annemarie*, 4. Auflage, München 2025 (zitiert als: Versicherungsrecht-Hdb/*Bearbeiter*).

Wagner, Christian: Die jüngste Rechtsprechung zum Unfall-, Berufsunfähigkeits- und Kfz-Kasko-Versicherungsrecht, NJ 2013, 177–184.

Wahlers, Kristin: „Ewiges“ Widerrufsrecht bei Verbraucherdarlehensverträgen? – Übertragbarkeit der Rechtsprechung des IV. Zivilsenats des Bundesgerichtshofs vom 7.5.2014 auf das Verbraucherkreditrecht, WM 2015, 1043–1049.

Waldenberger, Arthur: Grenzen des Verbraucherschutzes beim Abschluß von Verträgen im Internet, BB 1996, 2365–2371.

Wallner, Franz: Der Widerruf von Verbraucherkrediten – Eine kritische Würdigung der aktuellen Rechtsprechung, BKR 2016, 177–184.

Wandt, Manfred: Verbraucherinformation und Vertragsschluß nach neuem Recht – Dogmatische Einordnung und praktische Handhabung; Vortrag, gehalten auf dem 12. Münsterischen Versicherungstag am 19.11.1994, Karlsruhe 1995 (zitiert als: *Wandt*, Verbraucherinformation und Vertragsschluß nach neuem Recht).

Wassermann, Thomas: Grundfälle zum Recht der Haustürgeschäfte, JuS 1990, 548–555.

Weigel, Hanns-Jürgen: Gedanken zum Richtlinienvorschlag des Rates zur Koordinierung der Rechts- und Verwaltungsvorschriften über Versicherungsverträge, VW 1981, 1165–1177.

Weißhaupt, Frank: Anmerkung zu BGH, Urt. vom 10.2.2021 – IV ZR 32/20, WuB 2021, 263–265.

ders.: Anmerkung zu BGH, Urt. vom 21.2.2024 – IV ZR 32/22, WuB 2024, 202–204.

Wendehorst, Christiane: Dauerbaustelle Verbrauchervertrag: Wertersatz bei Widerruf von Fernabsatzverträgen, NJW 2011, 2551–2555.

Wendt, Domenik: Zum Widerruf im Versicherungsvertragsrecht – Motive, Probleme und Lösungen, Karlsruhe 2013 (zitiert als: *Wendt*, Zum Widerruf im Versicherungsvertragsrecht).

Wendt, Roland: Aktuelle Rück- und Ausblicke zur Versicherungsrechtsprechung des IV. Zivilsenats des Bundesgerichtshofs, r + s 2014, 585–595.

Werber, Manfred: Alte und neue Informations- und Beratungspflichten des Versicherers und des Vermittlers, ZVersWiss 83 (1994), 321–348.

ders.: Differenzierung nach Schutzbedürftigkeit des Versicherungsnehmers im Versicherungsrecht, in: Verein zur Förderung der Versicherungswirtschaft an den drei Berliner Universitäten (Hrsg.), Festschrift für Prof. Dr. Horst Baumann, Karlsruhe 1999, S. 359–378 (zitiert als: *Werber*, in: FS Baumann 1999).

ders.: Transparenzgebot und Verbraucherinformation, VersR 2003, 148–153.

ders.: Information und Beratung des Versicherungsnehmers vor und nach Abschluss des Versicherungsvertrags, VersR 2007, 1153–1159.

Wienstein, Richard: Deregulierung und Verbraucherschutz, in: Hopp, Franz/Mehl, Georg (Hrsg.), Versicherungen in Europa – heute und morgen – Geburtstagsschrift für Georg Büchner, Karlsruhe 1991, S. 443–447 (zitiert als: *Wienstein*, in: FS Büchner 1991).

Wilke, Hans-Joachim: Deregulierung und Verbraucherschutz im EG-Versicherungsbinnenmarkt, in: Letzgus, Klaus/Hill, Hermann/Klein, Hugo/Kleinert, Detlef/Oschatz, Georg-Berndt (Hrsg.), Für Recht

und Staat – Festschrift für Herbert Helmrich zum 60. Geburtstag, München 1994, S. 883–902 (zitiert als: *Wilke*, in: FS Helmrich 1994).
Winter, Gerrit: Zur Versicherungsvertragsrechtsharmonisierung im Rahmen der Europäischen Wirtschaftsgemeinschaft – Erw. Fassung e. Vortrages, den d. Verf. am 29. Okt. 1971 anlässl. d. Brit.-Dt. Versicherungsseminars in Hamburg gehalten hat, Göttingen 1973 (zitiert als: *Winter*, Zur Versicherungsvertragsrechtsharmonisierung im Rahmen der Europäischen Wirtschaftsgemeinschaft).
ders.: Versicherungsaufsichtsrecht – Kritische Betrachtungen, Karlsruhe 2007 (zitiert als: *Winter*, Versicherungsaufsichtsrecht).
Woitke, Thomas: Informations- und Hinweispflichten im E-Commerce, BB 2003, 2469–2477.
Wolf, Manfred/Lindacher, Walter/Pfeiffer, Thomas (Hrsg.): AGB-Recht, 5. Auflage, München 2009 (zitiert als: Wolf/Lindacher/Pfeiffer/*Bearbeiter*, 5. Aufl. 2009).
Zegowitz, Moritz/Haferkorn, Kilian: Der ewige Widerrufsjoker und seine Grenzen – Die teleologische Fortbildung der §§ 5a Abs. 2 S. 4, 8 Abs. 5 S. 4 VVG a.F. durch den BGH, VersR 2020, 1005–1016.
Zimmermann, Reinhard: Die Rückabwicklung nach Widerruf von Verbraucherverträgen, JBl 132 (2010), 205–216.
Zöll, Clara: Aktuelle Rechtsfragen im Zusammenhang mit Policenaufkäufern in der Lebensversicherung, VersR 2023, 1065–1075.